Child Development

아동발달의 이해

정인숙 | 유영금 | 강인숙 | 정태근

태영출판사

머리말

누구나 보아도 도움이 되고 참 잘 썼다는 소리를 들을 수 있는 책을 쓰고 싶은 욕심이 있었지만 써 놓고 보니 그저 송구할 따름입니다. 많은 분들께서 넓은 마음으로 이해하고 너그럽게 봐 주시기를 바랍니다.

4명의 저자들이 처음 계획을 할 때는 남다른 애착과 각오를 가지고 출발을 하였습니다. 서로 바쁜 일정 가운데에서도 시간을 내어서 유영금 교수님의 연구실에 여러 번 모여서 각자의 분량만큼 작업한 것을 내어 놓고 서로 의견을 교환하기를 거듭하여 마침내 지난 7월에야 원고를 모을 수가 있었습니다. 검토하는 과정에서 부족한 부분들이 많이 발견되어졌고 부족한 부분들을 다시 수정 보완하는 데에도 많은 시간이 걸렸습니다. 그래도 저희들을 믿고 끝까지 참고 기다려 주신 태영출판사 사장님과 편집부원들에게도 깊은 감사의 말씀을 드립니다.

'아동발달의 이해'는 제1부 아동발달 심리의 이해, 제2부 아동발달의 이론적 관점, 제3부 아동발달의 단계별 특징의 크게 3부로 나누었습니다. 저자별로 다음과 같이 분담을 하여 원고를 집필하였습니다. 정인숙 선생님은 제1부 1장과 제3부 10장, 11장, 12장, 유영금 선생님은 제1부 2장과 제3부 12장 영아기 발달장애, 13장 유아기 발달장애, 14장 아동기 발달장애, 강인숙 선생님은 제3부 13장 유아기의 발달, 정태근 선생님은 제2부와 제3부 14장을 각각 맡아서 원고를 집필하였습니다.

저자들이 의논하면서 다음 몇 가지 점에 유의하면서 원고를 집필하고자 하였습니다.

첫째, 각자가 대학에서 오랫동안 강의한 경험과 교육심리를 전공하면서 배운 지식을 바탕으로 이 책을 사용하는 사람들이 쉽게 이해할 수 있도록 내용을 쓰고자 하였습니다. 모두들 풍부한 경험들이 바탕이 되어 내용을 쉽게 이해할 수 있도록 원고 작성을 시작해 보았지만 생각했던 만큼 잘 이루어지지 못한 부분들이 있음을 인정합니다. 앞으로 본 저서를 가지고 강의를 하는 가운데에서 발견되는 문제점들은 보완하여 보다 쉽게 이해되어지는 저서가 되도록 노력하겠습니다.

둘째, 본 저서가 아동발달의 이해인 만큼, 이론적인 부분보다는 각 단계별에서 나타나는 실질적인 특징을 중심으로 원고를 집필하고자 하였습니다. 그래서, 제2부와 제3부의 순서를 많이 고민하였습니다. 이론을 먼저 넣고 각 단계별 특징을 넣느냐 아니면, 각 단계별 특징을 먼저 넣고 이론을 나중에 넣느냐를 많이 고민하였습니다. 일단은 이론을 바탕으로 해서 단계별 특징을 기술하는 것이 전체적인 흐름으로 보아 자연스럽지 않겠느냐는 생각에서 제2부에 이론적 관점을 먼저 넣고 다음에 단계별 특징을 기술하였습니다. 그러나, 저자들의 고민과는 달리 책을 내놓고 보니 아쉬운 점이 많습니다. 어쩐지 이론적 관점을 많이 줄이지 못한 점입니다. 이런 부분도 다음에 다시 정리해서 좋은 책을 내기로 약속드립니다.

셋째, 제2부의 이론적인 내용과 제3부의 단계별 특징과 중복되는 내용은 가급적 피하도록 하였습니다. 예를 들어, 피아제의 인지발달 단계인 감각 운동기와 전조작적 사고기 내용이 제3부의 영아기 및 유아기의 사고발달 내용과 중복이 되면 제2부의 발달의 이론적 관점에서 그 내용들을 줄이고 제3부 단계별 특징에서 그 내용들을 구체적으로 설명하는 식으로 집필의 방향을 설정하였습니다. 이런 방향에서 원고를 집필하였음에도 불구하고 제2부와 제3부에 내용이 중첩되어 있는 점은 다음에 원고를 다시 정리해서 수정 보완하도록 하겠습니다.

넷째, 제2부 아동발달의 이론적 관점에서 각 이론들이 발달에 대한 어떤 관점을 가지고 있느냐를 부각시키고자 하였습니다. 즉 발달이란 수정에서 죽음에 이르기까지 나타나는 모든 변화과정과 양상이라고 할 때, 이런 변화과정과 양상을 가능하게 하는 기제(mechanism)에 대한 관점에 따라 제2의 이론적 관점 순서를 나열하였습니다.

인간은 정자와 난자가 만나서 수정이 되는 순간부터 죽음에 이르기까지 무수히 많은 변화가 일어난다는 사실은 누구나 다 아는 사실입니다. 그러니까 정체되어 있거나 고정되어 변화하지 않는 순간이 없이 어떤 형태로든 변화가 일어납니다. 그렇다면 무엇이 이런 변화과정과 양상을 띠게 하는가? 이런 물음에 대한 입장으로 가장 먼저 언급되는 것이 '변화과정과 양상을 띠게 하는 기제'를 사람이 태어나면서부터 가지고 나온다는 입장이 아닐까 생각합니다. 그래서 제2부에서는 생득적 관점을 먼저 살펴보았습니다. 그러나, 인간의 발달은 생득적 요인을 무시할 수 없지만 환경의 영향도 무시할 수 없습니다. 즉 환경에 의해서도 발달의 변화과정과 양상을 달라질 수 있기 때문입니다. 두 번째 순서로 이런 경험설 바탕 위에서 등장한 행동주의 이론을 언급할 수밖에 없기에 행동주적 관점을 제시하였습니다. 행동주의 관점은 '발달의 변화과정과 양상'의 대상을 '행동'에 지나치게 초점을 둔다는 점에서 비판을 받았고, '인지적 요소'의 중요성을 간과하였습니다. 따라서, '인지구조의 변화'를 발달이라고 보는 구조주의적 관점을 세 번째로 제시하였습니다. 이와 아울러 네 번째로 정보처리적 관점을 제시하였습니다. 다음으로 정신역동적 관점, 인본주의적 관점, 생태학적 관점 순으로 제시하였습니다. 이런 관점으로 각 이론들이 등장한 시기와는 다르게 순서를 나열했다는 점을 밝혀 두고자 합니다.

무더위가 기승을 부리는 여름입니다. 며칠 동안 폭염으로 인해 모두들 힘들어 하는 때입니다. 밤에도 열대야 현상 때문에 잠 못 이루는 밤이 며칠씩 계속되고 있습니다. 더욱 우리를 힘들게 하는 것은 아프카니스탄에서 탈레반에게 잡혀서 생과 사를 장담할 수 없는 인질 피납 사태입니다. 소중한 생명이 무자비하게 유린되는 것을 보니 너무나 안타깝고 충격적입니다. 이 모든 문제가 순조롭게 잘 해결되기를 간절히 바라는 마음을 담아봅니다.

2007년 8월

저자 일동

차 례

제1부 아동발달심리의 이해

제 1 장_ 아동발달심리의 이해 ——— 17

1. 아동발달심리의 기초 ······ 19
   1) 아동발달심리의 성격 … 19
   2) 아동발달심리의 영역 … 19
   3) 아동발달심리의 최근 동향 … 20
2. 아동발달의 개념 ······ 21
   1) 아동발달의 의미 … 21
   2) 아동발달의 요인 … 23
   3) 발달의 원리 … 26
   4) 발달과업 … 29

제 2 장_ 아동발달연구의 이해 ——— 33

1. 아동발달 연구를 위한 자료수집 방법 ······ 35
   1) 자기보고법 … 35
   2) 관찰법 … 36
   3) 사례연구법 … 37
   4) 정신생리학적 방법 … 37
   5) 기술민족학 … 38
2. 발달연구의 설계 ······ 38
   1) 실험설계 … 38

2) 상관설계 … 39
3. 발달연구의 방법 ······ 40
1) 종단적 연구법 … 40
2) 횡단적 연구법 … 41
3) 계열적 연구법 … 41

제2부 아동발달의 이론적 관점

제 3 장_ 생득적 관점 ―― 45
1. 게젤의 성숙이론 ······ 47
2. 몬테소리의 민감기이론 ······ 47
1) 흡수정신의 민감기 … 49
2) 언어에 대한 민감기 … 49
3) 근육발달의 민감기 … 49
4) 작업의 민감기 … 49
5) 질서에 대한 민감기 … 50
6) 감각의 민감기 … 50
7) 촉각의 민감기 … 50
8) 쓰기의 민감기 … 51
9) 냄새의 민감기 … 51
10) 작은 사물의 민감기 … 51
11) 맛의 민감기 … 51
12) 읽기의 민감기 … 51
13) 예의의 민감기 … 52
14) 운동의 민감기 … 52

제 4 장_ 행동주의적 관점 ―― 53
1. 파블로프의 고전적 조건이론 ······ 55
1) 파블로프의 실험 … 55
2) 왓슨의 실험 … 57
3) 주요 개념 … 58

2. 스키너의 조작적 조건형성이론 ······ 60
1) 스키너의 실험 … 60
2) 주요 개념 … 61
3. 반두라의 사회학습이론 ······ 64
1) 관찰학습 … 65
2) 관찰학습의 과정 … 66
3) 자기 조절 … 68
4) 자기 효능감 … 69
5) 상호결정론 … 69

제 5 장_ **구조주의적 관점** —— 71
1. 피아제의 인지발달이론 ······ 73
1) 인지발달의 기본개념 … 73
2) 피아제의 인지발달 단계 … 74
2. 신피아제 이론 ······ 79
1) 파스칼-레온의 이론 … 79
2) 케이스의 이론 … 80
3. 비고스키 이론 ······ 80

제 6 장_ **정보처리적 관점** —— 85
1. 정보처리이론 개관 ······ 87
1) 감각기명과정 … 87
2) 저장과정 … 87
3) 인출과정 … 89
2. 기억의 과정 ······ 89
1) 감각기억 … 89
2) 단기기억 … 90
3) 장기기억 … 92

제 7 장_ **정신역동적 관점** —— 95
1. 프로이드의 정신분석이론 ······ 97
1) 주요 개념 … 97
2) 의식수준 … 98
3) 성격의 구조 … 100

4) 심리성적 발달단계 … 102

2. 융의 분석심리이론 …… 106

1) 성격의 구조 … 106

2) 성격의 역동 … 112

3) 성격의 발달 … 114

3. 아들러의 개인심리이론 …… 116

1) 주요 개념 … 117

2) 성격의 발달 … 122

3) 출생순위 … 123

4. 에릭슨의 심리사회적 이론 …… 127

1) 주요 개념 … 127

2) 성격의 발달 … 128

제 8 장_ **인본주의적 관점** —— 135

1. 로저스의 현상학적 이론 …… 137

1) 주요 개념 … 137

2) 성격의 발달 … 140

2. 매슬로우의 욕구위계이론 …… 141

1) 주요 개념 … 141

2) 욕구 단계 … 142

3) 자아실현인의 특징 … 145

제 9 장_ **생태학적 관점** —— 149

1. 브론펜부르너의 생태학적 이론 …… 151

2. 일반체계이론 …… 155

1) 인간관 … 156

2) 주요 개념 … 157

제3부 아동발달의 단계별 특징

제 10 장_ **태내기의 발달** —— 165

1. 생명의 시작 ··· 167
1) 수정 ··· 167
2) 성의 결정 ··· 168
3) 유전적 특성의 결정 ··· 169
4) 염색체 결함에 따르는 문제 ··· 169
2. 태내기의 발달과정 ··· 171
1) 발아기 ··· 171
2) 배아기 ··· 172
3) 태아기 ··· 173
3. 태내발달에 영향을 주는 태내환경 ··· 175
1) 연령 ··· 176
2) 영양 상태 ··· 177
3) 정서 상태 ··· 178
4) 질병 ··· 179
5) 약물복용 ··· 179
6) 흡연 ··· 180
7) 음주 ··· 180
8) 카페인 ··· 181
9) 중독성 약물 ··· 181
10) 모자혈액상반 ··· 182
11) 아버지에 의한 문제 ··· 183
12) 기타 요인들 ··· 183
4. 출산 ··· 184
1) 출산과정 ··· 184
2) 출산과정의 문제점 ··· 188

제 11 장_ 신생아기의 발달 ——— 189
1. 신체적 발달 ··· 191
1) 신체의 크기와 신체구조 ··· 191
2) 외모 ··· 191
3) 생리적 기능 ··· 192
2. 운동기능의 발달 ··· 195
1) 빨기반사 ··· 195
2) 찾기반사 ··· 196
3) 바빈스키반사 ··· 196
4) 다윈반사 ··· 197

5) 모로반사 … 197
6) 목강직반사 … 198
7) 걸음마반사 … 198
8) 혜엄치기반사 … 198

제 12 장_ 영아기의 발달 ——— 199

1. 신체적 발달 ······ 201
1) 신체구조 및 기능의 발달 … 201
2) 골격의 발달 … 201
3) 치아의 발달 … 202
4) 뇌의 발달 … 202
2. 운동기능의 발달 ······ 203
1) 이동운동 : 대근육 운동 … 204
2) 조작기능 : 소근육 운동 … 205
3. 인지발달 ······ 206
1) 지각의 발달 … 206
2) 인지적 발달 … 207
3) 언어발달 … 210
4. 정서 및 사회적 발달 ······ 214
1) 정서발달 … 214
2) 기질의 발달 … 216
3) 애착의 발달 … 218
5. 발달장애 ······ 225
1) 발달장애 … 225
2) 정신지체 … 225
3) 전반적 발달장애 … 229

제 13 장_ 유아기의 발달 ——— 237

1. 신체·운동발달 ······ 239
1) 신체발달 … 239
2) 운동기능의 발달 … 242
2. 인지발달 ······ 245
1) 지각 및 사고발달 … 245
2) 기억발달 … 254

3) 언어발달 … 258

3. 사회·정서발달 ………… 262

1) 성격발달 … 263
2) 정서발달 … 264
3) 자아개념 및 성역할의 발달 … 268
4) 놀이의 발달 … 273
5) 친사회적 행동 … 278
6) 공격성 … 279
7) 우정 … 282

4. 발달장애 ………… 284

1) 주의력결핍 과잉행동장애 … 284
2) 의사소통장애 … 289
3) 반응성 애착장애 … 291
4) 분리불안장애 … 292
5) 배설장애 … 293
6) 수면 이상 … 295

제 14 장_ 아동기의 발달 ———— 297

1. 신체·운동발달 ………… 299

1) 신체발달 … 299
2) 운동발달 … 301
3) 신체 · 운동발달의 성차 … 302
4) 아동 비만 … 303
5) 학년별 신체 · 운동 특징 … 304

2. 인지발달 ………… 305

1) 사고발달 … 306
2) 인지양식 … 308
3) 기억발달 … 310
4) 언어발달 … 311
5) 지능발달 … 317
6) 창의성 발달 … 328

3. 사회·정서발달 ………… 335

1) 정서발달 … 335
2) 성격발달 … 336
3) 도덕성 발달 … 337
4) 사회성 발달 … 345

4. 발달장애 ························ 346

1) 학습장애 … 346
2) 우울장애 … 349
3) 품행장애 … 351
4) 적대적 반항장애 … 352
5) 틱 장애 … 352

✣ **참고 문헌 … 354**

✣ **찾아 보기 … 363**

아동발달심리의 이해

제1장 아동발달심리의 이해
제2장 아동발달연구의 이해

제1부

아동발달심리의 이해

1. 아동발달심리의 기초
2. 아동발달의 개념

제1장

아동발달심리는 수정으로부터 시작하여 아동기에 이르기까지 인간의 발달, 즉 다양한 영역의 성장과 변화에 관한 내용을 이해하고자 하는 학문이다. 아동발달심리는 인간의 전 생애적인 변화를 설명하는 생애발달심리 또는 인간발달심리의 일부분이라 할 수 있다.

아동은 부모로부터 유전된 유전인자의 영향과 성장하면서 부딪치게 되는 다양한 환경적 요인과의 매우 복잡하고 역동적인 상호작용을 통하여 변화·발달하는 존재이다. 더욱이 태내기, 영아기, 유아기 등의 생애 초기의 발달은 그 이후의 발달에도 계속적인 영향을 주므로 아동발달은 생애적인 건강과 행복을 좌우하는 기초가 된다고 하여도 과언이 아닐 정도로 매우 중요하다. 그러므로 제1장에서는 아동발달심리의 이해를 위한 기초로서 아동발달심리의 성격, 아동발달의 개념, 아동발달의 원리 등에 대하여 설명하기로 한다.

1. 아동발달심리의 기초

1) 아동발달심리의 성격

아동발달이란 수정에서 아동기에 이르기까지 아동의 출생, 성장과 변화해 가는 전체과정을 이해하고자 하는 학문으로서 아동발달심리는 수정에서 또는 출생에서 노년기까지의 전 생애를 다루는 생애발달심리 또는 인간발달심리의 일부분이다.

19C부터 체계적인 연구가 이루어진 아동발달심리의 연구 목적은 크게 세 가지로 들 수 있다. 우선적으로 기술적 연구로서 수정에서 아동기에 이르기까지 연령의 변화에 따른 신체적, 정신적, 행동적인 성장과 발달의 과정, 즉 질적, 양적인 변화과정을 사실적으로 기술하는 것이다. 둘째, 설명을 위한 연구로서 발달의 기제, 즉 성장과 발달이 일어나는 원인을 살펴보고 인과관계를 설명하고자 하는 것이다. 아동의 변화를 초래하는 유전적인 요인과 환경적 요인의 규명과 그 진행과정을 밝히는데 초점을 둔다. 셋째, 적용으로서 아동발달심리의 여러 가지 학문적인 연구결과를 아동의 교육과 양육과정에 활용하여, 아동들이 건강하고 바람직한 방향으로 변화될 수 있도록 유도하며 그에 필요한 적절한 환경을 마련하는 것이다.

이처럼 아동발달심리는 아동을 이해하고 더 나아가 인간을 이해하는 학문적인 목적뿐만 아니라 아동을 양육하는 실천적인 측면에서도 매우 중요한 학문이라고 볼 수 있다.

2) 아동발달심리의 영역

아동발달심리는 심리학의 여러 분야 중 한 부분으로 태내기부터 아동기에 이르기까지 아동의 행동 발달과 관련된 과학적 연구이다. 아동발달심리에서 다루고 있는 영역은 다음과 같다.

첫째로 아동의 연령이 증가함에 따라 여러 영역의 행동특성들이 어떻게 변화하는가에 대한 연구로서, 변화의 양상과 내용을 있는 그대로 기술하는 영역이다. 이는 발달심리학이 시작되어진 초기부터 지금까지 계속되어지는 활동으로서 발달의 규준(norm)을 수립하고 유아의 신체적 발달의 속도와 양상, 언어적 발달의 흐름과 시기 등 연령의 변화에 따라 나타나는 발달의 변화양상을 기술하는 것으로 Gesell의 성숙이론 등이 대표적이라 할 수 있다.

둘째로는 발달과정에 있어 두 가지 이상의 행동특성이 서로 어떻게 관련되고 있는가를 탐색하는 연구이다. 예를 들어, 신체적 발달과 사회성이나 지도성과의 관련성, 지적 능력의 발달과 자아개념 또는 학업성적과의 관련성과 같은 발달영역 간의 상호관련성을 파악하여 기술하는 연구영역이다.

세 번째 영역은 아동의 발달과정을 설명하기 위하여 기술되어진 탐색연구 결과를 바탕으로 행동발달의 원인이 되는 요인과 더불어 영향을 주는 과정에 대하여 이론적 추론과 실험으로 연구하고, 그 결과를 근거로 개인에게 긍정적인 발달과 변화를 촉진하는 활동으로 적용하는 것이다.

최근에는 영아를 대상으로 발달경향성을 규명하려는 연구가 많이 수행되고 있으며, 이런 연구들은 보다 효율적이고 적합한 교육프로그램을 만들어 제시하는데 많이 활용되고 있다.

3) 아동발달심리의 최근 동향

아동발달심리는 수정에서 아동기까지의 발달현상에 관심을 기울여 연구되는 분야로서 인간의 전 생애를 다루는 생애심리학과 차이를 가지고 있으나 1900년대 초반부터 밝혀진 바와 같이 초기 아동기까지의 발달이 그 이후의 시기에 이르기까지 지속적으로 영향을 준다는 주장이 나오면서 아동발달심리에 대한 연구가 많이 이루어져 왔다.

아동발달심리에서 주로 연구되어지는 주제를 분야별로 살펴보면 서구에서는 인지발달에 관한 연구가 주로 수행되고 있으며 특히 언어발달, 추론과 문제해결 능력의 발달, 기억발달 등에 관한 연구이다. 반면에 우리나라에서는 사회인지 발달 분야와 부모-자녀의 관계와 발달특성에 대한 영향에 관한 연구가 많으며, 특히 인지발달 분야에 있어서 개념 발달에 관한 연구 및 부모-자녀의 상호작용이나 양육방법, 가족 환경에 대한 연구가 많다고 보고하고 있다(송명자, 1994).

2. 아동발달의 개념

1) 아동발달의 의미

인간은 수정되는 순간부터 죽음에 이르기까지 표면적으로 드러나거나 않거나 간에 계속하여 양적으로 그리고 질적으로 변화하는 존재이다. 이와 같은 변화의 과정(changing process)을 발달(development)이라고 한다. 양적인 변화는 신장, 체중, 어휘 수의 변화와 같이 크기나 양에서 일어나는 변화를 의미하며, 질적인 변화는 인지능력이나 심리적인 작용을 바탕으로 하여 일어나는 변화와 같이 특정 내용의 본질 또는 조직상의 변화를 의미한다. 아동의 신체적, 운동 기능적, 인지적, 정서적, 사회적 측면의 모든 발달은 이러한 양적 또는 질적인 변화를 통해 이루어지며, 여러 발달측면은 상호영향을 주면서 발달을 촉진시키거나 지연시키기도 한다. 또한 발달의 특성은 체계적이고 연속적이다. 인간의 다양한 측면에서 일어나는 질적 · 양적인 변화가 무질서하지 않고 일정한 순서와 패턴을 가지고 체계적이며 질서정연하게 진행된다는 것이다.

Hurlock은 '발달은 개체의 전 생애주기를 통해서 일어나는 계속적인 변화의 연속으로서 질서정연하고 일관적인 형태의 진보적인 변화이다'라 하였으며, 발달이란 크기의 변화(changes in size), 비율의 변화(changes in proportion), 새로운 형태의 획득(acquisition of new features), 낡은 습관의 소멸(disappearance of old habits)의 과정을 거친다고 지적하였다. 즉, 발달이란 인간의 생명이 시작되는 순간부터 시간이 경과함에 따라 양적으로나 질적으로 변화하는 것을 의미한다. 예를 들어, 양적인 변화는 신체구조의 변화와 같이 키가 크고 체중이 늘어나며, 어휘력이 증가되는 등 크기 또는 양이 작은 것에서 점차적으로 큰 것으로 진행하는 변화를 의미한다. 질적인 변화는 기능적인 측면들이 미숙하고 낮은 수준에서 점차로 성숙되고 높은 수준으로 이행해 가는 흐름으로 지능 또는 정신작용에서의 변화와 같이 본질이나 구조 또는 조직상의 변화를 의미한다.

그리고 K. Koffka는 '발달은 유기체와 기관이 양에 있어서 증대하고 구조에 있어서 정밀화하며, 기능에 있어서 유능화되어 가는 과정'이라고 설명하고 있다. 이와 같이 발달이란 생명체가 신체적으로나 정신적으로 끊임없이 진행되는 변화의 과정인 것이다. 즉 발달은 인간의 생명이 시작되는 수정의 순간부터 죽음에 이르기까지의 전 생애를 통해 이루어지는 모든 변화의 양상과 과정을 의미한다. 발달적 변화의 과정에는 신경계와 뇌, 신체의 구조와 기능, 운동, 사고와 지능, 언어와 기억, 정보처리 능력 등의 인지적 영역, 그리고 성격, 사회성, 정서, 도덕성, 자아개념, 성역할의 정의적 영역 등 인간의 모든 행동특성들이 포함된다(송명자, 1995).

발달의 개념과 혼돈되어 사용되거나 비교되어온 개념의 용어로 성장(growth), 성숙(maturation), 발달(development), 학습(learning) 등이 있다.

(1) 성 장

성장은 크기의 증대를 의미하는 것으로 양적 변화이다. 비교적 환경의 영향을 적게 받는 생득적 요인에 의해 신장이나 체중이 증가하는 등의 신체적 특성의 긍정적인 변화를 의미하는 것으로 받아들여지고 있다. 그러나 근래에는 성장과 발달을 동일한 개념으로 간주하는 경향이 있다. 예를 들어, 지적 발달과 지적 성장을 동일하게 사용하기도 한다.

(2) 성 숙

성숙은 내적인 요인을 바탕으로 성장과정을 통해서 일어나는 신체적, 심리적 변화를 의미한다. 즉 성숙은 유전적이고 생리적인 요인에 의한 변화로서, 유전인자에 의해 미리 계획되어진 프로그램의 순서에 따라 자연발생적으로 일어나는 생물학적인 변화과정인 것이다. 예를 들어, 태아의 발달 또는 영아기의 운동기능의 변화, 사춘기의 청소년에게서 나타나는 초경이나 변성, 발모 등과 같은 제2차 성특징의 발현 등을 들 수 있다. 그러므로 성숙은 경험이나 학습과 같은 외적 작용에 의해서 이루어지는 것이 아니며 환경의 영향과는 전혀 무관하다고 본다. 그러나 인간의 발달과정에서 전적으로 성숙에 의존하는 변화가 가능한지에 대하여는 논란의 여지가 있다.

(3) 발 달

발달은 경험 및 학습이나 훈련과 같은 외적 작용에 의한 변화를 설명한다. 그러나 최근에는 연령에 따른 변화와 함께 유전인자 등의 내적 작용에 의한 생리적 변화를 모두 포함하는 광의적 의미로 사용된다. 즉 생득적으로 내재된 특성과 환경 간의 상호작용에 따른 행동특성의 질적 변화를 모두 포함한 의미로 사용되기도 한다. 즉, 발달은 인간의 전 생애에 걸쳐 일어나는 긍정적인 변화는 물론 부정적인 변화까지도 포함하고 있다.

(4) 학 습

학습은 후천적 경험이나 노력에 의해 일어나는 능력의 획득이나 비교적 영속적인 변화를 의미하는 것으로 발달과 동일한 개념으로 사용하거나 구분하는 학자들을 볼 수 있다. 발달과 학습이 갖는 공통점은 행동의 변화를 강조하는 것이고, 차이점은 학습은 관찰이 가능한 외현적인 행동의 변화와 양적으로 나타나는 수행의 결과를 강조하는 것에 비해 발달은 전 생애를 통해 이루어지는 모든 변화의 양상과 과정을 포함하는 의미로서 행동을 변화시키는 내적인 능력의 질적인 변화와 행동특성의 구조적인 측면을 강조하는 것이다.

2) 아동발달의 요인

아동의 발달은 여러 가지 요인에 의해 영향을 받게 되는데 이는 크게 유전과 환경으로 나눌 수 있다. 발달을 유도하는 주된 요인이 유전인가? 또는 환경인가? 하는 문제는 오랫동안 논쟁의 주제가 되어 왔다. Gesell, Goddard 등이 주장하는 것으로 학습보다 성숙에 의해 발달이 이루어진다는 유전론과 Locke, Watson 등과 같이 인간은 경험이나 학습에 의해 변화된다는 환경론을 들 수 있다. 그러나 최근에는 인간의 발달은 유전과 환경의 상호작용의 결과라는 주장이 우세하다. 이처럼 유전과 환경의 어느 한 가지만을 주장하기 힘든 이유는 인간의 발달은 이 두 요인의 역동적이며 매우 복잡한 상호작용적 과정에 의한 특성임을 인정하게 되어 인간의 발달에서 유전과 환경의 상대적인 영향력을 엄밀하게 구분할 수 없다는데 인식을 같이 하고 있다(박성연 외, 2005).

(1) 유 전

유전이란 수정의 순간에 부모로부터 물려받아 신체, 정신적인 특성이나 능력에 영향을 주게 되는 유전적인 정보를 말한다. 이러한 유전적인 정보는 남성의 정자나 여성의 난자 안에 이미 갖추어져 있으므로 단순히 부모로부터만이 아니라 인간의 진화 역사에서 찾아볼 수 있는 '인간'이라는 종(homo sapience)으로서의 유전적인 정보도 포함된다. 그러므로 인간은 인간의 유전정보를 가지고 인간으로 발달하게 되어 있다. 유전이란 유전인자, 타고난 성향, 성숙의 개념과 같은 생물학적 변화과정에 관련된다. 또한 아동의 발달 또는 변화가 유전적으로 예정된 계획에 의해 순서적으로 일어난다는 성숙의 개념이나 인간으로서 타고난 성향의 개념은 특히 모든 아동에게 보편적으로 일어나는 발달양상과 관련되며, 더 나아가 유전은 개인의 성장의 한계를 설정하는 요인이 된다.

많은 학자들의 쌍생아 연구를 통해 아동의 발달이나 병리적인 행동 등 여러 측면에서 부모로부터의 유전적인 요인이 영향을 미치고 있는 것이 입증되고 있다. 한편 아동이 경험하는 환경은 아동의 유전적인 특성에 의해 달라지기도 한다는 점에서 유전은 개개인의 발달에 있어 더욱 중요한 의미가 있다.

(2) 환 경

환경이란 아동의 행동이나 발달에 영향을 미치는 모든 외적인 조건들을 의미한다. 환경적 요인은 유전적 잠재력이 실현될 수 있는 범위와 한계를 절대적으로 제한한다. Aslin(1981)은 성숙에 따른 환경의 역할에 대하여 성숙모형, 유지모형, 촉진모형, 조정모형, 유도모형 등의 다섯 가지 모델을 제안하며 아동의 발달수준은 환경적 요인들의 영향으로 유지되거나 촉진되며, 강화 또는 개발된다고 지적하였다.

성숙모형은 아동의 발달내용 중 환경의 영향을 받지 않고 성숙에 의해 변화, 발달하는 양상을 나타내며, 유지모형은 성숙에 의해 발달된 행동이나 기술이 유지되기 위해서는 환경적 요인이 필요하다는 것을 보여준다. 예를 들어, 성숙에 의해 근육이 발달하더라도 운동을 하지 않거나 사용하지 않으면 쇠약해져 위축되는 현상을 볼 수 있다. 세 번째 촉진모형은 환경으로 인하여 발달이 촉진되는 것으로 환경 때문에 어떤 행동이나 기술이 더 빠르게 발달하는 경우이다. 조정모형은 환경적인 경험으로 영구적인 혜택을 얻게 되는 경우이다. 예를 들면, 영유아기에 좋은 환경에서 정서적, 인지적으로 긍정적이고 다양한 자극을 받고 자란 아동은 긍정적이고 바람직한 성격을 만든다든지 또는 높은 지적인 능력을 갖추게 되는 경우이다. 마지막으로 유도모형은 환경적인 요인이 없이는 기술이나 행동능력이 전혀 발달하지 않는다는 점에서 순수한 환경적 영향을 강조하는 발달수준을 주장하였다(김현주 외, 1998).

아동의 발달에 있어 환경의 영향에 대한 다른 중요한 요소는 동일한 자극 내용이라 할지라도 언제, 어느 시기에 받았느냐 하는 것으로 환경적 자극이 제공된 시기이다. 결정적 시기(critical period), 민감기(sensitive period) 등의 개념이 이를 뒷받침해 주고 있다. 예를 들어, 출생 후 6~12개월경의 영아는 부모나 양육자와의 애착관계 형성에 있어 민감한 시기이며, 어휘수의 증가는 2세에서 5세까지를 결정적 시기라는 등의 설명을 통해 환경의 영향이 시기에 따라 다르다는 것을 알 수 있다. 또한 아동에게 가장 중요한 환경인 부모의 영향 외에도 아동에게 직접 또는 간접으로 영향을 주는 각종 사회 환경의 중요성이 부각되고 있으며, 최근에는 환경체계이론 등과 같이 문화적 환경의 영향에도 관심 있는 연구들이 수행되고 있다.

(3) 유전과 환경의 상호작용

유전과 환경의 상대적인 영향은 발달내용에 따라 다르지만 대부분의 행동특성은 환경과 유전의 두 요인의 상호작용에 의해 영향을 받는다는 것은 이미 알려진 사실이다. 예를 들어, 아동이 지적으로, 운동적으로, 또 여러 영역의 성숙수준에 따라 학습의 효과를 가늠할 수 있다. 특정 학습에 필요한 아동의 성숙이 선행될 때에 학습효과를 높일 수 있으며, 또한 학습을 통해 성숙을 유도하거나 촉진시킬 수 있고, 학습의 부재로 성숙이 지연될 수도 있다. 그러므로 환경의 영향은 타고난 잠재력의 범위 내에서 이루어지며, 동시에 유사한 유전적 가능성을 가지고 태어났다 할지라도 적절한 환경의 제시여부에 따라 그 잠재가능성이 발현되는 정도에는 차이가 있음을 알 수 있다. 즉 유전적 특성들이 잠재적 변화의 한계를 규정하지만 출생 이후의 환경적 조건들이 적절히 뒷받침되어야만 잠재력이 충분히 실현될 수 있는 것이다.

한편 아동은 환경에 의해 일방적으로 영향을 받는 수동적인 존재가 아니라 환경을 선택하고 발달을 조정해 가는 능동적인 개체이므로 유전과 환경의 영향을 엄밀하게 구별하기는 쉽지 않다. 즉, 유전과 환경의 상호작용은 단순하지 않으므로 동일한 환경도 다른 유전을 가지고 태어난 아동에게는 또 다르게 영향을 주는 것으로 밝혀지고 있다(Wachs & Gandour, 1983).

이와 같이 유전과 환경의 상호작용은 단순하지 않다. 유전과 환경의 관계가 단순하게 누적적이라면, 성격적인 탄력성(resilience)이 있는 아동이 좋은 환경에서 자랄 경우에 최적의 발달을 이루는 반면에, 스트레스나 충격을 쉽게 받는 특질의 아동이 열악한 환경에서 성장할 경우에는 가장 최악의 발달을 이룰 것으로 기대된다. 그러나 호로위츠(Horowitz, 1987)는 환경에 의하여 쉽게 부정적인 영향을 받거나 또는 그렇지 않은 아동의 타고난 특성은 환경적인 질과 독특한 방식으로 상호작용하게 되므로 탄력성을 타고난 아동은 열악한 환경에서도 잘 발달할 수 있으며, 스트레스를 쉽게 받도록 타고난 아동도 좋은 환경에서는 양호한 발달을 성취할 수 있다는 것이다. 그러나 타고난 특성도 취약하고 환경도 열악하게 되면 발달이 저조하게 되는 것이 일반적이다.

최근의 연구에서는 맥락주의적인 관점에서 아동의 발달은 잠재하고 있는 유전적인 가능성, 생애초기 발달의 과정, 그리고 특정 시기의 환경조건들이 관련되어 발달이 결정된다고 지적하고 있다(Cooper & DeHart, 1992). 즉 모든 인간은 각자의 발달을 위한 독자적인 청사진을 가지고 태어나며, 이러한 유전적 가능성 요인은 특정 시기까지 이루어온 발달수준과 여러 가지 환경적 상황에 따라 적합하게 작용하여 나타나므로 개인의 발달은 타고난 특성과 환경 간의 역동적인 상호작용의 산물이라는 결론으로 이해된다. 그러므로 국가와 사회는 개개 아동의 유전적 잠재력이 최대한으로 실현될 수 있도록 최적의 환경적 조건과 상황을 조성해야 할 책임감과 실천적 노력을 수행해야 할 필요가 있다.

3) 발달의 원리

발달이란 수정되는 순간부터 계속되는 변화과정이다. 모든 성장 발달과정은 매우 복잡한 과정이지만 대부분의 아동에게서 공통적으로 표현되는 발달의 몇 가지 원칙과 규칙이 있다. 이 발달의 원칙을 발달의 원리라 하며 이를 구체적으로 제시해 보기로 한다.

(1) 발달은 계속적인 과정이지만(연속성), 속도는 항상 일정하지 않다(동요성).

인간의 발달은 전 생애 동안 계속적으로 일어난다. 수정되는 순간부터 죽음에 이르기까지 지속되는 과정이다. 그러나 발달의 속도는 생애의 시기에 따라 각각 다르다. 어떤 시기에는 매우 빠르게 변화되어지나 어느 시기에는 매우 느리게 변화되기도 하는 동요성을 가진다. 더 나아가 특정부분의 발달도 발달단계에 따라 그 속도가 항상 일정하지 않다. 예를 들면, 신체적인 발달은 유아기와 사춘기에 급격한 증가를 나타내지만 다른 시기에는 발달의 속도가 느린 것을 볼 수 있다. 언어발달에 있어서도 어휘 수는 유아기에 급격히 빠른 증가를 보인다. 이처럼 특정기관이나 기능이 특정한 시기에 급격하게 발달되는데 이러한 시기를 결정적 시기(critical period) 또는 민감기(sensitive period)라 한다. 그 이유는 이 시기에 정상적인 발달이 진행되지 않으면 그 이후에 발달적 지연을 초래하거나 영구적인 결함을 지니게 되는 경우가 많이 있기 때문이다.

(2) 발달에는 일정한 순서가 있다(순서성).

인간의 신체 운동적 발달에는 일정한 순서가 있다.

첫째로 상부에서 하부(top to bottom direction)로 발달한다. 즉 머리에서 발의 방향으로 발달하는 모습을 보인다. 예를 들어, 갓 태어난 유아를 보면 머리둘레가 몸통둘레보다 크며 또한 제일 먼저 가눌 수 있는 부분도 머리 부분이며 점차로 아래쪽으로 신체 구조와 운동기능이 발달하게 되는 것이다.

둘째로 중심에서 말초부분(inner to outer direction)으로 발달한다. 중심부가 말초신경보다 먼저 발달한다는 것이다. 예를 들어, 조작운동 기능은 어깨, 팔꿈치, 팔, 손목, 손, 손가락의 순서로 발달이 진행된다.

셋째로 전체에서 부분(whole to specific direction)으로 발달한다. 전체에서 부분으로 세분화되어 가는 과정을 통해 유아의 행동기능은 단순한 것에서 복잡한 방향(simple to complex direction)으로 발달해 간다. 예를 들어, 유아가 사물을 잡는 것을 보면 생애초기에는 몸 전체를 움직여 거칠고 산만하게 잡지만 점차로 손목, 손가락을 사용하게 된다. 걸음을 걸을 때에도 초기에는 뒤뚱뒤뚱 부자연스러운 모습으로 불안정하나 점차로 보행에 필요한 근육을 사용하여 안정적인 자세를 갖추게 된다.

아동의 발달이 이와 같이 일정한 순서와 방향으로 진행된다는 사실은 특정단계의 발달은 다음 단계의 발달을 위한 기초가 되며, 한 단계에서 다음 단계로 이행한다는 것은 보다 높은 차원으로의 변화발달이 이루지는 것을 의미하는 것이다.

(3) 발달에는 개인차가 있다(개인차).

모든 인간은 공통적이며 보편적인 순서에 따라 성장하고 발달해 간다. 그러나 아동의 발달을 자세히 살펴보면 개인마다 조금씩 차이가 있음을 볼 수 있다. 모든 유아들은 앉고, 서고, 걷는 보편적인 순서를 따르지만 때로는 그 순서가 바뀌기도 하고 더 나아가 발달의 속도나 그 시기에 차이가 있음을 볼 수 있다. 어떤 아동은 돌 안에 걷는가 하면 어떤 아이는 장애가 없음에도 두 살이 다 되어서야 걷기를 시작한다. 이러한 개인차는 일란성 쌍생아에게서도 볼 수 있다. 발달의 개인차는 유아를 지도할 때에 아동의 발달 수준을 파악하고 유의해야 하는 중요한 교육의 원리를 제시하기도 한다.

(4) 발달은 유전과 환경의 상호작용의 산물이다(상호작용).

전술한 바와 같이 인간의 발달의 근원이 유전이냐 아니면 환경이냐 하는 문제는 오랜 기간 논란의 대상이 되어 왔다. 학자들은 인간의 발달에 영향을 주는 요인의 소재에 초점을 두어 연구해 오다가 근래에 발달은 유전과 환경의 어느 한쪽만으로 이루어지는 것이 아니라 두 요인 간의 상호작용의 결과임을 인정하게 된 것이다. 최근에는 이런 유전과 환경이 서로 어떻게 상호작용하는가에 대한 연구, 즉 상호작용의 양상에 대한 기제와 상호작용의 과정에 관한 연구에 관심이 집중되고 있다.

(5) 각 영역의 발달은 상호 밀접한 관계가 있다.

아동의 특정영역의 발달은 다른 영역의 발달을 촉진하거나 유도하는 영향이 있다. 신체・운동기능의 발달과 인지발달, 사회 정서적인 발달은 역동적인 상호작용을 하게 된다. 예를 들어, 키가 크거나 운동기능의 발달은 긍정적인 자아개념이나 사회성을 발달시키는데 도움을 주기도 한다. 또한 신체적 발달은 인지적 과정에 영향을 주며 인지적 발달은 사회 정서적 발달에 관계되기도 한다.

(6) 발달의 초기 단계는 일생에서 가장 중요한 시기이다.

생애 초기단계인 영・유아기의 발달은 이후의 모든 단계의 성장과 발달의 기초가 되며 밀접한 관계를 갖는다. 초기발달의 경험은 신체적 발달의 특성이나 개인의 심리적 특성에도 매우 중요할 뿐만 아니라 더 나아가 후에도 지속적인 영향을 준다는 것이다. Freud나 E. Erickson 등의 발달이론에서도 초기의 부모와의 신뢰로운 관계는 나중에 친구관계, 이성관계, 부부관계 등 인간관계에 긍정적인 영향을 주지만,

초기의 부정적인 불신의 경험은 부정적인 영향을 주며 이러한 관계는 누적적으로 영향을 준다.

4) 발달과업

발달과업(development tasks)이란 해비거스트(R. J. Havighurst)에 의해 제안된 것으로 인간의 발달과정에서 각 단계마다 특정 시기에 습득하거나 성취해야 할 과제를 말한다. 이는 문화권에 따라 차이가 있으므로 절대적인 것은 아니지만 인간으로서 발달의 각 시기에 따라 어떤 측면에 초점을 두는 것이 필요한지에 대하여 시사하는 바가 크다. 인간발달 단계의 특정시기에 필요한 과업, 과업의 연속성, 사회문화적 적응 등이 중요한 구성요소이다. 발달과업의 주제는 적응기술이거나 지식이기도 하며, 기능이며 성장과 발달의 내용이 되는 것이다.

즉, 인간발달에는 그 개개의 단계에서 누구나 습득하거나 달성해야 하는 행동양태가 있으며, 이를 습득하게 되면 만족감과 성취감을 갖게 되고 주위의 승인과 인정을 받게 될 뿐만 아니라 다음 단계에의 적응도 잘 할 수 있고 더 나아가 다음 단계의 발달과업도 원만하게 수행하게 될 것이라는 가능성을 보여주게 된다. 반면에 특정 발달단계의 발달과업을 수행하지 못했을 경우에는 적응상의 문제가 초래될 뿐만 아니라 불행감을 경험하게 되고 사회적으로 부적응상태에 처하게 되므로 발달상의 이정표로 간주한다는 의미에서 이러한 과제를 발달과업이라 한다.

Havighurst에 의하면 발달과업은 계열성을 가지고 있으며 다음 단계의 시작은 이전 단계의 발달과업을 완수한 후에야 가능하다는 것이다. 그리고 특정 단계의 발달과업의 완수에는 반드시 절대적인 시간의 한계점이 있으며, 만일 그 시간 내에 완성하지 못한 과업은 계속적으로 성취 불가능한 상태로 남아 있을 수 있다는 것이다. 그러므로 발달과업은 아동의 학습 준비도를 파악하는데 도움을 준다. 발달과업은 발달의 순서에 따라 성취되어지는 것이므로 이전 단계의 발달과업을 성취하지 못한 경우에는 그 다음 단계의 발달과업을 수행하기 어렵게 되는 것이다.

발달과업은 성장과 발달에 따라 저절로 성취되는 것이 아니고 신체적 또는 정신적인 발달과 더불어 사회적인 요구와 기대 및 개인의 의도적인 노력에 의해 달성되는 성취이다. Havighurst는 인간의 삶과 성장이란 학습에 기초하고 있으며 사회적 조건의 변화에 적응하기 위하여 아동은 계속해서 학습해야 한다고 주장하였다.

Havighurst는 발달과업을 수행하는 데에는 세 가지 동인이 필요함을 강조한다.

① 신체적 성숙이나 건강에 관한 과업으로 예컨대, 유아기에 걷고 말하는 것이나 청년기에 이르러 이성의 마음에 들도록 행동하는 법 등을 배우는 일, 중년기에 들어서 갱년기 현상에 적응하는 것 등을 들 수 있다.

② 개인의 성격, 자아, 욕구 등에 관해 일어나는 과업으로 예컨대, 인격의 성숙으로 나타나며 개인의 가치와 열망의 형태를 취하는 과업, 즉 직업적 성공에 필요한 기술 등을 습득하는 과업이다.

③ 사회의 압력에서 그 동기를 찾을 수 있는 과업으로 예컨대, 책임 있는 시민의 역할을 습득하는 과업이다.

이처럼 발달과업은 교육과 밀접한 관련을 지니고 있다. 발달과업의 개념은 교육목표를 설정하거나 교육과정의 계획을 수립함에 있어서 기초적인 고려사항이 되는 것이다. 특정 학습과제를 언제 어떻게 제시할 것인가, 또는 특정 학습과제를 가장 잘 습득할 수 있는 최적의 시기가 언제인지를 결정하는 데 많은 도움을 주게 된다. 즉 특정 발달과업을 수행해야 할 특정 시기가 있다는 것은 그 과업을 가르칠만한 최적의 조건을 갖춘 시기가 있다는 것을 의미하는 것이다. 다시 말하여 교육은 전적으로 아동의 요구나 필요에 따라서만 또는 사회의 필요나 기대에 의해서만 이루어질 수 없는 것이며, 아동의 필요와 능력 그리고 사회적 요구 등을 종합적으로 고려하여 이루어진다는 점에서 교육과 발달과업이 관련이 있는 것이다

Havighurst가 그의 저서 「발달과업과 교육」에서 제시한 단계별 발달과업을 아동기까지 살펴보면 다음과 같다.

(1) 영아기

① 생리적인 안정을 유지하고 안전을 위해 쾌와 불쾌를 표현한다.

② 유동식음식에서 고체음식을 먹기 시작한다.

③ 걷는 법을 배우고 걷기 시작한다.

④ 말하는 법을 배우기 시작한다.

⑤ 배설의 통제를 배우기 시작한다.

(2) 유아기

① 남녀 간의 성차를 알아 성을 구분하며 성역할 개념을 안다.

② 주변의 사물이나 사회적 현상에 대한 단순한 개념을 형성하고 관심을 갖는다.
③ 어휘 수가 늘고 자신의 의사나 감정을 언어로 표현한다.
④ 부모, 형제, 타인의 감정을 이해하여 적절한 정서관계를 맺는다.
⑤ 양심을 발달시키고 옳고 그른 것을 구별할 줄 알게 된다.

(3) 아동기

① 신체발달과 놀이에 필요한 신체적 기술을 익힌다.
② 또래 친구와 사귀는 법을 익힌다.
③ 성장하는 유기체로서 자기 자신에 대한 개념과 태도를 형성한다.
④ 읽기, 쓰기, 셈하기(3R) 등의 기본적인 학습기술을 습득한다.
⑤ 양심과 도덕, 가치척도가 발달한다.
⑥ 일상생활에 필요한 개념을 배우고 성역할을 습득해 간다.
⑦ 사회나 집단이나 제도에 대한 태도를 발달시킨다.
⑧ 인격적인 독립성을 성취시킨다.

아동발달연구의 이해

1. 아동발달 연구를 위한 자료수집 방법
2. 발달연구의 설계
3. 발달연구의 방법

제2장

모든 발달연구에서는 먼저 연구대상을 주의 깊게 관찰하고 평가하며, 여기에서 수집한 모든 정보들을 분석하여, 연구의 결론을 이끌어 내기 위해서는 분석한 모든 정보를 이용하게 된다. 현대의 발달심리학은 발달심리학의 연구자가 과학적 방법(scientific method)의 연구 태도와 가치를 갖고 객관적으로 접근해야 하며, 그들의 연구 데이터가 이론화의 장점을 결정하도록 해야 한다고 주장하고 있다.

아동발달 연구는 약 100여 년의 역사를 가지고 있으며, 지난 100년 간 아동발달의 연구는 정교한 과학적 학문으로 발전해 왔다. 19세기말의 철학적 관점에서 직접관찰과 실험을 포함한 과학적 접근으로 변화가 일어났다. 영향력 있는 연구자(Charles Darwin, G. Stanley Hall, Sigmund Freud 등)들은 대부분 생물학이나 의학과 같은 자연과학이나 철학교육을 받았으며, 1920년대에는 Minnesota, California 대학 등에서 아동발달연구센터들이 창설되었고, 아동발달학회(Society for Research Child Development)가 형성되었다.

특히 20세기 초반의 Freud의 정신분석이론에서는 생후 5년 동안에 부모와의 경험들이 이후 아동의 개인적인 발달의 중요한 결정 요인이라고 주장했으며, 아동발달을 생물학적 충동과 사회적 요구 사이의 갈등에 근거한 일련의 심리성적 단계를 중심으로 아동발달을 설명했다. Watson은 행동이론에서 아동발달에 대한 환경의 중요성을 강조했으며, Baldwin은 발생학적 인식론(genetic epistemology)에서 아동의 지식이 그들의 발달과정에서 어떻게 변화하는지에 대해서 연구했고, Piaget는 자녀들의 사고 발달을 세밀하게 관찰하고 아동의 인지발달 이론을 확립했다.

1. 아동발달 연구를 위한 자료수집 방법

아동발달 연구자는 연구하고자 관심있는 영역의 자료를 수집하거나 측정하는 방법을 선택해야 한다. 연구자들이 인간발달에 관한 자신의 가설을 검증하는데 사용할 수 있는 유용한 절차 또는 다양한 방법들이 있다.

사용할 절차나 방법이 무엇이든 간에 아동의 행동, 정서, 사고, 인지 등 연구자의 관심영역의 자료를 수집하고 측정하는 방법이 결정되면, 측정 결과의 타당성(validity)과 신뢰성(reliability)을 고려해야 한다. 연구대상 아동에게 반복 측정하거나 시간이 경과해도 일관된 결과로 측정되었을 때 그 측정도구는 신뢰로운 것이며, 그리고 측정하고자 하는 것을 측정했다면 그 측정도구는 타당성이 있다고 말한다. 아동발달 연구에서 연구 목적에 부합되는 결과를 얻기 위해서는 측정방법에서 타당성과 신뢰성이 확보되어야 하고, 연구에 대상으로 표집된 아동이 연구하고자 하는 실제 대상 전체 아동을 대표할 수 있어야 한다.

아동발달 연구에서 사용되는 자료수집의 절차 및 측정방법에는 자기보고법(self report), 관찰법(observation), 사례연구법(case study), 정신생리학적 방법(psychophysiological method), 기술민족학(ethnography), 등이 있다.

1) 자기보고법

자기보고법(self report)은 자료를 수집하고 가설을 검증하는 절차를 말하며, 그 방법에는 면접법(interview method), 질문지법(questionnaire method), 심리검사법(psychological test method), 임상법(clinical method) 등이 있다.

면접법과 질문지법을 선택하는 연구자들은 아동들(또는 부모들)에게 아동의 정서, 행동, 인지 또는 사고방법과 같은 발달측면을 포함하는 일련의 질문을 통해서 정보를 수집하고 분석한다. 질문지법을 통한 정보 수집은 일련의 문장이나 문항으로 구성된 질문지에 참가자들이 써서 응답하도록 하는 방법이며, 면접은 참가자들이 연구자의 질문에 말로 응답하는 방법이다. 면접법과 질문지법은 아동이 글을 읽지 못하거나 말을 이해하는데 어려움이 있을 때나 경험과 사건에 대한 오해 및 부정확한 기억 등의 원인 때문에 부정확한 대답이나 질문지를 작성할 가능성이 있다. 이러한 한계점을 바르게 이해하고 사용한다면, 짧은 시간에 많은 양의 유용한 정보를 얻을 수 있는 장점이 있다.

심리검사법은 인간의 발달과정에서 나타나는 다양한 심리적 특성을 과학적으로 평가하는 하나의 방법으로 아동의 지능, 정서, 학력, 적성, 흥미, 성격 등을 측정이론에 따라서 측정 및 검사하여 자료를 수집하는 방법이다. 검사를 통해서 발견 및 평가된 결과는 발달심리학의 주요과제인 개인간 차이(inter-individual difference) 및 개인내 차이(intra-individual difference), 그리고 지적 결함이나 정서적 부적응 등 비정상적인 발달의 연구를 위한 중요한 자료를 제공하게 된다.

임상법은 면접법과 유사한 방법으로 연구자는 연구에 참가하는 사람에게 어떤 종류의 과제나 자극을 제시하고 반응하게 해서 가설을 검증하는 방법이다. 연구자는 참가자의 반응을 좀 더 명확히 하기 위해서 질문을 하거나 새로운 과제를 제시하기도 하며, 피험자의 질문에 대한 대답에 따라서 피험자들에 대한 다음 질문은 융통성 있게 결정된다.

2) 관찰법

관찰법(observation)에는 일상적인 자연스러운 환경에서 관찰하는 자연관찰법(natural observation)과 자연환경에서 관찰하기 어려운 이상행동이나 바람직하지 않은 행동들을 관찰하거나, 어떤 행동을 유발할 수 있는 상황에서 아동의 행동을 관찰하기 위해서 실험실에서 관찰하는 구조화된 관찰법(structured observation)이 있다.

자연관찰법은 가정이나 학교 및 생활공간에서 아동의 행동을 주의 깊게 관찰하여 기록한다. 자연관찰법의 장점은 언어적으로 표현할 수 없는 영아기 아동의 행동특성들을 관찰하는데 적용하기 쉽고 일상생활에서 실제적으로 행동하는 특성을 할 수 있는 점이다. 그러나 자연관찰법은 관찰자가 좀처럼 관찰하기 힘든 바람직하지 않은 행동(도벽 등)을 쉽게 목격하여 관찰하기 어렵고, 자연스러운 상황에서 동시에 발생하는 다양한 행동들 가운데 어떤 행동이 특정행동의 발달에 관련된 원인인지 알아내기 어려우며, 관찰자가 있기 때문에 관찰 대상자는 관찰자가 없을 때와는 다른 행동을 할 가능성 높다는 제한점들이 있다.

구조화된 관찰연구에서는 관찰대상 아동이 연구자가 관찰하고자 하는 행동이 촉발될 수 있는 상황에 있게 되며 관찰자는 숨겨진 카메라나 일방경을 통해서 관찰한다. 구조화된 관찰은 자연환경에서 자주 일어나지 않거나 공개적으로 보이지 않는 행동을 관찰하는데 강점이 있으며, 관찰대상 아동들이 동일한 자극에 노출되고 동일한 반응이나 목표행동을 수행하는 발달특성을 관찰하는데 유용하다. 그러나 구조화된 관찰에서는 관찰된 관찰대상 아동의 행동이 일상생활에서 자연스럽게 발생하는 행동처럼 인위적인 실험실 상황에서도 항상 동일하게 반응하거나 행동하지는 않는다는 약점이 있다.

3) 사례연구법

사례연구(case study)는 한 개인을 다양한 측면에서 세밀하게 관찰하는 방법이다. 시례연구법은 자기보고법, 관찰법, 검사법 등 다양한 방법이 활용되며 한 개인의 발달에 관한 자세한 모든 것에 관한 정보를 제공해 준다. 사례연구에서는 개인의 가정환경, 사회 경제적 계층, 건강기록, 학력, 심리검사 결과, 생활사, 가족사 등의 많은 개인정보를 얻는데 유용하다. 사례연구는 개인을 광범위하고 질적으로 깊게 이해할 수 있는 많은 정보를 수집할 수는 있지만, 소수의 사례를 근거로 대부분의 사람에게 적용하거나 일반화 가능성이 낮으며, 관찰된 사례를 직접 비교하기 어려운 점이 있다.

4) 정신생리학적 방법

정신생리적 방법(psychophysiological method)은 생리적 반응과 행동 사이의 관계를 측정하는 기법으로 정신적, 정서적 사건을 언어로 보고할 수 없는 영아와 걸음마 시기 아동의 정신적, 정서적 경험을 해석하는데 유용하게 사용된다. 아동의 심리적 경험과 자극에 민감한 불수의적 반응으로서의 심장박동률은 흥미 있는 자극에 집중 또는 몰두하고 있을 때와 휴식 중일 때는 심장박동률이 감소했으며, 자극을 경계하거나 화가 났을 때는 증가했고, 자극에 관심이 없는 아이의 심장박동률은 변화가 없었다(Campos, Bertenthal, & Kermonian, 1992). 또 하나의 유용한 정신생리적 반응을 평가하는 뇌파활동을 측정하는 EEG(electroencephalogram) 기록에서는 수면주기, 각성 상태, 흥분상태 등 아동의 심리적 상태에 따른 서로 다른 뇌파상태를 기록하였다.

5) 기술민족학

인류학의 현장에서 주로 사용되는 참여관찰의 한 형태로서 기술민족학(ethnography)은 발달 중인 아동들에 대한 문화의 영향을 이해하고자 하는 연구자들에 의해서 활용된다. 기술민족학자들의 자료 수집은 다양하고 광범위하며, 자료를 얻기 위해서 몇 달이나 몇 년 동안 연구하고자 하는 문화나 하위문화 공동체 속에서 생활한다. 그들은 주로 자연관찰을 하거나 그 문화의 구성원과의 대화를 통해서 자료를 수집하며, 이 자료들은 공동체의 독특한 가치와 문화 및 전통이 아동의 발달에 미치는 영향을 연구하는 데 활용된다.

2. 발달연구의 설계

연구자들이 연구하고자 하는 것이 결정되면, 행동과 발달 간의 인과 관계를 밝히기 위해서 연구계획을 세우며, 이 때 주로 사용되는 연구 설계는 실험설계(experimental design)와 상관설계(correlation design)가 있다.

1) 실험설계

실험설계(experimental design)는 여러 요인들이 조작되는 절차며, 실험요인을 제외하고 다른 모든 요인은 일정하게 유지하고 연구대상의 행동에 영향을 줄 것으로 예상되는 특정 요인을 조작하는 것이다. 즉 실험설계는 실험 연구자가 특정 행동이라고 가정되는 요인 또는 다수의 요인들을 실험대상에게 체계적으로 조작하여 제시하고 그 변화를 분석하는 방법이다. 만약 어떤 요인이 실험대상에게 조작되는 동안 그 실험 대상의 행위가 변화한다면 그 변화는 실험대상에게 조작된 요인이 실험대상의 행위를 변화시켰다고 말할 수 있다.

실험은 두 가지 형태의 가변적인 요소로서 독립변인(independent variable)과 종속변인(dependent variable)이 포함되며, 독립변인은 조작가능하며 실험결과에 영향을 줄 수 있는 잠재적 요인으로서 실험자가 특정행동에 주는 영향을 측정하기 위해서 변화시키거나 조작하는 환경자극 및 변인이며 종속변인은 독립변인의 변화에 따라서 변화된 반응으로 실험에서 측정되어지는 것으로 실험연구자들은 독립변인을 조작한 후에 변화되는 결과를 알기 위해 종속변인을 검토한다.

실험에서는 실험통제라는 문제가 발생하는데, 실험자는 독립변인이 종속변인에 인과적으로 관련된다는 결론을 내리기 위해서는 실험자는 독립변인 이외의 변인으로 실험자가 통제하지 않으면 종속변인에 영향을 줄 수 있는 변인, 즉 혼합변인(confounding variable)이 통제되었음을 증명해야 한다. 이러한 혼합변인이 통제되었다는 것을 검증하기 위해서는 실험집단과 같은 조건을 가진 비교집단, 즉 통제집단이 필요하며, 실험자는 종속변인에 영향을 줄 수 있는 모든 가외변인을 통제(experimental control)하는 것이 필요하다. 통제집단은 조작된 요인(독립변인)을 제외하고는 모든 요건에서 실험집단과 똑같이 취급되어져야 하며 실험처치에서 실험대상과 통제집단은 무선할당(random assignment)하는 것이 중요하다.

2) 상관설계

상관설계(correlation design)는 두 개 혹은 그 이상의 변인들이 서로 의미 있게 관련되어 있는지를 분석하는 설계로서 변인 간의 관련성의 수준을 상관계수로 표시한다. 상관설계는 어떤 방식으로든 피험자의 환경을 구조화하거나 조작하지 않으며, 자연스러운 생활에서 주어지는 변인이나 심리적 특성들이 아동의 행동이나 발달패턴에 관련이 있는지의 정보를 수집하는 설계다.

변인들 간의 관련성의 정도는 통계절차로 자료를 처리하여 상관계수(r)로 산출하며, 상관계수의 범위는 −1.0에서 +1.0까지다. r 의 절대값은 상관관계의 강도를 말하며, 상관관계의 부호는 관계의 방향을 나타낸다. 상관계수가 +부호이면 한 변인이 증가하면 다른 변인도 증가하는 정적상관을 의미하고, 만약 -부호이면 한 변인이 증가하면 다른 변인은 감소하는 부적상관, 즉 역관계를 의미한다.

일반적으로 상관계수에 대한 해석은 지수의 크기에 따라서, .90-1.0 (아주 상관이 높다), .70-.90(상관이 높다), .40-.70(확실히 상관이 있다), .20-.40(상관이 이기기는 하나 낮다), .00-.20(상관이 거의 없다) 등으로 해석한다.

상관설계의 결과는 2개 이상 변인 간의 체계적인 관계를 찾을 수 있지만 제한점은 변인들 간의 인과관계를 분명하게 밝혀 주지는 못한다는 것이다. 예를 들면, 아동의 사회성과 형제 수와 상관성이 높게 산출되었다면, 형제 수가 아동의 사회성과 관련이 있다고 해석할 수 있지만, 형제 수 이외에 또 다른 변인들이 아동의 사회성 발달에 영향을 주었을 가능성이 있다.

3. 발달연구의 방법

발달심리학자들은 인간의 감정, 사고, 능력, 행동이 시간의 변화 또는 연령의 변화에 따라서 어떻게 변하고 발달하는가에 관심을 갖는다. 이러한 발달 경향에 대해서 발달연구자들은 연구 기간을 어떻게 투여할 것인지에 관심을 갖는다. 이러한 경우에 선택할 수 있는 방법들은 동일시기에 서로 다른 연령대의 사람을 비교하는 연구방법, 같은 연령의 사람을 오랜 기간 동안 추적하여 연구하는 방법, 그리고 이러한 두 가지 방법을 혼합하여 연구하는 방법들이다.

1) 종단적 연구법

종단적 연구법(longitudinal design)은 일정한 기간 동안 또는 긴 기간 동안 동일한 아동들을 반복 관찰하거나 측정해서 연구하는 방법이며, 표집된 대상자를 반복적으로 관찰 및 조사함으로써 표집에 있는 각 개인의 발달특성 및 속성의 연속성을 관찰 및 측정할 수 있는 장점이 있다. 또한 대부분의 아동들이 다양한 변화를 겪는 시점과 공통특성을 발견하여 아동들의 규준적 발달 경향과 과정을 확인 할 수 있으며 아동들의 초기 경험의 차이가 아동들의 서로 다른 발달결과를 초래한다면 발달에서의 개인차가 발생하는 원인을 이해하는데 도움을 줄 수 있다.

그러나 종단적 연구는 많은 경비와 시간이 들고, 시간경과에 따른 향상이 발달적 변화에 기인할 수도 있지만 측정의 반복으로 인한 연습효과(practice effects)와 관련될 수도 있으며, 연구가 지속되는 동안 이사, 아동의 연구 참여에 대한 흥미의 상실, 부모가 어떤 이유로 연구에 참여하는 것을 반대하는 등의 문제로 선별적 감소(selective attrition) 문제가 발생할 수가 있다.

2) 횡단적 연구법

횡단적 연구법(cross-sectional design)은 같은 시기에 여러 연령집단을 연구하여 각 연령 변화에 따른 발달과정과 특성을 연구하는 방법이다. 횡단적 연구는 많은 연령층에서 각 연령층 아동들의 발달특성을 단 하루 또는 짧은 시간에 수집할 수 있고, 반복측정에 의한 연습효과나 연구 대상 아동의 탈락 없이 관찰하고 측정할 수 있는 장점들이 있다. 그러나 다른 각 연령층 집단 간의 차이가 발달에 의한 차이뿐만 아니라 동시대 집단의 환경적 경험이나 문화적 차이에서 발생할 수 있는 동시대(동년배) 집단 효과(cohort effect)에 의한 영향을 받을 수밖에 없는 한계점이 있다.

3) 계열적 연구법

계열적 연구법(sequential design)은 여러 연령층의 연구대상 집단을 선발하여 이 동시대 아동집단을 각각 상당 기간 동안 연구하는 횡단적 연구와 종단적 연구의 가장 좋은 점들을 결합한 연구방법이다. 이 연구에서는 횡단적 연구방법에 의해서 여러 연령집단의 대상아동을 표집하여 각 연령집단에 같은 시기에 발달 특성을 측정하여 자료를 수집하고 또 그 각 연령집단에 대해서 종단적으로 장기간에 걸쳐 반복적으로 측정하여 자료를 수집한다.

이 계열적 연구방법의 장점은 다른 연령집단 아동들의 측정된 결과를 비교하여 동시대 집단의 효과의 영향을 받았는지 아닌지를 알 수 있고, 한 연구에서 종단적 연구와 횡단적 연구를 동시에 할 수 있다는 점이다.

계열적 연구 방법에 의한 연구의 예를 들어 보면, 5세와 7세 아동의 수열추리

능력의 발달에 관한 연구를 2007년에 시작한다면, 2007년에 5세인 아동과 7세인 아동의 수열추리 능력을 측정하고, 2년 간격으로 7세와 9세가 된 아동을 2009년에 재검사하고, 9세와 11세가 된 아동을 2011년에 재검사 측정할 수 있다. 이 측정결과는 5세와 7세, 7세와 9세, 9세와 11세 아동 간의 발달특성을 횡단적 연구방법으로, 그리고 5세에서 7세, 9세까지의 연속적인 발달 변화와 7세에서 9세, 11세까지의 연속적인 발달변화를 종단적 연구방법으로 연구할 수 있다.

아동발달의 이론적 관점

제3장 생득적 관점
제4장 행동주의적 관점
제5장 구조주의적 관점
제6장 정보처리적 관점
제7장 정신역동적 관점
제8장 인본주의적 관점
제9장 생태학적 관점

제2부

생득적 관점

1. 게젤의 성숙이론
2. 몬테소리의 민감기이론

제3장

개인의 발달은 이미 태어날 때부터 상당 부분 그 발달이 결정되어 있다고 주장하고 있는 이론이 생득설이다. 대표적 이론으로 게젤의 성숙이론을 들 수 있다.

이 이론은 생득이라는 낱말이 가지고 있는 의미대로 태어날 때 부모로부터 물려받은 유전적 특성이든 아니면 돌연변이적 특성이든 모든 개인은 나름대로 특성을 가지고 태어나며 그 특성에 맞게 발달이 이루어진다고 한다. 실제 크면서 부모의 얼굴을 닮는다든지 손가락, 발가락이 닮는다든지 등의 신체와 용모의 유사점은 우리의 심장이나 뇌와 같은 내부의 기관도 부모의 것과 닮는다는 추론을 가능케 한다. 물론 우리의 눈으로 그것을 직접 관찰하여 확인할 수는 없다.

그러므로 의사들이 고혈압이라든지 심장병을 부모가 앓은 적이 있느냐고 묻는 것은 곧 부모의 병적 기관도 자녀들에게 물려준다는 유전성에 근거한 생각을 함유하고 있기 때문이다. 이러한 생각을 바탕으로 유추해 보면 결국 인간의 발달은 이미 수정되어지는 순간 다른 생물이 아닌 인간으로 발달하도록 조건과 특성으로 규정되어 있고 그 규정된 인간 특성 외에는 누구, 누구, 아무개, 아무개라는 개체의 독특한 특성을 지니고 태어난다는 설이 가능하다. 따라서 생득설은 인간의 발달은 각 개인마다 그가 가지고 태어난 프로그램에 의하여 추진되고 있으며 그 프로그램을 크게 벗어날 수 없다는 것을 강조한다.

1. 게젤의 성숙이론

게젤(Gesell)은 성숙의 개념이 아동의 운동발달 뿐 아니라 다른 영역의 발달에도 적용된다고 보았다. 역시 이 성숙에도 보편적인 순서가 있다. 물론 속도에 있어서는 개인차가 따른다. 타고난 내적인 계획과 관련하여 환경에 대한 그의 견해를 보면 환경적인 요인이 한 아동의 성장을 어느 정도 지원해 주거나 손상시키기는 하지만 발달의 기본 골격에 영향을 주지는 않는다고 한다. 발달의 기본 골격은 예정된 계획에 따라 정해진다는 것이다. 따라서 아동의 내적인 계획보다 앞서 어떤 기술이나 행동을 가르친다는 것은 효율적이지 못할 뿐 아니라 때에 따라 그 아동의 발달에 저해 요인으로 작용할 수도 있다.

게젤에 따르면 아동의 내부에 위와 같은 위기에 대처해 나가는 힘이 있는데, 이것을 그는 자기 규제력(self-regulatory power)이라고 불렀다. 이 힘은 아동이 너무 많은 것을 너무 빨리 배우도록 강요당할 때 스스로가 저항하는 힘이다. 아동 스스로가 자기 수준에 맞도록 성장을 조절하고 이끌어나가는 능력에서 비롯된 힘이다. 그는 쉬운 예로 발달의 동요상태를 들었다. 즉, 영아가 처음 걸음마를 배우기 시작할 때 몇 걸음 걷다가 다시 기다가 다시 또 몇 걸음 걸어보다가 또 기다가 하는 불안정과 안정의 과정을 주기적으로 거친다. 이러한 동요과정을 어느 정도 겪은 후에 초기의 긴장상태를 극복하고 발달의 안정권에 들어가게 된다는 것이다.

2. 몬테소리의 민감기이론

유아의 전인적인 성장을 위해서는 유아의 인격 존중뿐 아니라 환경과 자유 역시 밀접한 유대관계를 맺어야 한다. 유아에게는 창조적인 본능이 있고, 주위 환경을 통해서 정신세계를 구성해 가는 잠재력이 있다(Montessori, 1966). 따라서 환경과의 밀접한 유대관계를 위해서는 유아에게 특별한 내적 도움이 주어져야 하는데, 이것이 바로 민감기(sensitive period)의 도움이라고 본다(Gettman, 1987). 민감기는 독특한 민감 성향을 말한다. 특수한 민감성은 발달과정을 거치는 동안 유아의 조기 상태(early childhood state)에서 획득되는 것으로 일단 특별한 특성을 획득한 후에는 특수 민감성은 소멸되는 일시적인 기질이다. 몬테소리는 유아에게 있어 민감기란 특정한 측면에서 두드러지게 나타나는 연속적인 특성을 지니는데 이 기간은 주로 0세에서 6세 사이에 해당된다고 보았다.

생물의 모든 특별한 특성들은 일시적인 충동이나 잠재력 개발의 도움을 통해 얻어지는데, 유아는 그의 민감기를 통해 자신을 환경에 적응시키고 그에 따르는 특성을 획득하는 것을 배운다. 이 민감성은 유아가 두드러지게 강렬한 방식으로 외부 환경과 접하도록 해 준다. 그렇기 때문에 이 시기에는 모든 것을 받아들이기가 수월하다. 그러나 어떤 특성이 획득되었을 때는 그 특성에 대한 민감기는 약화되어 사라지고, 또 다른 성격의 민감기가 찾아오게 된다. 그러므로 교사는 그 특성에 대한 민감기가 존재하는 동안 잘 관찰하여 그 시기를 효과적으로 보낼 수 있도록 돕는 것이 아주 중요하다.

몬테소리의 연령에 따른 민감기와 제코비(M. Jacoby)의 몬테소리 교육이론에 근거하여 제시한 연령별 민감기를 종합 검토하여 유아의 발달과정상의 특징적 민감기를 분류하여 실례를 제시하면 다음 〈표 3-1〉에서와 같다.

표 3-1 연령에 따른 민감기의 실례

연령
0 1 2 3 4 5 6

흡수정신(absorbent mind)
언어(language)
근육발달(muscular development)
작업(work)
질서(order)
감각(sensibility)
촉각(tactile sense)
쓰기(writing)
냄새 (smell)
작은 사물 (small objects)
맛(taste)
읽기(reading)
예의(courtesy)
운동(movement)

〈표 3－1〉에서와 같이 유아의 연령에 따른 민감기는 다양함을 알 수 있다. 이에 관해 자세히 살펴보면 다음과 같다.

1) 흡수정신의 민감기

흡수정신(absorbent mind)이 강하게 나타나는 민감기는 출생에서 5세 반이나 6세까지 지속된다. 이 때 유아는 이미지 자체를 소유할 수 있는 거대한 능력을 갖는다.

2) 언어에 대한 민감기

언어(language)에 대한 민감기는 생후 4개월부터 시작되어 5세 반까지 지속된다. 이러한 생각은 유아가 인간의 목소리나 말하는 입에 대한 민감한 반응의 관찰을 토대로 한 것이다. 이 시기에 있는 유아는 타인이 말하는 것을 듣기 좋아하며 말하는 소리를 듣고 반복하며 모방하는 것을 즐긴다. 특히 자발적인 언어발달은 2세 반에서 시작하여 5세까지 지속된다. 이 때의 유아는 단어의 형태뿐만 아니라 문장을 올바르게 사용할 수 있는 능력이 생겨난다. 따라서 언어에 대한 민감성이 예민한 이 시기에 교육자는 정확한 발음과 풍부한 어휘로 유아를 격려해 주어야 한다.

3) 근육발달의 민감기

근육발달(muscular development)의 민감기는 2세 반이나 3세에서 6세 사이가 해당된다. 이 시기의 유아에게는 사물을 만지고 조작하는 신체적인 움직임이나 활동이 자주 나타나며, 자기를 조절할 수 있는 운동 능력뿐 아니라 인성까지도 개발되어진다.

4) 작업의 민감기

작업(work)의 민감기는 협응력을 위한 민감기와 같이 2세 혹은 2세 반경에 시작되며 6세까지 지속된다. 협응력은 자신의 신체를 원하는 대로 명백히 움직일 수 있는 조절의 의지를 의미하는 것이지 복잡한 운동기술을 더욱 쉽게 습득할 수 있다는 것은 아니다. 오히려 협응력의 근본적인 의미는 더욱 분명한 조절을 획득하기 위해 유아들이 좋아하는 활동을 무의식적으로 반복하고 수행하는 것을 말한다.

5) 질서에 대한 민감기

질서(order)에 대한 민감기는 출생에서 시작되어 6세까지 지속된다. 그러나 6개월에서 2세 사이에 질서에 대한 민감성을 가장 강하게 나타낸다. 지적인 능력을 구성하는 필수적인 인상은 질서화된 형태에서 일어나며 세상에 대한 생각이나 언어를 질서적으로 표현할 수 있도록 한다. 만약 매일의 경험에서 질서가 일정하게 유지된다면 지각된 형태를 근거로 삶의 이해를 정립할 수 있게 된다. 질서에는 내적 질서와 외적 질서의 두 가지 특성이 있는데, 유아의 내적 질서에는 움직임과 위치의 관점에서 자기 신체의 일부분을 감지하는 것을 포함한다. 외적 질서로는 환경과 자신을 관련시키며 이 시기 동안에 유아는 사물과 공간의 관계에 대해 대단한 흥미를 느끼며 사물을 제자리에 갖다 놓는 것을 즐긴다. 그러므로 교실에서 모든 것을 질서 있게 정돈하여 준비된 환경을 마련해 주면 유아는 정리된 환경을 내면화할 수 있게 됨으로써 정신 내적 발달을 이룰 수 있게 된다.

6) 감각의 민감기

감각(sensibility)의 민감기는 출생에서 시작하여 6세까지 계속된다. 이 시기에 유아는 가능한 한 모든 감각적 능력을 습득할 욕구를 갖는다. 감각의 훈련은 그 시대의 문화 형태에 적용 가능한 일반적인 기능을 갖추게 할 뿐만 아니라 삶이 위급할 때 대처 능력을 준비하게 해 준다.

7) 촉각의 민감기

촉각(tactile sense)의 민감기는 3세 반에서 5세 반까지이다. 이 시기에 있는 유아는 만지고자 하는 성향이 나타나며 유아의 활동에서 기본적인 협응력을 고착시키는데 도움을 준다.

8) 쓰기의 민감기

쓰기(writing)의 민감기는 주로 3세 반에서 4세 반 사이에 발달되어지며 쓰기는 읽기보다 먼저 나타난다. 쓰기란 연필로 쓰는 것이 아니라 소리를 분석하고 말을 구조화하며 조립시켜 형성하는 것을 의미한다.

9) 냄새의 민감기

냄새(smell)의 민감기는 3세부터 6세까지이다. 그러므로 이러한 냄새 감각을 발달시키기 위해 다양한 냄새를 경험할 수 있는 환경을 준비해 두는 것이 바람직하다.

10) 작은 사물의 민감기

작은 사물(small objects)의 민감기는 2세경에 일어나서 6세까지 지속된다. 작은 사물에 흥미와 관심을 갖게 되는 것은 유아의 내적 인지구조의 집중화를 견고하게 함으로써 주의집중과 정신 조절 능력을 일으키게 한다. 따라서 이 시기에 작은 사물에 관한 여러 가지 경험을 할 수 있는 환경을 준비해 준다.

11) 맛의 민감기

맛(taste)에 대한 흥미는 3세부터 시작하여 6세까지이다. 이 시기의 다양한 맛에 대한 경험이 유아의 음식에 대한 기호나 편식에 영향을 미치게 된다. 따라서 이유를 시작하면서부터는 다양한 맛을 느끼고 좋아할 수 있도록 준비해 주어야 한다.

12) 읽기의 민감기

읽기(reading)는 4세 반에서 5세 사이에 발달된다. 이 시기의 읽기는 쓰여진 글자에 대한 의미를 이해하는 것으로서 의사소통을 하는 것을 뜻한다. 따라서 문장을 문법적으로 누가, 왜, 어떻게, 언제 등으로 분석해 볼 수 있는 경험을 하도록 하여 진정한 의미의 읽기를 준비해 준다.

이 민감기는 비록 각각의 특성들이 분리되어 있는 것처럼 보이지만 각 시기별 단계를 거치는 동안 통합되어서 발달이라는 형태로 나타난다.

13) 예의의 민감기

예의(courtesy)의 민감기는 출생시부터 6세 사이에 해당된다. 그러나 2세 반이나 4세 사이에 가장 강하게 민감성을 나타낸다. 유아들은 모방을 좋아하고 예의를 사랑한다. 그래서 이 시기에는 예의에 관한 말을 사용할 뿐 아니라 공손한 태도로 모델이 되도록 유의해야 한다.

14) 운동의 민감기

운동(movement)의 민감기는 태아 시기에도 가능하나 출생시부터 시작하는 것을 말한다. 2세 반이나 4세 사이에 강하게 나타나며 협응과 자기 조절이 요구된다. 그래서 운동은 작업과 협응력을 위한 민감기와 조화를 이루어 나간다.

행동주의적 관점

1. 파블로프의 고전적 조건이론
2. 스키너의 조작적 조건형성이론
3. 반두라의 사회학습이론

제4장

인간의 발달은 생득적 요인을 무시할 수는 없지만 환경의 영향에 의해 좌우된다고 주장하는 설이 경험설이다. 따라서 경험설은 인간은 태어날 때 저마다 나름대로의 기본적인 잠재능력을 가지고 있어 후천적으로 어떤 경험을 하느냐의 환경적 영향에 따라 발달의 정도가 달라진다고 주장한다.

그러므로 경험설을 주장하는 학자들은 태어날 때 가지고 나온 생득적인 조건이 크게 좋지 않을지라도 후천적인 환경에 의해 이를 보완하고 새롭게 학습을 시키면 크게 발달할 수 있음을 주장한다. 1900년대 초에 행동주의 심리학자들은 이러한 경험설의 배경 속에서 등장하였으며, 이들은 체계적인 후천적 프로그램에 의해 인간의 발달을 의도된 대로 변화시킬 수 있음을 강조하였다.

왓슨, 파블로프의 고전적 조건화(S-R)이론으로 출발했던 행동주의 학습이론은 스키너의 작동적 조건화(R-S)이론으로 발전했으며 결국은 반두라의 사회학습이론으로 확대되었다. 반두라의 사회학습이론은 종전의 행동주의 학습이론이 무시했던 인지적 요소를 인정, 이 이론에 도입하게 되었다.

1. 파블로프의 고전적 조건이론

Ivan P. Pavlov(1849~1936)

파블로프는 고전적 조건화 실험을 통해 동물이나 사람은 모두 무조건 자극에 따라 무조건 반응을 보이며 조건적 자극에 의해서도 똑같은 반응을 보인다는 것을 밝혀냈다. 파블로프의 고전적 조건이론은 유기체가 미래의 사건을 어떻게 예상하는지를 이해할 수 있는 틀을 마련해 주었으며 인간의 학습에서 언어, 그 언어에 연관된 신호체계가 매우 중요함을 알려주었다.

파블로프의 연구에 영향을 받은 왓슨은 동물실험 결과의 유용성을 인정하고, 동물실험 결과가 인간의 행동반응과 차이가 없는 것으로 이해하였다. 그는 완전한 심리학의 체계에서는 반응들이 주어지면 자극들이 예언될 수 있고 자극들이 주어지면 반응들이 예언될 수 있다고 할 정도로 자극에 의한 인간행동의 형성을 강조하였다.

1) 파블로프의 실험

파블로프는 개가 먹이만 보고도 타액을 흘린다는 것을 알고서, 그는 고기 덩어리와 같은 자극에 반응해서 나오는 개의 타액분비를 측정하였다.

개를 [그림 4-1]과 같은 실험장치에 고정시키고 음식을 제시하자 개는 타액을 분비하였다. 이 경우 제시된 음식은 무조건 자극(unconditioned stimulus)이라고 하고 타액분비는 무조건 반응(unconditioned response)이라고 한다. 왜냐하면 제시된 음식에 의한 타액분비는 자극에 의하여 자동적이고 자연적으로 일어나는 생리적 반응이기 때문이며 음식과 타액분비의 연결을 위하여 사전에 어떠한 조건화도 필요하지 않기 때문이다.

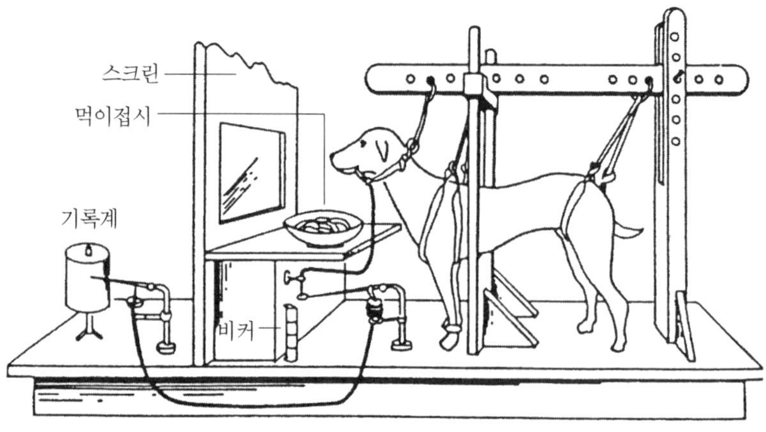

그림 4-1 파블로프의 실험장치

다음에 파블로프는 종을 울리고 개의 반응을 관찰하였다. 기대한 대로 개는 타액을 분비하지 않았다. 이 때의 종소리는 중립자극(NS : previously neutral stimulus)이라고 하고 타액분비를 하지 않는 것은 무반응(NR : no response)이라 한다.

파블로프는 음식, 타액분비, 종소리라는 세 가지 요소를 사용하여 개가 종소리를 듣고 침을 흘릴 수 있도록 조건화시킬 수 있는지를 실험해 보았다.

공복의 개에게 먼저 종소리를 울리고 바로 음식을 주는 과정을 반복하여 여러 번 시도하였다. 그 결과 개는 종소리만 듣고서도 음식을 먹었을 때와 똑같이 타액을 분비하였다. 즉, 파블로프는 이런 실험을 통해서 개가 처음에는 무조건적으로 음식에만 침을 흘리다가 종소리와 함께 음식을 반복적으로 제시했더니 나중에는 종소리만 들어도 타액을 분비하는 현상을 확인했다. 이 때 음식의 제공없이 타액을 분비시킨 종소리는 조건자극(CS : conditioned stimulus)이 되었고 종소리라는 조건화된 자극에 의해 타액을 분비하는 반응은 조건반응(CR : conditioned response)이 되었다.

따라서 무조건 자극에 조건자극을 연결시켜 무조건 자극에 의한 무조건 반응과 똑같은 별개의 조건반응을 얻어낼 수 있게 되는 이런 학습과정을 조건형성(conditioning)이라고 한다. 이러한 과정을 그림으로 나타내면 다음 [그림 4-2]와 같다.

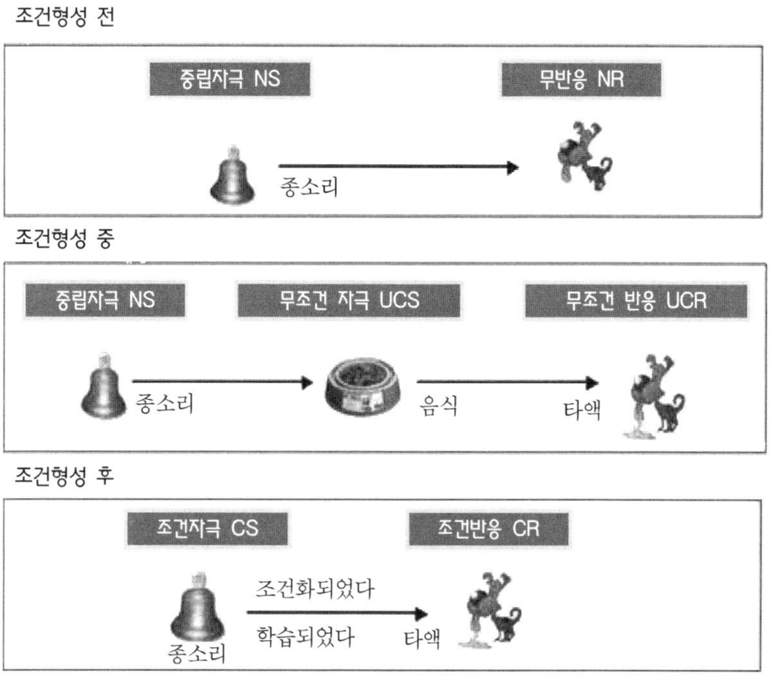

그림 4-2 파블로프의 고전적 조건형성 절차

2) 왓슨의 실험

지금까지 동물을 대상으로 고전적 조건형성에 초점을 두었지만 인간도 같은 원리에 따라 반응한다. 따라서 인간에 있어서 고전적 조건형성으로 가장 잘 알려진 실험이 11개월된 알버트(Albert)라는 아기를 대상으로 하였던 왓슨(Watson)의 실험이다.

왓슨에 의하면 인간은 공포, 분노, 그리고 사랑이라는 세 가지 정서를 유전적으로 물려받지만 조건화 과정을 통하여 사람에 따라 상이한 대상에 부착된다는 것이다. 그래서 그는 생득적인 정서적 반응이 어떻게 중립적인 자극에 조건화되느냐를 알아보기 위해 레이너(Rayner)와 함께 알버트(Albert)라는 11개월짜리 아기를 대상으로 실험을 하였다.

알버트는 실험을 시작할 처음에는 흰토끼를 전혀 두려워하지도 않을 뿐더러 만지기까지도 했다. 흰쥐를 놓아두었을 때도 마찬가지였다. 그러나 그 다음에 아기가 흰쥐를 만지려고 할 때마다 아기 뒤에서 망치로 철사막대기를 두드려 커다란 소리를 내었다. 큰 소리를 듣자 알버트는 무서워하고 움츠려 들었다. 그 후 알버트에게 흰쥐를 보여주었더니 겁을 내어 울고, 흰쥐뿐만 아니라 흰토끼, 개, 모피외투, 목화 그리고 산타클로스의 마스크까지도 무서워하였다. 즉 알버트는 희고 부드러운 털이 있는 모든 대상에 대해 공포를 일으켰다.

이렇게 하여 왓슨은 실험을 시작할 때 공포를 일으키는 대상이 아니었던 여러 가지 대상에도 공포를 일으키는 반응을 통해 조건화의 일반화가 일어났다는 것을 보여주었다. 그러고 보면 '자라 보고 놀란 가슴 솥뚜껑 보고 놀란다'는 우리나라 속담은 조건화의 일반화의 의미가 담겨 있는 속담이라 할 수 있다.

알버트의 실험이 보여주듯이, 아동들은 학교생활이나 일상생활에서 고전적 조건화 과정을 활용하여 불안, 공포 등의 정서적 반응을 학습한다. 이렇게 고전적 조건화를 통하여 습득된 부적응 행동을 교정하는 방법으로 소거, 역조건화, 단계적 둔감화 등을 들 수 있다.

알버트의 실험에서 세 가지 방법을 적용해 보면, 첫째 소거법의 경우, 흰쥐에 대한 공포증을 갖게 된 알버트에게 흰쥐를 계속 제시하면서도 철봉을 때리지 않으면 알버트의 흰쥐 공포증은 점차 사라지게 된다.

역조건화의 경우, 알버트가 좋아하는 음식을 먹는 동안 흰쥐를 제시하고 이 과정을 자주 반복하게 되면 나중에는 알버트가 흰쥐를 보고도 공포반응을 보이지 않게 된다. 단계적 둔감화의 경우, 먼저 알버트에게 흰쥐가 그려진 그림책을 보여주고, 이 때 공포반응을 보이지 않으면 비디오를 통하여 흰쥐를 보여준 다음, 나중에는 실물 흰쥐를 보여주어 흰쥐에 대한 알버트의 두려운 감정을 단계적으로 둔화시켜 나간다.

3) 주요 개념

(1) 소거와 자발적 회복

개가 종소리를 반복하여 들었는데 먹이를 얻지 못하게 되면, 종소리에 대한 개의 반응, 즉 타액분비의 양은 점차 감소하여 드디어 개는 종소리를 들어도 더 이상 타액을 분비하지 않게 되는 데, 이것을 소거(extinction)라고 한다. 즉 소거는 조건자극과 무조건 자극의 반복적인 짝짓기를 중단 또는 차단하여 조건자극과 조건반응 사이의 조건화를 해지시키는 방법이다.

일단 조건반응이 소거되었다고 영원히 사라진 것이 아니라, 며칠 후 다시 종소리를 들려주면 개는 다시 침을 흘리기 시작하였다. 이와 같이 일단 학습하였다가 소거된 반응이 재훈련 없이 스스로 다시 나타나는 현상을 자발적 회복(spontaneous recovery)이라고 한다.

(2) 일반화와 변별

파블로프는 개가 종소리를 들을 때 타액을 분비하도록 조건화되고 나면 부저소리나 메트로놈의 소리를 들을 때도 가끔씩 입에서 침을 흘린다는 것을 알았다. 이처럼 종소리와 비슷한 소리에도 반응을 하는 것을 일반화(generalization)라고 한다. 이런 일반화의 역현상이 변별(discrement)이다. 즉 학습한 반응을 일반화하지 아니하도록 하고 단일의 특정 대상이나 사상에만 반응하도록 훈련시키는 과정을 변별이라고 한다.

(3) 고차적 조건형성

종소리만 들어도 타액을 흘리도록 조건화가 된 개에게 검은 사각형을 제시하고 종소리를 들려주었더니, 개는 검은 사각형을 보고도 타액을 흘렸다. 이런 절차를 고차적 조건형성(higher-order conditioning)이라고 한다.

(4) 역조건화

부정적 반응을 초래하는 조건자극에 긍정적 반응을 불러일으킬 수 있는 새로운 무조건 자극을 제시하여 긍정적 조건반응에 부정적 조건자극을 결합시키는 방법이며, 이 때 제시되는 무조건 자극은 이전의 조건자극보다 강도가 높아야 성공적이다.

(5) 단계적 둔감화

조건화된 부정적 반응에 이완법 또는 평온법 등의 활동을 대립시켜 놓은 후 부정적 조건자극을 단계적으로 조금씩 강도를 높여 제시함으로써 부정적 반응을 억제하는 방법이다.

2. 스키너의 조작적 조건형성이론

Burrhus F. Skinner(1904~1990)

스키너는 대부분의 인간행동이 내적 충동보다 외적 자극에 의해 동기화된다고 보았다. 즉 인간행동이 보상과 벌에 의해 유지된다고 보는 것으로 인간을 기계적이며 수동적인 존재로 파악하였다. 그에 따르면 모든 인간행동은 법칙적으로 결정되고, 예측이 가능하며 통제될 수 있다. 그는 인간의 인지적 기능을 전혀 고려하지 않았으며 무의식, 의식, 내면적 동기 등의 개념을 거부해 경험적 실증이 불가능한 것은 연구할 필요가 없다고 주장했다. 즉 스키너의 학문적 관심은 인간행동 중 조작이 가능한 행동에 한정되었다.

1) 스키너의 실험

스키너는 실험에서 사용한 상자에 자신의 이름을 붙여 Skinner box라고 하며, 그 안에 흰쥐를 넣어서 실험을 했다. 스키너 상자는 보통 지렛대, 빛 그리고 먹이컵을 갖추고 있으며, 바닥에는 전기가 통하는 철망마루로 되어 있다. 그리고 동물이 지렛대를 누르면 배식 기계가 작동하여 먹이가 먹이통에 나오도록 배열하고 있다(그림 4-3 참조).

실험자는 스키너 상자에 굶주린 흰쥐를 넣는다. 쥐는 상자 안을 탐색하다가 마침내 지렛대를 누르게 되고 먹이를 얻게 된다. 이 때 먹이라는 보상은 보상을 이끌어낸 행동, 즉 지렛대를 누르는 행동을 강화시켜 주어 그 행동의 빈도를 증가시켜 준다. 흰쥐의 이러한 학습과정을 조작적 조건화라고 하며 조건형성 과정을 [그림 4-3]과 같이 나타낼 수 있다.

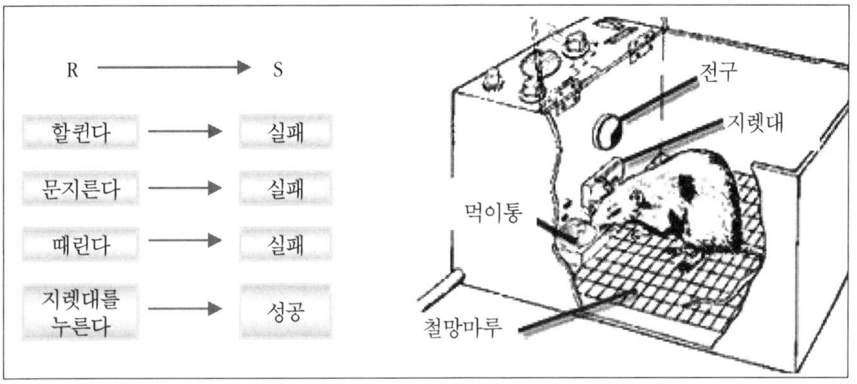

그림 4-3 스키너의 실험장치

2) 주요 개념

(1) 강화와 벌

스키너의 조작적 조건화 이론에서 가장 중요한 개념은 강화(reinforcement)로, 강화란 특정행동의 발생 빈도를 증가시키는 것을 뜻한다. 행동도 그냥 아무런 행동을 증가시키는 것이 아니라 바람직한 행동을 증가시키는 것을 말한다. 이런 강화에는 정적 강화(positive reinforcement)와 부적 강화(negative reinforcement)가 있다.

정적 강화란 어떤 반응 다음에 긍정적 자극(보상)이 제시되었을 때, 그 반응의 재현 확률을 증가시키는 것을 말한다. 예를 들어서, 어떤 학생이 수학시험에서 좋은 점수를 받았을 때, 그에 대한 보상으로 용돈을 많이 주어 다음에도 좋은 점수를 받기 위해서 열심히 공부하도록 해 주는 것이 정적 강화의 예라고 할 수 있다.

부적 강화란 어떤 반응 다음에 부정적 자극(혐오)이 제거되었을 때, 그 반응의 재현 확률을 증가시키는 것을 말한다. 예를 들어서, 어떤 학생이 공부시간에 다른 때와는 달리 발표를 잘해서 그날 수업마치고 해야 될 화장실 청소[1]를 빼주었을 때(싫어하는 하는 것을 제거) 다음에도 계속적으로 수업시간에 발표하는 행동을 증가하도록 하는 경우이다.

1) 사실 화장실 청소든 교실 청소든 청소하는 것 자체를 벌로 사용해서는 안 된다. 즉 청소하는 것을 일종의 벌로 사용함으로써 학생들이 청소하는 것을 더욱 싫어하게 만들거나 혐오스러운 것으로 인식하도록 해서는 안 된다. 오히려 청소하는 것이 보람되고 가치 있으며 즐거운 일이라는 것을 깨닫도록 해 주는 것이 중요하다. 청소를 벌로 사용하는 것은 한번쯤 생각해 보아야 하며, 또한 숙제 및 일기 쓰기도 마찬가지이다.

강화와는 대조적인 관계에 있는 벌에 대해서 언급하지 않을 수 없다. 앞에서 살펴본 것처럼 강화는 바람직한 행동을 증가시키는 것을 말한다면 벌이란 바람직하지 못한 행동을 감소시키는 것을 말한다. 다시 말해서, 벌은 긍정적 자극을 제거하고 부정적 자극을 제시하는 것을 말한다. 즉 아동이 바람직하지 못한 행동을 했을 경우에, 그가 원하는 것 혹은 좋아하는 것을 빼앗거나 원하지 않는 것 혹은 싫어하는 것을 주는 것이다. 예를 들어서, 수업시간에 장난을 치는 학생이 있으면, 그 학생에게 토끼 뜀뛰기를 10번 하라고 시킨다든가, 장난감을 가지고 놀고 있으면 빼앗아버리는 경우이다.

이러한 벌의 종류에는 체벌[2], time-out[3] 등이 있다. 체벌은 신체적 고통을 줌으로써 아동으로 하여금 바람직하지 못한 행동을 감소시키는 것이고, time-out은 그릇된 행동을 한 아동을 잠시 동안 격리시키는 방법이다.

앞서 살펴본 강화와 벌의 관계를 나타내면 다음 〈표 4－1〉과 같다.

표 4－1 강화와 벌의 유형

강화자극		자극의 성질	
		유쾌(좋아하는 자극)	불쾌(싫어하는 자극)
제시방식	제시	정적강화(칭찬 등)	벌(체벌 등)
	제거	벌(컴퓨터 오락 금지 등)	부적강화(청소면제 등)

(2) 강화계획

행동을 어떻게 조절·통제하느냐 하는 문제는 행동 다음에 주어지는 보상의 질이나 양에 따라 가능하지만 강화계획(schedules of reinforcement)에 의해서도 행동을 조절·통제할 수 있다. 이러한 강화계획에는 계속적 강화와 간헐적 강화가 있다. 계속적 강화는 한번 행위가 끝날 때마다 매번 강화를 하는 방법이고, 간헐적 강화는

2) 체벌을 사용할 때는 신중해야 하는데, 특히 즉각적인 효과는 있을지는 몰라도 장기적으로는 교육적 효과가 별로 없다는 사실을 유념해야 할 것이다.

3) time-out은 교실에서 그릇된 행동을 하는 학생을 일정하게 격리시켜서, 그릇된 행동을 하도록 해주는 자극적인 요소로부터 단절시키기 위해서 하는 것이다. 그런데 교사들이 무조건하고 학생들을 교실 밖으로 내보거나 교실 뒤에 서 있게 하는 경우가 있는데, 그것은 또 다른 자극적인 영향으로 인해서 또 다른 그릇된 행동이 유발될 경우가 있으니, 격리를 시키더라도 새로운 자극의 영향이 없는 곳으로 해야 교육적인 효과가 있다.

매번 행위 때마다 강화하지 않고 횟수 또는 시간을 조절하여 강화하는 방법이다.

간헐적 강화에서 횟수를 조절하여 강화하는 방법이 비율강화이며, 이 때 일정한 반응횟수 다음에 강화를 주는 방법을 고정비율강화(FR : fixed ratio reinforcement)라고 하고, 일정하지 않은 반응횟수 다음에 강화를 주는 방법을 변동비율강화(VR : variable ratio reinforcement)라고 한다. 고정비율강화는 일정한 횟수 다음에 주어지는 예상된 강화 방법이기 때문에 강화가 예상되는 횟수에 가까워지면 반응이 빠르게 증가되고 강화가 지나면 급격히 반응이 감소하는 경향이 나타난다. 고정비율강화의 예로 완제품을 일정한 수만큼 만들었을 때마다 보너스를 주는 경우를 들 수 있다. 변동비율강화는 일정하지 않은 횟수 다음에 주어지는 강화 방법이기 때문에 언제 강화가 주어질지 예측하기 힘들므로 반응이 가장 빠른 속도로 증가되며 강화가 지난 후에도 반응이 감소하는 경향이 극히 적다. 변동비율강화의 예로 슬롯머신이나 화투를 사용한 도박 등을 들 수 있다.

또한, 시간을 조절하여 강화하는 방법이 간격강화이며, 이 때 일정한 시간간격마다 강화를 주는 방법을 고정간격강화(FI : fixed interval reinforcement)라고 하고, 일정하지 않은 시간 간격으로 강화를 주는 방법을 변동간격강화(VI : variable interval reinforcement)라고 한다. 고정간격강화는 일정한 시간 간격으로 주어지는 예상된 강화 방법이기 때문에 강화가 예상되는 시간이 가까워지면 반응이 빠르게 증가되고 강화가 지나면 급격히 반응이 감소하는 경향이 나타난다. 고정간격강화의 예로 매월 정해진 날짜에 받는 월급을 들 수 있다. 변동간격강화는 일정하지 않은 시간 간격으로 주어지는 강화 방법이기 때문에 언제 강화가 주어질지 예측하기 힘들므로 반응이 느리게 꾸준히 증가되며 강화가 지난 후에도 반응이 감소하는 경향이 매우 적다. 변동간격강화의 예로 낚시하는 것을 들 수 있다.

반응의 속도는 통제 정도에 달려 있다. 강화가 시간 간격보다는 반응의 횟수에 따라 이루어질 때 강화를 더 통제할 수 있다. 이는 시간과 상관없이 반응의 횟수가 빨리 누적될수록 강화가 빨리 올 수 있음을 의미하므로 반응속도는 간격강화보다 비율강화가 빠르다.

반응의 지속성은 예측가능성에 달려 있다. 계속적 강화와 고정강화(비율과 간격)는 예측가능성이 상당히 높다. 예측가능성이 높은 강화에는 반응의 지속성이 떨어지게 된다. 강화가 기대될 때만 반응하고 그 외에는 반응을 유보하기 때문에 반응의 지속성을 북돋아 주려면 예측가능성이 낮은 변동강화(비율과 간격)가 효율적이다(그림 4-4 참조).

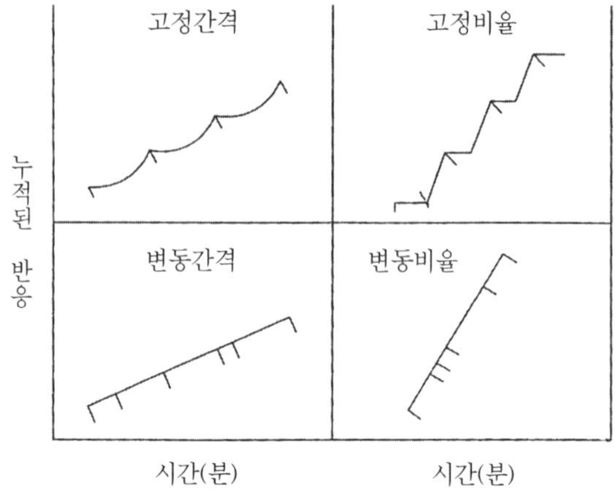

그림 4-4 간헐적 강화계획에 의한 반응기록

3. 반두라의 사회학습이론

Albert Bandura(1925~)

사회학습이론은 행동주의가 지닌 의문과 결함을 해명하고 대체하는 데 기여하였다. 특히 인간의 인지적 기능이란 정말 경시해도 되는가, 인간행동에 대한 이해를 동물에 대한 실험결과에 의존하는 것이 얼마나 정확할까, 아주 다양하고 복잡한 인간관계를 통하여 형성되고 변화된다는 점을 너무 경시한 것이 아닌가, 인간과 환경과의 관계를 너무 단순 도식화하지는 않았는가 하는 의문과 결함을 해명하고 대체하였다.

이 때문에 사회적 학습이론은 행동의 형성 또는 변화과정에서 내적 특성의 존재와 역할에 관하여 집중 부각시켰다. 그리하여 인간의 행동 형성과 변화에서 외적 자극뿐만 아니라 인간의 내적 특성도 주요 인자라는 점을 밝히는데 주력하였다. 그리하여 인간행동을 S-R관계로 이해하던 것을 S-O-R관계로 수정・이해하게 하는데 기여하였다.

사회적 학습이론은 인간의 행동이 외적 자극에 대한 일방적인 반응이 아니라 사람과 환경과 행동의 상호관계를 통하여 결정된다는 점을 밝혀냈다. 무엇보다도 외적 자극은 유기체가 직접 경험하지 않아도 행동을 형성하고 변화시킬 수 있다는 점을 발견한 것은 사회적 학습이론의 큰 성과이다. 즉 유기체는 직접 경험하지 않고 보거나 듣기만 한 것도, 타인들이 어떠한 자극에 대해 어떠한 반응을 보이는지, 그 반응이 어떠한 결과를 가져오는지를 판단하고 학습한다는 점을 발견하였다.

이러한 이론을 확립한 학자로는 반두라가 대표적이다. 반두라는 사람과 환경과 행동의 상호 결정론적 결정 도식을 마련하였다. 또한 관찰학습, 자기조절, 자기 효능감 등과 같은 새로운 개념을 도입하여 인간이 외적 환경에 단순 반응을 하는 존재가 아니라, 스스로의 표준을 만들고 조절하면서 자신의 행동을 선택적으로 습득하고 있음을 보여주었다.

1) 관찰학습

스키너 이론에서 보면, 유기체가 반응을 방출하면, 그 반응의 결과에 보상이 주어질 때 학습이 이루어지는 것으로 보고 있다. 즉 학습은 반응의 결과에 주어지는 보상에 의해 행동이 강화를 받아서 점차적으로 조성되어지는 것으로 보고 있다. 그러나 반두라는 사회적 상황 속에 있는 사람들은 단순히 다른 사람의 행동을 관찰함으로써 더 빨리 학습한다고 주장한다. 예를 들어서, 텔레비전에서 가수들이 춤을 추고 있는 모습을 보던 아이가 나중에 혼자서 춤을 추는 모습을 재현한다. 이러한 현상은 아이가 단지 관찰만으로 새로운 행동의 큰 부분들을 순식간에 획득한 것처럼 보인다. 그래서 관찰학습은 각각의 작은 반응에 대하여 상이한 강화를 받는 시행착오 학습의 지루한 과정을 거칠 필요 없이 전적으로 관찰만을 통해 새로운 행동을 즉시 획득하기 때문에 무시행 학습이라고도 한다.

반두라의 관찰학습은 다음과 같은 특징을 지니고 있다

첫째, 관찰학습은 인지적이다. 관찰학습은 아이가 텔레비전에서 가수들이 춤을 추는 모습을 지켜보고 아무런 연습 없이 완벽하게 모방해낼 때, 자신의 수행을 이끌어 주는 행동에 대한 어떤 내적 표상에 의존해야만 가능하다. 따라서 반두라의 관찰학습은 자극과 반응의 관계로 학습을 설명하는 고전적 조건이론이나 조작적 조건이론과는 달리, 내적인 인지변인을 고려하고 있다.

둘째, 관찰학습은 새로운 행동이 가져올 가능한 결과를 알려 준다. 즉 우리는 다른 사람들이 새로운 행동을 시도할 때 어떤 결과가 나타나는지를 보게 된다. 이 때 우리는 자신이 어떤 직접적인 행동을 하지 않고도 행동의 결과에 대해 예상할 수 있다. 반두라는 이러한 과정을 대리적 강화라고 부른다.

셋째, 관찰학습은 많은 종류의 모델을 통해서 이루어진다. 즉 유기적 모델뿐 아니라 텔레비전, 책 등과 같은 상징적 모델을 통해서 학습을 하게 되며, 특히 상징적 모델의 또 다른 형태가 언어적 지시이다. 예를 들어서, 운전을 배우는 경우, 우리는 운전강사의 시범과 더불어 언어적 묘사에 의해 알아야 할 것을 대부분 배운다. 만약 전적으로 우리 자신의 행동에 의해서만 운전을 배우게 된다면 많은 사고와 더불어 끔찍한 일들이 일어나게 될 것이다.

2) 관찰학습의 과정

관찰학습은 주의집중(attention), 파지(retention), 재생(reproduction), 동기화(motivation)라는 4가지 요소로 구성된 하위 과정을 거치면서 이루어진다.

첫째, 주의과정이다. 주의과정이란 모방할 대상을 접하였을 때 학습자가 모델의 행동에 집중하고 지각하는 과정이다. 무엇보다 먼저, 모델에 주의를 기울이지 않는다면 모델을 모방할 수 없다. 모델들은 특색이 있으며, 성공이나 명성, 세력, 그리고 다른 매력적인 특성들을 갖추고 있기 때문에 흔히 우리의 주의를 끈다.

둘째, 파지과정이다. 파지과정이란 모방할 행동을 정확하게 기억하고 그 기억이 유지되는 것을 말한다. 흔히 모델을 관찰한 후 어느 정도의 시간이 지난 다음에 그 모델을 모방하기 위해서는 모델의 행동을 상징적인 형태로 기억해야 한다.

셋째, 운동재생과정이다. 우리는 모델을 모방하기 위해, 심상 및 언어로 저장된 상징표상을 적절한 행동으로 전환해야 한다. 이러한 전환과정을 운동재생과정이라고 한다. 예를 들면, 한 소년이 아버지가 톱을 사용하는 것을 관찰을 통해서 새로운 반응형태를 알 수 있게 되지만 실제로 그러한 행동을 정확하게 수행하지 못할 수 있다. 누구나 모방한 행동을 처음 행동으로 옮길 때는 매우 서투르다. 연습은 완전하게 만든다는 말처럼 반복적인 연습을 통해 완숙한 수행을 하게 된다.

넷째, 동기화 과정이다. 사람은 하나의 모델을 관찰하여 새로운 지식이나 행동을 획득할 수는 있으나, 그 반응을 수행할 수도 있고 혹은 수행하지 않을 수도 있다. 따라서, 반두라는 새로운 반응의 획득(학습)과 수행(실행)을 구별하였다. 이 때 수행은 강화와 동기적 변인들에 의해 좌우된다. 예를 들어서, 한 남자아이가 텔레비전의 오락프로그램에서 한 개그맨이 즐겨 사용하는 유행어를 하는 것을 듣고서, 그러한 새로운 유행어를 배울 수 있으나 그 유행어를 실제에 그대로 표현하지 않을 수도 있다. 그러면 새롭게 획득된 유행어를 어떤 상황에서 실제로 표현을 하기도 하고 하지 않기도 하는가라고 할 때, 반두라는 세 가지 강화변인에 좌우되는 것으로 주장하고 있다.

먼저, 수행은 직접적 강화에 의해 영향을 받는다. 직접적 강화란 과거에 자신이 직접 다른 사람으로부터 어떤 강화를 받았느냐에 따라 수행여부를 판단하는 것을 말한다. 예를 들어서, 그 남자아이가 과거에 개그맨이 하는 유행어를 잘 표현해서 다른 사람으로부터 칭찬과 찬사를 받은 적이 있다면, 그는 개그맨의 유행어를 모방하려고 할 것이고, 그러한 행동에 다른 사람으로부터 비난과 질책을 받은 적이 있다면 개그맨의 유행어를 모방하는 것을 주저할 것이다.

또한, 수행은 대리적 강화에 의해 영향을 받는다. 대리적 강화란 바로 모델에게 발생하는 결과를 보고 수행여부를 판단하는 것을 말한다. 예를 들어서, 한 남자아이는 개그맨이 유행어를 사용하여 모든 사람을 웃기고 많은 박수갈채를 받는 것을 본다면, 그는 개그맨의 유행어를 모방하려고 할 것이다. 또한 개그맨이 다른 사람으로부터 비난과 질책을 받는다면, 그는 개그맨의 유행어를 모방하는 것을 주저할 것이다.

마지막으로, 수행은 자기 강화(self-reinforcement)에 의해 영향을 받는다. 자기 강화란 자기 자신의 내적 기준들을 설정하고 거기에 따라 자기 스스로에게 보상과 벌을 주는 것을 말한다. 예를 들어서, 평소에 본인이 직접 개그맨의 흉내를 잘 내어서 다른 사람으로부터의 칭찬을 많이 받았거나, 개그맨이 다른 사람으로부터 칭찬을 받는 것을 관찰한 사람은 자기 스스로의 높은 내적 기준을 세우게 된다. 따라서 이 남자아이는 자신에게 보상을 줄 만하다고 여겨지면 그 행동은 수행을 하게 될 것이고, 그렇지 않으면 수행하지 않을 것이다.

이상에서 설명한 관찰학습의 과정을 요약하면 [그림 4-5]와 같다.

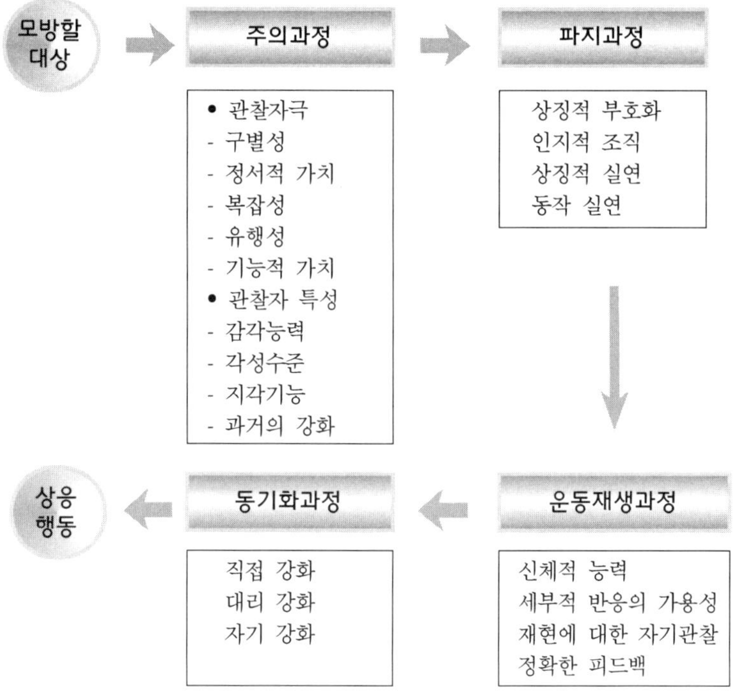

그림 4-5 관찰학습의 과정

3) 자기 조절

앞에서 반두라는 학습과 수행을 분명히 구별하였다는 것을 살펴보았다. 아울러 수행은 반드시 외적인 보상과 벌에 의해서 동기화되는 것이 아니라 자기 강화에 의해서도 동기화된다는 것도 알았다. 즉 인간은 내적 기준을 가지고 이 기준 이상으로 행동했을 때는 스스로 보상하지만 그것에 미치지 못할 때는 스스로 벌을 주면서 행동을 규제하고 조절한다. 이러한 것을 '자기 조절(self-regulation)이라고 한다.

아동은 도덕성 뿐만 아니라 사회·개인적으로 기능하는 데 필요한 거의 모든 측면에서 적절한 행동의 기준을 형성한다. 즉, 도덕적 행동에 대한 기준을 형성(예컨대, "친구에게 결코 거짓말하지 않을 테야")할 뿐 아니라, 성취행동에 대한 기준(예컨대, "이 과목에서는 적어도 B를 받아야지"), 성역할에 대한 기준(예컨대, "여자아이들만 인형놀이를 하니까 나는 하지 않을 테야") 등을 발달시킨다.

4) 자기 효능감

능동적이고 자율적인 자기 조절이 인간행동의 형성과 변화에 상당한 영향을 준다는 점을 강조한 반두라는 1982년에 새로운 개념으로 '자기 효능감(self-efficacy)'을 강조하였다. 자기 효능감이란 주어진 행동을 성공적으로 수행할 수 있다는 자신에 대한 신념을 가리킨다. 즉 자기 효능감은 개인이 특별한 상황에서 자신의 행동능력에 대한 믿음을 말한다. 반두라는 인간은 바로 자기 효능감에 의해 스스로의 행동을 수행한다고 주장하고 있다.

자기 효능감은 자아 존중감(self-esteem)과 혼동해서는 안 된다. 자아 존중감은 자기가치에 대한 판단을 포함하지만, 자기 효능감은 개인의 능력에 대한 판단을 수반한다(노안영 · 강영신, 2005). 반두라에 따르면 이러한 자기 효능감은 크게 네 가지 요인을 통하여 형성된다고 보았다.

첫째, 성취경험이다. 즉 어떤 사람이 목표를 달성하기 위하여 시도한 결과, 성공과 실패를 얼마나 했느냐에 따라 자기 효능감이 달라질 수 있다고 한다.

둘째, 대리경험이다. 즉 타인의 성공과 실패를 얼마나 그리고 절실하게 목격했느냐 하는 대리 경험에 따라 자기 효능감이 영향을 받는다.

셋째, 언어적 설득이다. 타인으로부터 무엇인가를 잘 해낼 수 있다는 말을 얼마나 자주 듣느냐에 따라 자기 효능감이 달라질 수 있다는 것이다.

넷째, 정서적 각성이다. 즉 인간은 불안, 좌절 등과 같은 정서적 반응 그리고 그것을 적절히 조절하는 능력에 의해서 자기 효능감이 달라진다는 것이다.

5) 상호결정론

관찰학습의 과정에서 인간은 직접적 강화나 대리적 강화와 같은 외적 요인과 자기 강화와 같은 내적 요인이 행동에 영향을 주는 것으로 살펴보았다. 그러나 반두라는 사실상 외적 요인과 내적 요인에 의해 일방적으로 행동에 영향을 주는 것이 아니라, 이들 세 변인간의 상호 인과적 영향을 강조한다. 즉 개인변인, 환경변인 그리고 행동변인, 이 세 변인은 서로 영향을 주고받으며, 한 변인이 다른 두 변인으로부터 영향을 받기도 한다. 이와 같이, 변인간 상호작용의 체계를 상호결정론이라고 한다. 이것을 그림으로 나타내면 다음 [그림 4-6]과 같다.

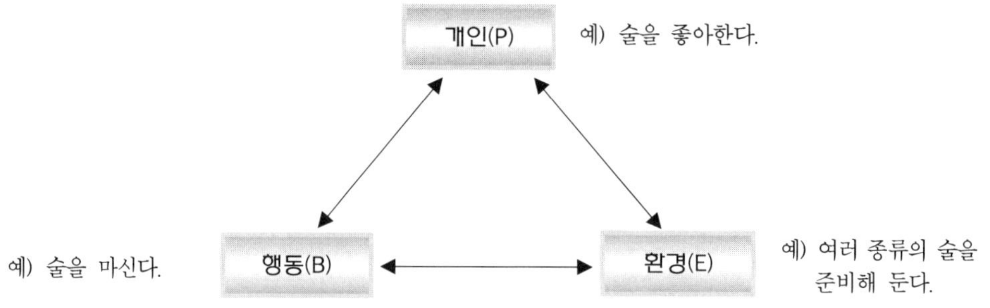

그림 4-6 반두라의 상호결정론 모델

여기서 개인변인은 특질같은 소인이 아니라 관찰학습을 통해 얻은 개인의 기준, 흥미, 목표, 지각된 유능성, 기대, 행동의 목록, 상황과 자극을 해석하고 가치를 부여하는 데 사용하는 전략, 자기-조절 체계와 계획 등을 의미한다(Mischel, 1973). 여기에 상호결정론의 한 예를 들어 보면 다음과 같다.

텔레비전 프로그램 중 폭력물을 좋아하는 남자 아이(개인변인)는 주로 폭력물을 보면서 저녁시간을 보낼 것이다. 이 남자 아이는 시청하는 동안(행동변인) 새로운 공격행동을 배울 뿐만 아니라, 공격행동이 원하는 것을 얻을 수 있는 좋은 방법이라는 것도 학습하게 된다. 이 경우 남자 아이는 개인변인(폭력물을 좋아함) 때문에 새로운 공격습관 및 기대를 학습할 수 있는 환경을 선택하거나 조성한다. 그리고 그 환경에서 학습한 기대(개인적 변인)에 따라 이 남자 아이는 폭력물에서 보았던 공격행동을 실행할 수 있다. 또한 공격행동 후 강화받으면 소년은 공격성을 표출하는 안정된 경향을 지니게 된다. 이와 같이, 발달이란 개인, 행동, 환경변인이 상호 인과적으로 영향을 주기 때문에 반두라는 한 가지 요인만을 중요시해서는 안 된다는 것이다.

구조주의적 관점

1. 피아제의 인지발달이론
2. 신피아제 이론
3. 비고스키 이론

제5장

사회학습이론이 대두되면서 전통적인 행동주의 이론에 인지적 요소들이 점차로 중시되었다. 이러한 성향은 발달 이론에도 영향을 미쳐 인지적 구조주의 발달이론을 낳게 되었다.

이 이론의 대표적인 학자로 피아제를 들 수 있는데, 피아제는 인지의 발달을 구조와 기능의 관계로 보았다. 라디오의 성능이 좋다함은 라디오의 구조가 정밀해야 함이 필수적이다. 필요한 부속품의 품질이 다양하고 조립이 정밀해야 그 성능이 우수하다.

이와 비슷하게 인간의 지적 발달도 지식에 의한 인지적 요소와 이 요소들의 상호작용에 의해 촉진된다고 보았다. 피아제는 위의 인지적 요소의 구조를 도식이라 하였으며, 도식은 상호작용, 즉 조작에 의해 인지적 활동과 그에 따른 인지적 발달을 이룩한다고 하였다.

또한 그는 아동의 발달은 이러한 인지적 발달이 우선적이어서 인지적 발달이 먼저 발달하고, 그에 맞추어서 정의적 발달과 기능적 발달이 뒤따르게 된다고 설명하였다. 그리고 인지적 발달은 그 발달의 단계가 있어 그 단계를 순차로 밟아 발달하도록 되어 있음을 주장하였다. 따라서 구조주의적 관점은 아동은 인지적이든, 정의적이든, 기능적이든 발달의 단계가 있어 이 단계를 순차적으로 밟아 발달한다고 역설한다.

1. 피아제의 인지발달이론

1) 인지발달의 기본개념

(1) 반사와 도식

Jean Piaget(1896~1980)

피아제에 의하면 인간은 태어날 때부터 환경과의 상호작용을 하여 끊임없이 인지구조를 변화시키기 위해서 가지고 나오는 것이 있는데, 그것이 바로 반사(reflex)이다. 대표적인 반사가 빨기반사, 잡기반사, 보기반사 등이다. 인간은 이런 반사기능을 바탕으로 하여 환경과 상호작용을 함으로써 반사기능을 서로 통합하여 이전과는 다른 새로운 감각운동 기능을 획득하게 된다. 이렇게 새롭게 획득한 감각운동 기능을 도식(scheme 또는 schema)라고 한다.

(2) 인지구조

2세를 전후하여 표상(representation)이 형성되어 내적 사고가 가능함에 따라 생애 초기의 도식은 감각 운동적 차원을 넘어 개념적 차원으로 확대되어 간다. 이때 개념적 차원의 도식을 생애 초기의 감각 운동적 도식과 구별하여 인지구조(cognitive structure)라고 한다.

(3) 인지발달 기제

피아제에 의하면 인지발달이 이루어지게 하는 요인으로 성숙(maturation), 물리적 경험(physical experience), 사회적 요인(social factors) 그리고 평형화(equilibraion)라고 말하고 있으나 성숙, 물리적 경험 그리고 사회적 요인은 비록 인지발달에 필수적이기는 하나 독자적으로 인지발달을 촉진시킬 수 있는 기제로서 작용하지 못한다고 하였다. 피아제는 이들 세 전통적인 요인의 기능을 통합하고 이를 조정함으로써 인지발달기제로서의 기능을 가능케 하는 공통적인 요인을 평형화(equilibration)라고 부르고 있다.

평형화는 기본적으로 동화(assimilation)와 조절(accomodation)의 두 기능의 통합과정이다. 동화란 자신이 이미 가지고 있는 도식 또는 인지구조 속에 외부의 대상을 받아들이는 인지과정이며, 조절이란 자신이 가진 기존의 도식이나 인지구조를 새로운 대상에 맞게 바꾸어서 받아들이는 인지과정을 말한다.

유아가 동화를 하는 가운데 기존의 인지구조를 가지고 외부의 새로운 대상을 받아들이기에 부적합함을 느끼게 될 때, 인지갈등(cognitive conflict)이 일어나게 된다. 이 때 평형상태가 깨어지게 되고(불균형) 다시 평형상태를 얻기 위해 기존의 인지구조를 바꾸어서 외부의 새로운 대상을 받아들이는 조절을 한다. 이렇게 함으로써 다시 평형상태가 이루어지게 된다(재평형화). 따라서 유기체가 항상 필연적으로 지향하는 것은 동화와 조절간의 평형상태(equlibrium)이며, 이러한 양자간의 평형상태를 지향하는 평형화 과정이 인지발달을 일으키는 주요한 기제이다.

2) 피아제의 인지발달 단계

아동이 기존의 도식이나 인지구조의 부적합함을 느낄 때 인지갈등을 일으키고 이것을 극복하기 위해 평형화 과정을 거치게 되면 결과적으로 항상 이전의 도식이나 인지구조보다는 질적으로 다른 도식이나 인지구조를 형성하게 된다. 따라서, 피아제는 아동의 인지발달 과정을 질적으로 상이한 네 개의 단계로 구분하고 있다. 이들 각 단계의 주요 발달적 특징을 살펴보면 다음과 같다.

(1) 감각운동기

감각운동기(sensorimotor period : 0~2세)는 아동의 지적 활동이 내면화된 사고의 형태를 띄지못한 채 생득적인 반사기능을 기초로 초보적인 감각 및 지각적 도식에 의한 활동에 의존하는 단계이다. 이 감각운동기는 반사기, 1차 순환 반응기, 2차 순환 반응기, 2차 도식기의 협응기, 3차 순환 반응기, 사고의 시작의 6단계로 구성되어 있다.

특히, 감각운동기 말쯤에는 눈앞에 없는 사물이나 사건들을 정신적으로 그려내기 시작하고 이전의 상황에 관한 사고를 하게 된다. 이 시기의 아기는 모방행동과 가상적인 행동도 할 수 있게 된다. 예를 들면, 인형을 갖고 놀면서 엄마를 흉내내는 것이 여기에 해당된다.

이와 같은 표상능력 때문에 한 대상이 다른 곳으로 옮겨지는 과정을 보지 않았더라도 아기는 그 대상을 찾아낼 수 있다. 이 기간의 후반기에는 지연모방이 가능하게 된다. 지연모방이란 아동이 목격한 사태를 그 자리에서 즉시 모방하는 것이 아니라 일정한 기간이 지난 후 자발적으로 재현하는 모방을 뜻한다. 이런 지연모방이 가능하다는 것은 아이가 관찰한 사태를 표상의 형태로 저장하고 있음을 보여주는 예라고 할 수 있다.

또한, 감각운동기에 일어나는 가장 중요한 인지발달의 변화는 대상영속성의 개념을 획득한다는 것이다. 유아는 여러 가지 도식을 협응함으로써 대상영속성(object permanence) 개념을 획득하게 되며, 지능발달에 필요한 기본적 개념을 초보적인 수준에서 획득하게 된다. 대상영속성이란 우리 자신을 포함하는 모든 대상들이 독립적인 실체로 존재하며, 대상이 한 곳에서 다른 곳으로 옮겨지더라도 혹은 시야에서 그 대상이 사라지더라도 다른 장소에서 계속 존재한다는 사실에 대해 인지할 수 있음을 의미한다. 예컨대, 영아는 처음에 어떤 물건이 시야에서 가려지면 그것이 없어진 것처럼 행동하거나 시야에서 가려지면 아기는 그것을 찾지 못한다. 그러나 아이들은 자라나면서 어떤 물건이 시야에서 가려진다고 하더라도 여전히 존재한다는 것을 알며 그전에 그 물건을 보았던 장소로 가서 그 물건을 찾는 행동을 하게 된다.

(2) 전조작적 사고기

약 2세에서 7세 사이의 입학전 아동기를 피아제는 전조작적 사고기(preoperational period)라 부른다. 전조작적 사고기의 인지발달의 두드러진 특징은 기호적 기능(semiotic function)과 중심화(centration)이다.

아동은 감각운동기 끝 무렵에 심상을 형성하기 시작하는데 최초에 형성되는 심상은 대상의 모습, 동작 등에 대한 영상적인 표상이 주를 이룬다. 따라서 대상의 속성을 언어를 통해 의미적으로 표현하기는 어렵기 때문에 이 시기의 아동은 자신이 내재적으로 형성하고 있는 표상을 여러 형태의 상징으로 표현하게 된다. 즉, 아동은 자신이 내재적으로 형성하고 있는 표상을 가상놀이, 그림, 언어와 같은 상징적 형태로 표출하게 되는데, 피아제는 이러한 표상의 표출형태를 상징적 기능(기호적 기능)이라 부른다.

가상놀이란 가상적인 사물이나 상황을 실제 사물이나 상황으로 상징화하는 놀이이다. 예를 들어, 나무토막으로 총 놀이를 하는 아동은 실제로 나무토막으로 논다기보다는 자신의 머리 속에 있는 표상을 나무토막이라는 상징물을 통해 재현하고 있는 것이다. 소꿉놀이, 기차놀이, 병원놀이, 학교놀이 등 취학전 아동들의 대부분의 놀이는 가상놀이에 속한다고 할 수 있다(그림 5 - 1 참조).

그림 5 - 1 가상놀이

또한 그림은 아동의 내적 표상이 표출되는 중요한 상징적 기능의 하나인데, 흔히 이 시기 아동이 해를 그릴 때 눈, 코, 입을 그려 넣거나 버스에 타고 있는 사람들의 다리까지 그려 넣는 것은 아동이 눈에 보이는 것을 그리는 것이 아니라 자신의 머리 속에 있는 심상을 그리고 있음을 보여주는 것이다. 그리고 1세 6개월을 전후하여 표상이 형성되기 시작하면 아동은 자신의 표상을 언어라는 상징을 통해 표현하기 시작하는 데 언어도 가상놀이나 그림과 동일한 상징적 기능의 하나이다.

한편 전조작적 사고기의 아동은 모든 현상의 한 가지 측면만 고려하고 두 가지 이상의 측면을 동시에 고려하지 못하는 사고의 한계를 갖고 있다. 이러한 사고의 특징을 중심화라고 한다. 중심화의 경향은 자기중심성과 직관적 사고를 통해 그 특징을 잘 살펴볼 수 있다.

자기중심성이란 타인의 생각, 감정, 지각, 관점 등이 자신과 동일한 것으로 가정하는 전조작적 사고의 특징을 말한다. 예컨대, 4세된 여자아이에게 "어머니의 생일 선물로 무엇을 사주면 어머니가 가장 좋아할까요?"라고 물었을 때, "인형"이라고 대답하는 경우이다. 이 여자아이는 자기가 인형을 가장 좋아하니까 어머니도 자기와 마찬가지로 인형을 좋아할 것이라고 생각을 하기 때문이다. 또한, 자기중심적 사고는 피아제의 세 산 모형실험에서 가장 명료하게 찾아볼 수 있다.

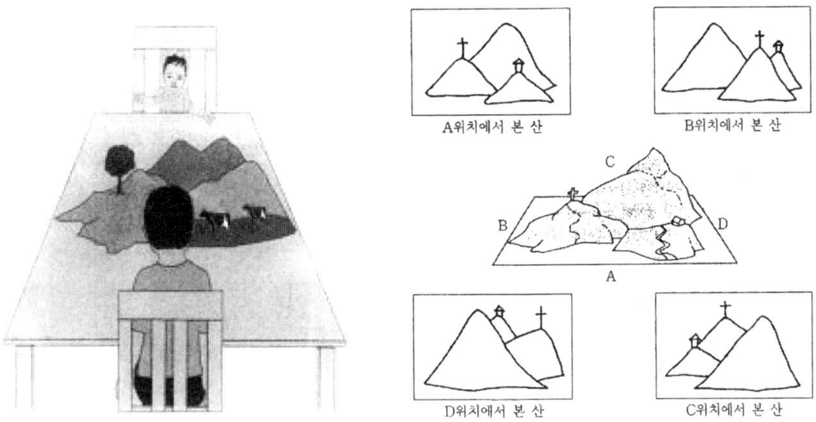

그림 5-2 피아제의 세 산 모형 실험

출처 : 송명자(1995).

[그림 5-2]와 같이 세 개의 산의 모형이 있는 책상의 좌석 A에 4세 유아가 앉아 있다고 가정하자. 자신이 앉아 있는 자리에서 이 산의 모습이 어떻게 보이느냐고 물으면 대부분의 유아는 조망 A를 바르게 선택할 수 있을 것이다. 좌석 D에 인형을 하나 갖다 주고 좌석 A에 앉아 있는 유아에게 만일 네가 인형이 있는 자리에 앉아서 산을 보면 이 산이 어떻게 보이겠느냐고 물으면 대부분의 유아는 조망 D를 선택하지 못하고 여전히 조망 A를 선택하게 될 것이다. 이것은 시각조망의 자기중심성을 보여 주는 실험이며, 이처럼 전조작기 유아는 자신이 위치에서만 사물을 이해할 뿐 타인의 위치에서 보이는 사물의 모습을 추론하지 못하는 사고의 한계를 보인다. 아직 이 시기의 유아는 타인의 시각에서 보는 조망을 정확하게 추론해 내는 조망수용능력(perspective-taking ability)을 획득하지 못했다고 할 수 있다.

중심화 특징 중의 하나인 직관적 사고는 대상이나 사태가 갖는 단 한 가지의 가장 현저한 지각적 속성에 의해 그 대상이나 사태의 성격을 판단하는 사고를 말한다. 이러한 직관적 사고는 보존성 실험을 통해서 잘 나타난다.

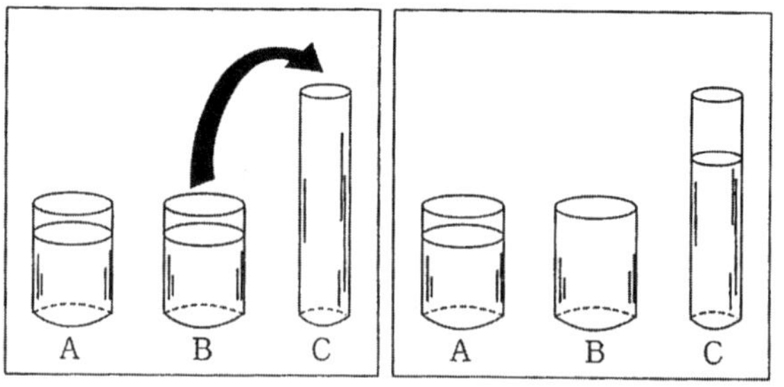

(a) (b)

그림 5-3 액체량 보존성 실험

출처 : 송명자(1995)

[그림 5-3]과 같이, 모양과 크기가 같은 A와 B의 두 컵에 든 물의 양이 같다는 것을 유아에게 확인시킨 후 B컵의 물을 C컵에 붓는다. 그리고 유아에게 A컵과 C컵 중에서 어느 컵에 있는 물의 양이 많은가라고 묻는다. 이 시기의 유아는 대부분 C컵의 물의 양이 A컵의 물의 양보다 더 많다고 반응한다. 즉 이 시기의 유아는 A컵보다는 C컵의 물이 더 높이 올라와 있는 지각적 특성에 의해 양을 판단하는 직관적 사고에 지배되고 있기 때문이다. 이와 같이 전조작적 사고기의 아동이 직관적 사고에 지배되는 것은 바로 가역성(reversibility)이라는 논리적 조작을 획득하지 못했기 때문이다.

(3) 구체적 조작기

구체적 조작기(concrete operational period)는 7세에서부터 12세까지의 시기로 일반적으로 초등학교 시기에 해당된다. 이 시기는 전조작적 사고기와는 달리 중심화에서 벗어나는, 즉 탈중심화가 이루어진다. 다시 말해서 한 가지 차원만 고려하고 두 가지 이상의 차원을 동시에 고려하지 못하는 전조적 사고기와는 달리 두 가지 이상의 차원을 동시에 고려할 줄 안다. 따라서 자기중심성과 직관적 사고에서 벗어난다.

(4) 형식적 조작기(12세 이후)

형식적 조작기(formal operational period)는 인지발달의 마지막 단계로 12세경부터 성인기 초기까지 계속된다. 이 시기에는 순전히 추상적이고 가설적인 수준에서도 체계적으로 사고할 수 있는 능력이 발달한다. 예를 들어서, A는 B보다 크고 B는 C보다 크면 A는 C보다 크다라는 사고가 구체물을 제시하지 않는 가설적인 수준에서도 사고가 가능하다는 것이다

2. 신피아제 이론

구체적 조작기의 아동은 학교에서 여러 형태의 지적 과제들을 해결하는 과정을 통해 인지발달을 이루어간다. 피아제가 가역성이라는 논리적 개념에 의해 이 시기 아동의 지적 발달과 과제해결 능력을 이해하고자 한데 대해 비판이 제기되고 있다. 다시 말하면, 아동은 겉으로 보면 유사한 문제이지만 모두를 해결하는 것은 아니다. 이에 실제로 과제를 해결해 나가는 과정에서 아동이 보여주는 지적 역량에 의해 구체적 조작이 아동의 지적 능력의 발달을 고려해야 한다고 주장한다.

1) 파스칼-레온의 이론

파스칼 - 레온(Pascual-Leone)은 아동이 특정 과제를 해결하기 위해 동시에 적용시킬 수 있는 스키마의 수를 늘려가는 것이 구체적 조작기 동안 중요한 인지발달이라고 주장한다.

[그림 5 - 4]와 같은 행렬과제를 예로 들자.

과제 A를 해결하기 위하여 아동은 모양과 크기라는 두 개의 스키마만 고려하면 된다.

반면, 과제 B를 해결하기 위해서는 모양, 크기, 색깔, 수의 네 가지로 증가한다. 따라서 아동은 겉으로 보기에는 유사한 문제이지만 해결할 수가 없다는 것이다.

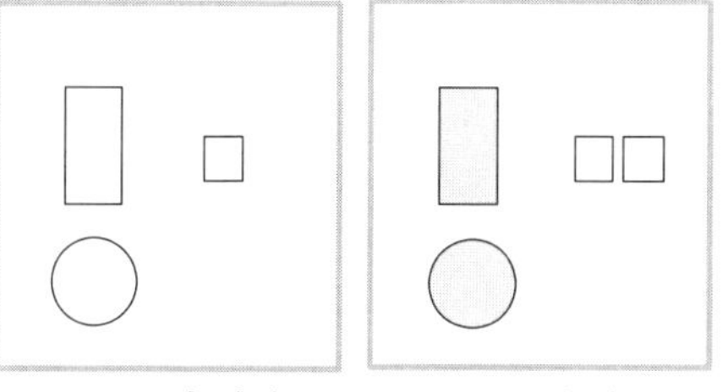

A : 2요인 과제　　B : 4요인 과제

그림 5 - 4 행렬과제

출처 : 송명자(1995)

2) 케이스의 이론

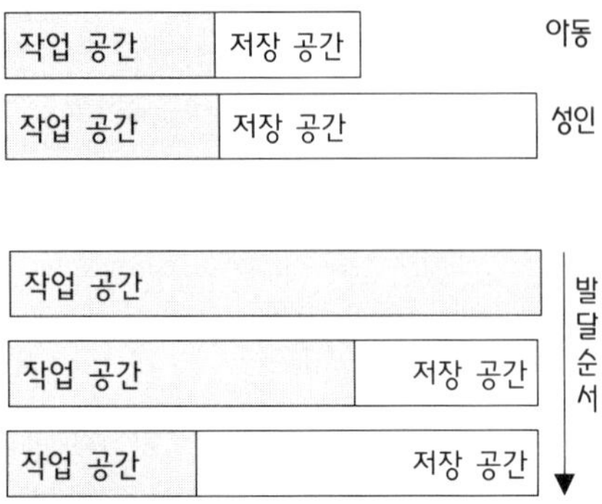

그림 5-5 작업공간 감소모형
(송명자, 1995)

케이스(Case)는 구체적 아동기의 인지발달의 주요과제는 조작의 효율성 증가라고 주장한다. 아동이 과제를 처리하는 작업기억 역량의 증가를 인지발달이라고 본다.

즉, 12×11의 도식(그림 5-6 참조)을 그려서 한 단계씩 절차를 거쳐서 계산해 간다면, 엄청난 정보처리 역량이 요구되고 따라서 조작공간이 커지면 그만큼 저장공간이 줄어들게 된다. 하지만 계산절차가 자동화되면 조작공간은 작아지고 그만큼 저장공간이 커지게 된다.

저장공간이 클수록 아동의 인지적 능력은 유능한 것으로 나타낸다.

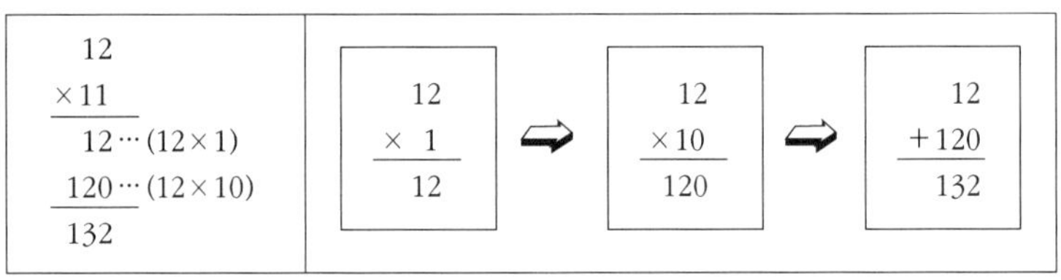

그림 5-6 12×11 도식
출처 : 송명자(1995)

3. 비고스키 이론

오늘날 심리학자들은 아동이 세상에 관해 무엇을 어떻게 학습할지를 결정하는 문화적 요인이 중요한 역할을 한다는 것을 인정한다. 이러한 흐름의 대표자인 비고스키는 피아제의 인지발달이론의 큰 대안을 제시하고 있다.

Vygotsky는 아동이 호기심이 많다는 점에서 Piaget와 공감하지만 학습에서 자기주도적 학습 (self-initiated, self-regulated, 또는 self-directed learning/discovery)의 중요성과 인지발달에 미치는 사회(가령 교사나 부모)의 영향력은 Piaget보다 더 강조하였다.

Lev Semenovich Vygotsky
(1896~1934)

Vygotsky는 아동의 진짜 중요한 발견은 혼자서 하는 것이 아니라 교사나 부모가 실제 행동으로 보이고 언어적으로 지시를 하면서 아동과 함께 하는 상황(가령 교사와 협동학습 상황)에서 일어난다고 보았다. 초보 학생도 이러한 상황을 거치면서 필요한 지식과 행동을 이해하고 내면화하여 자신의 것으로 만들어 간다.

따라서 학생의 자발적이고 능동적인 학습활동을 강조하고 학생의 능력수준을 평가하여 현재 할 수 있는 것에 관심을 가지는 점에서는 Piaget와 Vygotsky가 같지만 교사의 역할에 대해서는 다르다. Piaget의 교실에서는 아동이 독립적으로 발견학습을 주로 하는데 비해 Vygotsky의 교실에서는 교사가 아동의 능력수준을 고려하여 힌트제공 등 지도를 하면서 진도를 조절하는 교사안내학습(guided-learning)을 한다. 양자를 비교하는 실험에서 전자보다 후자가 더 효과적임이 밝혀졌다(Shaffer, 1996).

아동의 고등정신기능, 즉 인지발달은 부모나 교사 등 더 성숙하고 더 유능한 사람과의 상호작용을 통해 촉진된다. 그는 발달수준을 둘로 나누었다. 실제발달 수준(actual developmental level)과 잠재발달 수준(potential developmental level)이다. 전자는 남의 도움없이 아동 혼자서 어떤 과제를 수행할 수 있는 능력 수준으로 현재 발달이 완료된 수준을 의미한다. 후자는 혼자서는 할 수 없으나 교사나 더 유능한 다른 아동의 도움을 받으면 과제를 해결할 수 있는 능력 수준을 말한다. 때로 아동은 성인이나 친구가 도와 주면 혼자 할 수 있는 것보다 더 어려운 일도 할 수 있다.

Vygotsky에 의하면 실제 발달 수준이 같은 아동들이라 해도 교사로부터 동일한 도움을 받았을 때 한 아동이 다른 아동보다 더 높은 성취를 보인다면 그 아동은 잠재적 발달 수준이 더 높다고 할 수 있다. 실제발달 수준과 잠재발달 수준 사이의 영역을 근접발달영역(zone of proximal development : ZPD)이라고 한다. 비고스

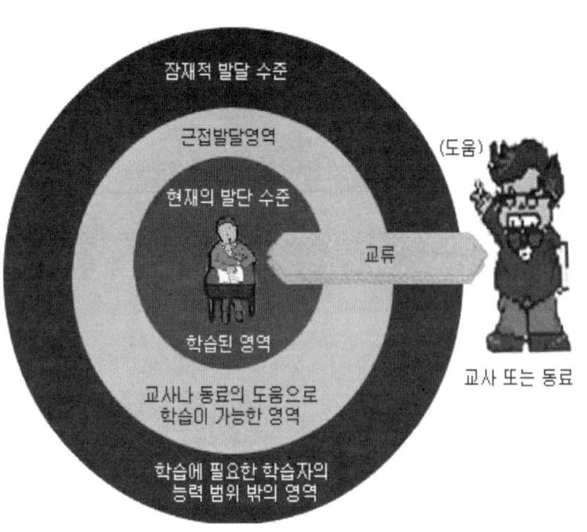

키는 다른 사람의 도움을 받으면서 수행할 수 있는 능력이 혼자서 수행하는 능력보다 더 직접적으로 정신발달 수준을 나타내는 것이라고 주장한다. 이러한 다른 사람의 도움을 받으면 아동이 수행할 수 있는 영역의 폭을 근접발달영역이라고 하는데, 비고스키는 학습은 이 영역에서 이루어져야 한다고 주장하였다.

근접발달영역에 포함되는 과제수행은 최대한의 지적 발달을 촉진한다. 이미 혼자서 할 수 있는 일에서는 별로 학습할 것이 없지만 남의 도움이 있으면 가능한 일, 즉 근접발달영역 안의 과제를 시도하는 데서는 많은 학습을 할 수 있다(Berk, & Winsler, 1995).

교사와 부모 등 전문가가 힌트 주고, 격려하며, 시범을 보임으로써 아동을 돕는 것은 아동에게 과제를 시작할 수 있는 발판(scaffolding, 건축공사장에서 사용하는 임시 발판) 또는 출발점을 제공하는 것이다. 발판제공은 근접발달영역에 속한 과제의 수행을 돕고 과제 수행 능력이 커지면 점차 남의 도움이 덜 필요해진다. 이러한 원리는 교사의 수업이 바로 근접발달영역에서 이루어져야 한다는 점을 시사하고 있다. 좋은 수업은 아동의 실제 발달 수준보다 약간 앞선 수준에서 진행함으로써 아동의 발달을 촉진하는 방향으로 이루어져야 한다.

Vygotsky 자신은 구체적인 수업방법을 제시한 바가 없다. 그러나 근접발달영역 개념을 적용한 수업 방법으로 Brown & Palincsar(1989)의 상호 수업(reciprocal teaching)을 들 수 있다. Vygotsky는 근접발달영역의 구체적인 측정 방법이나 근접발달영역에서 아동을 어떻게 가르칠 수 있는지에 관해서는 더 이상 언급하지 않았으나 근래 이 영역에 관한 연구가 많이 진행되고 있다(한순미, 1999).

에릭슨의 심리사회학적 이론이 문화와 아동발달간의 연결을 강조한 것과 같은 동일한 맥락에서 비고스키의 이론을 피아제의 인지이론과 비교해서 보면 다음과 같다.

		Piaget	Vygotsky
아동을 보는 관점	유사점	아동을 적극적인 유기체로 보았다.	
	차이점	아동이 혼자서 세계에 대한 폭넓은 이해를 구성하는 **작은 과학자**	아동이 타인과의 관계에서 영향을 받으며 성장하는 **사회적 존재**
언어	차이점	"**자기중심적 언어**"는 전조작적 사고기 아동의 특징이다. 즉, 아동발달의 결과의 의미를 지닌다.	① 크게 들을 수 없는 "**사적 언어**"에서부터 조용한 "**내적 언어**"까지의 변화를 인지발달의 기본 과정으로 아동은 문제를 해결하기 위하여 언어를 사용한다. ② 인지발달은 아동이 자기 문화 속 성인들이나 또는 더 유능한 또래의 **상호작용**으로 일어난다고 보았다.

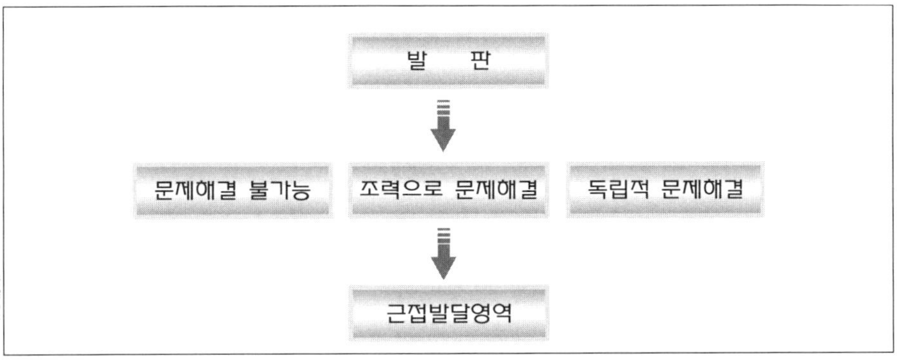

정보처리적 관점

1. 정보처리이론 개관
2. 기억의 과정

제6장

피아제의 인지발달 이론을 배경으로 등장한 이론이 정보처리 과정이론이다. 이 이론은 피아제처럼 인지발달 단계에 초점을 맞추기보다는 아동들이 어떻게 정보를 수집, 저장, 활용하는가 하는 정보처리하는 과정을 중점적으로 연구하여 아동의 인지발달을 촉진시키고자 한다. 이는 컴퓨터의 기능에 비유될 수 있어 컴퓨터의 인공지능이 현재 발달한 것처럼 아동의 지능도 발달한다고 한다.

구체적 예로서 이 이론은 아동의 독서의 경우 어떻게 독립된 단어들이 문장으로 인지되고 문장과 문장들이 어떻게 연결되어 의미를 창출하는가 하는 인지적 과정을 추적하게 된다.

1. 정보처리이론 개관

인간이 정보를 기억하는 과정은 감각기명(sensory register)과정, 저장(storage)과정, 그리고 인출(retrieval)과정의 세 단계를 거친다.

1) 감각기명과정

인간은 외부 세계로부터 끝임 없이 시각, 청각, 통각, 촉각 등을 통해 자극을 받는다. 이렇게 감각기관을 통해 들어온 감각정보는 기억의 "대기실"이라고 불리는 감각등록기로 흘러 들어간다. 감각등록기에 들어온 정보는 대단히 짧은 시간에 머물고, 그리고 그 이후 더욱 처리되거나 상실된다.

2) 저장과정

저장과정에 대한 이론적 모형으로 아트킨슨(Atkinson)과 쉬프린(Shiffrin)의 이중장치 모형과 정보처리수준모형(levels-of-processing)이 있다. Atkinson과 Shiffrin의 이중장치 모형에서는 정보가 저장되는 과정을 단기기억과 장기기억으로 구분하며 처리수준모형에서는 얕은 처리와 깊은 처리로 나눈다.

감각등록기에 들어온 정보 중 극히 일부만이 단기기억(short-term momory)으로 넘어가게 되는데, 그 많은 정보 중에서 어떻게 일부만이 단기기억으로 넘어가게 되는가? 여기에 대한 대답은 감각등록기에 저장된 정보들 중에 어떤 것을 선택적으로 초점을 맞춤으로써 단기기억(short-term momory)으로 넘어가게 된다. 이 때 감각등록기에 저장된 정보들 중에서 어떤 것을 선택적으로 초점을 맞추는 것을 주의집중(attention)이라고 한다.

일단 어떤 정보를 주의집중하고 지각하게 하면 단기기억(short-term momory)에 들어간다. 그러나 단기기억에 있는 정보는 파괴되기 쉬우며 또한 반복하여 시연하지 아니하면 약 30초 이내에 상실되어 버린다. 단기기억은 시간적으로 제한되어 있을 뿐만 아니라 용량도 제한되어 있다. 단기기억의 용량은 7±2 청크(chunk)라 본다. 한편 단기기억(short-term momory)을 작업기억(working memory)이라고도 하는데, 그것은 새로운 정보를 잠시 동안 저장하고 그렇게 저장한 정보를 계속 사용하기 때문이다.

단기기억에 있는 정보는 드디어 장기기억(long-tern memory)으로 옮겨 간다. 장기기억의 정보는 의미에 따라 부호화되기 때문에 정보를 장기기억에 효율적으로 저장시키기 위해서는 기억전략이 중요한데, 대표적인 것이 시연, 조직화, 정교화이다. 이러한 전략을 이용하여 저장된 정보는 비교적 영속적이고 오래 가게 된다.

한편 처리수준모형에서는 정보가 받게 되는 처리의 위치에 따라 기억을 개념화를 하는 것이 아니라 처리의 유형에 따라 기억을 개념화한다. 즉 얕은 수준에서 분석된 것은 약해서 쉽게 상실되지만 깊은 수준에서 분석하면 기억 흔적이 보다 영속적이라서 더 잘 기억된다. 다시 말해서, 처러수준모형은 학습자가 재료를 더 깊은 수준에서 처리할수록 이해를 더 잘 하게 된다.

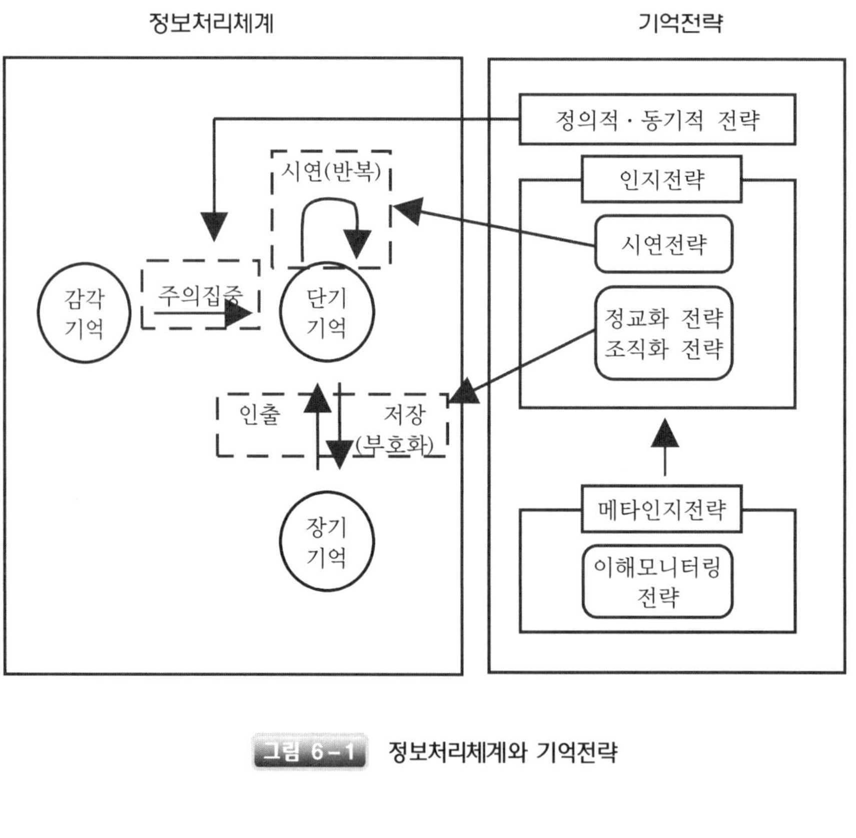

그림 6-1 정보처리체계와 기억전략

3) 인출과정

인출이란 장기기억에 저장된 정보를 단기기억으로 꺼집어 내는 것을 말하는데, 재인(recognition)과 재생(recall)으로 구분한다. 재인은 저장되어 있는 정보를 꺼낼 수 있게 하는 단서가 주어질 때 정보가 인출되는 과정이다. 재생은 환경 내에서 단서가 없이 머리 속에 저장된 정보로부터 기억을 재구성하는 과정이다.

2. 기억의 과정

1) 감각기억

학교에서 혹은 길을 걸어가다가 선생님의 이름이 들리거나 혹은 '선생님'이라는 말을 듣게 되면 그쪽으로 고개를 돌린다. 이러한 현상을 '칵테일파티 현상'이다. 이것은 사람들이 북적대는 방에서 일반적인 소음을 무시하면서 어떤 사람과 이야기를 나누고 있을 때 다른 곳에서 자기의 이름이 들리면 주의하게 되는 현상이다.

이러한 것은 우리의 기억구조 중에서 감각기억이 작용한 결과이다. 감각기억은 말 그대로 감각적인 것이라 의식적인 과정이 필요 없다. 또 기억이라고 하기에는 너무나 짧다. 시각적인 것이라면 0.25초 정도 지나면 없어져 버린다. 정말로 눈 깜짝할 사이이다. 청각적인 것은 그보다는 조금 더 길다(3~5초). 뭘 보긴 봤고 뭘 듣긴 들었는데, 그것이 뭔지를 모르는 것이다. 운전할 때 분명 백미러에 보였는데 무엇인지 알지 못해 다시 한 번 보게 되거나, 어디선가 소리를 들었을 때 어떤 소리였는지는 몰라 귀를 기울이게 된다.

지금 있는 곳에서 주위를 한번만 둘러보기만 해도 엄청난 양의 사물과 소리가 눈과 귀로 들어온다. 우리가 감각기관을 통해 들어오는 모든 정보를 처리해야 한다면 뇌는 엄청난 부담을 갖게 될 것이다. 감각기억은 이런 정보를 아주 잠시 동안 보관하는 창고의 역할을 한다. 그리하여 우리는 그 창고에서 우리에게 의미가 있는 것을 선택적으로 끄집어 내어 주의를 기울인다. 그래서 수많은 소음 속에서도 자기 이름이나 '선생님'이란 말은 들리게 되는 것이다.

이러한 감각기억은 생존이 걸린 상황에서는 특히 위력을 발휘한다. 전쟁터에서 어디선가 '바스락거리는' 소리가 나거나 뭔가 '휙' 하고 지나갔다면 그것이 뭔지는 모르지만 주의를 기울여야만 한다. 실생활에서는 광고에 활용되기도 한다. 영화 화면에 나타나는 1초 동안의 동작은 24개 프레임에 이르는 필름들의 연속 영상으로 이루어지는데, 한 개 프레임에 콜라 사진을 슬쩍 집어넣더라도 의식적으로는 분간해 낼 수 없다. 그러나 영화관 매점의 콜라 판매량이 보통 때보다 늘어난다. 이것이 잠재의식 광고이다.

잠재의식 광고는 CF 장면과 장면 사이에 사람의 눈으로는 인식할 수 없는 또 다른 '숨겨진 메시지'를 포함하고 있는 광고이다. 1950년대 후반 미국에서 등장했던 이 광고기법은 누드사진이나 마약, 죽음을 상징하는 해골 등 자극적인 장면을 광고 속에 끼워 넣거나 눈에 잘 띄지 않을 정도로 작고 자극적인 글자를 적어 넣는다. 이런 광고는 무의식적으로 그 제품에 대한 주목을 높여 결국 구매 욕구를 높이게 된다.

몇 년 전 국내 모 음료회사의 사이다 광고 중 우리나라 현대사 장면이 순식간에 현란하게 지나가는 광고가 있었다. 이 광고는 비디오 예술로 유명한 백남준 씨가 제작한 것이었는데, 그는 이 광고에 눈에 보이지 않는 사이다 사진을 두어 컷 집어넣었으나 방영 전에 빼내야 했다. 잠재의식 광고는 우리나라에서는 허용되지 않기 때문이다. 물론 이것도 심의관들이 백남준 씨의 광고가 주로 잠재의식 광고라는 사실을 미리 알고 심의과정에서 한 컷 한 컷 살피다가 '잡아낸' 것이다.

2) 단기기억

누군가의 전화번호를 잊어버렸을 때 우리는 다른 사람에게 전화번호를 알아내서 전화를 한다. 하지만 메모할 여건이 되지 않을 때는 그 번호를 여러 번 되뇌인다. 하지만 전화를 끊고 난 다음 그 전화번호가 기억나지 않는 경우가 많다.

지금 선생님들이 밖에서 들어온 많은 정보(감각기억) 중에서 한 개를 끄집어 내어 주의를 기울이고 있다면 이것은 단기기억을 활용하는 것이다. 단기기억은 감각기억에 들어온 수많은 정보 중에서 우리에게 의미 있는 것을 골라내서 이를 처리하는 것이다. 또 이 단기기억은 다음 시간에 알아볼 장기기억으로부터 정보를 받아 활용하기도 한다. 간단히 말하면 지금 우리가 생각하고 있는 것이 단기기억이다. 컴퓨터를 생각하면 더욱 이해가 쉽다. RAM은 단기기억, 하드디스크나 CD는 장기기억이다.

그러나 유감스럽게도 이런 단기기억이 우리들 머릿속에 저장되어 있는 시간도 그리 길지 않고 처리할 수 있는 용량도 그리 크지 않다. 전화를 끊고 난 다음 외워둔 전화번호가 기억나지 않는 것이나, 명함을 받아 이름을 분명히 봐두었는데도 이야기하다보니 기억이 나지 않는 것 혹은 수업 초기에 선생님이 강조한 핵심을 바로 암기하지 않는다면 수업이 끝날 즈음에는 학생들이 기억하지 못하는 경우가 있는 것도 이런 이유 때문이다. 다음의 숫자들을 한번 외워 보자.

A : 5 7 4
B : 4 3 1 5 8 9 6
C : 9 2 4 5 6 8 2 7 3 1 5

A는 쉽다. B는 외울 만했을 것이고, C는 불가능하거나 대단히 힘들 것이다. 이것은 우리의 단기기억이 처리할 수 있는 용량이 제한되어 있다는 것을 보여 준다. 그러면 다음의 숫자를 한번 보자.

A : 2744139219602333
B : 2744 1392 1960 2333

B의 숫자는 우리에게 의미가 있는 것들이다. 낱낱으로 기억하면 힘든 16자리 숫자(A)이지만, 묶어서 생각하면(B) 기억이 쉬워진다. 이렇게 하면 단위가 한 자리 숫자에서 네 자리 숫자로 확대된다(하지만 2744나 1392 등에 대한 장기기억이 없다면 더 큰 단위로 묶지 못한다). 주민등록번호나 은행계좌번호가 이런 방식으로 기억되고, '태정태세문단세'가 모이면 조선 역대 왕 이름이 된다.

요약하면, 우리의 단기기억은 7묶음(chunk) 내외(7±2)의 용량을 갖고 있습니다. 7 이하에서는 훌륭하게 처리해낼 수 있으나 9가 넘어가면 처리하기가 힘들어진다.

프로 바둑기사들이 300수 이상의 바둑을 순서에 맞게 복기할 수 있는 것도 한 판의 바둑을 전투준비(포석), 접전(초반전), 전투(중반전), 역공세(후반전), 마무리(끝내기) 등 몇 단위로 구분하여 보기 때문이다.

자! 이제 위의 B의 숫자를 다시 한 번 기억해 보자. 아마 기억해 내지 못할 것이다. 단기기억에 저장된 내용은 18초 정도 지나면 사라져 없어져 버리기 때문이다. 컴퓨터로 작업한 것을 '저장' 단추를 눌러 저장하지 않고 컴퓨터를 끄면 작업한 것이 전부 사라지는 것과 같다. '저장' 단추를 눌러 작업한 것을 저장하듯이 우리는 되풀이해서 외우거나 정보를 정교화함으로써 보다 오랫동안 저장할 수 있다. 이것이 장기기억이다.

3) 장기기억

먼저, 다음의 아홉 단어를 외워 보자. 몇 번 읽고 암송해 보자. 순서는 관계가 없다.

축구 만년필 수박 야구 사과 연필 사인펜 참외 농구

선생님들은 졸업한 지 4~5년 지난 졸업생의 이름과 얼굴을 기억하고 있다. 더 오래로 거슬러 올라가서 학창시절 일이라든가 초등학교 때 친하게 지낸 짝꿍의 이름과 얼굴을 기억하고 있다.

우리의 기억이 앞서 본 감각기억과 단기기억 밖에 없다면 우리는 자신의 이름을 기억하기 위해 하루에도 수백 번 이름을 되뇌어야 할 것이다. 아니면 두꺼운 공책을 들고 다니면서 보고 들은 것을 일일이 기록해야 할 것이다. 그러나 우리에겐 장기기억이라는 것이 있기 때문에 이와 같은 수고는 하지 않아도 된다.

장기기억은 감각기억으로 들어와 단기기억에서 처리된 내용이 암기나 정교화의 단계를 거쳐 저장되기 때문에 보다 오랫동안(어떤 경우에는 평생 동안) 저장할 수 있고 기억할 수 있는 용량도 엄청나다. 100기가바이트까지 저장할 수 있는 컴퓨터일지라도 우리의 장기기억에 비하면 상대가 되지 않는다. 영화 한 편은 CD 한두 장에 저장된다. 평균 약 1기가바이트쯤 된다. 하지만 우리가 어제 하루 동안 겪은 일을 영상과 음향으로 만들어 컴퓨터에 저장한다면 몇 십 기가바이트를 훌쩍 넘어설 것이다. 최고급 고성능 컴퓨터라 하더라도 우리 생활의 며칠만을 저장할 수 있을 뿐이다.

그러면 우리가 엄청난 기억의 재료를 어떻게 우리의 머릿속에 저장하고, 또 그렇게 수많은 기억이 들어 있는 창고에서 우리가 어떻게 재빨리 필요한 것을 찾아낼 수 있을까요? 이를 알아보기 위해 이제 앞에서 외운 아홉 단어를 회상해 보자. 아마 선생님은 '축구, 야구, 농구', '만년필, 연필, 사인펜', '수박, 사과, 참외' 식으로 종류별로 묶어서 생각해 내었을 것이다.

요약하면, 우리의 장기기억은 도서관의 책과 같은 방식으로 저장된다. 그래야 쉽게 찾을 수 있다. 우리가 어떤 질문을 받았을 때 즉시 대답할 수 있는 것은 바로 이 때문이다. 어떤 기준도 없이 책이 배열되어 있다면 도서관에서 책 찾기란 엄청난 고역이 될 것이다. 또 심리학책과 역사책을 여러 권 찾아야 할 때 심리학 서가에서 한 권, 역사 서가에서 한 권 하는 식으로 반복하여 찾는다면 찾는 시간도 오래 걸리고 노력도 많이 들 것이다. 심리학 서가에서 필요한 것을 다 찾고 난 다음 역사 서가에서 필요한 것을 찾는 것이 효율적이다. 그래서 위의 단어를 회상할 때에도 종류별로 묶어서 끄집어 낸 것이다.

그러면 이렇게 체계적으로 저장하지 않고 아무렇게나 저장하면 어떻게 될까요? 수업을 진행하다가 분명히 알고 있는 것인데, 갑자기 생각이 나지 않아 애를 먹은 경험이 있을 것이다. 아니면 길을 가다가 친구 혹은 가르치는 학생을 만났는데 갑자기 그의 이름이 생각나지 않아 당황한 경험이 있을 것이다. 이것은 우리가 분명히 알고 있기는 하나 어디에 저장해 놓았는지 알지 못해 끄집어 내지 못하는 것이다. 순간적으로 망각이 일어나는 것이다. 혀끝에서 맴돈다 하여 이러한 것을 설단현상(tip of tongue phenomenon)이라고 한다.

정신역동적 관점

1. 프로이드의 정신분석이론
2. 융의 분석심리이론
3. 아들러의 개인심리이론
4. 에릭슨의 심리사회적 이론

제7장

정신 역동적 발달이론은 20세기 초 혁신적으로 등장했던 프로이드의 정신분석학에 입각해서 발달한 이론이다. 이 이론은 인간의 동기와 성격의 발달에 연구의 초점을 두고 있는데, 인간의 발달은 무의식적 욕망과 본능에 의해 지배받는다고 주장한다.

프로이드는 인간이 태생적으로 가지고 있는 생리적, 본능적 욕구가 환경의 영향으로 좌절되는 경우가 허다한데 좌절될 때마다 그 나름대로의 해소책을 가지게 되며 해소되지 않은 불만들은 그대로 우리의 의식 내면으로 들어가 무의식에 쌓이게 되며, 이들은 무의식적 욕망층을 만들어 이 무의식 세계가 오히려 우리의 의식을 조정하는 동기가 된다고 하였다. 그리고 그와 같은 동기에 의한 행동의 표현은 행동의 빈도가 높을수록 행동을 고착화하여 아동의 성격으로 형성된다고 하였다.

1. 프로이드의 정신분석이론

Sigrnund Freud(1856~1939)

프로이드 이론 전반에 깔려 있는 기본 가정은 정신결정론과 무의식적 동기이다. 인간의 마음은 의식, 전의식, 무의식의 세 층이 있는데, 그 중 인간의 행동과 성격에 지대한 영향을 미치는 것은 무의식이다.

프로이드 이론의 주요 개념으로 정신적 에너지와 리비도가 있다. 프로이드에 의하면 인간에는 정신적 에너지의 양이 고정되어 있으며 생각하고 배우고 그 외의 정신기능을 수행하거나 기본적 충동을 만족시키는데 이 힘이 필요하다고 한다. 리비도는 인간행동을 일으키는 에너지로 프로이드는 이것을 심리 성욕적 에너지라고 하였다.

프로이드는 성격구조를 원초아, 자아, 초자아의 세 가지 속성이 결합되었다고 보았으며 성장과정에 따라 원초아에서 자아로 중심축의 변화를 보인다고 하였다. 프로이드의 성격발달 단계는 심리성적 발달단계로 명명되는데, 성적 만족 부위에 따라 구강기, 항문기, 남근기, 잠복기, 성기기로 지칭하였다.

1) 주요 개념

(1) 정신적 에너지

정신적 에너지는 생물학적 기초를 가지며 늘 어떤 형태로든 이용 가능한 폐쇄체계이므로 체계 내의 총 에너지 양은 변하지 않으며, 체계 전반에 걸친 에너지 분배는 생물학적 요구, 개인의 발달단계, 과거의 경험, 현재의 환경 등과 같은 많은 요인들에 의해 좌우된다. 프로이드는 마음을 양극의 관점으로 보아 인간의 정신적 활동에 작용하는 에너지를 크게 삶의 본능과 죽음의 본능으로 나누었다. 삶의 본능인 에로스(eros)는 생명을 유지, 발전시키고 사랑을 하게 하는 본능이며 인간은 이것 때문에 자신을 사랑하고 생명을 지속하며, 종족을 보존시킨다는 것이다. 죽음의 본능인 타나토스(thanatos)는 생물체가 무생물체로 환원하려는 본능으로 이것 때문에 생명은 결국 사멸되고 살아 있는 동안에도 자신을 파괴하거나 처벌하며, 타인이나 환경을 파괴시키는 공격적 행동을 하게 된다. 삶과 죽음의 본능은 서로 영향을 미치거나 혼합된다.

(2) 리비도

리비도(libido)는 생물학적인 힘이 아니라 정신적인 힘으로 성적 본능의 에너지를 의미하는데 출생시부터 나타나고 아동의 행동과 성격을 결정한다. 리비도의 개념은 처음에는 협의의 성적 에너지로 생각되었다가 점차 그 개념이 넓혀져 사랑과 쾌감의 모든 표현을 포함하고 있다.

2) 의식수준

프로이드는 의식을 인간의 정신생활의 중심이라고 보지 않고 인간의 마음을 빙산에 비유하고 물 위에 떠 있는 작은 부분이 의식이라면 물 속의 훨씬 더 큰 부분을 무의식으로 비유하고 이 거대한 무의식 영역 속에 추진력, 정열, 억압된 관념 및 감정들이 숨어 있다고 보았다(그림 7－1 참조). 그리고 이것들은 인간생명의 거대한 하층구조로서, 인간의 의식적 사고와 행동을 전적으로 통제하는 보이지 않는 힘이라고 생각했다.

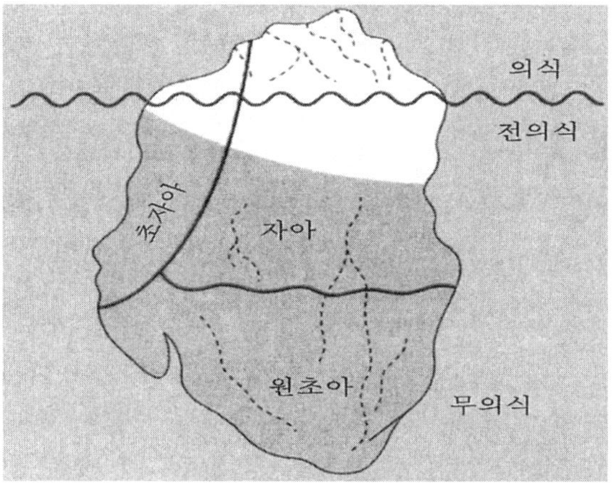

그림 7－1 의식수준과 성격구조

(1) 의 식

의식(consciousness)은 어떤 순간에 우리가 알거나 느낄 수 있는 모든 경험과 감각을 말한다. 프로이드는 정신생활의 극히 일부분만이 의식의 범위 안에 포함된다고 했다. 우리가 어떠한 순간에 경험하는 의식 내용은 외부적 요인에 의해 주로 규제되는 선택적 여과과정의 결과이며, 이 경험은 잠시 동안만 의식될 뿐 시간이 경과하거나 주위를 다른 곳으로 돌리면 그 순간에 전의식이나 무의식 속으로 들어가 잠재하게 된다. 그러므로 의식은 성격의 제한된 적은 부분만을 나타낸 것이다.

(2) 전의식

전의식(preconsciousness)은 흔히 이용 가능한 기억으로 불린다. 즉, 어느 순간에는 의식되지 않으나 조금만 노력하면 곧 의식될 수 있는 경험이나 기억을 말한다. 이 전의식은 의식과 무의식의 영역을 연결해 주는데, 예컨대 어떤 치료기법에 의해서 무의식 내용이 전의식으로 나타나고, 또 그 다음에 의식이 될 수 있다고 프로이드는 생각했다. 전의식은 의식과 무의식 사이에 있는 문지기이다.

(3) 무의식

프로이드는 무의식(unconsciousness)이 인간정신의 가장 크고 깊은 심층에 잠재해 있으면서 의식적 사고와 행동을 전적으로 통제하는 힘이라고 생각하였다. 전의식과는 달리 무의식은 전혀 의식되지 않지만, 사람들의 행동을 결정하는 주된 원인이 된다. 인간의 모든 생활경험은 잠시 동안만 의식의 세계에 있을 뿐 주위를 다른 곳으로 바꾸거나 시간이 지나면 그 순간에 의식의 경험들은 전의식을 거쳐 깊은 곳으로 들어가 잠재하게 되는데 이를 무의식이라고 보았다. 즉 의식 밖에서 억압되는 어떤 체험이나 생각은 소멸되는 것이 아니라, 무의식 속으로 들어가 잠재하여 그 개인의 행동에 강력한 영향력을 행사한다. 억압된 생각이나 체험 혹은 그 밖의 잠재된 경험들은 생물학적 충동이나 어떤 일과 연상되어 나타나면 현실에서 불안을 일으키고 다시 밑으로 밀려나 끝없는 무의식적 갈등이 된다고 한다.

이러한 무의식적 갈등을 분석하여 환자를 치료하는 정신분석학적 방법은 초기에 최면술로 시도되었으나, 후에 자유연상법으로 억압된 무의식을 의식화하였으며 이로써 프로이드는 무의식이 추상적인 것이 아니라 증명될 수 있고 제시될 수 있는 현실이라고 주장했다. 그는 40여 년간에 걸쳐 자유연상방법으로 무의식을 탐구했고 최초로 포괄적인 성격이론을 발전시켰다.

3) 성격의 구조

프로이드에 의하면 성격은 원초적인 쾌락원리가 지배하는 원초아(id), 현실원리가 지배하는 자아(ego), 양심적인 도덕원리가 지배하는 초자아(superego)로 구성되어 있어, 그것들이 어떻게 상호작용하느냐에 따라 한 사람의 성격이 결정된다고 보았다(그림 7-2 참조).

자동차 운전에 비유하자면 이드는 무조건 뛰쳐나가려는 엔진, 수퍼에고는 법규만 위반하면 곧장 딱지를 떼려는 경찰, 그리고 에고는 법규를 위반하지 않으면서 이드를 끌고나가는 운전자라고 할 수 있다.

그림 7-2 원초아, 자아, 초자아의 관계

(1) 원초아

원초아(id)는 프로이드가 처음에는 무의식이라고 불렀던 성격의 한 부분이다. 이드는 성격의 가장 원초적인 부분으로 기본적인 생물학적 반사 및 욕구를 포함하고 있다. 동기면에서는 이드는 쾌락의 원리(pleasure principle)에 지배된다. 고통을 최소로 줄이고 쾌를 최대로 하는데 목적이 있다. 프로이드에 의하면 쾌란 일차적으로 긴장감소를 의미한다. 배고픔, 갈증을 해소한다든가 방광 및 장의 긴장을 푸는 배설 작용이 쾌감을 가져온다. 일반적으로 이드는 흥분 상태를 제거하고 안정되고 이완된 상태를 원한다. 현실적으로 욕구가 만족되지 않으면 환상에 의한 소원 성취가 이루어진다. 이러한 현상을 1차 과정(primary process)이라고 한다.

배고픈 상태의 아동의 경우 꿈 속에서 어느 때보다 먹음직한 음식이 많이 보인다든지, 청소년들이 낮에 꾸는 백일몽의 경우나 안데르센의 성냥팔이 소녀의 그 주제가 현실적으로 만족할 수 없는 상황에서 환상에 의해서 소원 성취하는 1차 과정의 한 예가 될 수 있다. 살아가는 동안 여러 가지 인상과 비윤리적 욕구들은 원초아 속으로 억압되어 무의식 속에 남아 있어 외부세계와 차단된다. 이들은 무질서하고 비논리적이다. 이 신비로운 영역인 원초아가 지배하는 무의식 세계를 꿈의 연구를 통해서 접근할 수 있다. 공격성, 분노, 성에 대한 욕구 등은 원초아에 속한다.

(2) 자 아

초자아가 "길들여지지 않은 열정"이라면 자아(ego)는 "이성과 분별"을 뜻한다. 자아의 구조와 기능은 원초아에서 파생되며 생후 6~8개월부터 발생하기 시작하여 2~3세에 형성된다. 자아는 원초아의 충동들을 어떤 방법으로든지 충족시켜 주어야 하지만 그것은 초자아가 침해를 받지 않는 범위 내에서 이루어져야 한다. 이같이 자아는 원초아의 욕구(yes)와 초자아의 거절(no) 사이에서 현실에 맞도록 조정하여 개체를 적절히 유지시키는 기능을 한다. 자아는 원초아의 쾌락적 원리와는 달리 현실의 원리를 따른다. 현실원리의 목적은 욕구충족을 위해서 적당한 대상이나 환경 조건이 이루어질 때까지 본능적 만족을 지연시켜 개체를 안전하게 보전시키는데 있다. 이러한 합리적 사고 방식을 2차적 사고과정(secondary process)이라 부른다.

다시 말하면 자아의 목적은 자신이나 타인에게 해를 끼치지 않고 원초아의 욕구를 충족시키는 적절한 과정을 발달시키는데 있다. 즉, 자아는 성격의 조정자이며 집행자이다.

그러나 자아는 자신의 에너지가 없으므로 원초아에서 자신의 에너지를 빌려와야 함으로 위험하고 억압된 욕망이 뚫고 나오려고 위협한다거나, 기본적인 생물학적 욕구를 만족시키기에 무력하게 느낀다거나, 원초아의 충동을 처리할 수 없을 때 신경증적 불안(neurotic anxiety)을 경험하며, 자아가 초자아로부터 처벌을 예견할 때는 도덕적 불안(moral anxiety)을 느낀다. 그리고 자아는 외부세계에 있는 위험에 대해 항상 현실적인 불안에 사로잡혀 있다.

자아는 원초아의 목적을 좌절시키는 것이 아니고 적절히 추진하기 위해 존재하며 자아와 원초아는 분리되어 존재할 수 없으므로 본능적인 요소와 주위 환경의 상태를 적절히 조정하여 개인의 생활을 유지시키는 기능을 한다.

(3) 초자아

인간은 바람직한 사회생활을 하기 위해서 그 사회의 질서체계인 가치, 도덕, 윤리 체계를 습득해야 한다. 이것들은 사회화 과정을 통해 이루어지며, 정신분석학적 용어로는 초자아(superego)이다. 초자아는 인간의 마음 속에 있는 윤리적, 도덕적, 이상적인 면을 말하며, 유전되는 것이 아니라 성격구조 중 마지막으로 발달되는 체계로써 부모의 양육태도, 즉 부모가 주는 보상과 처벌에 대한 반응으로 발달한다. 초자아는 아동이 옳고 그름을, 선과 악을, 그리고 도덕과 비도덕을 분별할 수 있게 될 때 비로소 나타나며, 아동의 생활범주가 점차 확대되면서 그 집단들이 인정하는 적절한 행동규범을 추가하면서 초자아를 형성한다. 아동은 항상 이러한 부모의 기대와 집단의 규범에 알맞게 행동함으로써 갈등과 처벌을 피한다.

프로이드는 초자아를 두 개의 하위체계, 즉 양심(conscience)과 자아이상(ego ideal)으로 나누었다. 양심은 아동이 잘못을 저질렀을 때 부모로부터의 야단이나 처벌을 통해 생기며 이것은 자신에 대한 비판적 평가나 도덕적 억압, 죄의식 등이 포함된다. 한편 자아이상은 아동이 긍정적인 일을 했을 때 부모로부터 받는 보상이나 칭찬으로부터 발달하며 아동이 목표나 포부를 갖게 하고 자존심과 긍지를 느끼게 해 준다.

초자아는 외디푸스 콤플렉스(Oedipus complex)가 해결되는 기간에 아버지와 동일시함으로써 형성된다. 그러므로 아버지는 도덕적 상징자로서 중요한 역할자가 된다.

4) 심리성적 발달단계

프로이드에 의하면 성격은 우리가 선천적으로 가지고 태어나는 심리 성욕적 에너지인 리비도(libid)가 신체의 어느 부위에 집중되어 있느냐에 따라 사람의 성격이 결정된다고 하였다. 이 때 리비도가 신체의 특정 부위에 집중되어 있는 것을 성감대라고 하며, 프로이드는 이 성감대의 변화에 따라 구강기, 항문기, 남근기, 잠복기, 성기기로 단계를 구분하였다.

구강기(Oral Stage) : 0 - 1

↓

항문기(Anal Stage) : 1 - 3

↓

남근기(Phallic Stage) : 3 - 5

↓

잠복기(Latency Stage) : 5 - 사춘기

↓

성기기(Genital Stage) : 청소년기

그림 7-3 프로이드의 심리성적 발달단계

(1) 구강기(0~1세)

이 시기에는 심리 성욕적 에너지인 리비도가 입, 입술, 구강, 혀 그리고 뺨 등에 집중되어 있어, 유아는 이 신체 부위를 통해 성적 쾌감을 얻는다. 따라서 유아가 구강을 통해 성적 쾌감을 얻을 때 지나친 충족을 하거나 지나친 좌절을 경험하게 되면, 그 다음 단계로 넘어가지 않고 현재의 단계에 계속적으로 머물려고 하는 경향이 있는데, 이것을 고착(fixation)이라고 한다. 특히 이 때는 유아가 수유를 하는 시기이기 때문에 부모의 수유방식은 자녀의 성격에 중대한 영향을 준다.

양육자가 유아에게 지나친 충족의 수유를 할 경우에, 유아는 낙천적이며 보살핌을 받고 싶은 욕구, 의존적, 수다떨기, 노래하기, 펴 마시기, 씹기, 사랑받으려고 애쓰기, 보호를 요구하기 등의 성격을 형성한다. 또한 지나친 좌절을 경험하게 하면 유아는 염세적이고 우울하며 불안하고 의심스러운 성격을 형성한다. 특히, 젖니가 난 후 좌절을 하게 되면 유아는 공격적인 요구와 빈정거리는 행동을 하게 된다.

(2) 항문기(1~3세)

이 시기는 심리 성욕적 에너지인 리비도가 항문에 집중되어 있은 시기이기 때문에 똥, 오줌 같은 배설물을 보유하고 그것을 배출하면서 쾌감을 느낀다. 따라서 유아는 부모의 용변훈련 방법과 배설물을 대하는 어머니의 느낌에 따라 특정한 성격 및 가치관을 형성한다.

어머니의 훈련방법이 엄격하고 억압적이면 유아의 반응은 두 가지 형태로 나타난다. 첫째는 대소변을 제때에 하지 않고 어머니의 질타가 두려워 보유하려고만 하는 행동을 하게 된다. 이런 아동의 성격을 보유적 성격 혹은 항문기 강박적 성격이라고 하며, 완고하고 인색한 경향을 나타낸다. 둘째는 훈련방법이 엄격하고 억압적이면 마음대로 배설하지 못하는 분노를 바람직하지 못한 방법으로 발산하게 되는데, 이런 성격을 항문기 폭발적 성격(항문기 공격적 성격)이라 한다. 이 성격은 잔학하고 변덕스러우며, 파괴적이고 급하고, 지저분한 경향을 나타낸다.

한편 어머니가 대소변 훈련을 즐겁게 또는 적절하게 칭찬을 하면서 할 때, 어린 유아는 배설물을 만들어 내는 일이 극히 중요하다는 생각을 가지게 되며, 이것은 창의성 및 생산성의 기본이 된다.

(3) 남근기(3~5세)

이 시기는 리비도가 성기에 집중되는 시기로, 아이들은 부모와의 성관계를 상상하고 자신의 성기를 만지작거리며 자위행위를 하면서 성적 쾌감을 얻는다. 특히 이 시기의 아이들은 이성의 부모를 사랑하여 남자 어린이는 어머니를 좋아하게 되고 여자 어린이는 아버지를 좋아하게 된다. 그러나 현실적으로 남자 어린이는 아버지 때문에 어머니를 차지할 수 없음을 알고 아버지를 살해하려고 하는 적의를 품게 되는데, 이것을 외디푸스 콤플렉스(Oedipus complex)라고 한다. 이 때 남자 아이는 어머니에게 성적인 애정을 느끼고 어머니를 좋아하나 아버지로부터 자신의 성기를 없앨까를 염려하는 거세불안(castration anxiety)을 느끼게 된다. 아버지로부터의 거세불안에서 벗어나고, 더 나아가 어머니로부터 사랑을 받기 위해서는 자신이 아버지와 닮아야 된다는 생각을 하게 된다. 그렇게 하면, 아버지로부터 성기를 없애지는 상황도 생기지 않고 또한 어머니가 자신을 좋아할 것이라는 생각을 하게 된다.

이와 같이, 남자 아이가 아버지가 하는 말과 행동을 따라하는 현상을 동일시(identification)라고 한다. 이러한 과정을 거치면서 남자아이는 외디푸스 컴플렉스에서 벗어나게 된다.

여자 아이의 경우는 남자 아이와는 반대로 동성인 어머니를 싫어하고 이성인 아버지를 좋아하는 경향이 있는데, 이것을 엘렉트라 콤플렉스(Electra complex)라고 한다. 처음에는 어머니를 좋아하게 되나 남근이 없음을 알게 되고 그 책임을 어머니에게 전가하고, 남근을 부러워하는 남근선망(penis envy)을 갖게 되며 아버지를 더 좋아하게 된다. 그리고 이 여아는 아버지의 인정과 사랑을 받고서 여성으로서의 자존심을 다시 회복한다.

이 시기의 남자 성격의 특징은 경솔하고 과장되며 야심적이며 여자 성격의 특징은 성관계에 있어서 순진해 보이지만 난잡하고 유혹적이고 경박하다.

(4) 잠복기(5~12세)

이 시기는 심리 성욕적 에너지인 리비도가 사라졌기 때문에 아무런 특징이 나타나지 않는 것이 아니라, 그 동안에는 특정 신체의 부위에 집중되어 있기 때문에 각 단계마다 특징이 나타났던 것과는 달리 이 시기에는 리비도가 다만 온몸에 고루 퍼져 있기 때문에 특정한 성감대를 형성하지 않는다. 그래서 리비도가 사라진 것처럼 보일 뿐이다.

(5) 성기기(12세 이후)

잠재되어 있던 리비도가 사춘기가 시작되면서 다시 활성화되어 성기에 집중되는 시기이다. 이 시기에 리비도가 집중되는 신체의 부위는 남근기 때와 같으나, 남근기 때는 자기의 성기를 만지거나 자위행위, 부모와의 상상적인 성교를 통해 쾌감을 느끼지만, 성기기에는 이성과의 직접적인 성교를 추구하고 직접적인 성교를 통해 쾌감을 얻으려고 하는 것이 남근기와 다르다고 할 수 있다.

한편 성기에 집중된 리비도가 잘 해소되면 사회적으로 원만한 인간관계를 형성하고, 책임감이 발달하여 이성과의 사랑도 만족스럽지만, 반대로 그렇지 못할 경우에는 부적응적이고 반사회적 성격 특성을 나타낸다.

2. 융의 분석심리이론

Carl Gustav Jung(1875~1961)

융의 심리학은 정신분석학의 범주를 벗어난 것은 아니지만 프로이드가 인간이 정신을 성적 본능에 종속되는 존재로 보는 것과 달리 상당히 자율성을 지닌 존재로 보고 있다. 또한 프로이드가 소홀히 하거나 설명하지 않은 정신의 구조와 역동에 관하여 세련화하거나 첨가하기도 하였다. 예를 들면, 의식이 무의식을 감독·지도한다는 것, 집단적 무의식의 존재, 이드 대신 자기가 전 존재의 중심이며 인간의 삶의 방향을 결정한다는 것들이다.

융의 이론에 나타나는 주요 개념으로 정신, 무의식, 원형, 아니마와 아니무스, 그림자, 페르소나, 자기 등이 있다. 융은 성격유형을 파악하기 위하여 자아의 태도를 외향성과 내향성으로 구분하고, 자아의 기능을 사고, 감정, 감각, 직관으로 구분한 다음 이들을 조합하여 여덟 가지 심리유형을 상정하였다.

1) 성격(정신)의 구조

융이 말하는 전체 성격 또는 정신은 분화되었으나 상호·작용하는 다수의 체계로 이루어져 있으며, 이러한 상호작용하는 다수의 체계에는 자아, 개인적 무의식, 집단적 무의식, 원형, 페르소나, 아니마와 아니무스, 그림자가 있다. 이외에 내향성과 외향성의 태도, 그리고 사고, 감정, 감각 및 직관의 기능이 있으며, 전 성격의 중추적인 역할을 하는 자기(self)가 있다(그림 7-4 참조).

융은 전체적 성격인 정신의 수준을 크게 의식과 무의식으로 구분하였으며, 무의식을 개인 무의식과 집단 무의식으로 세분화하여 집단 무의식을 중심으로 이론을 확립하여 나갔다.

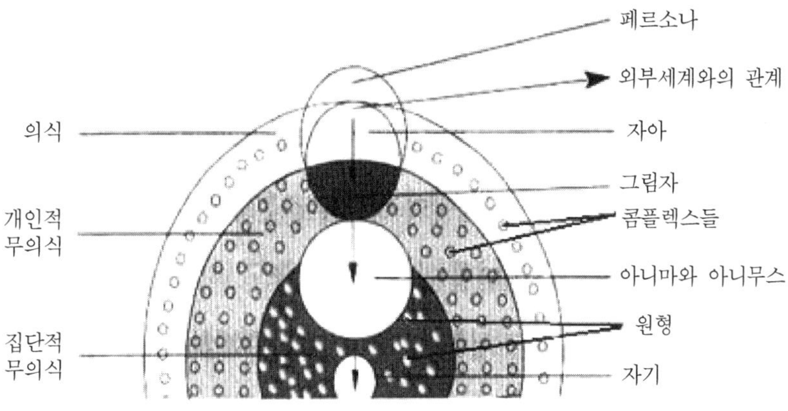

그림 7-4 융의 정신구조

(1) 의식과 자아

우리가 직접 알고 있는 정신의 부분이 의식이다. 의식은 자아에 의해 지배된다. 자아는 의식적인 마음이며, 이것은 의식적인 지각, 기억, 사고 및 감정으로 되어 있다. 정신 전체 속에서 자아는 적은 부분을 차지하고 있을 뿐이지만, 의식에 대한 문지기라는 중요한 구실을 한다.

자아는 의식의 지향을 결정하는 외향성과 내향성의 두 가지 태도가 있다. 외향적인 태도는 사람을 외적, 객관적 세계로 지향시키고, 내향적 태도는 사람을 내적, 주관적 세계로 지향시킨다. 따라서 외향적인 사람은 여건에 잘 순응하고 다른 사람과의 관계도 원만하다. 날씨가 추우면 외투를 찾아 입으려고 하고, 다른 사람이 어떻게 생각할 것인가를 먼저 생각하며 행동하는 등 모든 문제를 외부세계가 제공하는 정보로 판단한다. 반면 내향적인 사람은 객체에 관심이 없거나 거부하는 경향을 보이기 때문에 교만한 이기주의자나 부적응자로 보이기 쉽다. 날씨가 추워도 자기의 멋대로 하거나 추위를 이겨내자면서 외투를 입으려 하지 않는 등 주관적인 판단에 따라 행동한다.

자아는 사고(thinking), 감정(feeling), 감각(sensing), 직관(intuiting)이라고 부르는 네 가지 심적 기능의 적용을 거쳐 나날이 성장해 간다. 사고는 관념적이며 지적이다. 사고에 의해서 인간은 세계와 자신의 본질을 이해하려고 힘쓴다. 감정은 평가기능이다. 즉 이것은 주체의 입장에서 긍정적이든 부정적이든 사물의 가치를 따지는 것이다. 감정의 기능은 인간에게 쾌유, 고통, 분노, 공포, 비애, 즐거움, 그리고 사랑 등의 주관적 경험들을 준다. 감각은 지각적 또는 현실적 기능이다. 이것은 외계의 구체적 사실들이나 표상을 낳는다. 직관은 무의식적 과정과 잠재적 내용들에 의한 지각이다. 직관적인 사람은 현실의 본질을 추구함에 있어 사실과 감정과 개념을 초월한다.

모든 사람은 자아의 태도와 기능을 활용해 생활을 영위해 나간다. 즉, 자아의 두 태도 중 하나와 자아의 기능들 가운데 상대적으로 발달한 기능이 일반적으로 그 사람의 내적, 외적 생활에 관계하는 방식을 결정한다. 따라서 두 가지 태도와 네 가지 기능의 결합으로 여덟 가지 심리적 유형이 형성된다.

첫째, 외향적 사고형은 객관적 사고를 일생의 과제로 삼는다. 객관적 세계에 관해 최대한도로 많이 배우는데 전력을 기울이고 있는 과학자가 표본이며, 자연현상의 이해, 자연법칙의 발견, 이론 구성이 그의 목적이다. 외향적으로 생각하는 사람은 자기 성질의 감성적 측면을 억압하기 쉬우므로 남에게 인간적 온정이 없어 냉혹하며, 오만하게조차 보일지도 모른다. 만일 억압이 심하며, 감정은 옆길로 벗어나지 않을 수 없으므로 때로는 편견을 갖고, 때로는 비정상적인 성격이 형성되고 만다.

그들은 독선적이고, 고집불통이고, 허세로 가득하고, 미신적이고 비판을 받아들이지 않을는지도 모른다. 감정이 부족하므로 그들의 사고는 아주 빈약하고 메마른 것으로 되기 쉽다.

둘째, 내향적 사고형은 생각이 내면으로 향해 있으며, 자기 자신의 존재의 현실을 이해하고자 하는 철학자나 실존심리학자가 그 표본이다. 극단적인 경우에는 그들의 탐구의 결과는 현실과 거의 관계가 없을 것이다. 그들은 감동이 없으며 쌀쌀하게 보인다. 인간에게 가치를 두고 있지 않기 때문이다. 그들은 완고하고, 고집이 세고, 분별없고 거만하고 쌀쌀한 경우가 많다.

셋째, 외향적 감정형은 생각보다 감정을 상 위에 놓고 있는 유형으로 여자들에게 많다. 이런 유형의 사람은 변덕이 매우 심한데, 그 까닭은 상황이 변하면 그것에 따라 그들의 감정도 변하기 때문이다. 그들은 잘난 체하며, 감정적이며, 사치스러우며, 기분파다. 그들은 사람에게 강하게 애착을 표하지만 그 애착은 무상한 것이며, 사랑은 간단히 미움으로 변한다. 그들의 감정은 아주 평범한 동시에 늘 최신 오락과 유행을 좇고 있다. 사고기능이 매우 억압되어 있는 경우, 원시적이며 미발달 상태이다.

넷째, 내향적 감정형은 과장해서 표현하는 외향적 감정형과는 달리, 자기의 감정을 남들에게 감추고 있다. 그들은 말수가 적고, 접근하기 어렵고, 무관심하고, 그

마음을 헤아릴 수 없다. 우울 또는 의기소침에 빠져 있는 것처럼 보이는 경우가 많다. 그렇지만, 내적 조화, 침착, 자부심이 강한 인상을 주는 경우도 있다. 종종 남들의 눈에는 신비로운 힘 또는 카리스마를 가지고 있는 듯이 보인다. 매우 깊고 열렬한 감정을 가지고 있기 때문에 이따금 그것이 폭발하면 격정의 폭풍이 되어 친척과 친구들을 깜짝 놀라게 한다.

다섯째, 외향적 감각형은 외부에 관한 사실들을 모으기에 흥미를 갖는 유형으로 주로 남성이다. 현실주의적, 실제적이며 빈틈이 없지만, 사실이 무엇을 뜻하는가에 관해서는 별로 관심이 없다. 앞일을 생각하거나 그다지 숙고하지 않고서 세상을 있는 그대로 받아들인다. 그렇지만 호색, 방종하며, 스릴을 즐기는 경우도 있으며, 극단적인 경우는 호색가 또는 탐미주의자가 된다. 관능적 성향 때문에 그들은 여러 종류의 중독, 도착, 강박에 걸리기 쉽다. 그들의 감정은 깊이가 없으며 단지 인생에서 끌어 낼 수 있는 감각을 위해 살고 있을 따름이다.

여섯째, 내향적 감각형은 외적 대상과 거리를 두고서 자기 자신의 정신적 감각에 몰두하고 있다. 그들은 자기의 내적 감각에 비해 외계는 평범하며, 재미없다고 생각한다. 남들에게는 늘 조용하고 피동적이고 자제심이 있는 듯이 보이지만, 실제로는 그 순간 무관심할 따름이다. 그 이유는 사고와 감정에 결함이 있기 때문이다.

일곱째, 외향적 직관형은 경솔함과 불안정이 그 특징으로 여성들에게 많은 유형이다. 외계에서 새로운 가능성을 발견하기 위하여 여기저기 뛰어다닌다. 한 세계를 다 정복하기도 전에 다른 세계를 늘 찾고 있다. 사고 기능에 결함이 있으므로, 자기의 직관을 오랫동안 부지런히 쫓지 못해 새로운 직관에 덤벼들어야 한다.

새로운 이론의 추진자로서 각별한 봉사를 아끼지 않을지도 모르지만, 그것에 오랫동안 흥미를 유지하지 못한다. 정해진 일에는 싫증을 느낀다. 신기한 일이 그들의 생명의 양식으로 한 가지 일을 장기간 계속하기가 어렵다.

여덟째, 내향적 직관형은 예술가가 이 유형의 대표자들인데 몽상가, 예언가, 망상가, 괴짜 등도 이 형에 속한다. 친구들에게 종종 수수께끼의 인물로 보이며, 자신은 남들이 이해 못하는 천재인줄 생각한다. 외적 현실이나 관습과의 접속을 유지하지 않으므로 같은 형의 사람과도 충분히 의사소통을 하지 못한다.

외향적 직관형과 마찬가지로 새로운 가능성을 찾아 이 이미지에서 저 이미지로 뛰어다니지만, 실제로 자기의 직관을 조금도 발전시키지 못한다.

(2) 개인적 무의식과 콤플렉스

개인적 무의식은 자아와 인접된 영역이며, 한번 의식되었지만 억압, 억제되었거나 망각되고 무시된 경험과 의식적인 인상을 주기엔 너무 약한 경험들로 구성된다. 프로이드의 전의식적 자료와 마찬가지로 개인적 무의식의 내용은 의식으로 변화될 수 있으며, 개인적 무의식과 자아 사이에는 빈번히 상호교류가 있다.

개인 무의식은 또한 콤플렉스로 이루어지는 데, 콤플렉스는 개인적 무의식 속에 존재하는 감정, 사고, 지각, 기억이 조직된 무리이다. 예를 들어, 어머니 콤플렉스를 생각해 보면, 어머니에 관한 감정, 사고, 지각, 기억 등이 중심(핵심)으로 모여들어 콤플렉스를 형성한다.

(3) 집단적 무의식과 원형

집단적 무의식은 융의 성격 이론 중에서 가장 독창적이고 핵심적인 개념이다. 집단적 무의식은 인간의 조상대대의 과거로부터 물려받은 잠재적 기억 흔적의 저장소인데, 그 과거란 개별 종족으로서의 인간의 종족적 역사뿐 아니라 또한 인간 이전의 동물조상으로서의 종족적인 역사도 포함한 것이다. 따라서 융에 의하면 집단적 무의식은 개인적 무의식과는 달리 개인적으로 얻어진 것이 아니라 모든 인류에게 공통적으로 유전되어 정신의 심층에 존재한다고 보았다. 그 증거로 멀리 떨어져 있는 지역에서의 신화가 서로 비슷한 것을 예로 들었다. 결국 진화와 유전이 신체적 청사진을 제공하듯 집단 무의식이 정신의 청사진을 제공한다는 것이다. 뇌를 통해 마음은 각종 유전적 소질을 가지는데, 즉 특정한 방법으로 생각하고, 느끼며, 지각하고, 행동하는 소질을 가지고 인간이 태어난다는 의미이다. 사람들이 어떤 것을 쉽게 지각하고 특정한 방법으로 반응하기 쉬운 것은 정신에 그 소질이 있기 때문이다. 다시 말해 인간의 마음이 진화에 의해 미리 형성되어 있다는 것이다.

따라서 집단무의식의 특징은 개인적 경험에서 비롯되는 개인무의식과는 달리 유전적인 것에 기원을 두고 있다는 점이다. 개인적 무의식은 대부분 콤플렉스로 이루어지는 데 반해, 집단무의식은 원형으로 구성되어진다.

원형이란 대부분의 사람들이 가지고 있는 조상 대대로부터 경험했던 심상들을 가리킨다. 원형은 형태를 가진 이미지 혹은 심상이지 내용은 아니다. 인간들은 떠오르는 해, 어머니, 죽음, 영웅 등과 같이 태초로부터 누구나 경험하는 현상이 있고, 그것들에 관련되는 비슷한 반응방식을 경험한다. 그리고 그것들이 보편적, 집단적 그리고 선험적으로 사람들의 심상에 자리잡고 있다. 따라서, 융은 원형을 집단 무의식의 구조적 요소라고 보았다. 융은 이러한 원형은 한 사람의 심리적 상태나 정서반응에도 상당한 영향을 미친다고 보았다.

또한 원형의 수는 무수히 많다. 예를 들면, 신, 악마, 부모, 대모, 현자, 사기꾼, 영웅, 지도자 등 사람들이 삶을 영위하면서 형성해 온 수없이 많은 원초적 이미지가 원형이다. 모든 원형이 성격의 나머지 부분과는 비교적 독립적일 수 있는 자율적인 역동적 체계로서 생각될 수 있다고는 하나, 어떤 원형은 성격과는 분리된 체계로 인정될 정도까지 발전된 것이 있다. 이러한 것들이 페르소나(persona), 아니마(anima), 아니무스(animus), 그림자(shadow), 그리고 자기 등이다.

1 페르소나

페르소나는 인간이 사회의 인습과 전통의 요청과 그 자신의 내적 원형의 요구에 부응해서 채택한 가면이다(그림 7-5 참조). 사회가 그에게 부과하는 역할이며 사회가 인간에게 생활에서 담당하기를 기대하는 배역이다. 가면의 목적은 남에게 뚜렷한 인상을 주려는 것이며, 이따금 본성을 감추기도 한다. 즉 페르소나는 공적 성격으로 우리는 페르소나를 통해 다른 사람과의 관계에서 좋은 인상을 주거나 자신을 은폐시킨다.

그림 7-5 페르소나

2 아니마와 아니무스

융은 인간이 태어날 때 본질적으로 양성을 가지고 태어난다는 양성론적 입장을 취했다. 이러한 양성론적 입장을 반영한 개념이 아니마와 아니무스이다. 즉 남성의 내부에 있는 여성성을 아니마라고 하고, 여성 내부에 있는 남성성을 아니무스라고 한다. 남성성의 속성은 이성(logos)이고 여성성의 속성은 사랑(eros)이다. 인간은 누구나 양성성을 갖고 태어났기 때문에 이성과 사랑을 겸비하고 있다고 볼 수 있다. 따라서 성숙된 인간이 되기 위해서 남자는 내부에 잠재해 있는 여성성, 즉 사랑을 이해

그림 7-6 아니마 아니무스

하고 개발해야 하며 여자는 내부에 있는 남성성, 즉 이성을 이해하고 개발하는 것이 필요하다.

3 그림자

그림자는 인간의 어둡거나 사악한 측면을 나타내는 원형이다. 즉 인류 역사를 통해 의식에서 억압되어 어두운 무의식에 있는 자료 및 인간의 원초적인 동물적 욕망에 기여하는 원형이다. 그림자는 사회가 나쁘다고 생각하는 측면이 있기는 하지만, 어떤 면에서는 생명력, 자발성, 창조성의 원천이 되기도 하여 이로움을 주기도 한다. 그림자는 인간의 양면성, 밝고 긍정적인 면과 어둡고 부정적인 면을 반영한 원형이다. 빛이 없이는 그림자를 상정할 수 없다. 사회에서 부정되거나 부도덕하고 악하다고 생각되어지는 것은 그림자 원형과 관련되어 있다. 따라서 상담 및 심리치료에서 가장 장애가 되는 원형이 그림자이다. 상담자는 인간의 이러한 부정적인 측면을 내담자가 조절할 수 있도록 돕는게 필요하다.

4 자 기

자기는 모든 의식과 무의식의 주인이다. 융은 인간이 실현하기 위해 타고난 청사진을 자기로 보았다. 자기는 전체로서 인간 성격의 조화와 통합을 위해 노력하는 원형이다. 다양한 문화에서 발달된 상징이 이 원형에서 나타난다. 자기는 정신의 중심인 의식과 무의식의 양극성 사이의 평형점이다. 자기는 다른 정신 체계가 충분히 발달할 때까지 나타나지 않는다. 융에 따르면, 자기는 인생의 가장 결정적인 변화의 시기인 중년의 시기에 나타난다. 개인의 자기실현은 자신에 대한 정확한 지각과 미래의 계획 및 목표를 수반한다.

2) 성격의 역동

융은 전체적인 성격을 정신이라고 불렀으며, 정신에너지인 리비도(libido)를 통해 지각하고, 생각하고, 느끼고 소망하는 심리적 활동이 수행된다고 보았다. 이처럼 융도 리비도 개념을 사용하였으나 프로이드처럼 성적인 충동으로서의 에너지로 보지 않고, 생물학적 · 성적 · 사회적 · 문화적 · 창조적인 모든 형태의 활동에 에너지를 제공하는 전반적인 생명력으로 보았다. 이와 같은 전반적인 생명력이기 때문에, 인간의 정신은 성적인 본능에만 예속되어 있지 않을 수 있으며 무한한 창조가 가능하다고 보았다. 이 정신에너지인 리비도는 대립(opposition), 등가(equivalence), 균형(entropy)의 세 가지 원리에 의해 작동하는 것으로 보았다.

(1) 대립 원리

융은 정신을 대립 원리에 의해 작동하는 실체로 생각하였다. 대립 원리는 신체에너지 내에 반대되는 힘이 대립 혹은 양극성으로 존재하여 갈등을 야기하며 이러한 갈등이 정신에너지를 생성하는 데 필요하다는 것이 융의 생각이다. 즉 융의 체계에서 정신에너지는 성격 내에 있는 힘들간의 갈등의 결과로 여겨졌다. 갈등이 없으면 에너지가 없으며 인생도 없다고 본다. 즉 개인의 사랑과 증오는 정신 내에 존재하면서 행동으로 표현을 추구하는 긴장과 새로운 에너지를 창조한다. 이러한 대립 혹은 양극성의 갈등이 모든 행동의 일차적 동인이며 모든 에너지를 창조한다. 따라서 양극성들 간에 갈등이 커질수록 에너지는 더 많이 생성된다.

(2) 등가 원리

융은 물리학의 열역학 법칙인 에너지 보존 원리를 정신적 기능에 적용하여 등가 원리(equivalence principle)를 가정하였다. 등가 원리는 어떤 조건을 생성하는데 사용된 에너지는 상실되지 않고 성격의 다른 부분으로 전환되어 성격 내에서 에너지의 계속되는 재분배가 이루어진다는 것이다. 그러므로 어떤 특별한 영역에서 정신가치가 약해지거나 사라지면, 그러한 에너지는 정신 내에 다른 영역으로 전환된다. 예를 들면, 우리가 어떤 취미활동에 관심을 상실하며, 그러한 활동에 쏟았던 정신에너지가 새로운 취미활동으로 전환된다. 또한 우리가 깨어 있는 동안에 의식 활동을 위해 사용하는 정신에너지는 잠자는 동안에는 꿈으로 전환된다. 여기서 등가란 말은 에너지가 변환된 새로운 영역이 동등한 정신가치를 가져야 한다는 것을 함축한다. 에너지가 어떤 방향이나 방식으로 이동하던 간에, 등가 원리는 그러한 에너지가 계속적으로 성격 내에서 재분배된다는 것을 제안한다.

(3) 균형 원리

물리학에서 균형 원리는 에너지 차이의 평형을 의미한다. 예를 들면, 뜨거운 대상과 차가운 대상이 접촉하면 열은 같은 온도로 평형 상태가 될 때까지 뜨거운 대상에서 차가운 대상으로 이동한다. 융은 이러한 열역학 원리를 정신에너지에 적용하여 성격 내에 균형 혹은 평형에 대한 경향성이 있다는 균형 원리를 제안하였다. 만약 두 가지 욕망이 정신가치에서 크게 다르다면, 에너지는 보다 강한 욕망에서 약한 욕망으로 흐를 것이다. 이상적으로 성격은 모든 측면에서 정신에너지의 동등한 분배를 가지지만, 이러한 이상적 상태는 결코 성취되지 않는다. 만약 완전한 균형 혹은 평형이 달성되면, 성격은 전혀 정신에너지를 갖지 못할 것이다. 왜냐하면 이미 지적한 것처럼, 대립 원리가 정신에너지를 생성하기 위해서 갈등을 요구하기 때문이다.

3) 성격의 발달

인간은 이미 전체성을 가지고 있으며, 하나의 전체로서 태어난다. 정신이란 개념 자체에서 인간은 하나의 전체라는 것이 융의 근본 사상이다. 따라서 인간이 일생을 통해 해야 할 바는, 이 타고난 전체성을 되도록 최대한으로 분화된 것을 일관성 있고 조화롭게 발전시키는 것이다. 그래서 그는 이 성격의 발달이 일생에 걸친 연속적인 과정이라고 보면서 성격의 발달을 네 단계로 설명하고 있다(이인정 · 최혜경, 2004).

(1) 아동기

이 단계는 출생부터 사춘기까지이다. 출생 후 몇 년 동안은 정신이 완전히 본능에 의해 지배되므로, 이 시기 동안 아동은 전적으로 부모에게 의존한다. 의식적 자아가 발달하기 전이므로, 지각된 것을 조직화되지 못하며 의식적 기억도 쓸모가 없다. 생활 속의 질서의 대부분을 부모가 결정한다. 유아의 행동은 본능에 의해 지배되므로 심리적 문제는 있을 수 없고 사실상 있지도 않다. 심리적 문제란 의식부에 자아가 존재해야 생기는 것인데 이 시기에 자아는 아직 형성되지 않았기 때문이다. 따라서 의식의 연속성도, 자아정체감의 감각도 없다. 아동기 후반부에 가서 기억이 지속되면서 또 자아정체감의 감각과 관련된 지각이 축적되면서 자아가 형성된다. 학교에 들어가면서 아동은 부모로부터 점차 분리되기 시작한다.

(2) 청소년기와 성인기

이 단계는 사춘기에 일어나는 생리적 변화로 시작되어 35~40세 사이에 끝난다. 융은 청소년기를 정신적 탄생(psychic birth)이라 불렀다. 정신적 탄생과 부모로부터 자아의 의식적 분리는 청소년기에 일어난다. 생리적 변화가 이러한 정신적 혁명을 수반한다. 청소년기는 본인도 부모도 어려운 시기이다. 물론 개인의 각오, 자각, 적응이 충분히 발달해 있으면 청소년기에 큰 어려움이 없다. 그러나 청소년기에 현실과 모순되는 환상에 집착하면 많은 문제에 부딪히게 된다. 예를 들면, 어른이 되는 것보다 어린이로 머무르기를 좋아하는 어린이의 원형이 청소년기의 문제를 낳을 수 있다.

성인기는 외양적으로 팽창하는 시기이며, 성숙의 힘에 이끌려 자아가 발달하고 외부세계에 대처하는 능력이 발달한다. 따라서 경력을 쌓고 가정을 이루며 사회적 성공을 얻기 위해 노력한다. 즉 활력을 외부로 향하고 외향적 태도를 취하기 쉽다. 대개 남자는 남성적 원리를, 여자는 여성적 원리를 발달시킨다.

(3) 장년기

35세부터 40세를 전후하여 정신적 변화가 오게 되며 외향적 목표와 야망은 그 의미를 잃기 쉽다. 융은 그러한 변화가 일어나는 것은 사회가 보상한 성취가 성격의 어떤 측면들을 희생시킨 대가로 얻어진 것이기 때문이라고 보았다. 장년기에는 외부세계를 정복하는 데 쏟았던 에너지를 자신의 내부에 초점을 맞추도록 자극받으며 잠재력에 대해 깊은 관심을 갖게 된다. 이에 따라 남자는 여성적인 측면을, 여자는 남성적인 측면을 표현하게 되며 이는 의식에만 집중하던 경향이 무의식의 세계를 깨달음으로써 바뀌기 때문이다. 장년기에는 청년기나 성인기의 가치와 목표에 여전히 매달려 있게 되면 더 이상 발달하지 못한다. 그 가치들은 이미 가치를 상실했으므로 새로 의미를 찾아야 하며 그렇지 못하면 절망에 빠지게 되는 것이다. 이것은 한때 그처럼 영원한 것으로 보이던 목표와 야망들이 이제는 그 의미를 잃게 되었음을 느끼고 마치 뭔가 결정적인 것이 빠진 것 같은 불완전함과 우울함과 침체감을 종종 느끼는 중년의 위기감을 설명해 준다.

(4) 노년기

노인들은 자신의 삶이 더는 상승할 수 없으며 인생의 마감을 앞두고 있다는 것을 알아야 한다. 내적 과정에 있어 청소년기에는 자기 자신에게 지나치게 몰두하는 것이 좋지 않으나 노인에게는 자신에 대해 진지한 관심을 가지는 것이 의무이고 필수이다. 그런데 많은 노인들은 그렇게 하는 대신 지나치게 건강을 염려하고 인색하며 공리공론과 과거에 대한 찬양만 하면서 인생의 후반부도 전반부의 원리로 살려는 환상을 가진다.

3. 아들러의 개인심리이론

Alfred Adler(1870~1937)

아들러는 성적 리비도에 의해 신경증이 형성된다는 프로이드의 이론을 비판하면서 프로이드와 결별하고 개인 심리학(individual psychology)을 형성하였다. 개인심리학은 총체적인 입장을 취하면서 환원주의를 거부하는 것으로 인간을 하나의 통합된 유기체로 보고 개인의 주관적 경험으로만 그 의미를 가진다고 보았다. 인간은 사회적 동물로서 사회적 자극에 의해 동기화되며, 창조적인 자아는 이드의 목적을 달성하는 기능을 수행하는 것이 아니라 자신의 경험을 주관적으로 자각하고 의식적으로 자신의 행동을 추구하는 방향으로 실현시킬 수 있다는 것이다.

개인 심리학은 아들러에 의해 개발된 성격이론과 심리치료 이론체계로서, 인간을 그 자신의 현상학적인 장 내에서 가공적 목표를 향해 움직이는 창조적이고, 책임이 있으며, '형성되어 가는' 총체적인 존재로 본다. 개인 심리학은 인간의 생활양식이 열등감으로 인해 때때로 자기 파괴적이 될 수 있다는 입장을 취한다. "정신병리"가 있는 개인은 아프다기 보다는 의기소침한 것이며, 치료적 과제는 치료자와의 관계, 분석 및 활동방법을 통하여 그 사람을 격려하고 그의 사회적 관심을 활성화시켜 주며, 새로운 생활양식을 발달시켜 주는 것이다.

1) 주요 개념

(1) 가공적 목적론

아들러는 프로이드와 헤어진 후 바이힝거(Vaihinger)의 영향을 받는다. 그는 1911년의 「The psychology of as if」라는 책에서 인간은 현실적으로 전혀 실현 불가능한 많은 가공적 생각에 의해 살고 있다고 하였다. 예를 들어서, "모든 사람은 동등하게 만들어졌다", "정직이 최선의 길이다", "목적이 수단을 정당화한다"와 같은 가공적 생각(허구)은 현실보다도 더 효과적으로 사람들을 움직이게 한다는 것이다.

가공적 목적은 어떤 목적론적 계획의 일부로 미래에 존재하는 것이 아니고 보다 주관적 혹은 정신적으로 현재의 행동에 영향을 주는 노력이나 이상으로서 지금 여기에 존재하는 것을 의미한다. 따라서 바이힝거도 아들러도 숙명이나 운명을 믿지 않았다. 예를 들면, 만일 사람들이 "덕이 있는 사람에게는 천국이, 죄인에게는 지옥이 있다"고 믿는다면 이것은 추측이며, 이러한 추측이 사람의 행동에 영향을 주게 된다는 것이다.

아들러는 개인의 모든 심리현상은 가공적 목적을 이해함으로써 설명될 수 있다고 주장하였다. 즉, 아들러는 원인, 힘, 본능, 충동 등으로는 인간의 행동을 설명할 수 없고, 최종의 목적만이 인간의 행동을 설명할 수 있다는 것이다. 이 최종의 목적은 허구로서, 실현 불가능할지 모르나 무엇보다도 인간의 노력에 정말로 박차를 가해 줄 수 있고 그 행동을 설명해 줄 수 있는 원리라고 할 수 있다.

(2) 우월성 추구

모든 사람들이 추구하며, 동시에 성격에 일관성을 부여하는 최종의 목적은 무엇인가? 여기에 대해 아들러는 1908년까지는 '공격성'으로, 1910년경에는 '힘에 대한 의지(will to power)'로, 그 후부터는 '우월성 추구(striving for superiority)'의 개념으로 설명하였다. 이와 같이, 인간의 최종의 목적에 관해 아들러의 생각은 공격적이 되는 것, 강력하게 되는 것, 그리고 우월하게 되는 것의 3단계를 거쳤다.

아들러는 우월이라는 것이 사회적으로 탁월한 것, 지도성, 또는 사회에서의 높은 지위를 뜻하는 것이 아니라고 밝혔다. 아들러가 말하는 우월이란 융의 자아의 개념,

또는 골드스타인(Goldstein)의 자아실현의 원리와 비슷한 것을 의미하는 것으로, "위대한 향상의 욕구(the great upward drive)"이다. 다시 말해서, 우월성의 추구는 삶의 기초적인 사실로 모든 인간이 문제에 직면하였을 때 부족한 것은 보충하며, 낮은 것은 높이고, 미완성의 것은 완성하며, 무능한 것은 유능한 것으로 만드는 경향성이다.

이와 같은 우월성은 선천적인 것으로, 삶의 일부이며 사실상 삶 그 자체이다. 따라서 출생에서부터 사망에 이르기까지 우월성 추구는 인간을 한 단계에서 보다 높은 다음 단계의 발달로 이끌어 준다. 모든 욕구는 완성을 위한 노력에서 비롯되기 때문에 분리된 욕구란 존재하지 않는다.

아들러는 우월성 추구는 그 자체가 수천 가지 방법으로 나타날 수 있으며, 모든 사람들은 그 자신의 성취나 성숙을 기하려는 노력의 일정한 형태를 가지고 있다는 것을 말하고 있다. 이처럼 모든 사람들은 우월성을 추구하지만, 사람마다 우월성을 추구하는 형태는 각기 다르다고 하겠다. 그러면 우월성 추구를 위한 투쟁의 형태에 있어서의 개인적 특징은 어떻게 형성되느냐 하는 문제는 다음 열등감의 개념에서 살펴보고자 한다.

(3) 열등감과 보상

아들러는 "왜 인간은 어떤 고뇌가 있을 때 신체의 특정부분에 고통이 생기는가" 하는 의문을 가졌다. 어떤 사람은 심장, 어떤 사람은 간, 또 어떤 사람은 요통을 앓는다. 아들러는 특정 부위에 고통을 겪는 이유는 그 부분이 기본적으로 열등하기 때문이며, 이것은 유전이나 발달의 이상에서 오는 것으로 보았다. 그래서 아들러는 신체의 결함을 가진 사람들이 철저한 훈련을 통해 그 신체기관을 강화함으로써 약점을 보상하려고 노력하는 것을 발견하였다. 신체기관에 대한 열등감을 보상한 예로서 가장 유명한 것은 어려서 말더듬이었던 데모스테네스(Demosthenes)가 세계에서 가장 위대한 웅변가 중의 한 사람이 되었으며, 또한 젊어서 약했던 루즈벨트(Roosevelt)가 체계적인 운동을 통해서 신체적으로 강건한 사람이 된 예가 있다.

이후, 아들러는 열등감을 신체적 결함뿐 아니라 주관적으로 느끼는 심리적, 혹은 사회적 무능에서 오는 열등감도 열등감의 개념에 포함시켜 그 개념을 확대하였다. 또한 아들러는 열등감을 보상하기 위해 더 높은 수준의 발달을 향해 노력하는 이러한 보상노력이 인간을 발전시키는 근원이 되고 있다는 것이다. 즉 열등감은 이상적인 징후로 나타나는 것이 아니고 모든 인간들에게 있어서 향상의 원인이 되는 것이다. 정상적인 환경에서는 열등감이나 불완전감은 인류의 위대한 추진력이 된다. 결국, 인간은 자신의 열등감을 극복하려는 욕구로 해서 쫓기며 우월하고자 하는 욕구에 의해서 이끌린다고 하겠다.

(4) 사회적 관심

앞서 살펴본 것처럼, 아들러는 인간이 깊이 감추어진 열등감을 보상하기 위한 힘과 우월을 향한 끝없는 욕망에 의해서 쫓기고 있는 것으로 보았다. 이 때문에 아들러는 인간의 이기적 욕구를 강조하고 사회적 동기를 무시한다는 비판을 받았다. 그래서 아들러는 인간은 대중의 복리를 위해 개인적 이익을 양보하는 선천적인 사회적 관심에 의해서 지배되는 것으로 인간에 대한 개념에 사회적 관심의 요인을 포함시켰다. 이는 개인적 우월의 목표가 사회적 목표로 이동하는 것으로 다른 사람들의 행복에 기여하기 위해 개인적 우월의 목표를 포기하는 것을 말한다.

사회적 관심은 협동, 사회적 관계, 집단에의 동일시, 공감 등을 포함하는 보다 훨씬 광범위한 개념이다. 궁극적인 의미에서 사회적 관심은 사회가 완전한 사회라는 목표에 도달하기 위한 개인의 협력으로 이루어진다. 아들러는 이러한 사회적 관심은 타고 나는 것이며 인간은 본질적으로 사회적 동물이지만 지도와 훈련 등에 의해 사회적 관심이 더 많이 실현될 수 있다고 하며 교육의 중요성을 강조하였다.

(5) 생활양식

모든 사람은 우월을 향한 목표를 가지고 있으나 이 목표를 향한 노력은 개인마다 다양하다. 어떤 사람은 그의 지적 능력을 발달시킴으로써 우월해지려고 하며, 또 어떤 사람은 근육단련을 위해 모든 노력을 기울인다. 이처럼, 사람들은 자신에게 의미를 주는 삶의 목표를 추구하기 위해 각기 독특한 생활양식을 발달시킨다. 사람은 자신의 생활양식에 맞는 것을 지각하고, 배우고, 소유하지만 그 외의 것들은 무시한다.

생활양식은 아동기의 아주 초기에 형성된다. 4~5세까지 형성되고 그 때부터 이 독특한 생활양식에 따라서 경험들은 동화되고 활용된다. 그의 태도, 감정, 통각은 어릴 때에 고정되고 기계화되어 그 후에는 생활양식이 실제로 변화되지 않는다.

인간의 독특한 생활양식을 표현하는 새로운 방법을 습득하지만 어릴 때 나타나는 기본적 양식이 단순히 구체화되고 특수화된 것일 뿐이다.

아들러는 사람이 가진 공상적이거나 실제적인 특정의 열등감에 의해 생활양식이 결정된다고 보았다. 생활양식은 특수한 열등감에 대한 보상이다. 만약 신체적으로 약한 사람이면 그는 신체적 강화를 가져오는 생활양식을 취하게 된다. 우둔한 사람은 지적 우월감을 가지기 위해 노력한다. 예를 들어서, 나폴레옹의 정복적 생활양식은 그의 작은 체구에 의해서, 그리고 히틀러의 세계지배를 위한 탐욕적인 욕망은 성적 무능에 의해서 결정된 것이다.

개인의 독특한 생활양식은 그가 생각하고 느끼고 행하는 모든 것의 기반이 된다. 일단 생활양식이 형성되면, 이것은 외부 세계에 대한 전반적인 태도를 결정할 뿐만 아니라 기본 성격구조를 일생에 걸쳐 일관성 있게 유지되게 한다. 이런 점에서 아들러는 서로 연관되어 있는 세 가지 중요한 인생과제에 대해 개인이 어떻게 접근하는지를 관찰함으로써 생활양식이 이해되어질 수 있다고 하였다. 세 가지 인생과제는 직업(occupation), 사회(society), 사랑(love)이다.

아들러는 직업, 사회, 사랑을 다루는 방식에 있어서 지나치게 단순화시켰다는 점을 인식하고 생활양식을 일반적인 유형으로 범주화시켰다. 이러한 생활양식은 사회적 관심과 활동수준으로 구분되는 이차원적인 모형이다. 사회적 관심은 인간 각 개인에게 대한 공감을 말하며, 이는 개인의 이익보다는 사회 발전을 위해 다른 사람과 협력하는 것을 말한다. 활동수준이란 인생 문제를 다루는 데 있어서 개인이 보여주는 에너지의 양을 말한다. 아들러는 사회적 관심과 활동수준에 따른 생활양식을 네 가지, 즉 지배형(the rule type), 기생형(the getting type), 회피형(the avoiding type), 사회적 유용형(the socially useful type)으로 설명하였다.

첫째, 지배형은 활동수준은 높으나 사회적 관심은 낮은 유형으로 독선적이고, 공격적이며, 활동적이지만 사회적 관심이 거의 없는 사람이다. 이 유형은 사회적 관심 외의 측면에서는 활동적이며 외부세계를 지배하려는 태도를 가진다. 그러므로 인생과업에 공격적, 비사회적인 방법으로 대처해 나간다.

둘째, 기생형은 활동수준은 중간이고 사회적 관심은 낮은 유형으로, 기생적 방식으로 외부세계와 관계를 맺으며 다른 사람에게 의존하여 자신의 욕구를 충족한다. 인생의 주된 관심은 가능한 한 많은 것을 다른 사람에게서 얻어 내는 것이다. 활동수준이 낮아 다른 사람에게 의존하는 것이 위험한 정도는 아니다.

셋째, 회피형은 참여하려는 사회적 관심도 적고 활동수준도 낮은 유형으로 성공하고 싶은 욕구보다 실패에 대한 두려움이 더 강하기 때문에 인생과업으로부터 도피하는 행동을 주로 한다. 인생의 모든 문제에서 회피함으로써 실패를 면하려고 하고 사회적으로는 무익한 행동이 대부분이다.

넷째, 사회적 유용형은 사회적 관심과 활동수준이 모두 높은 유형으로 사회적 관심이 높고 자신과 타인의 욕구를 동시에 충족시키면서 인생과업을 완수하기 위해 다른 사람과 협력한다.

앞서 살펴본 네 가지 생활양식을 표로 제시하면 다음 〈표 7-1〉과 같다.

표 7-1 생활양식의 유형

구 분		사회적 관심	
		고	저
활동 수준	고	사회적 유용형	지배형
	중		기생형
	저		회피형

출처 : 노안영 · 강영신(2005).

지배형, 기생형, 회피형은 바람직하지 않은 유형으로, 사회적 관심이 부족하다는 공통점이 있으나, 활동수준에는 차이가 있다. 사회적 유용형은 바람직한 형으로 사회적 관심과 아울러 활동수준도 높다. 아들러는 이러한 생활유형은 가정에서 어린 시절에 부모의 영향 하에서 주로 형성된다고 보았다.

(6) 창조적 자기

인간이 스스로 자신의 성격을 만든다는 주장으로 인간에게는 유전과 경험이라는 재료를 바탕으로 창조적 자아를 만들어 내는 능력이 있다고 보며, 인간은 환경에 의해 영향을 받기도 하지만 스스로 환경에 영향을 미쳐 환경이 자신에게 적절히 반응하도록 창조하는 존재라는 것이다.

2) 성격의 발달

인간의 성격발달에 관한 아들러의 이론은 프로이드와 같이 발달단계에 관한 것이라기보다는 인간의 성격에 영향을 미치는 요인들에 관한 설명에 집중되었다. 이 중에서 성격발달에 부정적인 영향을 미치는 요인을 살펴보면 다음과 같다.

첫째, 병약하거나 허약한 체질인 아동의 상황이다. 아들러는 인간의 성장에서 신체기관의 미발달 또는 열세가 얼마나 영향을 많이 미치는가에 주목하였다. 그는 신체적인 열세는 인간생존의 필수조건의 하나인 기술을 익히는데 제약이 클 뿐만 아니라, 열등감의 원인이 된다고 하였다.

일반적으로 신체기관이 열세인 아동은 관심을 자신에게 집중하기 쉬우며, 타인에게 공헌하는 것을 인생의 목표로 설정하기 어렵다. 더구나 주위 사람들의 동정과 기피 또는 조소 등은 그의 열등감을 더욱 심화시키기 쉽다.

둘째, 사랑의 과잉을 받은 아동의 상황이다. 지나친 사랑은 부적응의 주된 결정요인이 된다. 아들러에 의하면 사랑의 과잉을 받은 아동은 무조건 남에게 요구하기만 하고, 도움이 없으면 아무것도 하기 어렵게 된다. 또한 그러한 아동은 어려움과 좌절에 부딪혔을 때, 그를 해결하기 위하여 다양한 전략을 구사하기보다는 좌절에 빠지고 회피하려는 경향을 보인다. 더구나 사랑의 과잉을 받은 아동은 자기중심적이 되어 타인을 배려하지도 못하고, 협동의 필요성이나 유익성을 알지 못한다. 따라서 자기가 원하는 대로 사회가 되기를 바라는 독재자적인 성향을 보인다고 한다. 또한 이런 아동은 문제나 장애물에 부딪힐 때 퇴행함으로써 반응한다. 극복하는 방법을 배운 적이 없으므로 열등감을 피하기 위해 퇴행하는 것이다.

셋째, 거부된 아동의 상황이다. 아동은 신체적 결함, 부모의 불행한 결혼, 가정의 경제적인 문제 등의 다양한 이유로 거부당하기도 한다. 이러한 거부는 아동의 말이나 행동을 무시하거나 구체적으로 거부하는 등 심리적인 학대와, 신체적인 고통을 가하는 등 물리적인 폭력일 수 있다.

거부당한 아동은 세상이 적대적이고 위협적이라고 생각하기 때문에 반항적이고 다른 사람과 잘 지내지 못한다. 다른 사람에게 유익한 행동을 하면 애정이나 존경을 얻는다는 것을 이해하지 못하는 경향을 보인다. 또한 거부당한 아동은 싸움을 목적달성의 방법으로 생각하고 즐겨하는 경향을 보이기도 한다.

3) 출생순위

사람들은 출생 후, 누구나 부모의 사랑을 확보하기 위하여 최고의 노력을 들이게 되는데 부모들이 베풀 수 있는 지적, 정서적, 물질적 자원은 한정되어 있고 이를 서로 많이 확보하기 위해 형제끼리도 치열한 경쟁을 벌이게 된다. 이러한 과정에서 형제들은 출생순위에 따라 부모에게서 받게 되는 자원이 다르고 또 그에 대응하는 방법이 다른 관계로 성격은 출생순위에 따라 다르게 형성될 수 있다. 아들러는 출생순위도 성격발달에 영향을 미치는 주요 요인이라고 하였다. 그 가운데에서도 맏이, 중간아이, 막내 등의 순위, 그리고 외동이와 같은 특수한 위치에 따라 성격에 어떠한 차이가 있는가에 주목하였다.

첫째, 맏이는 동생이 태어나기 전까지 많은 관심과 사랑을 받으며, 가족의 중심인 것에 익숙해져 있다. 그런데 돌연 동생이 생기면서 아무런 준비도 없이 자신의 위치에서 쫓겨났음을 깨닫게 된다. 그는 더 이상 특별한 대우를 받지 못하고 부모의 사랑을 라이벌인 동생과 나눠 가져야만 한다. 이 때문에 그는 동생이 자신이 누리던 사랑을 약탈해 갔다고 믿기 쉽다.

맏이는 엄마의 사랑과 관심을 되돌리기 위해 동생을 괴롭히고, 크고 작은 말썽을 일으키며, 부모의 사랑을 독차지했던 아기 때의 행동을 보이기도 하는 등 나름대로 짜낸 묘안을 다 동원한다. 하지만 동생을 돌보느라 지친 엄마는 큰 아이의 이런 행동에 더 이상 인내할 수 없게 된다. 결국 엄마는 아이에게 짜증을 내거나 무시하는 행동을 취하게 된다. 그리고 아이는 더 이상 엄마가 자신을 사랑하지 않는다고 느끼게 된다. 아이는 더욱 분노를 느끼며 거칠고 비판적인 아이가 된다.

상처받은 아이는 엄마가 야단이라도 칠 때면 종종 자신의 편을 되어주곤 하는 아빠에게 애정과 관심의 화살을 돌린다. 하지만 아이는 아빠의 사랑을 받는 데 성공했다 해도 엄마에게서 입은 상처를 잊을 수 없다. 이 때문에 맏이는 항상 경쟁자가 생기지 않을까 노심초사하며 자신의 위치를 빼앗기지 않기 위해 평생에 걸쳐 싸우고 저항하기 위한 훈련을 계속한다. 또한 자신이 권력을 행사하고 지배한다고 느꼈던 어린 시절의 '작은 왕국'을 잃은 아이는 보통 다른 아이들보다도 힘과 권위의 중요성에 대해 이해가 깊고 강한 보수주의 경향을 띤다. 그들은 어른이 되었을 때 권위적인 행사에 참가하기를 좋아하고 규칙이나 법의 중요성을 과장한다. 즉 모든 규칙은 지켜져야 하며 변해서도 안 된다고 생각한다.

만약 아빠마저 아이를 외면하고 맏이에게 관심을 주는 사람이 주변에 아무도 없을 경우, 절망적이 되어 애정을 받는 것은 불가능한 일이라고 믿게 된다. 그렇게 되면 신경질적이 되어 남과 어울릴 수 없는 성격이 되고 고립된 것처럼 행동한다. 맏이의 관심은 자신이 가족들의 관심과 애정의 초점이었던 과거에 머물기 때문에 옛날 일을 되돌아보며 이야기하고 싶어하고 장래에 대해서는 비관적이다.

맏이가 남아이고 둘째가 여아일 경우 맏이는 더 어려운 입장에 처한다. 맏이는 이 경쟁에서 여아를 편애하는 듯이 느끼게 된다. 이는 16세까지 여아가 남아보다 성장 속도가 빠르기 때문인데, 남아는 싸움을 지레 포기해 무기력해지고 기가 꺾여 버린다. 반면, 맏이 중에는 자신의 입장을 유리한 쪽으로 바꾸는 경우도 있다. 맏이는 동생이 태어나면 동생을 보살피고 사랑해야 한다고 강요받는다. 따라서 다른 사람을 보살피고 도우려 하는 자세를 자연스럽게 몸에 익히게 된다. 맏이는 종종 자신보다 어린 아이들에 대해서 부모의 역할을 모방하고, 동생들을 가르치며 책임을 느끼게 된다. 이러한 경향 때문에 때때로 그들은 조직에 도움이 되는 위대한 능력을 발휘하기도 한다.

둘째, 중간 아이는 날 때부터 형이나 누나라는 경쟁자를 가지고 있으므로 그들의 장점을 능가하기 위한 자극과 도전을 받는다. 이러한 이유로 첫째보다 훨씬 빠른 발전을 보이기도 한다. 그 결과 아주 경쟁심이 강하고 대단한 야망을 가진 성격이 되기 쉽다. 그의 생활양식은 자신이 형보다 낫다는 것을 증명하기 위해 노력하는 것이다.

중간 아이는 대개 곤란한 상황에 직면하는 경우가 많다. 삶이란 불공평한 것이라고 확신할 수도 있으며, 속았다는 느낌을 받을 수도 있다. 또한 '불쌍한 나'라는 태도를 가질 수 있으며, 문제아가 될 수도 있다.

여자 형제 사이에 낀 남자 아이, 여자들 틈에 끼어 혼자 자란 남자 아이는 어려움이 많다. 완전히 여성적인 환경 속에서 그는 자신만 다른 사람이라고 느껴 소외되어 자란다. 특히 엄마와 여자 형제들이 그를 공격할 때 더욱 강하게 나타난다. 이런 상황에서 자란 아이는 이러한 분위기에 대해서 강하게 저항하고, 자신이 남성인 것을 매우 자만하는 아이로 자라기 쉽다. 남자 아이는 여성에게 지배되지 않기 위해서 항상 조심하고 우월성을 주장해야 하는데, 거기에는 늘 긴장이 따르게 마련이다. 따라서 이런 상황의 남자 아이는 매우 극단적인 발달 경향이 나타난다. 매우 강한 자가 되든지 아니면 매우 약한 자가 되는 것이다. 또한 이와는 반대로 오히려 여성적인 취미나 인생관을 가지고 자랄 수도 있다.

남자 형제 사이에 낀 여자 아이, 남자들 틈에 끼어 혼자 자란 여자 아이는 매우 여성적이거나 매우 남성적인 자질을 갖게 된다. 여성적 성격과 남성적 성격이 극단적으로 함께 내재하기 때문에 불안정하고 무력해지기 쉽다.

중간 아이는 관심의 대상에서 밀려났다는 피해의식 때문에 퇴행 현상이나 공격적 행동을 보이고 더 경쟁적이며 반항적일 수 있다. 천방지축으로 행동하거나 형들에게 도전하는 등의 행동을 흔히 보이는데, 아이가 이러한 행동을 보일 때 부모가 지나친 체벌을 가하거나 아예 아이를 무시해 버리는 경우 자신감을 상실하고 열등감에 빠질 수 있다. 이는 훗날 성장해서 아이가 다른 사람들과 관계를 맺는 데 부정적으로 작용할 수 있으므로, 부모는 항상 아이에게 '사랑한다'는 것을 적극적으로 표현해서 아이에게 확신을 주어야 한다.

또한 형이나 동생들과 다퉜을 경우 부모는 현명한 재판관이 되어 주어야 한다. 그리고 분배의 개념을 가르쳐 주어 형제들과 나누고 양보하는 태도를 길러 준다.

셋째, 막내는 항상 가족의 귀염둥이고 가장 사랑받는 존재다. 다른 아이들이 모두 앞서 태어났다고 해서 막내가 결코 낮은 지위로 떨어지는 일이 없고, 많은 선도자가 있다. 이 때문에 막내는 여러 가지 곤란에 직면하면서도 항상 여러모로 자극을 받는다.

동시에 다른 형제들보다 경쟁의 기회를 많이 갖게 되므로 평범하지 않게 발달할 가능성이 크고, 형제들을 모두 추월하곤 한다. 또한 연상의 형제들을 이기고 모든 일에서 뛰어나고 싶다는 생각에 사로잡혀 모든 사람들을 자신 앞에 머리 숙이게 하는 정복자로서의 야심을 갖기도 한다. 이러한 야심은 꿈이라는 무의식 속에서도 드러날 만큼 강렬하다.

그러나 자칫 야심이 지나쳐 게으른 사람으로 전락할 수도 있다. 야심이 지나치게 높으면 그것을 실현할 희망이 전혀 보이지 않기 때문에 낙담하게 되고 무기력한 게으름뱅이로 전락하게 되는 것이다. 또한 주변에 있는 사람이 모두 연상이고 힘도 세며 경험도 훨씬 풍부하기 때문에 남모르게 열등감으로 고민하기도 하고, 다른 사람이 자기 대신 자기의 생활을 만들어 주기를 바라는 의존적 성향을 보이기도 한다.

막내는 부모와 형제들의 도움을 받아 자신의 야심이나 노력을 크게 자극할 수 있는 매우 유리한 상황에 놓여 있다. 형제들은 배후에서 막내를 공격하기도 하고 막내의 주의를 집중시키기도 한다. 그럼에도 불구하고 막내가 문제아 중 두 번째 비율을 차지하는 이유는 일반적으로 부모가 막내를 사랑하는 방법에 있다. 엄마의 치마폭에 싸여 어리광부리며 자란 아이는 결코 자립할 수 없다.

그 아이는 자신의 노력에 의해 성공할 수 있다는 자신감을 잃어버린다. 이 때문에 부모는 무조건적으로 허용하고 과보호하는 대신에 독립심과 자립심을 키워 주기 위한 훈련을 시켜야 한다. 작은 일은 아이에게 결정권을 주어 혼자서 해결하게 하고, 결과물을 가지고 잘한 일에 대해서는 칭찬하고 잘못한 일에 대해서는 책임을 묻는다. 일정 연령 이상부터는 독립적인 공간에서 생활하도록 하는 것도 좋은 방법이다.

마지막으로 외동이는 경쟁할 형제가 없으므로 응석받이가 되기 쉬우며 이러한 생활양식으로 인해 의존심과 자기중심성이 현저하게 나타난다.

외동은 나누거나 협동하는 것에서는 서투르지만, 어른들을 어떻게 다뤄야 하는지에 대해서는 잘 알고 있다. 항상 무대의 중앙에 있기를 원하며, 그 위치가 위협받으면 불공평하다고 느낀다. 이 때문에 훗날 삶에서 자신이 더 이상 관심의 중심이 아니라는 것을 깨닫는 순간 어려움을 느낀다.

외동의 또 다른 특징은 경쟁심이 아버지에게로 향한다는 사실이다. 외동 자녀를 둔 엄마는 아이를 잃는 것을 두려워하며 자신의 곁에 항상 두고 싶어 하기 때문에, 아이는 소위 '모친 콤플렉스'를 몸에 익히게 되고 어머니의 앞치마 끈에 매달려 아버지를 경쟁자로 인식하게 된다. 또한 외동은 종종 자신의 뒤에 남동생이나 여동생이 생기지 않을까 매우 두려워한다. 아이의 터울이 클 경우에도 아이들은 외동의 특징을 몇 가지씩 가지게 된다.

외동 아이는 열렬한 엄마의 사랑을 독점하기 때문에 성인이 된 뒤에도 엄마에게 지나치게 의존적일 수 있다. 게다가 대부분의 아빠들은 외동 자녀보다도 엄마 쪽에 관심을 기울이고 있기 때문에 아빠와 아이 사이의 심리적인 골이 깊다는 점은 아이의 '모친 콤플렉스'를 부채질한다. 이를 방지하기 위해서는 부모가 협동하여 아이가 부모 양쪽에 관심을 가질 수 있게 교육해야 한다. 또한 또래 친구들과 자연스럽게 어울릴 수 있는 자리를 마련해 주고, 일정 연령 이상이 되면 엄마와 있는 시간을 조금씩 줄여나가면서 독립심을 키워 준다. 만약 경제적인 이유로 아이를 더 낳을 수 있는 데도 외동 자녀를 둔 가정의 경우, 부모의 미래에 대한 불안감이 아이에게 전달되어 나쁜 영향을 끼칠 수 있으므로 주의해야 한다.

4. 에릭슨의 심리사회적 이론

Erik Erikson(1902~1994)

프로이드의 성격발달 이론을 이드의 발달에 관점을 둔 심리성적 발달이라고 부르는 반면, 에릭슨의 이론은 자아의 발달에 관심을 둔 심리 사회적 발달이론이다. 에릭슨은 프로이드의 각 단계에서 아동이 수행해야 할 과업에 대해 새롭고 확대된 견해를 제시하였다. 자아의 발달은 사회 문화적 영향을 많이 받아 그 사람이 충분히 살기만 하면 노년기까지 발달한다고 하며, 이 이론은 프로이드의 발달단계에 성인기 이후에 세 단계를 추가해 8단계로 구분하여 전 생애를 포함한다.

1) 주요 개념

(1) 자 아

프로이드는 자아가 원초아와 초자아의 세력 중간에 있다고 보았으나 에릭슨은 이 두 세력을 어느 정도 무시하고 자아가 자율적인 기능을 하는 것으로 간주했다. 즉, 인간의 성격이 본능이나 부모에 의해 영향을 받는 것보다 부모, 형제, 다른 사람들을 포함한 사회의 모든 구성원에 의해 영향을 받는다고 보았다.

(2) 자아정체감

에릭슨의 자아정체감(ego identity)은 두 가지 측면을 가진다. 첫째, 내적 측면은 시간적 자기 동일성과 자기 연속성의 인식으로, 시간이 경과하면서 자기 자신을 지금까지의 자신과 같은 존재로 지각하고 수용하는 것이다. 둘째, 외적 측면은 문화의 이상과 본질적인 양상을 인식하면서 그것과 동일시하는 것이며, 타인과 본질적인 특징을 공유하게 되는 것이다. 그는 자아정체감이 없는 상태에서 자아정체감의 상태로 이동하는 인간발달을 "내적, 외적 갈등의 과정이고 인간이 위기를 극복하면서 통합감, 판단력, 자기 자신과 주위 사람들의 판단 기준에 적합한 대처 방법을 익히면서 성장하는 과정"이라고 설명하였다.

(3) 점성적 원리

심리사회적 자아발달은 점성적 원리를 토대로 한다. 점성적이란 용어는 epi(의존해서)와 genetic(유전)을 합성한 말로 발달이 유전에 의존한다는 뜻이다. 따라서 점성적 원리란 유기체가 고유한 이정표에 따라 발달해 가는데, 먼저 발달된 부분을 바탕으로 그 다음의 발달이 이루어져 나간다는 것을 의미한다. 이러한 점성적 원리로서 에릭슨은 인간의 전 생애발달의 모든 단계에 있어서 앞의 단계의 발달은 이후 단계의 발달에 절대적 영향을 미친다는 것을 강력히 시사하고 있다.

(4) 사회적 위기

에릭슨에 따르면 각 심리사회적 단계에는 위기가 발생하는 데, 위기란 해당 단계의 개인에게 부과된 생리적 성숙과 사회적 요구로부터 발생된 인생의 전환점이다. 인생주기의 여덟 단계마다 사회적 발달 과정에서 다루어져야 하지만 반드시 그 단계에서 해결되어야 하는 것은 아닌 '각 단계에 특유한' 발달 과제를 갖고 있다. 한 개인의 특징적인 행동 패턴은 이러한 과제 혹은 위기가 궁극적으로 어떻게 해결되는가에 의해 결정된다. 에릭슨의 이론에서 갈등은 핵심적이며 절대적이다. 왜냐하면 개인의 성장과 경험의 폭이 각 단계에서의 자아의 힘과 관련되기 때문이다. 에릭슨은 위기가 '재앙의 조짐이 아니라 전환점이기 때문에, 개인의 발달과정에서 겪는 어려운 상황에서 극복해야 할 생존을 위한 원천'이라고 보았다.

2) 성격의 발달

에릭슨에 의하면 인간은 전 생애에 걸쳐 주요한 발달 관문인 여덟 가지의 "위기"를 통과해야 하는데, 그러한 위기를 어떻게 대처하고 해결하느냐에 따라 이후의 삶에 큰 영향을 미친다는 것이다(표 7-2 참조). 그래서 한 단계에서 위기를 잘 해결한다면 다음에 올 위기를 당당하게 맞을 태세를 갖추겠지만 해결에 실패한다면 미진한 문제를 안은 채 다음 단계의 위기를 맞이해야 한다고 주장했다(최순영 · 김수정, 1996).

표 7-2 에릭슨의 발달단계

단계	심리성적 발달단계	심리 사회적 위기		주된 관계 대상의 범위	덕 목
		성공	실패		
1. 기본 신뢰감 대 불신감 (출생～1세)	구강기	신뢰감 : 애정욕구 충족으로 형성	불신감 : 학대, 애정의 박탈 등의 이유로 형성	어머니	희망(hope)
2. 자율성 대 수치 및 회의감 (1～3세)	항문기	자율성 : 부모로부터 독립한 자신, 자율적 개체로서의 인식에서 형성	수치 및 회의감 : 방해나 제지되는 상태에서 형성	어머니 아버지	의지(will)
3. 주도성 대 죄책감 (3～6세)	남근기	주도성 : 현실도전의 경험, 상상, 양친 행동의 모방을 통하여 형성	죄책감 : 너무 엄격한 훈육, 윤리적 태도의 강요에서 형성	가족	목적 (purpose)
4. 근면성 대 열등감 (6～12세)	잠복기	근면성 : 공상과 놀이에서 벗어나 현실적 과업을 수행하고 무엇이든지 해보려는 데서 형성	열등감 : 지나친 경쟁, 개인적 결함, 실패의 경험에서 형성	이웃 학교	능력 (competence)
5. 정체감 대 역할혼미 (12～20세)	초기 생식기 (청소년기)	정체감 : 어른과의 동일시감, 자기가치감, 자기 역할의 인식에서 형성	역할 혼미 : 자신의 역할, 사회적 규준 제시의 불분명에서 형성	교우집단 지도자	충실(fidelity)
6. 친밀감 대 고립감 (20～40세)	생식기	친밀감 : 동성, 이성 간에 인간관계의 친밀감, 연대의식, 공동의식 등의 따뜻한 인간관계에서 형성	고립감 : 과도한 또는 형식적인 인간관계에서 형성	우정적 동료	사랑(love)
7. 생산성 대 자기침체 (40～65세)	생식기	생산성 : 부모의 성역할 인식에서 자기나 자신을 위한 창조성, 생산성 형성	침체성 : 방해 당하면 자기중심적인 성격이 형성	직장, 가정	보호(care)
8. 자아통합 대 절망감 (65~죽음까지)	생식기	통합성 : 사회문화의 지배적 이상을 받아들이고 생의 의미에 대한 긍정감을 형성	절망감 : 무진통, 무가치 등의 현상은 성취의욕을 좌절시키고 인생의 의미를 상실케 함	인류, 동포	지혜(wisdom)

(1) 기본 신뢰감 대 불신감

기본 신뢰감 대 불신감(basic trust vs. mistrust)의 단계는 출생에서부터 1세까지 해당되는 시기이며, 프로이드의 단계로는 구강기에 해당된다. 이 단계는 어머니(또는 돌보는 사람)에 대한 신뢰를 배운다. 어머니가 아기를 돌보는 데 거부적이거나 일관성이 부족하면 아기는 세상과 사람에 대해 불신하기 쉽다. 이 시기는 어머니가 유아에게 수유를 하는 시기이다. 유아가 배가 고파서 울 때마다, 그 울음소리를 듣고 배가 고파서 우는 울음이라는 것을 알고 유아에게 수유를 할 때, 유아는 내가 어려움에 처할 때면 언제든지 어머니는 달려와서 나의 힘든 상황에서 벗어나게 해 주는 분이라는 것을 인식하게 되며, 이런 경험을 통해서 어머니에 대한 신뢰감을 형성하게 된다. 이와는 대조적으로 배가 고파서 울고 있는데 젖을 주지 않거나 젖을 먹을 시간이 될 때까지 기다렸다가 수유를 하게 되면, 유아는 내가 어려운 상황에 있는데도 어머니는 항상 오지 않는 사람으로 인식하며, 어머니에 대한 불신감을 형성한다.

그러므로 이 시기는 전 생애에 있어서 신뢰감 형성이 가장 두드러지게 나타나는 시기이며, 이 때 어머니의 수유방식이 신뢰감 형성에 가장 큰 영향을 주는 요인이다. 이러한 신뢰감의 형성은 다음 단계에 나타나는 자율성을 이루는 바탕이 된다.

(2) 자율성 대 수치 및 회의감

자율성 대 수치 및 회의감(autonomy vs. shame and doubt)의 단계는 약 1세~3세 사이이며, 프로이드의 단계로는 항문기에 해당된다. 아동은 스스로 먹고 배설하며 옷을 입는 등의 행동을 통해 자율성을 학습한다. 이러한 행동에 실패할 때 아동은 자기능력을 의심하며 수치스럽게 여긴다.

이 시기에 유아들은 다른 사람의 도움 없이 어느 정도 혼자서 걷게 되고 손으로 물건을 잡을 수 있게 되면, 서툴지만 혼자서 하려는 경향이 강하게 나타나는 시기이다. 도와 주면 오히려 더욱 화를 내거나 짜증을 내는 등 거부반응을 보인다. 이 때, 부모가 유아에게 보이는 양육태도는 자율적인 아이로 키우느냐 아니면 수치스러워 하고 회의적인 아이로 키우느냐의 중요한 요인으로 작용한다. 예컨대, 밥을 먹을 때 혼자서 숟가락을 잡고 먹는 동작이 서툴더라도 아이를 격려해 준다면, 이 아이는 자신의 행동에 대해 긍지를 갖고 다른 일에 대해서도 자율적인 태도를 형성할 수 있다. 그러나 아이가 혼자서 숟가락을 잡고 밥을 먹는 동작이 서툴면 밥을 흘리거나 시간을 끈다고 꾸중을 하게 되면, 이 아이는 자신의 행동을 수치스럽게 여기고 자신의 능력을 의심하게 된다. 이러한 성격의 형성은 밥을 먹을 때 뿐만 아니라 옷을 입을 때, 신발을 신을 때, 대소변을 할 때도 마찬가지의 반응을 가질 가능성이 있다.

그러므로, 내 아이를 자율적인 아이로 키우고 싶다면, 아이가 하는 행동이 서툴지라도 또는 다소 시간이 걸리더라도 부모는 인내심을 갖고 기다려 주며 격려해 주는 양육방식이 중요하다고 하겠다. 자율적인 아이가 될 때 다음 단계의 주도적인 아이로 성장해 갈 가능성이 높다고 하겠다.

(3) 주도성 대 죄책감

주도성 대 죄책감(initiative vs. guilt)의 단계는 3세～6세 사이이며 프로이드의 단계로는 남근기에 해당된다. 아동은 계획을 세우고 목표를 설정하며 그것을 달성하고자 노력한다. 그것이 부모나 가족 중 다른 성원의 것과 상충될 때 죄책감을 느끼며 둘 간의 균형을 이루려고 노력한다.

이 시기는 의문과 탐색, 질문 등의 호기심이 많은 시기이다. 전 단계에서 자율성이 확보된 아이는 주변의 환경과 사물을 보고 '왜'를 붙여서 끊임없이 질문을 하며, 어느 한 곳에 빠져서 오랜 시간 동안 관찰을 하기도 하며, 심지어는 직접 문제를 해결해 보려는 시도를 한다. 예컨대, 동생의 얼굴을 보고 있던 아이가 깜박거리는 동생의 두 눈동자가 신기해서 손으로 만졌는데 동생이 울었다. 이 때 어머니가 동생을 울린 아이를 꾸중하게 되면 이 아이는 동생을 울린 죄책감을 갖게 된다. 또한, 이 시기의 아이는 호기심이 많은 만큼, 교육적으로 부모들은 아이의 안전을 위하여 위험한 물건이 아이의 손에 닿지 않도록 잘 보관해 두어야 한다. 특히, 약병이나 전기다리미 등을 사용할 때 유의해야 한다.

한편, 이 단계에 있는 아이들은 유치원에서 대부분 많은 시간을 보내는 시기이다. 따라서 자기 주도적인 아이로 기르고자 한다면, 부모들은 유치원 시기부터 관심을 갖고 아이를 지도해야 한다.

(4) 근면성 대 열등감

근면성 대 열등감(industry vs. inferiority)의 단계는 6세부터 12세까지로 프로이드의 단계로는 잠복기에 해당된다. 아동은 주요한 사회적, 지적, 신체적 기술을 익힌다. 자기와 또래 아동을 비교하여 충분히 근면하다면 자신감을 갖게 되지만 그렇지 못할 때는 열등감을 갖는다.

이 시기의 아동은 초등학교라는 교육기관에서 선생님이나 친구들과 함께 어울리며 시간을 보낸다. 특히, 이 때 공부를 하면서 선생님과 친구들로부터 능력을 인정받느냐 아니면 인정받지 못하느냐에 따라 근면성 형성에 지대한 영향을 준다. 능력을 인정받는 아동은 계속해서 잘 하려고 하는 마음이 생기고 결과적으로 근면성이 길러진다. 반면, 능력을 인정받지 못하는 아동은 상대적으로 열세를 느끼므로 열등감이 형성된다. 그러므로 이 시기에 부모는 아이들을 형제간이나 친구 간에 비교하는 일을 피해야 한다. 학습능력을 다른 사람과 비교하여 말하다 보면 아동은 열심히 하려는 마음보다 자신감을 잃고 열등감에 빠질 수 있다. 초등학교 시기는 근면성 형성에 민감한 시기인 만큼 부모들은 다른 아동과 비교하는 것을 피하면서, 아동이 열심히 공부할 수 있는 환경여건을 제공해 주는 일이 중요하다. 또한, 아이를 부지런한 아이로 키우고 싶다면 자녀의 능력을 인정하면서 격려해 주는 일이 무엇보다 요구된다.

(5) 정체감 대 역할혼미

정체감 대 역할혼미(identity vs. indentity confusion)의 단계는 12~20세까지로 아동기에서 성인기에로의 이행이 일어나는 아동기와 성인기의 교차점이다. 이 때 청소년은 "나는 누구인가"를 알아내려 골몰한다. 이 때 기본적인 사회적, 직업적 정체감을 형성하며 그렇지 못할 때는 역할혼미를 느낀다.

이 시기는 청소년기에 해당되는 만큼 초등학교 때 느끼지 못하던 것을 느끼고 신체적인 변화와 더불어 자기 자신에 대해서 골똘히 생각하며 자신의 존재를 찾아보고 자신의 위치를 확인하고 자신을 진정으로 알고 싶어하고 확인해 보고 싶어한다. 특히 외모를 통하여 자신의 정체를 확인해 보고자 하는 경향이 강하다고 하겠다.

생리적으로 큰 변화를 경험하는 청소년들이 사회적 역할을 강화하려고 시도하면서 직면하게 되는 과제는 새로운 자아정체감을 확립하는 것이다. 자신을 발견한다는 것은 매우 어려운 일로서 다양한 역할 및 소망이 자기에게 맞는지 시험하게 된다. 그러나 급격한 자신의 신체적 변화와 거대한 사회질서가 가하는 요구는 정체감 혼란을 일으키기 쉬워 많은 긴장이 따른다. 일반적으로 청소년 집단이 성인의 역할과 책임을 연기하는 것이 허락되는 이 시기를 심리사회적 유예기간이라고 하며, 이 시기는 사회적 직업적 역할을 탐색하는 기회가 된다. 정체감에 대한 확고한 선택을 할 수 없을 때, 이 단계의 위험인 정체감 혼란이 발생하며 직업을 선택하지 못하거나 더 이상 교육을 받지 못할 수 있다. 이 위기를 성공적으로 넘기면 스스로 약속 한대로 충실할 수 있는 능력인 성실성, 즉 사회적 관습, 윤리, 가치를 지각하고 이를 지키는 능력이 발달하며, 실패할 때는 불확실성을 초래한다.

(6) 친밀감 대 고립감

친밀감 대 고립감(intimacy vs. isolation)의 단계는 20~40세까지로 앞의 단계에서 정체감이 형성되면 타인과 친밀한 관계 형성을 위하여 노력한다. 따라서 친밀한 우정, 동료애, 사랑 등을 형성한다. 그렇지 못할 때는 고립감을 느낀다. 에릭슨이 말하는 친밀감은 합리적인 자아정체감이 확립되었을 때 비로소 가능하며, 성적인 것 이상의 사회적 친밀감을 포함한다. 이 단계의 위험은 자아도취에 빠지거나 친밀감과 사회적 관계를 맺는 것을 피하는 것이다. 자아도취에 빠지면 직업을 쓸모 없는 것으로 여기며 직업에서 소외되며, 극단적인 소외의 예로서 에릭슨은 반사회적이거나 정신병리적 성격유형을 언급하였다. 이 단계의 위기를 성공적으로 해결하면 사랑의 능력이 생긴다. 사랑은 자신을 타인에게 관여시키고 이 관여를 유지하는 능력이며, 다른 사람에 대한 보호, 존경, 책임으로 나타난다. 실패하면 무질서함을 가지게 된다.

(7) 생산성 대 자기침체

생산성 대 자기침체(generavity vs. stagnation)의 단계는 40~65세까지로 이 때 성인은 자신이 다음 세대를 위하여 무엇인가 보람된 일을 하고 있다고 느끼는 것으로, 이것은 직업적인 성취와 자녀양육을 통한 만족스러운 경험과 사회적 봉사를 통해 성취될 수 있다. 그러나 이런 일을 하지 못할 때는 침체되거나 자기중심적이 된다.

에릭슨은 자녀를 돌보는 것에 중점을 두었다. 자녀를 갖는다는 단순한 사실이 생산성을 보장하는 것이 아니며 잘 기르며 지도해야 한다. 자녀를 갖지 않고도 다음 세대를 위해 생산적인 활동을 하거나 다른 분야에서 자신의 특별한 재능을 발휘함으로써 생산성을 성취할 수 있다. 이와 같이 생산성은 다음 세대가 일하며 살아갈 사회 지침을 확립하는데 관심을 가지며 이것은 보호(care)의 미덕이 나타난다. 필요한 사람을 돌보고 그들에게 지식과 경험을 나누어 주기를 원하는 것이다. 이러한 생산성이 결핍되면 침체되고 황폐화된다. 이 단계에 성공한 사람은 다른 사람에 대해 배려할 줄 안다. 그러나 실패한 사람은 개인적 욕구 충족이나 안위를 주된 관심으로 하는 자아도취에 빠지고 이기주의에 사로잡히게 된다.

(8) 자아통합 대 절망감

자아통합 대 절망감(integrity vs. despair)의 단계에서 노인은 자신이 이제까지 살아온 과정을 돌아보고, 성취한 것이 무엇인가를 점검해 본다. 이 때 자신의 삶에 대해서 나름대로의 보람과 가치를 느끼게 되면 자아통합을 이루는 것이며, 그렇지 않으면 절망감을 느낀다. 중요한 것은 일생 동안의 사회적 경험이다.

신체적 노화에 적응해야 하고, 배우자와 친구들의 죽음을 경험하며, 직장으로부터 은퇴하면서 수입의 상실과 함께 사회에서 쓸모 없는 인간이라는 심리적 갈등을 겪게 된다. 이러한 갈등을 겪으면서 과거에 대한 회상으로 옮겨 간다. 이 과정에서 후회나 절망에 직면하면서 지나온 단계들의 경험을 다져 최종적인 자아통합을 할 수 있는 기회를 갖게 된다. 지나온 과거의 일들을 인정하고 가치 있었다고 여기고 좋았다는 것을 발견할 수 있으면 이 단계에서 지혜, 자기수용, 적합성, 죽음과 직면할 능력이 생기며 자아통합에 실패할 경우 절망감에 빠지게 된다. 이 단계를 성공적으로 극복한 결과는 지혜이며, 한 세대를 살면서 얻은 지식으로 인생에 대한 초연하면서도 적극적인 관심을 갖는 것을 의미한다. 실패하면 인생의 무의미함을 느끼게 된다.

인본주의적 관점

1. 로저스의 현상학적 이론
2. 매슬로우의 욕구위계이론

제8장

인본주의는 인간의 자유의지와 자아실현에 대한 욕구를 강조하는 심리학의 한 분야이다. 인간행동을 그 구성요소들로 수량화하고 환원하는 행동주의 심리학의 연구방법과, 인간의 초기경험이 행동을 일으킨다는 정신분석학의 결정론적 입장에 대한 반박으로 나타났다.

매슬로우는 욕구위계설(hierarchy of needs)을 제안하여 행동주의 심리학이 과학적 연구에 지나치게 의존하여 각 개인의 독특한 감정과 사고를 경시한 점과, 정신분석학이 인간의 초기경험과 본능적 충동을 지나치게 강조한 점을 비판하면서 인간은 자신의 생활과 행동에 책임을 지며 자기의지를 통하여 자신을 창조적으로 변화시킬 수 있다고 주장하였다. 즉, 인간행동의 근본적 원동력은 자아실현 욕구라는 것이다. 그는 인간에게는 생존 · 안전 · 소속감 · 자아실현 등을 추구하는 선천적인 욕구가 있으며, 이 욕구들은 일련의 계층적 단계를 이루어 낮은 단계의 욕구가 충족되면 더 높은 단계의 욕구를 의식하게 된다고 주장하였다.

또한 건강하고 창조적인 사람들의 특성을 연구하여 모든 인간에게는 건강 · 성장 · 잠재력 실현을 지향하는 살아 있는 의지와 충동이 내재되어 있음을 발견하였다. 이것은 환자들과의 임상경험을 토대로 하여 무의식 이론을 발전시켰던 정신분석학자 프로이드와는 대조를 이룬다.

1. 로저스의 현상학적 이론

인본주의 심리학은 정신분석이론, 행동주의이론과 더불어 미국 심리학의 3대 세력이라고 할 수 있다. 로저스의 인간관은 '자기 이론', '현상학적 이론' 또는 '자기실현 이론'이라고 불린다. 그는 인간을 이해하는 데 있어 문제의 역사보다 '지금 여기에'를 강조하므로 현상학적 성격이론이라고 한다. 인간은 통합된 유기체로서 행동하기 때문에 전체론적 관점에서 접근해야 한다는 입장을 가졌으며 인간의 의식과 자아인식이 성격을 설명한다고 보았다. 인간의 행동은 무의식적인 어떤 힘에 의해 야기되는 것이 아니며, 그렇기 때문에 행동을 잘 이해하기 위해서는 개인의 내적 준거틀의 이해가 필요하다는 것이다.

Carl Ranson Rogers(1902~1987)

로저스는 인간 본성의 핵심을 근본적으로 합목적적이고 전진적이며 건설적이고 현실적이며 신뢰할 수 있다고 주장하였다.

1) 주요 개념

로저스의 이론은 개인의 고유하고 주관적인 경험을 강조한다. 개인의 행동은 그가 삶 속에서 대상을 바라보고 해석하는 방식에 의해 결정된다고 보았다. 로저스의 주요 개념에는 유기체, 현상학적 장, 자아, 가치의 조건화, 완전히 기능하는 인간 등이 있다.

(1) 유기체와 현상학적 장

유기체, 즉 전체로서 개인은 모든 의식적·무의식적 경험의 소재이다. 로저스가 '경험은 나에게 최고의 권위'라고 한 것처럼, 유기체의 경험을 강조하였다. 경험은 어떤 순간에 유기체 내에서 진행되는 잠재적으로 자각에 이용될 수 있는 모든 것을 포함한다. 이러한 경험의 전체는 현상학적 장(phenomenal field)을 구성한다. 이 현상학적 장은 경험 주체인 유기체로서의 개인의 주관적 현실이며, 이것이 개인의 행동에 결정적인 영향을 미친다.

(2) 자 아

자아는 유기체와 더불어 로저스의 이론에서 핵심을 이루고 있는 개념이다. 로저스는 유기체로서의 개인은 외적 대상을 지각하고 경험하면서 의미를 부여하는 존재라고 주장한다. 따라서 자아란 유기체로서의 개인이 경험을 통해 형성된 현상학적 장 가운데서, '나'와 관련된 지각이나 거기에 부여된 가치들로 구성된 부분을 뜻한다. 이것은 곧 '나는 ~한 사람이다'라는 자기에 대한 관점, 즉 '자아개념'과 동일한 의미로 볼 수 있다.

자아 혹은 자아개념은 조직화되고 일관된 지각의 형태를 나타낸다. 따라서 자아는 조직화되고 일관성 있는 형태를 띤다는 측면에서 쉽게 변하는 것이라고 볼 수는 없다. 그러나 자아라는 것은 유기체로서의 개인이 경험하는 현상학적 장 가운데서 자기와 관련한 지각이므로, 현상학적 장의 변화에 따라 '자아'는 끊임없이 변화하며 유동적으로 형성된다.

로저스는 자아를 이상적 자아(ideal self)와 실제적 자아(real self)로 구분하였다. 이상적 자아는 개인이 소유하고픈 자아개념으로 잠재적으로 자아와 관련되고 개인이 높게 가치를 부여하는 지각과 의미를 포함한다.

(3) 실현 경향성과 자아실현

로저스는 유기체가 자신을 충족시키고 실현시키며, 보존·향상시키려는 경향성을 지닌다고 보았다. 이러한 유기체의 실현 경향성은 인간을 비롯한 모든 생명체가 생득적으로 지닌 성숙의 잠재력이다. 로저스는 인간이 실현 경향성의 일종인 자아실현 경향성을 지니고 태어난다는 진취적인 존재라고 주장했다. 즉 로저스는 인간의 궁극적 동기란 자신을 유지하고 향상시키기 위해 모든 잠재능력을 개발하는 자아실현이라고 강조하였다.

(4) 가치의 조건화

로저스는 인간이 타인들로부터 인정과 사랑을 받고자 하는 욕구를 보편적으로 지니고 있다고 가정한다. 이 욕구는 인간의 성격발달과정에서 결정적이고 강력한 작용을 한다. 또한 이러한 긍정적 존중에 대한 욕구가 충족되고 좌절되면 경험으로부터 스스로를 존중하고자 하는 자기 가치존중 욕구가 발달하게 된다.

특히 유아나 아동에게 부모의 인정과 사랑을 받고자 하는 욕구는 행동방식이나 자아개념 형성에 유기체적 평가과정보다도 중요한 영향을 미치기도 한다. 한 개인이 무조건적 · 긍정적 존중만을 경험한다면 유기체와 자아 사이에 모순이 빚어지지 않는다. 이 경우 긍정적 존중 욕구와 자기 존중 욕구가 유기체적 평가과정과 일치를 이룸으로써 심리적으로 안정되고 충분히 기능하는 상태를 유지시킬 수 있다. 그러나 현실적으로 인간이 이렇게 무조건적 · 긍정적 존중만을 경험하는 경우는 없다. 부모는 자신의 기준에 따라 아동의 행동을 평가하는데, 아동은 이를 통해 자신의 행동 중 가치 있는 것과 가치 없는 것을 구분하게 된다. 이 때 자신의 유기체적 평가과정에서 긍정적으로 판단된 행동이라도 그것이 부모의 인정을 받지 못하는 가치 없는 것이라면 아동은 이를 회피하게 된다. 부모로부터 긍정적 존중을 받지 못하는 자기 자신을 존중할 수 없기 때문이다.

이것은 결국 유기체의 경험과 자아를 일치하지 않게 만들고, 아동은 실제 자아와 괴리가 큰 이상적 자아개념을 추구하게 된다. 이렇게 개인이 유기체적 실현경향과 별개로 자기존중에 대한 욕구에 따라 경험을 선택하거나 회피하는 경향을 보일 때, 로저스는 이 사람이 가치조건(condition of worth)을 획득하였다고 말한다. 자아와 유기체적 체험의 불일치 속에서 특정행동들만 선택적으로 지각하고 나머지 것들은 부정하거나 왜곡하는 방어과정은 이러한 가치조건에 근거하여 작동하는 것이다.

갈등, 불안, 공포 등의 정서적 문제도 가치의 조건화와 관련되어 있다. 가치의 조건화로 인해 긍정적 자기존중을 받으려는 욕구는 그것에 반하는 어떤 경험을 회피하고 왜곡하고 부정하게 된다. 이러한 가치의 조건화에 따른 행동은 실현 경향성을 이루려는 유기체의 경험과 마찰을 하게 된다. 이런 마찰은 위협으로 느껴지면 갈등과 불안을 야기한다. 의미 있는 대상으로부터 주입된 이러이러한 행동을 하면 '나쁜' 아이라는 가치의 조건화가 실존적 존재로서 주관적 내적 경험과 불일치를 이루게 된다. 이런 불일치는 긍정적 자기 존중을 잃지 않을까 하는 위협으로 느껴지고 불안과 두려움을 야기하게 된다.

(5) 훌륭한 삶의 성격 : 완전히 기능하는 인간

로저스가 말하는 훌륭한 삶이란 고정된 상태가 아니므로 흔히 이야기하는 덕행, 만족, 해탈, 또는 행복의 상태가 아니라 과정이며 방향이다. 그는 훌륭한 삶의 과정이 공통적으로 갖는 특징을 다섯 가지로 제시하였다. 첫째, 모든 체험에 대해 개방적이다. 자신의 감정을 민감하게 인식하고 억압하지 않으므로 체험에 완전하게 개방적인 사람은 그 자신을 들을 수 있으며 자기의 내면에서 무엇이 일어나고 있는지 체험할 수 있다. 그러므로 공포, 실망, 고통의 느낌에 개방적이며 용기, 애정, 경외의 느낌에도 개방적이다. 둘째, 매순간 충실하게 산다. 이러한 사람은 다음 순간에 무엇이 될지와 무엇을 할 것인지가 이 순간에서 비롯되며 나 또는 다른 사람에 의해 미리 예측될 수 없음을 깨닫는다. 즉, 실존적인 삶을 산다. 셋째, 실존적 상황에서 가장 만족스러운 행동에 도달하는 방법으로 자신을 신뢰한다. 완전히 기능하는 사람은 자기의 유기체적 체험을 그가 해야 할 것과 하지 말아야 할 것을 결정하는 기준으로 삼기 때문에 현재 상황에서 욕구를 최대한 만족시키는 행동이 나온다. 넷째, 자유로움이다. 사람이 심리적으로 건강할수록 선택이나 행동에 자유로움을 체험한다고 로저스는 확신한다. 다섯째는 창조성이다. 모든 상황에서 독창적 사고력과 창조적 삶으로 스스로를 표현하며 사회문화적 구속에 동조하거나 수동적으로 적응하지 않는다.

로저스의 완전히 기능하는 사람의 실제적 의미는 계속 성장하고 충족하는 방향으로 건설적 이동을 할 수 있는 사람이다. 완전히 기능함에 있어 가장 중요한 요인은 어릴 때 중요한 타자로부터 받은 긍정적 관심과 조건 없는 사랑과 수용이다.

2) 성격의 발달

로저스는 실제로 체계적인 성격발달 단계에 대한 이론을 갖고 있지 않았으며, 이에 관한 장기간의 연구나 부모－자녀 상호작용 등에 관한 연구를 하지 않았다. 기본적으로 로저스는 성장의 힘은 모든 개인들 안에 존재한다고 믿었다. 자아는 현상학적 장에서 분리된 부분이고, 점차적으로 복잡하게 성장한다. 자아가 출현할 때 개인은 긍정적 존중에 대한 욕구를 발달시킨다. 만약 타인들에 의한 긍정적 존중에 대한 욕구가 자신의 감정에 맞추어지는 것보다 더 중요하게 되면 개인은 다양한 경험들을 의식 밖으로 내보내게 되고 부조화의 상태에 빠지게 된다.

근본적으로 로저스에 대한 주요 발달적 관심은 아이가 자아실현을 위한 조화의 상태에서 자유스럽게 성장했느냐 아니면 아이가 방어적이 되거나 부조화의 상태에서 기능하느냐이었다. 자아의 발달은 부모들이 아이의 특정 행동을 용납하지 않을 때에도 아이가 충분히 경험하고 그 자체를 수용할 때 이루어진다. 또한 부모도 아이의 특정 행동을 용납하지 않을 뿐이지 아이의 전부를 거부하지 않는 분위기에서 아이는 건강하게 발달한다. 이러한 점은 대부분의 아동정신의학자와 심리학자들에 의해 강조되었다. 이는 아이들에게 '나는 네가 하고 있는 행동을 좋아하지 않는다'와 '나는 너를 좋아하지 않는다'라고 말하는 부모의 자녀 양육에 대한 차이를 살펴보면 더욱 잘 이해할 수 있다. '나는 너의 행동을 좋아하지 않는다'라고 말하는 부모는 아이의 행동을 용납하지 않는 반면, 아이 자체는 수용한다는 것을 알 수 있다.

2. 매슬로우의 욕구위계이론

매슬로우는 인간이란 보편적이고 선천적인 일련의 욕구들에 의해 동기화되며, 그 욕구들에 의해 생리적 욕구, 안전에 대한 욕구, 소속감과 사랑에 대한 욕구, 자아존중의 욕구, 자아실현의 욕구가 있고, 그것들은 일정한 서열과 위계를 이루고 있다고 보았다. 하위에 있는 욕구일수록 강하고 우선순위가 높고, 상위의 욕구는 욕구발생 과정 뿐만 아니라 개인의 발달단계에서도 늦게 발현된다.

Abraham Maslow(1908~1970)

1) 주요 개념

(1) 결핍욕구

매슬로우는 생리적 욕구, 안전 욕구, 소속감과 사랑 욕구, 존중 욕구를 '결핍욕구' (d-need, deficit need)라고 부른다. 배가 고프면 밥을 먹어야 하듯, 정신의 건강을 유지하기 위해서는 이런 욕구는 반드시 충족되어야 한다. 배부르면 식욕이 사라지는 것처럼 이러한 욕구들도 채워지면 곧 없어진다.

매슬로우의 이론은 마음에서 결핍된 지점을 확인시켜 주는 리트머스 시험지와 같다. 열흘 굶은 사람에게 명예를 지키라는 말은 공허한 수사에 지나지 않는다. 반면, 풍요와 관심 속에 자라난 엘리트에게 자존심의 상처는 목숨을 걸만큼 중대한 문제가 될 수 있다. 생리적 욕구에서 존중욕구의 단계를 알고 있다면, 각각의 욕망에 걸맞는 '맞춤형 서비스'가 가능하다.

그러나 매슬로우의 이론이 이것 뿐이라면, 콤플렉스의 원인을 충족되지 못한 욕구로 풀어 보려는 여느 정신분석이론들과 별 다를 바가 없다. 나아가 결핍욕구의 최종 목표는 충족을 통해 욕구 자체를 없애는 데 있다. 하지만 궁극적으로 모든 욕망이 사라진 상태란 곧 죽음에 지나지 않는다. 따라서 결핍욕구만을 추구하는 삶은 결국 허무로 끝날 수밖에 없다.

(2) 성장욕구

매슬로우의 위대함은 결핍욕구를 넘어선 지점에서 비로소 빛을 발한다. 모든 결핍욕구가 채워졌다 해도 인간의 욕망은 사라지지 않는다. 오히려 자신을 옭아매던 결핍욕구에서 벗어난 순간, 인간은 비로소 진정한 자신을 실현하려고 하는 욕구에 휩싸인다. 이를 매슬로우는 자기 자신이 되려는 욕망, 즉 성장(존재)욕구(b-need, being need)라고 부른다.

성장욕구는 채우면 채울수록 줄어들기는커녕, 오히려 더 강해진다. 예컨대, 지존의 음악가는 모든 부와 명성을 얻은 후에도 더 완벽한 연주를 위한 노력을 포기하지 않는다. "능력은 곧 욕구이기 때문이다." 근육이 뛰어난 사람은 몸을 쓸 때 쾌감을 느끼는 것처럼, 사람은 누구나 자신이 완전히 기능할 때 최고의 행복을 느낀다는 말이다. 이른바 자아실현이란 이런 상태를 말한다

2) 욕구 단계

매슬로우는 인간의 본성에 대해서 다음 3가지 가정을 세우고 동기부여론(motivation theory)을 개발하였다.

첫째, 인간은 만족할 수 없는 욕구를 갖고 있다.

둘째, 인간의 행동은 만족하지 못한 욕구를 채우는 것을 목표로 한다.

셋째, 인간의 욕구는 기본욕구(생리적 욕구, 안전욕구)에서부터 상위욕구(소속감과 사랑의 욕구, 존중욕구, 자아실현욕구)까지 5단계로 이루어져 있다(그림 8-1 참조). 기본적인 욕구가 채워지면 인간은 상위욕구를 채우려 한다. 따라서 상위욕구는 하위욕구가 충족될 때 동기요인으로서 작용한다.

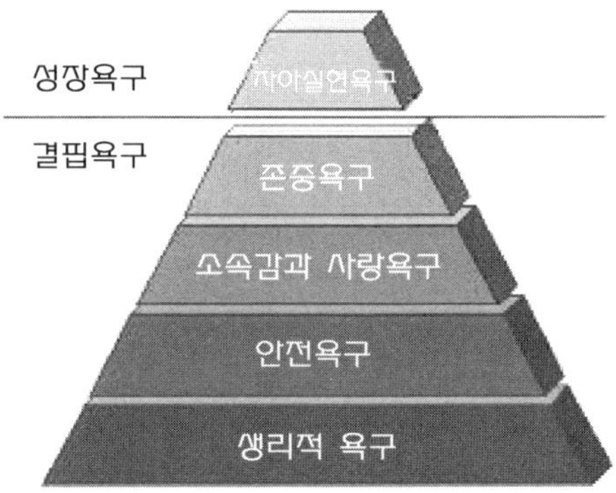

그림 8-1 매슬로우의 욕구 단계

(1) 1 단계 : 생리적 욕구

생리적 욕구(physiological needs)는 먹고, 자고, 종족보존 등 최하위 단계의 욕구이다. 생리적 요구는 유기체의 생물학적 유지에 직접적으로 관련된다. 다음 단계의 욕구들을 충족시키 전에 생리적 욕구가 충족되어야 한다. 예를 들어, 음식, 안전, 애정, 존경이 결핍된 사람은 그 중 어떤 것보다 더 절실하게 배고픔을 느낀다.

(2) 2 단계 : 안전욕구

안전욕구(safety needs)는 추위 · 질병 · 위험 등으로부터 자신을 보호하는 욕구이다. 장래를 위해 저축하는 것도 안전욕구의 표출이라 할 수 있다. 안전에 관한 욕구는 특히 아동에게서 뚜렷하게 드러난다. 아이들은 일반적으로 모든 행위가 무제한적으로 허용되는 환경보다는 일정한 제한이나 제약이 있는 환경이 더 안전하다고 느낀다고 한다. 신경증이 있거나 정서적으로 불안정한 성인도 안전에 대한 욕구 때문에 일정 정도의 제약을 가하는 질서를 필요로 한다.

(3) 3 단계 : 소속감과 사랑욕구

소속감과 사랑욕구(belongingness and love needs)는 가정을 이루거나 친구를 사귀는 등 어떤 단체에 소속되어 애정을 주고받는 욕구이다. 집단의식이 개인의 주요 목표가 된다. 건전한 사회를 유지하려면 소속과 애정의 욕구를 충족시켜야 한다.

(4) 4 단계 : 존중욕구

존중욕구(esteem needs)는 소속단체의 구성원으로 명예나 권력을 누리려는 욕구이다. 이러한 욕구가 충족되면 자신감이나 가치, 힘, 능력에 대한 확신을 얻게 되는 반면, 이것이 결여되면 열등감이나 무력감을 갖게 된다. 매슬로우는 참된 자아존중은 자기 스스로의 능력, 자질과 노력을 통해 남들의 인정과 존경을 받게 될 때 이루어진다고 보았다.

(5) 5 단계 : 자아실현 욕구

자아실현 욕구(self-actualization needs)는 자신의 재능과 잠재력을 충분히 발휘해서 자기가 이룰 수 있는 모든 것을 성취하려는 최고 수준의 욕구이다. 자신의 잠재력을 발휘해서 최선을 다하는 것은 바로 자아실현의 욕구가 표출된 것이다.

매슬로우는 건강하고 바람직한 성장과 자아실현은 외부로부터 형성되는 것이 아니라 타고난 잠재력과 흥미를 실현시킴으로써 이루어지는 것이라고 보았다. 인간은 자신의 잠재력에 맞는 일을 할 때 기쁨을 느끼고 그 일들을 남들보다 잘 할 수 있다고 한다. 그러나 자신의 기쁨과 부모의 기쁨이 충돌할 경우 대부분의 아동은 안전에 대한 욕구나 소속감과 사랑에 대한 욕구를 충족하기 위해 부모의 기쁨 쪽을 따르게 된다. 이러한 과정을 계속하게 되면 성인이 된 이후 자아실현 욕구가 충족되지 않아 권태, 삶의 의욕 상실과 같은 존재의 병이 생길 수 있다. 자아실현의 욕구 속에는 인지적 욕구와 심미적 욕구 등도 포함된다.

결국 인간이 원하는 것은 위의 5단계 중 어느 한 단계에 속한다고 할 수 없고, 육체의 평안을 통해서, 사랑을 통해서, 명예를 통해서 또는 자신의 잠재력 개발을 통해서 나름대로 행복을 추구하는 것이다. 그러나 매슬로우는 인간의 욕구를 강도나 중요성에 따라 계층적으로 배열한 것이지 결코 행복 그 자체를 계층적으로 배열한 것은 아니다.

3) 자아실현인의 특징

자아실현인의 성격특징을 연구하기 위해 매슬로우는 자신의 재능을 최대한 살리고 자아실현을 이룬 것으로 생각되는 48명을 연구 대상으로 삼았다. 그들은 학생, 지인, 유명한 역사적 인물(예를 들면, 링컨 대통령, 루스벨트 대통령 부인, 토마스 제퍼슨 등)들로서 생존해 있는 사람들에게는 면접, 자유연상, 그리고 투사적 기법을, 이미 세상을 떠난 사람들에게는 전기와 자서전 자료로써 분석하였다. 이들에게서 나타난 성격특징은 다음과 같다.

첫 번째 특징은 현실에 대한 객관적인 지각능력과 판단능력을 가지고 있다는 점이다.

자기 자신, 타인, 그리고 환경적 상황을 자신이 원하거나 필요한 방식대로 보는 것이 아니라, 가능한 한 자신의 편견, 소망, 욕구를 배제한 상태에서 있는 그대로 현실을 본다는 것이다. 자신과 타인을 왜곡하지 않는다. 이를 위해서는 '과연 나(또는 그)는 어떤 사람이며, 어떤 능력, 성격, 욕구, 가치관을 가지고 있는가?, 어떤 장·단점과 강·약점을 가지고 있는가?, 어떻게 생각하고 행동하는가?' 등의 물음을 통한 자신과 타인의 깊은 이해가 필요하다. 이러한 바탕 위에서 환경적 상황에 대한 객관적 파악과 편견 없는 판단이 가능해지는 것이다

둘째, 이들은 인간의 본성에 대해서, 그리고 자기 자신과 타인의 속성에 대해서 수용적인 태도를 갖고 있다. 자아실현을 한 성숙한 사람들은 자신과 타인의 장점뿐만 아니라 약점과 결함을 불평이나 걱정 없이 받아들인다. 인간의 본성을 있는 그대로 받아들인다. '바위는 단단하고 물은 부드러우며 꽃은 붉고 나무잎은 푸르다'고 불평하지 않듯이, 자신과 타인의 속성을 있는 그대로 자연스러운 것으로 인정하고 수용한다. 따라서 자신에 대해 교만하거나 열등감을 갖지도 않으며 타인에 대해서도 질투하고 원망하고 비난하지 않게 된다

세 번째 특징은 자신을 가식 없이 솔직하게 자발적이고 자연스럽게 나타낸다. 불필요한 열등감과 수치심으로 자신을 다른 모습으로 위장하지도 않고 자기표현을 지나치게 억제하지도 않는다. 그러나 타인에 대해서는 신중하고 사려가 깊어서, 타인

에 대한 솔직하고 자연스런 감정표현이 상처를 입히지 않도록 노력한다.

이러한 세 가지 특징, 즉 자신과 타인에 대한 객관적 이해, 수용적인 태도, 그리고 솔직하고 자연스런 표현은 성숙한 사람의 기본적인 태도를 이루고 있다.

이러한 태도와 더불어 성숙한 사람들은 네 번째 특징인 민주적인 성격구조를 갖게 된다. 그들은 사회계층이나 교육수준, 정치적 의견, 학연과 지연, 인종과 피부색에 구애받지 않고 모든 사람에게 관대하고 수용적이며 차별 없이 대한다. 그들은 무언가 자기에게 가르침을 줄 수 있는 사람 모두에게서 듣고 배울 태도를 가지고 있다. 한 예로 성숙한 지식인은 자신이 갖지 못한 기술과 지식을 갖고 있는 노동자나 목수도 진정으로 존중하고 존경한다.

다섯 번째로 성숙한 사람들은 타인과 확고한 인간적 유대를 가질 수 있는 능력을 갖고 있다. 타인과의 깊은 우정과 사랑, 동료애, 가족에 대한 진지한 관심과 열정을 지닌다. 때로는 가까이 하는 사람의 범위가 좁고 수가 적은 수도 있다. 그러나 이들의 사랑과 애정은 굶주린 사람이 음식을 갈망하고 구걸하듯이 결핍 욕구에 의한 것이 아니기 때문에, 이들은 애정의 결핍 때문에 괴로워하지도 않으며 질투하지 않고 애정을 갈구하지도 않는다. 타인에 대한 이들의 관심과 사랑은 자신과 타인의 성장과 발달을 함께 생각하고 추구하는 것으로서 이기적이지 않다. 이러한 타인에 대한 사랑은 결핍 동기보다는 성장 동기에 뿌리를 두고 있으며 서로 재미와 기쁨, 즐거움과 웃음, 위로와 지지를 함께 나누는 인간관계로 발전된다.

아울러 성숙한 사람들은 흔히 재치와 유머 감각을 지니고 있다. 이들의 유머와 재치는 타인에게 상처를 입히는 적의에 찬 농담, 타인에 대한 우월감에 근거한 유머, 음탕하거나 조소적인 유머와는 다른 것이다. 흔히 누구나 미소짓고 수긍할 수 있는 교훈적인 깊은 뜻이 담긴 그런 재치와 유머를 사용할 줄 안다.

여섯 번째로, 성숙한 사람은 모든 인간이 처한 상황에 대해서 공감과 애정을 느끼며 모든 인간에 대한 인류애와 형제애를 느낀다. 고독한 존재로서 같은 운명을 지니고 인생을 살아가는 모든 인간에 대하여, 현실적인 인간 사회 속에서 희로애락으로 고통받고 즐거워하는 모든 인류에 대해 같은 운명을 지닌 한 인간으로서 공감과 애정을 느낀다. 이러한 태도는 자신에게 피해를 입히고 잔인한 행동을 하는 사람에 대해서 적개심과 공격성을 보이기보다는 이해와 용서를 할 수 있는 넓은 마음의 바탕을 제공한다.

일곱 번째 특징으로서 성숙한 사람들은 인간관계 뿐만 아니라 자기가 하는 일에 대해서 애정을 갖고 몰두하며 동시에 책임감을 갖는다. 성숙한 사람에게 일이란 자기가 하고자 원하는 일, 즉 단순히 생계를 잇기 위한 수단으로서의 일이 아니라 실제로 자신이 해야 한다고 느끼는 그런 것이다. 성숙한 사람은 일에의 몰두와 그에 따른 만족감 때문에 미숙한 사람보다 더 열심히 일한다. 그들에게 일은 마지못해 하는 싫은 것이 아니라 사명감을 갖고 해야 하는 뜻있고 즐거운 것이다.

여덟 번째로 자아실현을 한 사람은 독립성과 자율성에 대한 강한 욕구를 지닌다. 그들은 스스로 결정할 수 있는 능력이 있고 따라서 스스로 결정을 내리며 자율적으로 행동한다. 때로는 고독과 개인적인 생활을 즐기기도 한다. 인간과의 접촉에서 지나치게 고립되지 않는 한편 타인에 의존하거나 매달리지도 않는다.

자아실현을 한 성숙한 사람들의 아홉 번째 특징은 매우 창의적이라는 점이다. 물론 그들이 모두 작가나 예술가도 아니며 항상 예술적 창조작업을 한다는 의미가 아니라, 그들은 그들이 종사하는 분야에서 독창적이며 새로운 것에 대한 강렬한 추구가 있고 혁신적인 창조적 노력을 기울인다.

마지막으로 성숙한 사람들은 생활 속의 여러 가지 체험을 즐거움과 경이로움으로 신선하게 받아들인다. 그리고 새로운 체험에 대해 열린 자세를 갖는다. 자연에 대해서, 사람에 대해서, 예술과 문학에 대해서, 학문과 진리에 대해서 즐거움과 아름다움을 느낄 수 있는 감상 능력이 있다. 따라서 그들은 삶의 경험에 대해 싫증을 내거나 지루해 하지 않는다. 삶 속에서 소유하고 경험하는 것에 대해 감사할 줄 안다. 자아실현을 한 성숙한 사람들은 인생의 여러 가지 과정에서 때때로 종교적 경험과 비슷한 강렬하고 저항할 수 없는 황홀경과 경외감을 경험하게 된다. 매슬로우는 이러한 경험을 절정 경험(peak experience)이라고 불렀다.

매슬로우의 연구대상 중 대부분은 위에서 언급한 성격특성을 많이 소유하고 있었지만, 그것이 이들이 완벽하다는 것을 의미하는 것은 아니다. 오히려 매슬로우는 이들에게서 많은 단점을 발견하였다. 지루하고, 따분하고, 고집세고, 허영심이 강하고, 분별 없는 습관이 있는 경우도 있고, 때로는 죄책감과 불안감 및 경쟁심을 느끼기도 하고, 내적 갈등을 경험할 수도 있다.

그들은 가끔 놀라울 정도의 무정함도 보이는데, 이것은 친구에게 속임을 당했다고 느끼거나, 어떤 사람이 정직하지 못하다고 느낄 때 나타난다. 이런 경우에는 얼음같이 차고 냉정하게 그 관계를 끝내버린다.

위에서 살펴본 자아실현에 성공한 사람들의 특성을 요약하면 다음과 같다.

① 효율적인 현실판단을 하며, 불확실성과 모호성을 잘 수용한다.
② 자기나 타인을 있는 그대로 받아들인다.
③ 자발적으로 행동한다.
④ 문제중심으로 사고하며 중요한 목표가 있다.
⑤ 사생활을 중시하며, 혼자 있는 것도 꺼려하지 않는다.
⑥ 환경에 의존하지 않고 자율적으로 행동한다.
⑦ 반복되는 경험조차도 새롭게 평가한다.
⑧ 가끔은 황홀한 느낌에 빠진다.
⑨ 공동체 의식이 있다.
⑩ 몇 사람과 깊은 대인관계를 갖는다.
⑪ 고정관념으로 사람을 판단하지 않는다.
⑫ 수단과 목표를 구별한다.
⑬ 유머가 있다.
⑭ 창의성이 있다.
⑮ 특정 문화에 집착하지 않는다.

생태학적 관점

1. 브론펜부르너의 생태학적 이론
2. 일반체계이론

제9장

생태학적 체계이론은 환경을 시스템으로서 설명하고 있다. 환경 하나하나가 인간에게 영향을 미치는 것은 물론 그 환경들이 더 큰 체계를 이루며 서로 연결되어 인간의 발달에 역동적으로 영향을 준다는 사실을 강조한다. 즉 인간의 생애는 진공 상태에서 진행되지 않으므로 인간의 삶과 심리, 행동 등을 좋게 바꾸려면 그 사람을 둘러싸고 있는 생태학적인 체계나 환경을 동시성과 역동성을 고려할 수밖에는 없다는 것이다. 특히 거기에서 한 걸음 더 나아가, 환경과 개인의 상호 교류 방식과 개인과 연결되어 있는 환경과 환경간의 연결 방식을 파악해야 한다는 점을 중시한다.

단순히 환경이 개인에게, 개인은 환경에게 영향을 주고받는 것이 아니라, 개인과 연결되어 환경들끼리도 교류와 상호작용을 한다는 것이다. 그리하여 브론펜부르너는 환경을 수준에 따라 몇 가지 체계로 나뉘었으며 그 체계 간 역동성을 개인의 삶과 관련지어 발달심리학 입장으로 설명하였다.

생태학적 체계이론은 이렇게 인간과 환경의 호혜적 관계 유지와 적응성을 강조한다는 점에서 인간에 대한 낙관론을 갖고 있으며, 관계를 맺고자 하는 선천적 능력이 사람에게 있음을 전제하고 있어 동물행동학적 입장도 수용한다. 개인의 역량을 중시한 입장은 자아심리이론, 스트레스이론들을 통합한 것이며, 시간과 공간이 인생의 삶과 연결되어 있다는 점에서 발달심리적 관점도 지니고 있는 매우 포괄적인 이론이라 하겠다.

1. 브론펜부르너의 생태학적 이론

브론펜부르너(Bronfenbrenner, U.)는 인간의 능력은 선천적이고 유전적인 잠재력으로 보고 인간의 행동과의 관계를 중심으로 미시체계, 중간체계, 외체계, 거시체계의 서로 위계와 의미가 다른 층으로 나누어 환경을 인간의 삶과 관련지어 설명하였다. 이를 도식화하면 [그림 9-1]과 같다.

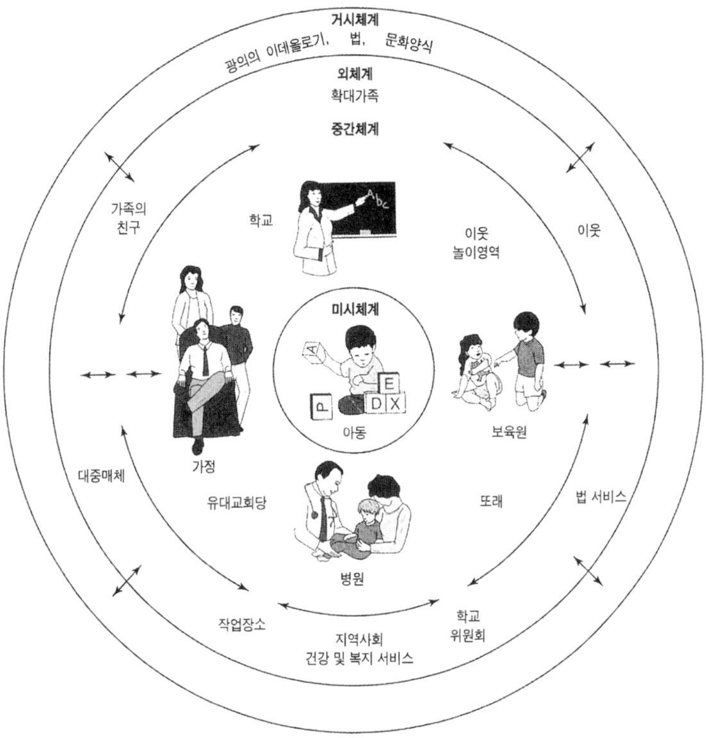

그림 9-1 인간발달에 대한 생태학적 체계 모형
출처 : 김지영(2005).

미시체계는 개인에게 가장 근접적으로 영향을 주는 직접적 환경체계로 '소속체계'라고도 한다. 예를 들면, 유아가 맨날 만지는 장난감, 누워 자는 방의 습도나 소음,

자신의 옷을 입히고 재워 주는 양육자의 심리적인 애정도 등이 미시체계의 예가 될 수 있다. 미시체계의 양과 질은 개인에게 개인의 활동과 역할, 관계 유지에서 너무도 다른 영향을 미친다. ① 내담자마다 미시체계는 모두 다르므로, 개별적인 미시체계의 분석이 필요할 뿐 아니라, ② 미시체계의 분석은 각 미시체계와 내담자와의 호혜성을 파악하는 것과 동일한 의미를 가지므로 중요하며, ③ 브론펜부르너가 개인의 발달에 따라 미시체계도 바뀌어 간다는 사실을 인식하고 있어야 한다고 강조한 점은 이러한 이유에서이다(김지영, 2005).

특히 생태학적 이론은 미시체계가 연령이나 다른 체계, 예컨대 중간체계, 거시체계들의 변화로 인해 달라진다는 사실에 주목해야 한다고 본다. 예를 들면, 대개 어릴 때는 가정이 다른 어떤 체계들 보다 더 중요한 미시체계지만 중·고등학교에 가게 되면 학교 체계가 더 중요성이 커져 미시체계의 중요성은 어린 시절과는 사뭇 달라지게 된다. 청소년기는 학교가 주요 생활영역이고, 거기서 보내는 시간도 가장 길고 발달 과업도 학교생활과 직결되어 있는 경우가 많기 때문에 학교 체계의 질이 다른 체계의 질보다는 훨씬 더 개인의 삶에 큰 영향을 발휘하게 된다.

그래서 이 시기에는 엄마와 갈등이 있는 경우보다는 단짝 친구와의 싸움, 오해 등이 생길 때 더욱 괴로울 수 있다. 대개 외모가 못생겼다는 사실로 인해 갖는 유아나 40, 50대의 고민과 스트레스는 십대나 이십대의 고민보다는 크지 않고, 사실 그래야 한다. 이렇게 미시체계별 중요성은 연령과 함께 다른 중요도로 변화하며 영향을 미친다. 이런 점에서 개인별로 미시체계가 변화되어 온 역사(history)를 파악하는 것은 복지 실천에서 중요한 절차가 된다.

중간체계(mesosystem)란 미시체계들의 연결망(network)을 말한다. 중간체계는 여러 미시체계들로 구성되어 있다. 개인과 관련지어 설명한다면, 중간체계란 미시체계들끼리의 긴밀한 관계의 정도와 같은 의미이다. 부모(미시체계 1)와 교사(미시체계 2)와의 관계, 부모(미시체계 1)와 이웃(미시체계 2)과의 관계 등이 어떠한가와 같이, 미시체계들간의 관계적 호혜성을 뜻하는 것이다. 예를 들면, 아이가 부모와 선생님과의 사회적 관계는 매우 좋아, 각 미시체계와의 호혜성은 좋은 편이지만, 부모와 교사간의 교류나 협조는 없어서 이 두 미시체계간에 형성된 중간체계는 크게 좋은 편이 아닐 수 있다. 전혀 이 두 사람이 서로 안면이 없거나 소원하다면 이것은 아이에게 어떤 식으로든 영향을 미치는 요건이 된다.

고부간의 갈등도 좋지 않은 중간체계의 예라 할 수 있다. 부인과의 관계나 부모와의 관계는 각기 좋지만, 자신의 부모(미시체계 1)와 자신의 부인(미시체계 2)간의 관계는 아주 안 좋아 그 중간에 있는 남자는 힘들고 괴로울 수 있다. 좋지 않은 중간체계가 그 남자의 심리적인 건강성을 크게 방해하고 있어 어떤 식으로든 외부의 개입이 필요한 경우도 된다(김지영, 2005).

중간체계 개념은 사람이 동시에 서로 다른 역할을 수행하고 있다는 사실을 전제하는 것이다. 개인이 환경에 따라 각기 전혀 다른 역할을 하는 이질적인 존재인지 일관성 있는 존재인지는 논란이지만, 사람들이 다양한 미시체계에 참여할 때 똑같은 역할을 하지 않는 것은 분명해 보인다. 엄마로서의 역할, 딸로서의 역할, 주부로서의 역할과 같이 동일한 사람이라고 해도 사회적 관계에 따라 역할이 다르고 그 행동과 입장 또한 다른 것이다.

우리는 자기 자신이 미시체계마다 조금씩은 다른 역할을 한다는 사실을 알고 있기 때문에 다른 사람들도 미시체계에 따라 다른 행동과 사고를 할 것이라 추측할 수 있으며, 이 때문에 한 가지 관계에서의 상호호혜성만으로 그 사람의 전체적인 성향과 적응력을 판단한다는 것은 위험할 수 있다는 생각에도 동의할 수 있다. 이런 점에서 중간체계의 분석과 재조정은 개인의 삶의 스트레스와 대처에 영향을 주어 적응력과 적합성을 변화시킬 수 있는 사회복지의 실천 사항이 된다.

외체계(exosystem)는 개인이 참여되어 있고 개인에게 직접 영향을 미치는 환경은 아니지만, 실제로는 무형·유형의 환경 요소가 다 포함되어 있어 개인의 삶에 다각도로 영향을 미치는 환경을 말한다. 직접적이고 사적인 방법으로 개인과 관련을 맺는 미시체계와 중간체계와는 달리, 외체계는 대부분 비개인적이고 간접적이며 일방적인 방향으로 개인에게 영향을 준다.

초등 시기의 아이에게 중요한 외체계를 몇 가지 예를 들어 보면, 부모의 직장, 형제가 다니는 유치원, 부모의 친구들이나 고용주 등을 꼽을 수 있을 것이다. 사실 아동이 부모의 고용주를 직접 만나 대면하여 관계를 맺으면서 어떤 지지나 스트레스를 느끼는 것은 아니다. 그러나 부모의 출퇴근 시간, 휴일 여부 등은 아이가 매일 보는 친구들이나 선생님처럼 직접적으로 아이의 삶에 침투되는 환경은 아니지만, 적잖이 아이의 삶에 영향을 미치게 된다. 부모의 직장 상사가 어떠한지는 부모가 어디서 일하고, 언제, 얼마나 일을 할지를 결정하게 하기 때문에 자녀의 중요한 삶의 리듬과 미시체계 등에 영향을 미치는 것이다(정옥분, 2004).

맞벌이 부부의 경우 갑작스럽게 직장 상사가 바뀌어 근무조건에 변화가 생긴 것은 아이가 가야 할 장소나 할 일, 시간적 리듬, 생활영역을 달리하게 함으로써 아이에게 전혀 다른 영향을 준다. 외체계는 가만히 있는 것이 아니라서 늘 변하고, 외체계의 그런 변화는 필연적으로 미시체계와 중간체계의 변화를 불러오기 때문에 개인에게 영향을 주어, 아주 의미있는 환경체계가 되는 것이다.

이렇게 외체계는 특정 개인에 대해 전혀 알지 못하고, 개인 역시 그 외체계를 모르는 경우가 많지만 개인의 삶에 영향을 준다. 예를 들어, 아동학대 아이들의 외체계를 분석하여 나온 결과는 아동학대 예방 프로그램이나 제도적 장치를 정하는데 분명 정보가 된다. 열악한 주거 상황, 실직, 오랜 빈곤이라는 외체계 자체가 직접 아동학대를 일으키지는 않지만 그러한 외체계 요인들은 부모의 자율적이고 민주적인 양육을 방해하여 아동학대 상황의 위험 확률을 높이는데 직·간접적으로 관여한다. 외체계에 대한 분석은 내담자에게 문제가 생기기 전에 이를 예방할 조건을 찾게 할 뿐 아니라, 그것을 예방할 수 있는 중재 요건을 발견하는 데에도 유용하다.

브론펜부르너는 가장 큰 환경체계를 거시체계라 하였다. 거시체계(macrosystem)란 개인이 소속한 문화와 그 하위문화들로, 개인에게 간접적 영향을 미치는 교육적, 사회적, 경제적, 법적, 종교적 체계를 말한다. 거시체계는 여러 체계간 긴밀성 정도와 그 모든 체계들이 역동적으로 엮어 만들어 내는 문화적 환경까지도 포함한다. 거시체계에는 대중이 갖는 사회적 관심, 유행, 돈의 향방, 직접적 선호도와 같은 생활양식의 변화까지도 포함되어 있다(김지영, 2005). 예를 들면, 최근 유행하는 놀이나 장난감, 노래들이 무엇인가는 간접적으로나마 개인의 삶에 영향을 줄 것이다. 거시체계는 세대 차이나 성 차와 같은 의미로, 같은 거시체계의 영향을 경험했던 사람들의 사회적 성격에 녹여져 있다. 거시체계가 다르면 개인과 개인간에 집단과 집단간에 이질적인 사고와 행동을 형성하고 서로 이해할 수 없는 문화적 차이가 생겨난다는 점에서, 인간의 삶과 밀접한 관련을 맺고 있는 것이다.

예를 들면, 소위 뺑뺑이 세대라고 하여 시험 없이 고등학교를 추첨식으로 입학했던 세대, 중학교도 일류, 이류라 하는 입학시험이 있어 초등학교 때부터 등급제 반을 나누어 밤새워 공부했던 세대, 대학에 먼저 선지원한 뒤 후에 시험을 치렀던 세대들 간에 고교 생활과 경험들은 모두 다를 것이다. 이러한 차이는 그 당시 특별한 교육제도라는 거시적 체계와 개인의 성향이 조화를 가졌는가 그렇지 못했는가와 관련을 갖는 것이다.

우리가 386세대, 통기타와 청바지 세대, 군사독재 시절, 자유당 시절과 같이 특정 사건이나 제도, 유행을 중심으로 비슷한 거시체계 아래에 있었던 사람들을 묶어 칭하는 것은 거시체계가 사회적 관습이나 유행으로서 특정 사람들의 가치관에 크게 영향을 준다는 것을 인정하는 것이다.

동일한 거시체계를 공유함으로써 갖게 된 사람들간의 공유감은 집단간의 결속을 높일 수도, 반대로 저하시킬 수도 있다. 이렇게 브론펜부르너가 거시체계와 생활과정의 분석을 중시하고 생애를 넓게 조망하여 인간의 행동을 이해하고자 한 것은 인간의 삶과 관련된 거시체계의 포괄적인 영향력을 강조하였기 때문이다(Muuss, 1996).

2. 일반체계이론

일반체계이론(general system theory)은 1940년대에 생물학자인 루드윅(Ludwig)에 의해 처음으로 제시되었으나 주목을 받기 시작한 것은 1960년대부터이다. 사회체계이론은 인간행동에 영향을 미치는 다양한 체계수준, 즉 개인이나 가족과 조직을 포함한 소집단, 그리고 지역사회, 국가와 같은 복잡하고 넓은 사회체계에 관심을 둔다. 이 중 일반체계이론은 세계 전체를 대상으로 이를 구성하고 있는 모든 부분들간의 상호관계를 연구하고 이를 이해하는데 도움이 되는 종합적인 틀을 제공하고 있다.

즉 전체를 구성하면서 서로 상호 관련된 구성요소들로 이루어진 체계를 다루는 것이다. 유기체와 환경 간의 체계적인 상호작용 또는 상호관련성에 대하여 전체성(wholeness), 상호성(reciprocity), 개방성(openness)이라는 생활체계의 개념으로 설명하고 분석하려는 일반과학이라 할 수 있다.

일반체계이론은 유기체와 환경간의 체계적인 상호작용 혹은 상호관련성에 대해서 전체성(wholeness), 상호성(reciprocity), 개방성(openness)의 개념으로 설명하고 분석하려는 관점으로 출발하였다. 체계에서 전체성은 여러 개의 부분들을 합한 것보다 큰 것을 의미한다. 체계의 전체성은 하위체계들과 제 3요인, 즉 상호작용을 합한 것이 되는 것이다. 상호성은 체계의 부분들이 상호작용을 통해 특정부분에 변화가 유발되면 이로 인해 체계 내의 다른 여러 부분에 직간접으로 영향을 미치게 되어 다른 부분의 변화도 일어나며 더 나아가 체계 외적인 환경의 변화까지도 유발한다는 것을 의미한다. 개방성은 외부체계로부터 필요한 자원을 주고 받아들이며 지속적인 에너지를 교류하는 특성을 설명한다. 즉 일반체계이론은 현실을 관찰하고 구성요소들 간의 관련성을 파악하여 조직화할 수 있는 방법을 제시해 주며 단일한 세포에서부터 사회에 이르기까지 그리고 모든 형태의 인간 연합체에 적용될 수 있다. 즉 세포가 모여서 하나의 기관이라는 상위체계를 만들고 소화기관, 순환기관, 골격 호흡기관, 생식기관, 신경기관들이 서로 상호작용하여 기능체계를 만들고 기능체계들이 모여 신체(인간)를 구성한다. 더 나아가 개인들이 모여 가족, 집단, 조직, 사회라는 상위체계를 형성해 간다는 것이다. 반면에 각각의 체계는 다른 하위체계들로 구성되어진다. 이러한 맥락에서 하나의 단위체계가 건강하게 유지되기 위해서는 모든 하위체계가 기능적으로 협동적이며 효율적인 상태를 유지해야 하는 것이다.

체계란 서로 관련을 맺고 상호작용하는 요소들의 집합이다. 다시 말하여 상호작용이 이루어지지 않는 것은 체계가 아니다. 일반체계이론은 체계 요소들 간의 상호관련성과 상호 의존성을 강조하는 것으로서 모든 상황의 인과관계를 단선적인 원인론으로 파악하고 있던 전통적인 사고의 방법에서 벗어나 인간의 행동은 여러 가지의 원인들이 복합적으로 작용하여 발생한다고 보는 순환적 원인론(circulal causality)으로 전환할 수 있게 하였다.

1) 인간관

일반체계이론은 인간을 하나의 통합된 체계로 보며 인간이라는 존재를 구성하는 신체적, 심리적, 사회적, 정서적 영역들은 제각기 분리되어 있는 존재로 간주하는 것이 아니라 하나의 통합된 전체로 기능하고, 전체는 단순히 부분들을 더해 놓은 것이 아니라 그 이상의 기능으로 하나의 특수한 단위를 이루고 활동하는 것으로 주장하고 있다. 그러므로 어떠한 이유로든지 개인의 한 영역이 변화되면 다른 영역에도 영향을 주게 되어 개인의 전체적 변화를 가져오며 이는 사회적 활동과 행동에도 변화를 초래하게 된다는 것이다.

일반체계이론은 유기체적 체계들이 상호 영향을 주며 계속적으로 상호작용하는 부분들의 총체로서의 인간은 가족이나 집단 등의 사회적 체계들과 끊임없는 상호관계를 맺으며 상호 의존적으로 존재해 가므로 개인의 욕구나 필요에 의해서 환경을 개선하고 변화시킬 뿐 아니라 반대로 사회의 요구나 기대에 적합하게 자신을 바꾸어 나가는 능력을 가진 존재, 다시 말하여 인간의 행동은 환경과의 끊임없는 역동적 상호작용의 산물이라고 지적한다.

2) 주요 개념

(1) 구조적 속성

1 경 계

경계(boundary)란 한 체계를 외부환경으로부터 구분짓는 일종의 가상적 테두리라고 할 수 있다. 경계는 체계 내의 구성원을 규정짓는 임의적이고 개념적인 규정이며 이는 경계를 유지하는 행동을 통해서 드러난다.

모든 체계는 명백하게 규정된 경계를 바탕으로 경계 내의 하위단위들은 비교적 안정된 상태로 상호관련을 맺고 있는 것이다. 체계 내에서 한 부분의 행위는 다른 부분에 영향을 미친다. 예를 들어, 가족이나 집단에서 보면 체계 내에서 구성원들은 각기 독립된 개체이면서 동시에 서로 지위와 역할을 바탕으로 밀접한 상호작용을 하게 된다. 이러한 상호작용의 총합이 가족 또는 집단이라는 특정한 전체를 만들어 내는 것이다.

체스와 노틴(Chess와 Nortin)은 체계의 경계는 두 가지 주요 기능을 갖는다고 지적하였다. 첫째로 경계는 정체성을 규정해 주며, 둘째로는 체계 외의 주위환경과 정보나 자원, 에너지 등의 교환을 통제한다.

체계의 경계는 물리적인 체계의 경계와 같이 가시적인 경계와 정서적, 심리적인 체계의 경계처럼 비가시적인 경계로 나눌 수 있다. 가시적인 경계도 물론 중요하지만 비가시적인 경계도 매우 중요한 역할을 하는데 이러한 경계가 구성원 간의 감정교류, 친밀감, 공동활동을 더 크게 좌우하게 되기 때문이다. 그러나 체계의 속성은 경계의 개방성과 침투성이 있으므로 현실적으로 완전한 폐쇄체계이거나 개방체계는 존재할 수 없으며 개방체계와 폐쇄체계의 연속선상에 위치하게 된다.

2 개방체계와 폐쇄체계

다른 체계와 상호작용하고 기능하는 관계체계에서 정보를 주고받는 경우에 개방적이거나 경직된 성향을 나타내는데, 이러한 경계의 개방성의 정도에 따라 체계는 개방체계와 폐쇄체계로 분류된다. 즉 체계 내에 포함하는 하위체계들 간의 상호작용과 다른 체계와의 관계에서 가지는 상호작용의 과정과 환류의 질을 보는 것이다. 개방체계(open system)는 체계 내에서의 정보교환과 자원교환을 자유롭게 허용하며 더 나아가 외부와의 빈번한 상호작용을 허용하고 인정하는 체계이다. 반면에 폐쇄체계(closed system)는 외부환경과 고립되어진 체계를 의미한다. 다른 외부체계와 상호교류를 인정하거나 허용하지 않으므로 체계 내에서만 상호작용이 이루어지는 경우이다. 체계 내의 정보나 자원이 외부로 유출될 수 없으며 또한 외부로부터의 유입도 단절된 상태이다. 예를 들어, 폐쇄적인 가족은 자신의 경계선 내부에서만 활동하므로 직장, 친척, 이웃, 친구, 지역사회 등과의 관계에서 정보교환이나 상호작용이 매우 적으며, 융통성이 없고 가족구성원 간의 분화가 이루어지지 않아 비효율적인 역기능적 체계를 나타내고 있다.

(2) 진화적 속성

사회체계는 완전한 형태로 정지되어 있는 존재가 아니므로 체계는 끊임없이 변화를 추구하며, 동시에 역동적인 균형상태를 유지하려는 속성을 가지는데 이것이 바로 체계의 진화적 속성이다. 이 때에 체계 내의 변화를 일으키는 힘을 형태 변형적인 속성이라 하며, 체계를 지속적으로 유지하려는 속성을 형태정체적 속성이라고 한다. 체계의 진화적 속성을 설명하는 개념은 균형, 항상성, 안정상태를 들 수 있다.

1 균 형

균형(equilibrium)은 주로 폐쇄체계에서 나타나는데 외부체계로부터의 유입 없이 균형을 유지할 수 있는 체계의 능력을 의미한다. 외부와의 교류나 체계의 구조변화가 거의 없는 고정된 평형상태를 유지하는 것이다. 이처럼 균형은 체계가 고정된 구조를 바탕으로 주위환경과 거의 교류를 하지 않는 것이다. 그러나 균형은 성장과 발달을 이끌어 가기 위해 일시적으로 불안정을 유발한다.

2 항상성

항상성(homeostasis)은 환경과 지속적으로 상호 교환하는 속성으로서 정적인 속성인 균형보다 역동적인 균형을 이루게 되는 상태를 의미한다. 항상성은 체계에 위협을 느끼게 될 때에 이를 회복하려는 자동적인 경향이며, 지속적인 변화의 상태를 추구하는 동시에 균형을 유지하려는 자동적인 경향이므로 안정적이지만 역동적인 균형을 이루게 된다. 뿐만 아니라 외부의 정보를 적절히 통제함으로써 체계를 혼란과 무질서로부터 보호하게 된다. 또한 미래에 대한 예측을 가능하게 하여 구성원들에게 편안함과 심리적 안정을 제공한다.

3 안정 상태

안정 상태(steady state)는 체계의 균형 상태를 가장 적절하게 표현하는 것으로 전체 체계가 균형을 이루고 있으며, 하위체계들 간의 관계를 유지시키기 위해 환경과 융통성 있는 에너지의 교류관계를 유지하고 있는 상태이다. 환경과의 교류뿐만 아니라 환경에 적응하기 위해 체계의 구조를 변화시키는 상태로서 개방체계에 존재한다. 안정 상태는 모든 사회체계의 기본적인 속성이며 체계의 목표와 정체성을 유지하려는 노력에 의해 스스로를 수정 보완하며 변화한다. 안정 상태는 고도의 조직성, 복잡성, 그리고 개방성과 역동성으로 특징을 이룬다.

(3) 과정적 속성

체계를 유지하고 성장과 변화를 유도하기 위해서는 체계의 내부와 외부환경과의 지속적인 자원, 정보, 에너지 등의 교류와 상호작용이 필요하다. 이러한 상호작용은 일방적인 것이 아니라 상호적이기 때문에 체계와 외부환경의 관계는 역동적이고 쌍방적인 과정이 된다. 과정적 속성을 설명하는 개념에는 의사소통과 피드백, 투입-전환-산출의 과정을 들 수 있다.

1 의사소통과 피드백

체계 내외부에서 일어나는 정보의 흐름을 표현하는 의사소통(communication)은 두 사람 또는 그 이상의 개인들 사이에 정보를 전달하는 체계이며, 개인 간의 관계를 형성하는 기반이 되는 상호작용의 축적과정이다. 상호작용은 연속적이고 상호적인 일련의 접촉이므로 의사소통은 공유의 과정이며 상호보완적인 과정이다. 의사소통은 타인이 하는 말을 경청하고 이해하며 자신의 의견을 표현하는 것이다. 체계 내에는 항상 의사소통이 이루어지고 있으며 의사소통을 통해 정보의 교환 및 정보를 수집하는 과정이 되는 것으로, 그 형태에는 언어적인 의사소통과 비언어적인 의사소통으로 나눌 수 있다. 그리고 체계들의 효과적인 교류와 의사소통 유형을 형성할 수 있는 구성원의 능력은 체계 내의 적응성에 밀접하게 관련되어 있다.

피드백(feedback)은 정보의 투입에 대한 반응으로 나타나는 것이며 모든 사회체계는 순환적인 특성을 가지고 있기 때문에 구성원들은 체계의 의사소통 과정이나 모든 활동의 과정을 점검하고 그 결과 대처하는 데에 필요한 행동이 무엇인가를 판단하고 수정하기 위해 표현하는 과정이다. 체계 내에서 이루어지는 피드백의 유형은 긍정적인 피드백과 부정적인 피드백이 있다. 긍정적인 피드백은 개인의 행동이 체계와 체계의 목표에 적절하게 행동하고 있으며, 모든 구성원들에게 그러한 행동이 요구되고 있다는 의미를 전달하는 것이다.

부정적인 피드백은 체계가 체계의 목표를 성취하는데 방해가 되거나 어렵게 하는 방법으로 행동하고 있다는 정보를 제공하여 체계가 목표에 적합하게 조화를 이루도록 수정하거나 체계의 이탈을 예방하기 위해 수정이나 변화를 추구하도록 요구하며 전달하는 것이다. 피드백은 일종의 적응기제로 볼 수 있으며, 긍정적인 피드백과 부정적인 피드백의 차이는 피드백의 내용의 차이가 아니라 상호작용의 방향과 더 깊이 관련되어 있다는 것을 이해해야 할 것이다.

2 투입 – 전환 – 산출의 과정

모든 체계는 체계 외부로부터 자원, 정보, 에너지 등을 유입하여 조작과 변환이라는 과정을 거쳐 체계에서 필요로 하는 결과물을 만들어 내는 교환과정인 투입 – 전환 – 산출을 통해 사회환경과 교류하게 된다.

투입(input)이란 체계가 환경으로부터 에너지, 사물, 정보 등을 받아들이는 과정을 말한다. 모든 체계는 과업관련 투입과 유지관련 투입을 필요로 한다. 과업관련 투입은 대상체계가 관심을 갖는 지각된 요구, 문제, 혹은 기회에서 발생한다. 유지관련 투입은 체계가 지각된 욕구를 충족시키거나 문제를 다루고, 또는 기회를 모색하거나 이용하기 위해 필요로 하는 자원이다. 체계의 생물학적 또는 심리사회적 생존과 성장을 위해서는 외부환경으로부터 적절한 투입이 있어야 한다.

전환(trough-put)은 체계가 자신에게 투입된 에너지를 적절하게 변형시키고 재조직하는 과정이다. 전환은 구조와 기능으로 구성된다. 구조란 체계 내에 혹은 체계간에 사회적 기능 수행에 영향을 미치는 공식적 · 비공식적인 형태를 의미하며, 기능이란 체계가 목표달성을 위해 상호작용하는 실제 행동이다. 상호작용하는 실제 행동

중에서 체계 내에서 일어나는 상호작용은 수평적이라 간주하며, 경계를 넘어 두 체계 간에 발생하는 상호작용은 수직적이라고 간주한다.

산출(output)은 투입된 자원과정과 환류를 통해 만들어 놓은 결과물이다. 산출은 과업산출, 유지산출, 소모의 세 가지 유형으로 분류된다. 과업산출은 체계의 목표달성으로 만들어진 결과물이다. 과업산출은 과업관련 투입을 전환하여 처리된 결과이다. 유지산출은 체계의 유지와 통합에 관련된 기능으로 체계의 의사소통 능력, 대인관계의 지식이나 기술, 정서적 지지 등과 밀접하게 연결되어 있다. 소모는 과업산출이나 유지산출을 추구하는 과정에서 비효과적으로 부적절하게 자원이 사용되어진 것을 의미한다. 이와 같은 산출들은 피드백 과정을 통해 다시 체계로 투입되고 순환적으로 되풀이되는 것이다.

아동발달의 단계별 특징

제10장 태내기의 발달
제11장 신생아기의 발달
제12장 영아기의 발달
제13장 유아기의 발달
제14장 아동기의 발달

제3부

태내기의 발달

1. 생명의 시작
2. 태내기의 발달과정
3. 태내발달에 영향을 주는 태내환경
4. 출산

제10장

태내 발달은 인간의 생명이 시작되는 정자와 난자의 결합의 순간으로부터 출산까지의 기간인 약 266일에 걸쳐 모체 내에서 이루어진다. 정자와 난자의 결합이 되는 수정의 순간에 태어날 생명의 성과 이목구비 등의 신체적인 형태와 체질, 질병의 가능성, 심지어는 성격유형 등이 결정된다. 태내기 동안 빠른 속도로 변화하여 태아의 여러 신체기관이 형성되고 그 기능이 나타나기 시작하며, 기관의 크기와 무게가 급격하게 증가한다. 태내발달은 약 38주에 걸친 짧은 기간의 변화이지만 출생 이후의 성장과 직결되므로 주의 깊은 관심과 배려가 필요한 시기이다. 본 장에서는 정자와 난자의 결합이 어떻게 일어나며 태내에서 성장하는 과정과, 출산과정을 통해 모체 내의 생활을 끝내고 이 세상에 첫발을 내딛는 순간이 되는 출생하기까지 모체 내에서 일어나는 변화에 대하여 살펴보고자 한다.

1. 생명의 시작

1) 수 정

수정(fertilization)은 생명이 시작되는 순간으로 성세포(germ cell)라 불리우는 정자(sperm)의 핵과 난자(ovum)의 핵이 결합하여 수정세포라는 하나의 세포를 형성하는 과정이다. 한 개의 정자세포가 하나의 난자세포의 벽을 뚫고 들어가는 과정을 통해 수정이 이루어지는 것이다. 수정세포는 22쌍의 체염색체와 1쌍의 성염색체를 지닌 단일세포이며, 수정세포에는 1억여 개의 유전인자가 들어 있다(Craig, 1989).

갓 태어난 여아는 난소 안에 약 40만 개의 미성숙한 난자를 가지고 있으며, 사춘기에 들어서서 성적으로 성숙한 여성은 매월 한 개 이상의 난자가 양쪽 난소에서 번갈아 난관으로 방출되는 배란이 일어나는데 난관은 직경 1mm, 길이 10cm 정도의 가는 관으로 되어 있으며 정자와 난자의 통로가 된다. 배란은 약 28일을 주기로 한 번씩 일어나는데 이는 월경이 시작된 후 약 14일 경이 된다. 난자는 난소에서 배출되어 성숙되면서 3일 내지 7일 동안에 난관을 통해 내려와 천천히 자궁으로 들어간다. 그러나 난자는 직경이 0.14mm 정도의 달걀 모양으로 운동성이 없어 혼자 힘으로는 움직이지 못하며 난관에 있는 융모의 수축운동에 의해 이동된다. 이 때에 난자가 난관에서 정자를 만나 수정이 되면 임신이 되지만 수정되지 못한 난자는 자궁으로 내려와 파괴되어 월경 때에 몸 밖으로 배출된다.

정자의 형태는 긴 꼬리가 달린 올챙이 모양을 하고 있으며, 머리에서 꼬리까지의 길이는 1/600mm이고 머리부분에 유전인자가 들어 있다. 정자는 성적으로 성숙한 남자의 고환에서 하루에 수억 개가 생성된다. 성관계의 절정적인 순간에 정액으로 방출되는데 이를 사정이라 하고 이 때에 정액의 양은 약 4~5g 정도이며 그 안에 약 4억~5억 개의 정자세포가 들어 있다. 정자세포는 여성의 질 내에 들어가서 자궁경부를 통해 난관으로 헤엄쳐 간다. 수많은 정자 중 극히 일부만이 난관에까지 도달하게 되는데 그 중 한 개의 정자세포만이 난자와 결합하여 수정이 이루어진다. 수정이 되는 동시에 수정란은 아크로좀이라는 물질로 둘러싸여 표면구조가 변하므로 다른 정자는 뚫고 들어갈 수 없게 된다. 정자는 24시간에서 72시간 동안 난자를 수정시킬 수 있는 능력을 유지하며, 난자는 약 24시간 동안만 생존하여 수정이 가능하다. 이에 따라 매 월경 주기에 임신이 가능한 시간은 약 24시간이라 할 수 있다.

수정이 되지 못한 정자와 난자는 소멸하나, 정자는 여성의 몸 안에 있는 적혈구세포에 의해 잡아 먹히고, 난자는 전술한 바와 같이 자궁을 거쳐 질을 통해 배출된다.

2) 성의 결정

앞에서 설명한 바와 같이 정자와 난자는 각각 23개씩의 염색체를 가지고 있으므로 수정세포는 23쌍의 염색체를 갖게 된다. 이 23쌍의 염색체 중에서 22쌍은 체염색체로 유기체의 신체적, 정신적, 사회적 특성들을 구성하게 된다. 나머지 23번째 1쌍의 염색체는 성염색체(sex chromosomes)로 태아의 성을 결정한다. 여성의 성염색체는 XX이므로 모든 난자는 X염색체로 구성되어 있으며, 남성의 염색체는 XY이므로 정자는 X염색체 또는 Y염색체를 가지게 된다. 따라서 수정할 때에 난자와 X염색체를 가진 정자가 결합되면 XX염색체 쌍이 되므로 태아는 여아가 되고, 난자와 Y염색체를 가진 정자와 결합이 되면 XY염색체 쌍이 되므로 당연히 태아는 남아가 된다.

성염색체의 결합이 XX 또는 XY로 결정되는 데는 어머니의 영향이 크다. 왜냐하면 모체의 질 내의 점액이 상대적인 산성이나 알칼리성이 X염색체를 지닌 정자 또는 Y 염색체를 지닌 정자의 생존율에 영향을 주기 때문이다. 이러한 화학적인 균형은 여성의 체질에 따라 차이가 있고 각 여성의 생리주기 과정에 따라 다르므로 수정의 시기에 따라 특정한 성의 결합가능성을 바꿀 수 있다는 것이다.

3) 유전적 특성의 결정

수정에 따르는 유전적인 결합은 개체에게 있어 매우 중요한 일이다. 왜냐하면 정자의 염색체에 들어 있는 아버지의 유전인자와 난자의 염색체에 있는 어머니의 유전인자의 결합은 한 개인의 신체적 · 정신적인 특징을 이루는 독특한 유전적인 사전구조를 만들기 때문이다. 유전인자는 부모로부터 물려받는 유전적인 특성을 결정하는 기본단위이다.

수정세포 내의 염색체는 DNA라는 화학분자들의 긴 줄로 구성되어 있다. 개체의 발달특성을 결정하는 수많은 유전인자(genes)들이 들어 있으며, 마치 꼬여진 사다리 모양의 사슬처럼 연결되어 있는 것이다. 각각의 유전인자는 혈액형이나 머리카락과 같이 발달형태의 어느 부분이나 특정한 특징에 대해 영향을 미치거나 통제하는 기능을 가지고 있다. 같은 종의 각 개체 내에 있는 동일한 염색체에는 동일한 유전인자가 들어 있다. 즉 사람의 혈액형을 결정하는 유전인자의 위치는 누구에게나 염색체 9배열에 있고, 혈액 내에 Rh인자를 가질지를 결정하는 유전인자의 위치는 염색체 1에 배열되어 있다.

4) 염색체 결함에 따르는 문제

수정이 이루어질 때에 염색체 자체에 결함이 있거나 또는 염색체의 결합과정에서 문제가 발생하는 경우에는 여러 가지 유전적인 결함이나 선천적인 질병, 또는 발달장애를 초래할 수 있다. 현실적으로 신생아의 약 1% 정도는 염색체 결함이 있는 것으로 알려져 있다(Hetherington & Parke, 1993). 염색체의 결함은 체염색체의 결함과 성염색체의 결함으로 나뉘어진다.

(1) 체염색체의 결함

체염색체 결함의 대표적인 결과는 다운증후군(Down's syndrome)이다. 다운증후군은 22쌍의 염색체 배열 중에 21번째의 염색체 쌍이 2개가 아니라 3개로 증가할 때에 나타난다. 다운증후군은 지적인 장애와 더불어 신체적인 장애가 동반된다. 얼굴의 모습과 짧은 손가락의 길이, 불안정하고 어색한 걸음걸이 등 외모에서 특징적인 장애의 모습을 보인다. 신체 기능적인 면에서도 면역기능이 약하여 백혈병, 심장병, 순환계 질환 등에 잘 감염되므로 영아기 사망 등의 조기사망률이 높았으나 최근에는 의료적인 처치효과로 사망률이 감소되고 있다.

다운증후군의 아동은 영아기 동안에는 정상아동과 크게 다르지 않으므로 발견하기가 쉽지 않다. 그러나 성장하면서 유아기부터 차이가 있음을 알 수 있게 된다. 예를 들어, 주위환경에서 제공되는 자극에 대한 반응이 느리고, 무감각하며, 자극 내용들에 대한 변별력이 부족한 경우가 많고 정서적인 표현이 매우 부족한 모습을 보이는 등의 인지정서적인 발달장애를 관찰할 수 있게 된다. 반면에 성격은 밝고 사교적이며 타인에 대한 접근성이 높아 정상적인 사회적 관계를 보이기도 한다. 다운 증후군의 아동들은 정신지체를 보이지만 가정의 적극적인 교육과 관심, 배려를 제공하게 되면 자립적인 생활능력의 훈련도 가능하다.

다운증후군이 나타나는 원인은 정확하게 밝혀지지는 않았으나 산모의 연령과 밀접한 것으로 알려져 있다. Hook & Lindsjo(1978)의 연구보고에 의하면 산모가 30세경일 때에 자녀의 다운증후군 발생률은 1 : 885인데 비하여, 산모가 35세경일 때에 자녀의 다운증후군 발생률은 1 : 365, 산모가 40세경일 때에 자녀의 다운증후군 발생률은 1 : 109, 45세경일 때 발생률은 1 : 32, 49세가 넘으면 발생률은 1 : 12의 확률로 증가한다는 것이다.

(2) 성염색체의 결함

성염색체인 X염색체와 Y염색체의 결함이 있는 결합으로 선천적인 질병이나 발달장애를 초래하는 경우는 여러 가지로 나타난다. 먼저 여성에게 X염색체의 결함으로 나타나는 문제를 살펴보면 터너증후군(Turner's syndrome)을 들 수 있는데 이는 정상적인 여성의 경우와 같이 성염색체가 XX가 아니라 여성염색체가 하나뿐인 상태인 X0로 태어난다.

터너증후군을 가진 여성은 키가 작고 동그스름한 어린아이와 같은 체형을 지니며, 손가락도 짧다. 뿐만 아니라 사춘기에 진행되는 이차 성징이 정상적으로 발달되지 않으므로 생리현상이 나타나지 않으며 불임을 볼 수 있다. 일반적으로 지능은 정상적이나 공간지각이나 글씨쓰기에 어려움을 보이기도 한다. 사회성이 낮아 대인관계가 어려우며, 자기주장이 약하고 정서적인 표현이 미숙하다.

터너증후군보다는 드물게 나타나는 또 다른 X염색체의 결함으로 세 개의 X염색체 증후군(triple X syndrome)이 있다. 이는 XXX염색체로서 특징적인 증상은 지능지체 등의 인지발달장애를 가지고 있다.

남성에게 나타나는 결함으로 먼저 클라인휄터증후군(Kleinfelter's syndrome)을 들 수 있다. 이는 정상적인 남성의 성염색체가 XY인데 비하여 X염색체가 하나 더 있는 XXY배열을 가지고 있다. 클라인휄터증후군의 남아는 고환은 있으나 정자를 생성해내는 능력에 결함이 있으므로 불임이다. 더 나아가 X염색체가 하나 더 있으므로 여성적인 특징을 보이기도 한다. 예를 들어, 사춘기가 되면 가슴과 엉덩이가 여성과 같은 형태로 발달하기도 한다. 이와 같은 외모로 인하여 클라인휄터증후군 남성은 자아존중감이 낮으며 수줍어하기도 하여 때로 또래관계에서 문제를 일으키기도 한다. 지능은 정신지체를 보이는 경우도 있으나 정상적인 지능을 가진 경우도 있다.

또 다른 남성의 염색체 이상으로 나타나는 XYY증후군을 볼 수 있다. 이는 Y염색체가 한 개 더 있으므로 인하여 폭력적이거나 충동적이며 범죄성향이 높은 것으로 인식되어 왔으나 근래에 이루어진 연구결과로는 타당성이 없다고 밝혀졌다.

2. 태내기의 발달과정

수정세포는 출산에 이르기까지 약 38주의 기간 동안 모체 내에서 빠르게 변화된다. 태아는 신체의 기관을 구성하며, 크기가 커지고 무게가 늘어난다. 이러한 과정을 거치면서 단일세포인 수정란은 아기로 태어나게 되는 것이다.

태내기의 발달과정은 발아기(germinal stage), 배아기(embryonic stage), 태아기(fetus stage)의 3단계로 나누어 진행된다.

1) 발아기

발아기(germinal period)는 수정 후 수정세포가 난관을 거쳐 자궁에 착상하기까지의 약 2주간이다. 이 기간에 수정세포는 급격한 세포분열을 한다. 수정된 후 36시간 내에 수정세포는 빠른 속도로 세포분열기에 접어들어 72시간 후면 32개의 세포로 분열되고 일주일이 지나면 약 100~150개의 세포로 분열된다. 이러한 방법으로 계속 하여 세포분열이 이루어져 세포수를 늘려감으로써 발달이 시작된다. 동시에 수정세포는 난관의 아래쪽으로 내려가 약 3~4일 후에는 자궁에 이르게 된다. 자궁에 도달할 무렵이면 수정세포는 그 형태가 배반포라고 불리는 액체로 가득찬 공 모양으로 바뀌며, 그 때부터 자궁 내에서 하루나 이틀 동안 자궁 속을 자유롭게 떠다니다가 자궁벽에 정착하게 되는데 이를 착상(implantation))이라 한다. 난자가 난소에서 배출된 후에 착상에 이르기까지 걸리는 시간은 10일에서 14일 정도 걸리며 대부분의 모체는 이 변화를 전혀 눈치채지 못한다. 배반포가 자궁벽에 착상함으로써 태아는 모체와의 밀착된 의존관계가 시작된다.

배반포가 착상이 되면 안정된 상태로 유지되면서 배반포의 내측세포는 배아(embryo)로 성장하여 태아로 발달해 가며 배반포의 외측세포는 태아의 성장과 보호를 돕기 위하여 필요한 여러 가지 보조기관으로 형성하게 되는데 영양분, 혈액, 산소 등을 공급할 수 있는 기관들로 양막, 양수, 태반, 탯줄, 융모막, 난막 등이 그것이다.

배반포의 자궁 내 착상과정은 어려우므로 모든 배반포가 항상 성공적으로 착상되지는 않는다. 착상에 실패한 배반포는 다음 월경 때에 다른 노폐물과 함께 모체 밖으로 배출되며 이를 자연유산이라 한다. 실제로 이 시기는 인간의 생애에서 가장 사망률이 높은 시기로 알려져 있다.

2) 배아기

배반포의 자궁 내 착상 후부터 8주까지 약 6주간을 배아기(embryonic period)라 한다. 수정 이후 2주가 지나면 배반포는 자궁 내 착상이 이루어지고 속이 빈 중심과 약 150개의 세포를 형성하게 되며, 크기는 약 0.7cm이고 무게는 약 7g 정도이다. 이 세포 덩어리는 배아라 부르며, 배아는 이 시기에 급속도로 성장한다.

배아기의 내부 세포는 내배엽, 중배엽, 외배엽의 세 개의 층으로 분화하기 시작하여 신체의 각 기관을 형성하게 된다. 내배엽은 소화기관, 호흡기관으로서 호흡기, 기관지, 폐, 췌장, 간, 침샘 등의 기관들을 형성한다. 중배엽은 배설기관, 순환기관, 골격, 근육, 생식기관, 피부의 진피를 형성하며, 외배엽은 머리, 눈·코·입 등의 이목구비, 손과 발, 손톱, 발톱, 피부의 외피, 감각기관, 신경계를 형성한다. 배아기 말에는 심장이나 뇌와 신경조직 등 형성된 순환계와 신경계가 기능을 시작하며 얼굴에서 입, 눈, 귀가 뚜렷하게 분화된다.

태아의 신체기관 외에도 태내발달에 중요한 역할을 수행하는 배반포의 외측세포에서는 태반, 탯줄, 양막 등도 발달도 이루어진다. 양막 속에 양수가 가득차게 되며 양수는 모체외부의 충격으로부터 태아를 보호하고 적합한 온도와 습도를 유지해 주는 기능을 하게 된다.

배아기 때의 모습은 배아의 머리 부분이 배아 전체의 길이 중 반 정도이며, 전체적인 모습은 몸을 구부린 형태이다. 3주 말에는 심장이 뛰며 4주 말 즈음에는 소화기관의 분화도 이루어진다. 배아기가 끝나는 8주말 즈음에는 인간의 모습을 갖추어지며 양막에 둘러싸여 양수 속에 떠 있게 된다. 배아의 길이는 약 2.5cm이며 무게는 약 14g 정도가 된다.

배아기에는 신체의 각 기관이 급속하게 형성되고 빠른 속도로 세포분열이 진행되는 시기인 만큼 모체 내의 바람직하지 못한 환경조건에 가장 민감하게 반응한다. 어머니의 질병, 영양결핍, 약물 등 태아의 발달을 저해하는 상황은 때때로 배아기 발달에 치명적인 영향을 줄 수 있다. 이러한 부정적인 영향은 자연유산이나 여러 가지 발달적 손상을 영구적으로 초래하기도 한다. 그러므로 이 기간의 모체는 각별한 주의가 필요하다.

3) 태아기

태아기(fetal period)는 수정 8주 말경부터 출생하기 까지를 태아기라 부른다. 이 시기에는 새로운 기관이 형성되기 보다는 배아기에 형성된 각 기관의 구조가 더욱 정교해지고 기능이 보다 원활해지는 등의 빠른 발달을 진행한다. 대부분의 기관들은 이미 형성되어 있으므로 성장이 가속화되어 점차로 크기가 커지며 복잡하게 발달한다.

기관들의 변화내용을 살펴보면 중추신경계와 골격, 근육도 빠른 발달을 이루어 태아는 양수 내에서 자유롭게 움직이기도 하며, 팔, 다리, 손가락, 발가락을 움직이며, 주먹을 쥐기도 한다. 또한 태아의 뇌는 태아기 초기인 8주경부터 형성하기 시작하여 12주가 되면 거의 완성되어진다.

12주경의 발달 상태는 인간의 형체를 닮기 시작하고 성기관의 발달로 남녀의 성구별이 가능해지며, 심장박동이 강하게 나타나기 시작하여 모체의 외부에서 청진기를 통해 들을 수 있을 정도이고, 손톱, 발톱, 머리카락, 눈썹, 속눈썹 등이 나타난다.

13~14주의 태아는 그 크기가 약 8cm 정도이고 체중은 약 30g 정도이다. 태아의 움직임도 활발해져서 16주~20주경이 되면 모체는 태아의 움직임, 즉 태동을 감지하게 되는데 이 시기부터 태아는 나름대로의 개인차의 징후를 나타내기 시작한다. 또한 태아는 청각이 발달하기 시작하여 모체의 환경 내에서 발생하는 소음이나 갑작스러운 모체의 움직임이나 충격에 대하여서 반응할 수도 있다. 이를 통해 모체는 태아의 성장을 느끼게 되고 더욱 태아에 대한 애착을 갖게 된다.

20주경이 되면 태아는 움직임이 활발해지며 급격히 빠른 발달을 보이기 시작한다. 신장은 출생시의 약 1/2이 조금 넘는 정도로 약 30cm가 되고 체중은 400~500g 정도가 된다. 기능의 발달 상태는 빨기, 삼키기, 딸꾹질 등의 반응을 나타낸다. 손톱, 발톱 등이 완성되며 온몸에 부드러운 솜털이 나기 시작한다.

23주가 되면 신생아처럼 잠을 자기도 하고 깨기도 하며 편안한 수면을 위해 자세를 바꾸기도 한다. 24주가 되면 눈을 감고 뜨기도 하며 눈의 기능이 발달하여 눈을 깜박일 수 있게 되고, 엄지손가락을 빨기도 하며, 호흡기와 순환계가 기능을 나타내기도 하지만 완전하지는 못하기 때문에 28주 이전에 조산하게 되면 생존확률이 낮다고 할 수 있다. 그러나 수정 후 28주 정도가 되면 태아의 발달이 충분히 이루어지므로 만약의 경우에 이 시기에 조산을 하게 된다면 보육기(incubator)를 통해 생존과 성장이 가능하다. 그러므로 수정 후 28주, 즉 약 7개월 반이 되는 시기를 생존가능기(age of vitality)라고 부른다. 이 때에도 태아의 체중이 2.3kg 이상이면 인큐베이터에서 양육하지 않아도 된다.

임신 후반기가 되면 이미 기본적인 구성과 기능이 모두 형성되었기 때문에 출생에 대한 준비가 시작되는 시기이다. 이 시기에는 이미 형성된 신경계통이 성숙하고 근육에는 피하지방이 형성되어 인간으로서의 형태를 완성해 간다. 태아기의 마지막 시기인 약 30주~38주경이 되면 태아의 신장은 약 50cm, 몸무게는 약 3.2~3.4kg으로 급격하게 증가하여 신체적인 성장은 거의 멈추게 되고 자궁 내에서 더 많은 공간을 차지하게 되어 활동공간이 줄어들게 되며 출생을 준비하게 된다.

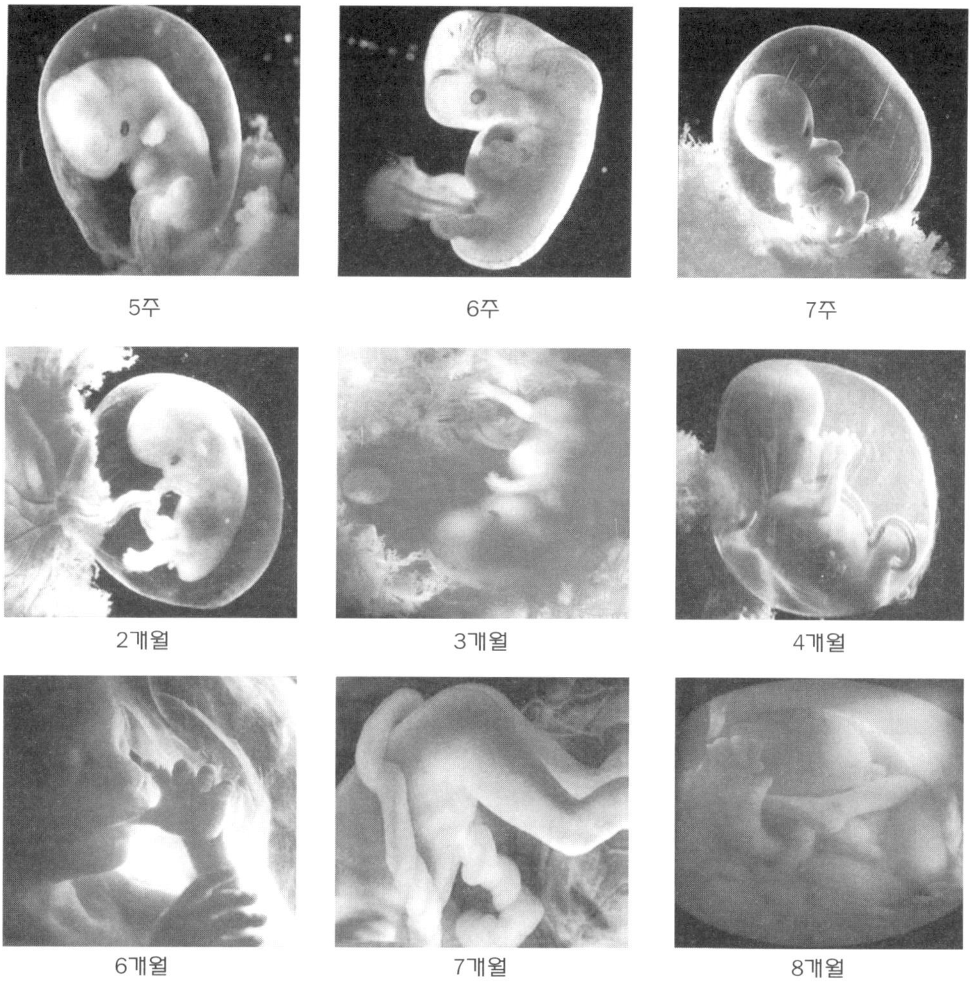

그림 10-1 태아기의 발달

3. 태내발달에 영향을 주는 태내환경

태아는 생리적으로 모체와 밀착되어 의존적인 관계를 맺고 있으므로 모체의 영향을 직접적으로 받게 된다. 모체로부터 산소, 혈액, 영양 등의 원활한 공급을 받아 태아는 건강하게 생존하며 성장하게 된다. 일반적으로 태아에게 미치는 모체의 환경적 특성은 출생 이후의 환경에 비해 매우 안정적이다. 모체 내에 자리를 잡고 성장하는 모체는 외계의 영향을 최소한으로 받게 되며 외부의 충격의 파장도 양수에서 흡수하게 되므로 영향은 거의 받지 않는다고 볼 수 있다. 또한 모체의 환경적 특성은 일관적이고 항상적이라는 것이다. 출생 이후에 급변하는 외계의 복잡하고 다양한 조건에 비해 모체 내의 환경은 일관적이다. 태아의 성장에 의해 자궁의 크기가 협소해지는 것 이외의 큰 변화는 나타나지 않는다고 볼 수 있다.

그러나 때로는 모체를 통해 유입되는 바람직하지 못한 자극과 조건에 의해 태내환경이 적절하지 못한 경우가 있는데 때로는 태아에게 치명적인 신체적 및 정신적인 장애를 초래하는 경우도 있다. 태아의 발달에 바람직하지 못한 영향을 주는 태내환경의 조건들을 살펴보도록 한다.

1) 연 령

태아를 건강하게 발달시킬 가능성이 있는 임신에 가장 적합한 가임연령은 20대 중반에서 후반까지이다. 특히 초산은 30대가 되기 이전에 하는 것이 바람직하다. 임부의 연령이 20세 이하로 미성숙하다든지 35세 이상으로 노산이 되면 임신기 동안과 출산과정에서 모체와 아기에게 많은 위험을 초래할 수 있다. 임부의 연령이 어릴 경우에 미숙아의 출산이나 영아 사망률이 60% 이상으로, 20대의 산모의 영아보다 2배 가량 높게 나타난다. 더 나아가 분만 중에 발생할 수 있는 산모의 사망률과 난산의 가능성도 매우 높다.

반대로 임부의 연령이 35세가 넘으면 노산이라 하며 모체의 생산기능의 퇴화로 태아에게 여러 가지 장애를 초래할 수 있다. 특히 늦은 초산의 경우 대체로 자연유산의 발생률이 높고 사산, 난산, 미숙아 출산, 다운증후군이나 임신중독증, 고혈압, 임신에 따르는 합병증 등이 올 수 있으며 때로는 모체의 생명도 위험할 수 있게 된다.

임부의 연령은 태아의 정상적인 발달과 관계가 깊은 것으로 연구되고 있다. 신생아의 발달척도인 Apgar 검사에서 25~29세의 산모의 자녀들보다 35세 이상의 산모에게서 낳은 아기에게서 발달척도지수 7점 이하가 훨씬 많은 것으로 나타났고 또한 미숙아의 출산율도 높게 나타났다. Apgar 검사는 출생 1분 후, 다시 5분 후에 측정하게 되는데 측정내용으로는 신생아의 맥박, 호흡, 근육상태, 반사능력, 피부색의 영역으로 구성되어 있으며 각 영역별로 2점씩 총 10점 만점이다. 측정결과 7점 이상이면 건강상태가 양호한 것으로 평가된다.

특히 다운증후군은 임부의 연령의 증가에 따라 발현율이 급격히 증가한다. 30세 이전의 임부의 자녀에게서 다운증후군을 가질 확률이 약 1500명 중 1명이라고 보는 데 반하여 40세의 자녀에는 약 109명 중 1명, 45세 이상의 자녀에게서는 약 32명 중 1명의 비율로 그 발생빈도가 급격하게 증가된다. 최근에는 여성들의 학업과 사회 활동 등으로 인하여 출산시기를 늦추는 경향이 있으나 첫아기의 임신이 30세가 넘으면 임신 자체도 조금씩 힘들어져 불임부부가 늘고 있다(조복희, 1996).

2) 영양 상태

수정에서 출생까지의 태아는 성장에 필요한 모든 영양을 전적으로 어머니가 섭취하는 영양에 의존하므로 모의 영양상태는 태아의 발달에 결정적으로 영향을 주게 된다. 따라서 임신 기간에 어머니가 섭취한 영양은 태반과 탯줄을 통해 태아에게 직접 전달되므로 어머니 자신의 건강을 유지하고 건강한 아기를 출산하기 위해 적절한 음식의 섭취를 통한 영양관리가 매우 중요하다.

모체의 충분한 영양섭취는 태내발달 뿐만 아니라 출생 후의 발달에도 영향을 준다. 영양섭취를 잘 한 산모의 영아는 영양이 부족했던 어머니의 영아보다 더 건강한 발달상을 보이며, 영아사망률도 훨씬 낮은 것으로 보인다. 이들은 태내에서 충분한 단백질 등을 공급받았으므로 출생 이후 질병에 대한 저항력이 높으며, 지능이나 언어발달 등에서도 빠른 변화를 보이는 것으로 밝혀지고 있다. 즉 태아에게 전달되는 영양의 부족은 영유아의 신체적 발달과 지적 발달에도 부정적인 영향을 주는 것이다. 특히 태아기는 뇌세포의 증가가 급격하게 이루어지는 시기이므로 충분한 고단백질의 영양공급이 필수적이다. 영양공급의 부족은 중추신경계의 결함을 초래하여 지적 발달에 영향을 주기도 한다.

여러 연구에 의하면 임신 중의 비타민이나 단백질의 결핍은 유산이나 조산, 사산 등과 영아사망률을 증가시킨다고 한다. 따라서 임신 중에는 비타민 특히 비타민 B복합군이나 칼슘, 철 등의 미네랄이 풍부한 균형잡힌 식사를 할 필요가 있다. 조혈을 돕는 철분의 섭취는 일반 여성보다 약 2배 정도, 세포의 증식에 중요한 역할을 하는 단백질은 30~40g 정도 더 필요로 하며 하루에 필요한 총열량은 임신 기간에 따라 다소 차이가 있으나 2000~3000cal 정도를 섭취해야 한다.

3) 정서 상태

임신을 하게 되면 어머니는 생리적인 변화에 의해 정서적으로 민감해지며 때로는 우울증과 여러 가지 정서적인 스트레스를 받기도 한다. 신체적인 피로와 태아의 건강과 장애유무에 대한 불안, 분만에 대한 불안, 출산 이후 양육에 대한 불안, 때로는 원치 않은 임신에 대한 스트레스, 부부간의 문제와 불화 등 여러 가지의 스트레스를 안게 된다. 이러한 임부의 일시적이거나 장기적인 스트레스는 태아의 건강을 위축시키며 태아에게 행동적인 문제를 야기시킬 수 있다. 경우에 따라서는 미숙아, 체중미달아, 호흡곤란, 구개파열 등을 초래하기도 한다(Henriksen et al., 1995). 왜냐하면 태아와 임부는 내분비조직과 신경조직이 연결되어 있어서 임부의 분노, 공포, 불안은 아드레날린, 코티손과 같은 호르몬을 분비하게 하고 이는 태반을 통해 태아에게 전달됨으로써 영향을 주게 되는 것이다. 그러므로 임신 중에 이혼 또는 남편이나 자녀의 사망, 기타의 문제 등으로 큰 충격을 받을 경우 자연유산이나 조산의 확률이 훨씬 높은 것으로 밝혀지고 있다.

모체로 하여금 태아의 건강 상태에 대한 불안으로부터 벗어날 수 있도록 도움을 주기 위해 정기적인 진료나 유전상담도 필요하다. 따라서 임부가 안정된 정서 상태를 유지할 수 있도록 가족이나 주위에서 배려해 주는 것이 필요하며, 부부의 태교도 중요하다고 하겠다. 우리나라에서는 전통적으로 태교의 중요성을 강조하여 모체의 태도와 정서 상태의 안정성을 중시하였는데 오늘날에 이르러 태교의 중요성이 과학적으로 입증되고 있다.

특히 임신에 대한 임부 자신의 태도가 태아의 건강에 무엇보다 중요하다. 원하지 않는 임신이라든가 부부 간의 장기적인 갈등이나 문제를 가진 경우에 그렇지 않은 임부보다 더 많은 입덧을 경험하게 되거나, 태어난 신생아들은 저체중아 또는 다양한 의료적 처치를 필요로 하는 경우가 많다는 것이다. 또한 임부의 불안을 가져오는 여러 가지 이유는 출산 이후 자녀 양육에 관한 해결하기 힘든 현실적 문제들이 많기 때문이다. 그러므로 저출산의 시대를 맞이하고 있는 오늘의 국가사회적인 상황에서 건강한 아기의 출생이 무엇보다 중요하며 이러한 문제의 해결에는 개인과 가정뿐만 아니라 국가사회적인 차원에서의 배려와 해결책이 중요하다.

4) 질 병

임부가 가지고 있는 질병들은 여러 가지 방식으로 태아에게 영향을 주어 태내 손상을 일으키는 중요한 원인으로 작용한다. 어떤 질병의 바이러스는 태반에 영향을 주어 태아에게 들어가는 영양공급을 방해하고, 풍진, 홍역, 매독, 디프테리아, 인플루엔자, 장티푸스, 간염, 천연두와 같은 특정 질병은 직접적으로 태아에게 전달되어 손상을 만들기도 한다. 어떤 질병은 출산시에 산도를 통하여 전이되기도 하는데 예를 들어, 작은 수포가 집합해서 생식기 표면에 나타나는 염증성 질환인 생식기 수포진의 병원균인 헤르페스(Herpes)균을 가진 여성은 태아의 출산과정 중 산도를 통해서 전이되며 이 균에 감염되어 태어난 신생아는 영아기에 약 1/3 정도가 사망한다. AIDS 도 어머니의 태반을 통해서나 출산시에 또는 수유과정에서의 접촉을 통해 전달되기도 한다.

모체의 풍진은 일반적으로 태아에게 백내장, 청각장애, 심장결함 등을 일으키며 특히 임신 초기 2개월 이내가 가장 위험하다. 임신 초기 1개월 이내에 어머니가 풍진에 걸리게 되면 58% 정도의 신생아가 장애를 보일 정도로 위험하며, 2개월 이내에 풍진이 걸리면 26~36%의 위험률이 있다. 그러나 임신 5개월 이후에 풍진이 걸리게 되면 위험률은 거의 없다고 한다. 그러므로 이러한 장애를 예방하기 위해 모든 여성들이 사춘기를 전후하여 풍진 예방주사를 접종할 것을 권하는 주장이 많다.

임부가 수정된지 18주 이후에 매독에 감염되면 태아는 유산이 되거나 사산률이 30% 정도이며, 또는 정신지체, 선천성 매독으로 인한 특정 결함을 가지고 태어날 수도 있다. 역시 성병 중 하나인 임질에 감염이 될 경우 미숙아의 출산이나 맹인이 될 가능성이 높은데 임질은 출산과정 중에 산도에서 감염될 가능성도 매우 크므로 출생 후 즉시 아질산염을 눈에 넣어 주어야 한다.

그 외에 B형 간염은 미숙아 출산, 유산, 체중미달아, 간질환을 유발할 수 있으며, 역시 출산과정 중 산도에서 감염될 가능성이 높다. 당뇨병은 유산의 가능성이 일반적인 임부에 비해 2~3배나 높으며, 신진대사의 이상으로 거대아를 출산할 가능성이 있다.

5) 약물복용

임신 기간에 어머니가 복용하는 약물은 태아의 운동, 언어, 인지, 사회성, 정서 등 여러 영역의 발달에 크게 영향을 준다. 약물은 산소, 이산화탄소, 염화나트륨, 물, 요소 등과 같이 태반을 통과할 수 있다. 태아는 임신의 초기, 특히 발아기나 배아기에 가장 빠르게 발달하므로 이 시기에 약물을 복용하게 되면 이후의 시기보다 태아에게 치명적인 영향을 줄 수 있다. 특히 항생제인 스트렙토 마이신은 청각결함을 초래하고, 테트라시크린, 설파노마이드나 중추신경계 진정제류 또는 안정제이거나 호르몬제, 피임약, 정신분열증 치료제인 토라진, 여드름 치료제인 에큐틴, 이스피린의 과다복용은 태아의 혈관장애를, 비타민 A의 과다복용 등은 태아의 발달에 이상을 초래하는 것으로 밝혀지고 있다. 특히 헤로인이나 코카인과 같은 습관성 약물은 성장지체, 청각결함, 뇌손상, 구개파열, 생식기 이상 등과 같이 더욱 치명적인 손상을 유발하며 그 영향은 지속적인 것으로 지적되고 있다. 임부가 복용하는 약물은 어떤 경로를 통하던, 어느 정도의 차이는 있을지라도 태아에게 전달이 되므로 임부들은 약물복용을 자제하거나 특별한 주의가 필요하며 약물복용이 필요한 경우에는 반드시 의사의 처방에 기초하여 복용하여야 한다.

6) 흡 연

일반적인 성인의 경우에도 여성의 흡연은 남성의 흡연보다 부정적인 영향을 미치는 것으로 알려져 있다. 특히 흡연하는 임부는 태아에게 나쁜 영향을 많이 주게 되는데 비흡연모보다 2.5kg 이하의 체중미달아의 출산확률이 두 배나 더 높다(Floyd et al., 1993). 임부의 흡연량이 많을수록 신생아의 체중이 적은 것으로 보고되고 있으며 흡연은 자연유산, 사산, 조산, 신생아 사망률을 높이는 것으로 보고되었다(Roquer et al., 1995). 이와 같이 흡연의 유해성은 알려져 있으므로 임신 가능성이 있는 여성은 임신 6개월 이전부터 금연을 통해 체내에 남아 있는 독성을 없애는 것이 바람직하며. 특히 임신된 것이 확인되면 반드시 금연해야 한다. 임부의 직접적인 흡연 뿐만 아니라 간접흡연도 태아에게 유해한 영향을 주게 되므로 가족이나 주변의 배려와 노력이 따라야 할 것이다.

7) 음 주

임부의 음주는 빠른 속도로 태반에 흡수되어 장시간 영향을 주게 되므로 태아와 출산 후 아기의 성장에 부정적인 영향을 주어 성장지체, 주의집중력결핍, 과잉행동, 소두증, 안면의 기형, 정신지체, 과잉행동, 운동조절 능력의 부족, 정서적인 불안정 등과 같은 행동문제를 일으키는 태아기 알코올 증후군(Fetal Alcohol Syndrome)을 초래한다고 1970년대에 밝혀졌다. 임신 중의 음주가 주는 영향은 지속적인 것으로 강조되고 있는데 청소년기나 성인이 되어도 낮은 IQ를 보이거나 정신지체, 정신질환의 발병률이 높은 것으로 밝혀지고 있다.

임신 중에 어머니가 하루 두 잔 정도의 와인을 계속 마시는 경우에도 아동의 지능이 IQ 85 이하로 되는 비율이 3배 정도 높게 나타났으며, 주의집중력의 부족으로 인한 과잉행동과 학습능력의 저하를 유발하였다(Streissguth, 1997). 따라서 임신 중에는 소량의 알코올도 삼가는 것이 태아의 발달장애를 예방하며 건강한 성장에 도움을 준다.

8) 카페인

카페인이 함유되어 있는 커피, 콜라, 초콜릿, 차류와 같이 일상생활에서 자주 접할 수 있는 음료를 임부가 많이 섭취할 경우에 태아에게서 불규칙한 심장박동, 잦은 신체운동이나 눈운동, 호흡장애와 같은 행동문제가 나타나거나, 체중미달아를 출산하게 된다고 보고하였다(Narod et al., 1991). 미국의 식품의약국에서도 쥐를 통한 실험에서 카페인을 섭취한 쥐의 새끼가 사지골격의 기형으로 태어나는 결과를 보고하면서 카페인의 과다 섭취에 따른 위험을 경고하고 있다. 따라서 임신 중에는 지나친 카페인 섭취에 주의를 기울이는 것이 바람직하다.

9) 중독성 약물

일반적으로 해독이 매우 큰 것으로 알려져 있는 습관성이 있는 중독성 약물로 마리화나, 헤로인, 코카인 등의 마약류를 들 수 있다. 이러한 약물에 중독되어진 임부의 자녀는 체중미달아 또는 사산아이거나, 신생아 사망률 등이 매우 높은 것으로 알려져 있다. 약물에 중독되어진 임부의 자녀는 이미 모체 내에서 약물에 중독이 되기 때문이다. 임부가 마리화나를 사용할 경우에는 체중미달아, 경기, 수면장애와 같은 증후군을 가진 신생아가 태어날 가능성이 매우 높다.

임부가 코카인에 중독이 되면 난산이나 사산아, 미숙아, 성장지체, 뇌손상, 생식기 이상아를 출산할 수 있으며, 그 아기가 유아기가 되면 주의력 결핍이나 학습장애, 자극에 대한 과도한 반응, 급성심장발작, 정서적 흥분 등을 나타낸다고 한다(Niebly, 1994 : Mayes et al., 1998). 임부가 헤로인에 중독이 되면 청각결함, 구개파열, 기형, 체중미달아를 출산할 가능성이 높으며 호흡곤란, 경기, 비정상적인 울음, 수면장애, 주의력 결핍, 운동조절 능력결핍, 잦은 분노 등을 나타낸다.

그러나 최근에는 이러한 장애가 단지 중독성 약물 때문에 초래되었다기 보다는 중독성 약물을 복용하는 임부들의 가정적인 조건이나 여러 가지 조건들이 부적절하거나 빈약한 경우가 많아 영양섭취, 알코올이나 다른 약물, 긴장이나 불안이 있는 환경 속에 살기 때문에 이러한 요인들이 복합적으로 작용하기 때문이라는 주장도 있다(Lester & Tronick, 1994).

10) 모자혈액상반

유전으로 인하여 발생하는 현상으로 모체의 혈액과 태아의 혈액의 불일치로 인하여 나타나는 현상이다. Rh혈액은 1940년 란트슈타이너가 붉은 털 원숭이(Rherus monkey)에게서 발견한 것으로 혈청 내의 적혈구 속에 들어 있는 여러 가지 항원 중 하나이며, Rh 항원이 있는 사람은 Rh+형, 항원이 없는 사람은 Rh-형이 된다. 아버지의 혈청이 Rh+이고 어머니의 혈청이 Rh-인 경우에 유전으로 태아의 혈청이 Rh+가 되면 어머니의 혈액 Rh-와의 상반으로 문제가 된다.

대체로 맏이가 Rh+인 경우에는 별 영향을 받지 않으나 두 번째 아기부터는 치명적인 영향을 받을 수 있다. 왜냐하면 Rh-인 모체의 혈액에서 Rh+의 혈액을 받으면 혈청 속에 Rh+ 항체가 형성되며, 다시 임신을 하여 Rh+형의 태아를 만나게 되면 모체 내에 있는 Rh항체와 Rh+형 적혈구에 있는 항원이 응집반응을 일으켜 혈관을 막게 되기 때문이다. 그러므로 태아의 생명에 지장을 주게 되어 유산이나 사산의 가능성이 있으며, 출생 후에 황달, 빈혈, 심장결함, 정신지체를 초래하기도 한다. 따라서 Rh-형의 어머니는 두 번째 부터의 임신을 할 경우에는 반드시 검사를 통해 임신 즉시 Rh 백신주사인 항글로블린 주사를 투여하여야 혈액 내에 Rh+항체의 응집반응을 예방할 수 있으므로 태아를 보호할 수 있다.

11) 아버지에 의한 문제

지금까지 임신이 되면 태아와 아버지는 아무런 관련이 없는 것으로 생각해 왔으나 최근에 아버지의 정자가 갖는 문제와 아버지의 연령, 아버지의 직업환경 등 아버지로부터 유발되는 태아의 여러 가지 상황을 밝혀 내고 있다.

아버지의 연령도 태아에게 영향을 주게 되는데 남성이 나이가 들수록 유전적인 돌연변이 현상이 더욱 빈번하게 일어나며, 그 중 일부는 선천적인 이상을 초래하게 된다. 아버지의 연령이 20세 이하이거나 55세 이상인 경우에 태아의 연골발육부전증, 마르팡증후군, 골격기형으로 나타나는 섬유성 골이형성증 등을 포함한 여러 가지 희귀한 증상들을 초래하기도 한다. 또한 다운증후군의 1/4 정도는 아버지의 연령과 관계된 것으로 보고되어 다운증후군이 임부에 의한 것만이 아님을 보고하였다.

또한 유해물질이 많은 곳에서 일하는 아버지는 자신의 정자를 통해 자녀에게 여러 가지 질병을 일으키게 한다. 정자가 만들어지면 체내에 80일 정도 머물게 되는데 이 기간에 유해물질에 노출된 정자는 손상을 입게 되는 것이다. 남성이 납이나 마리화나, 알코올, 방사선, 특정 살충제에 자주 노출되면 정자의 수도 감소될 뿐만 아니라 유전변이를 일으켜 기형적인 형태의 정자를 생성하거나 선천성 정자형성장애 등으로 태아에게 부정적인 영향을 주게 되어 문제가 되는 것이다. 예를 들어, 직장에서 주로 납성분을 취급하는 일을 하는 아버지에게서 태어나는 자녀 중에 일반아동보다 신장질환의 발병률이 3배 정도 더 많았고, 벤젠이나 솔벤트를 취급하는 아버지의 자녀들에게서는 저체중아의 출산율이 더 높았으며, 광산이나 섬유공장, 유리공장, 방사선 작업을 하는 아버지의 자녀들에게서는 미숙아 출산율이 더욱 높았다(이영 외, 1995).

12) 기타 요인들

임부들의 일상생활에서 크게 신경 쓰지 않고 부딪치는 여러 가지 환경조건이나 행동들이 의외로 태아에게 영향을 주는 것들이 있다. 특히 모체의 자궁기형이나 자궁근종, 배란장애 등은 불임까지도 초래하게 된다.

예를 들어, 임부가 찬물로 또는 지나치게 뜨거운 물로 목욕을 하는 것도 태아의 중추신경계의 결함을 가져오게 하는 요인이 되기도 한다. 임부의 체온이 지나치게 높아지거나 반대로 낮아지면 태아에게 선천성 결함을 주기도 하는데 특히 임신 3주에서 8주 사이에 가장 주의를 해야 한다.

또한 방사선은 유전자의 돌연변이와 염색체 손상을 일으킬 수 있으며 태아에게 자연유산, 골격기형, 소두증, 생식기관이나 감각기관의 이상을 가져올 수 있다. 그러므로 임부는 X-ray검진을 가능한 피하고 불가피한 경우에는 각별한 주의와 조치가 필요하며, 생활환경에서도 방사선 노출이 있는 곳은 출입을 금해야 할 것이다.

현대사회는 일상적인 생활환경도 많이 오염되어 있는 상황으로 공기, 음식, 생활필수품을 비롯하여 주거환경이나 직업환경의 모든 곳에 태아에게 해를 줄 수 있는 위험인자들이 도사리고 있으므로 이를 개선하고 예방하기 위한 각별한 노력이 요구된다. 이러한 노력으로 건강한 아기를 낳는 것은 개인과 가정의 행복 뿐만 아니라 건강한 사회를 유지·발전시키는 초석이 될 것이다.

4. 출 산

1) 출산과정

수정 이후 어두운 모체의 자궁 내에서 의존하며 태내발달이 이루어지다가, 태아기 생활이 끝나고 모체 밖으로 나와 새로운 환경에 부딪치게 되는 과정을 출산이라 하는데 출산의 경험은 모체와 태아에게 모두 생명의 위협을 느낄 정도로 두렵고 새로운 경험이며 중요한 사건이다.

출산은 수정 후 약 286일경을 분만예정일로 계산하지만 수정된 날짜를 정확히 알 수 없으므로, 정확하게 예정일에 분만하는 경우는 약 4~5% 정도이며, 대체적으로 분만예정일보다 1~2주 정도 빠르거나 혹은 반대로 1~2주 정도 늦게 출산하기도 한다. 정상적인 분만은 태아의 성숙이 이루어져 하나의 개체로 독립된 삶을 시작할 수 있는 준비가 되었음을 의미하는 것이고, 호르몬 분비 상황의 변화, 모체에게 주어지는 심리적 또는 생리적인 요인도 영향을 준다.

(1) 분만의 징후

모체가 출산을 준비하는 징후는 출산 2~3주 전부터 나타나는데 그 내용들은 여러 가지로 들 수 있다. 이러한 징후들이 나타남으로 모체의 출산을 예고하게 되는 것이다. 일반적으로 나타나는 분만의 징후들을 살펴보면 아래와 같다.

1 태아의 하강

지금까지 모체 내의 안정된 위치에서 건강한 성장과 발달을 해오던 태아가 출산을 위한 준비로 머리가 자궁의 아래쪽으로 내려간다. 그러므로 임부의 체형에도 변화가 일어나게 되는데 지금까지 배의 위쪽이 불룩해 있던 모습에서 아래쪽이 불룩한 모습으로 바뀌게 되어 모체의 복부의 형태가 달라진다. 따라서 횡경막에 대한 자궁의 압박으로 호흡과 섭생에 어려움을 느끼던 임부는 호흡이 다소 편해지고 위장 압박도 덜 받게 된다.

2 이 슬

이슬은 태아가 출산을 위한 준비로 위치를 바꾸어 하강할 때에 태아가 자궁의 난막에 부딪치게 되어 난막의 일부가 파열되면서 자궁벽에서 떨어져 나와 생기는 것이다. 혈액이 섞인 점액질의 분비물이 분비되는 것으로, 양은 그다지 많지 않다. 분비된 이슬의 색은 갈색이나 적갈색, 담록색, 암갈색 등이 있다. 일반적으로 이슬이 분비되면 그 후로 곧 진통이 시작되지만 때로는 이슬이 비친 2~3일이 지나도 진통이 시작되지 않는 경우도 있다.

3 빈 뇨

태아의 위치가 바뀌어 하강하게 되면 태아의 체중이 아래쪽으로 내려가게 되므로 자궁은 신장이나 방광을 내려 누르게 된다. 그러므로 신장의 용량이 적어져서 자주 뇨기를 느끼게 되고 빈뇨현상으로 진행된다.

4 진 통

분만을 예고하는 가장 현저한 징후 중 하나로 진통을 들 수 있다. 진통 현상은 모체의 자궁이 태아를 모체 밖으로 밀어내기 위하여 자궁을 수축시키는 과정에서 발생되는 통증으로서 모체는 자궁이 어느 정도 수축할 때까지 진통을 갖게 된다.

진통이 진행되는 과정을 보면 진통이 시작되는 초기에는 진통의 강도가 낮고 그 간격도 불규칙하게 두세 시간에 한 번 정도로 일어나지만 분만이 다가올수록 진통은 간격도 점차로 짧아지고 강도는 점점 커지면서 분만의 순간이 되면 계속적으로 매우 강한 잔통으로 이어진다.

5 파 수

진통이 반복되면서 자궁의 수축이 진행되면 자궁의 입구가 벌어지게 되고 자궁의 내막인 난막이 파열되면서 자궁 내에 태아를 둘러싸고 있던 양수가 터져 나오게 되는데 이것이 파수이다. 점액성분인 양수가 적절한 시기에 파수가 되면 미리 산도를 적시므로 태아의 출산에 크게 도움이 된다.

파수에는 세 가지 유형이 있다. 가장 바람직한 파수인 적시파수는 자궁입구가 적당하게 벌어져 분만이 시작되기 직전에 파수되는 것으로 이렇게 되면 분만은 순산의 가능성이 매우 높아진다. 그러나 항상 이처럼 진행되는 것이 아니다. 때로는 진통이 시작되기 전에 파수가 되는 전기파수나, 진통은 시작되었으나 자궁입구가 적당하게 벌어지기 전에 파수가 되는 조기파수를 볼 수 있다. 전기파수나 조기파수가 되는 이유는 쌍태아이거나 양수과다증, 또는 노산 등을 들 수 있으며 이러한 경우에 분만은 난산의 가능성이 크게 되며 때로는 의료적 조치가 필요해진다.

(2) 분만의 과정

여러 가지 분만의 징후들, 즉 이슬이 비치고 진통이 진행되며 파수가 되면 곧 분만이 시작된다. 분만의 과정은 세 단계로 분류된다. 분만의 징후들이 나타나는 2~3주의 기간을 전구기라 하기도 한다. 분만의 과정을 살펴보면 다음과 같다.

1 제1기 ; 개구기

규칙적인 진통이 시작되는 순간부터 자궁의 입구가 태아의 머리를 통과할 수 있을 정도로 완전히 열리기까지의 과정을 말한다. 계속적인 진통이 진행되어 가면서 자궁 내의 압력이 높아지고 자궁의 바깥 입구가 열리기 시작하여 자궁입구의 열림이 10~12cm까지 되면 완전히 열리게 되는 것이다. 개구기의 소요시간은 약간의 차이는 있으나 일반적으로 초산의 경우에는 10~12시간이 소요되며 두 번째 이후의 출산인 경산에는 5~6시간 정도로 초산의 절반 정도가 소요된다.

이 때에 태아의 머리 부분이 산도에 고정되면 양수의 흐름을 막아 버리게 되며 산모는 매우 강한 통증을 느끼게 된다. 자궁 내의 복압은 더욱 높아지게 되므로 양수가 터져서 유출되는데 산모는 따뜻한 온수가 흐르는 듯한 느낌을 받는다. 이처럼 파수는 개구기의 후반부에 일어나는 것이 가장 바람직하며 산모의 출산에도 매우 도움이 되어 순산의 가능성이 높아진다.

산모의 긴장을 이완시켜야 자궁의 수축기능이 원활하게 이루어지므로 모체가 출산에 대하여 지나치게 긴장하거나 공포를 갖지 않고 자신감을 가질 수 있도록 격려와 지지로 도와 주어야 할 것이다. 근자에는 이를 위한 라마즈 호흡법이 많이 활용되고 있다.

2 제2기 ; 만출기

분만의 제2기는 만출기 또는 출산기라 부른다. 이 때는 자궁입구가 완전히 열린 상태에서 진통과 복압의 작용으로 태아가 산도를 통해 출산되기까지의 과정을 말한다. 파수가 되면 그 후부터 진통은 더욱 강해지고 발생횟수가 더욱 자주 일어나므로 산모의 통증은 정점에 달하게 되나 아기가 만출됨과 동시에 그 통증은 일시에 멈추어진다. 만출기에는 태아를 산도로 밀어내어야 하는데 이를 위해 모체는 힘을 주어야 하므로 산모의 적극적인 자세가 필요하다. 만출기의 경과시간은 초산에는 1~2시간 정도, 경산에는 30분~1시간 정도가 소요된다.

3 제3기 ; 후산기

후산기는 태반의 배출을 말한다. 태아가 출산된 후에 10~20분 정도가 경과하면 약간의 진통과 더불어 자궁이 수축되면서 태반이 자궁벽에서 떨어져 나와 난막과 함께 모체 밖으로 나오게 된다. 이로써 모든 분만이 종료된다. 태반이 자궁 밖으로 배출되지 않으면 자궁벽에 유착될 가능성이 있고 산모에게 나쁜 영향을 줄 수도 있으므로 후산도 중요하다. 뿐만 아니라 자궁벽이 잘 수축되지 않는 경우에는 태반이 배출될 때에 지나친 출혈로 위험을 초래할 수도 있으므로 세심한 주의가 필요하다. 후산기에 소요되는 시간도 초경은 20~30분 정도이고 경산의 경우에는 10~15분 정도이다.

일반적으로 출산에 영향을 주는 요인은 진통이나 복압, 만출력의 강약, 태아의 크기, 태아의 위치, 산도의 저항수준, 출산경험의 유무 등과 더불어 개인의 체질이나 체력의 차이에 의한다. 출산에 소요되는 총시간은 개인에 따라 다소의 차이는 있으나 대체적으로 초산은 12~15시간 내외이며, 경산은 그의 절반 정도인 6~8시간 정도이다.

2) 출산과정의 문제점

출산은 복잡하고 매우 힘이 드는 과정이므로 출산과정의 여러 가지 조건에 따라 출생 이후의 아기의 발달과정에도 영향을 주게 된다. 예를 들어, 출산에 소요되는 시간이 너무 오래 걸린다든지, 진통의 횟수가 너무 많다든지 또는 적다든지 등은 아기에게 미치는 영향이 매우 크다. 출산시에 흔히 난산이나 제왕절개에 의한 인공분만, 겸자분만, 흡입분만, 출생 직후의 취급의 부주의 등으로 아기가 상처를 입거나 외부적인 강한 자극이나 충격을 받을 수 있다. 이러한 경우 아기에게 많은 영향을 주게 된다.

출산과정에서 나타날 수 있는 위험을 살펴보면 난산을 들 수 있다. 분만이 순조롭게 진행되지 않아 아기가 지나치게 산도에 오래 머물러 있거나 아기의 머리를 지나치게 압박하거나 하여 발생하는 뇌혈관의 파열 등으로 뇌손상을 가져오는 경우와 태아가 모체로부터 분리될 때에 호흡을 제대로 하지 못하여 일어나는 산소결핍 현상이다. 뇌 내에서의 출혈이나 산소의 부족은 뇌의 신경세포에 지장을 주며, 때로는 정신심리적 장애를 초래하는 경우도 있다. 중추신경계의 신경세포는 항상 산소를 필요로 하며 적절한 산소공급이 3분 이상 결핍될 경우에는 뇌세포가 손상되거나 사멸하고, 이런 세포가 많아지게 되면 심각한 뇌의 손상으로 뇌성마비나 영구적인 지능장애를 가져오기도 하며 극단적으로 사망에까지 이르게 되기도 한다.

모체 내에서 태아를 건강하게 성장시키는 것도 매우 중요하나 출산과정에서의 작은 문제도 일생 동안 영향을 주기도 하므로 출산과정은 매우 중요한 것이다.

신생아기의 발달

1. 신체적 발달
2. 운동기능의 발달

제11장

모체로부터 출산된 직후의 아기를 선생아(neonate baby)라 한다. 선생아기의 기간은 비록 짧은 기간이지만 학문에 따라 관점이 다르므로 주장을 약간 달리 하고 있다. 인간의 발달을 설명하는 발달심리에서는 일반적으로 출생 후 약 1개월간을 선생아기로 설명하고 있다. 그 이유는 출생의 충격에서 회복되어 안정을 갖게 되고 태내환경과는 상이한 환경에 대한 기본적인 적응 등 정신심리적인 발달의 기초가 이루어지기 시작하기 때문이다. 반면에 의학적 관점에서는 선생아기를 약 10~15일 정도로 설명한다. 그 이유는 아기의 체중감소로부터의 회복, 자연적인 선생아 황달에서의 회복, 탯줄을 잘라낸 배꼽이 아물기까지, 선생아의 생리적 기능이 정상적으로 유지될 때까지를 선생아기로 보기 때문이다.

선생아기의 발달 상황은 개인마다 부모로부터 전달받은 유전적인 요소와 태내환경이 다르고, 수정에서 출산까지의 임신기간이 다르고, 태아의 발달적 특성이 다르기 때문에 개인차가 크게 나타난다. 더 나아가 출생 이후의 가정적, 사회적, 문화적인 제반 환경적 요인이 모두 다르므로 변화에 있어 개인차가 두드러지며 다양한 발달양상을 보이기 시작한다.

일반적으로 나타나는 선생아의 발달특징을 신체적인 발달측면과 운동기능적인 측면으로 나누어 살펴보고자 한다.

1. 신체적 발달

1) 신체의 크기와 신체구조

출생시의 신체의 크기는 인종과 성에 따라 약간의 차이가 있다. 그러나 보편적인 신생아의 신장은 약 50~52cm 정도이며, 체중은 약 3.2~3.4kg 정도이며 남아가 여아보다 신장이나 체중 면에 있어서 약간 우세한 경향이 있다.

신생아의 신체구조는 성인과는 많은 차이가 있는데 우선 신체구조의 비율의 차이를 볼 수 있다. 출생시 머리의 크기는 전체 신장의 1/4을 차지한다. 이는 수정 2주경에 머리가 전체 신장의 1/2이었던 구조에 비해 큰 변화라 할 수 있으나 성인의 비율인 1/7.5~1/8에 비하면 머리부분의 비율이 매우 높은 것이다. 신생아의 신체구조를 성인의 신체구조와 비교하여 보면 신장은 성인의 신장에 1/3~4/1 정도가 된다. 머리의 크기는 성인의 약 1/2 정도이며, 몸체는 성인의 약 1/3 정도, 팔의 길이는 성인의 1/4 정도이고, 다리 길이는 성인의 약 1/5 정도이다. 신생아의 신체구조의 발달은 이처럼 동일한 비율로 자라지 않고 발달 단계에 따라 변화한다.

신생아 신체구조의 또 다른 특징은 머리둘레가 가슴둘레보다 더 크다는 것이다 신생아기의 두위는 남아가 여아보다 조금 더 크지만 평균적으로 보아 34.5cm 내외인데 비해 흉위는 33.1~33.4cm이다. 이러한 현상은 출생 후 2개월이 지나면서 점차로 흉위(40.6~41.7cm)가 두위(39.9~40.7cm)보다 더 커지는 발달이 일어난다.

출생시 뇌중량은 약 350g 정도이지만 첫돌 무렵에는 약 800g 정도, 만 2세가 되면 약 1000g 정도가 된다. 성인의 뇌중량이 약 1,350g 정도가 된다는 사실에 비교하면 출생 초기는 뇌중량의 발달에 결정적 시기가 됨을 알 수 있다.

2) 외 모

각 태어난 신생아의 외모는 성인과 여러 가지 면에서 다른 특징을 나타낸다. 우선 신체의 구조를 보면 예쁜 천사 같은 아기라는 기대와 거리가 먼 모습을 보인다. 머리가 몸에 비해 상대적으로 매우 크게 보이는데 이는 두－미의 방향이라는 발달의 순서성에 따라 발달하기 때문이다. 얼굴은 대체적으로 길쭉하고 배는 불룩 튀어나와 있어 보기에는 좋지 않다. 머리숱은 매우 적어 민둥머리로 보이며 머리카락의 색은 갈색을 띠고 있으며 질도 성인의 머리카락과 다르다. 피부색은 검붉고 쭈글쭈글하게 주름이 많으며 온몸에 솜털이 많이 나 있고 눈꺼풀은 부어 있으며 눈을 뜨면 안구는 약간 푸른색을 띠고 있다.

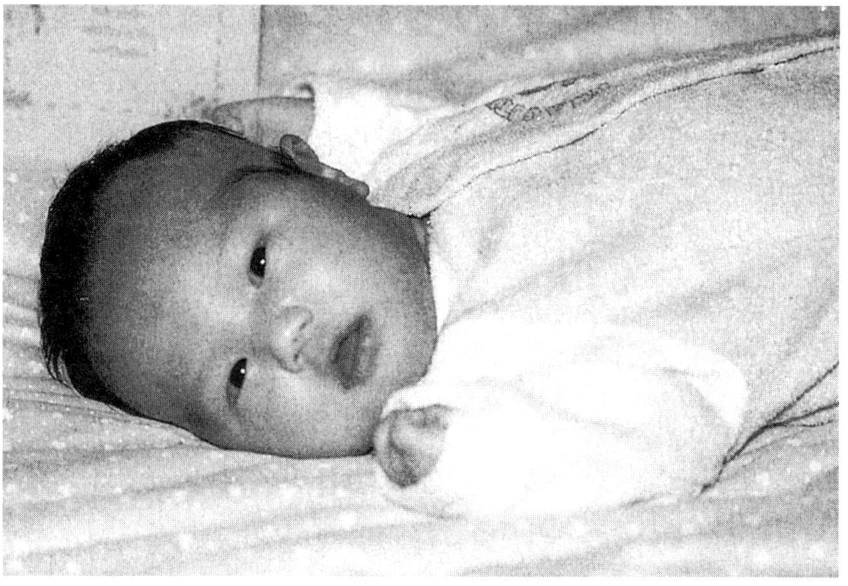

그림 11-1 생후 4주된 신생아의 모습

3) 생리적 기능

신생아의 생리적 기능도 역시 아동이나 성인에 비교하여 보면 큰 차이가 있다. 이는 신생아의 기본적인 신체 생리적인 기능이 발달되어 있기는 하지만 아직 미숙하고 기관의 크기에도 관련이 있다고 할 수 있다. 신생아기의 생리적인 특징을 성인과 비교하여 살펴보면 다음과 같다.

(1) 체 온

신생아의 체온은 모체의 자궁 내의 온도에 맞추어져 있으므로 성인보다 약간 높은 편이다. 기초체온은 37~37.5℃도를 유지하고 있으며, 신생아는 땀선의 발달이 미숙하여 체온조절 능력이 부족하여 외계온도의 영향을 많이 받는다. 그러므로 외부적으로 실내의 온도조절, 이불이나 옷의 두께를 적당하게 하여 신생아의 체온을 유지할 수 있도록 도움을 주어야 한다. 신생아가 누워 있는 실내의 최적온도는 섭씨 20~22℃로 성인이 활동하기에 적합한 최적온도보다 약간 높은 편이다.

(2) 맥 박

신생아의 맥박수는 1분에 약 130~150회로 매우 빠르고 불규칙한 것을 볼 수 있다. 시간이 경과하면서 맥박수는 점차로 감소하는데 출생 후 4~5일이 지나면 약 118회 정도로 되며 성인의 기본 맥박수는 70~80회이다.

(3) 혈 압

신생아의 혈압은 최고 70mm Hg를 정상으로 본다. 성인의 정상적인 혈압은 자신의 나이에 90mmHg를 더하는 것으로 볼 때 신생아의 혈압은 성인보다 낮은 것을 알 수 있다. 또한 혈행의 속도는 약 12초로 성인의 22초보다 매우 빠르게 나타난다.

(4) 호 흡

신생아기에는 호흡도 매우 빠르게 나타난다. 출생 후 첫주에는 1분 동안에 35회 정도의 호흡횟수를 보이나 2주 이후가 되면 38~40회 정도로 증가된다. 그러나 호흡횟수는 점차적으로 감소되어 1세경이면 1분간에 28회, 15세 경에는 19회, 성인이 되면 18회 정도가 된다. 또한 호흡의 방식도 성인과 다르다. 신생아기에는 불규칙적인 복식호흡을 하고 있으나 연령이 증가되어 직립보행을 하면서 점차로 흉식호흡으로 변화해 간다.

(5) 소화기능

신생아기의 위는 소화기능에 필요한 소화효소의 분비기능은 충분히 발달되어 있다. 그러나 소화기관의 형태가 거의 수직적으로 되어 있어서 많이 섭취하게 되면 즉시 구토를 하게 된다. 신생아는 한 번에 20~40cc 정도를 섭취할 수 있으므로 한꺼번에 많이 수유하는 것 보다 하루에 7~8회 정도로 자주 수유하는 것이 바람직하다.

수유에 관련되는 주의 사항으로는 신생아와 영아들의 수유는 영양섭취의 수단으로 매우 중요하다. 그러나 단순히 영양섭취의 효과만이 아니라 아기의 수유시간은 어머니와의 애정을 교류하는 중요한 순간이기도 하다. 그러므로 수유를 할 때에는 스킨십(skinship)을 경험할 수 있도록 하며 가능한 한 아기와 눈을 맞추어 아기의 심리적인 안정과 사회적 교류를 유도하는 것이 필요하다.

(6) 배 설

출생 직후에 신생아는 약 80g 정도의 흑록색 또는 황갈색의 끈적끈적한 배변을 하는데 이를 태변이라 한다. 이는 신생아가 섭취한 초유의 배출물과 함께 자궁 내에서 마신 양수 등 찌꺼기의 배출이라 할 수 있다. 신생아는 어머니의 초유를 섭취함으로써 태변의 배출이 촉진된다. 태변을 본 이후에는 평균적으로 하루에 대변은 4~5회, 소변은 18~20회 정도로 배설하게 되는데 수분의 섭취량에 따라 달라진다.

건강한 대변의 색은 황색을 띠며 신생아의 건강에 이상이 있을 경우에는 대변의 색은 녹색이나 적갈색을 띠기도 한다. 신체적인 고통이나 문제를 말로 표현하지 못하는 아기에 있어 대변의 색은 아기의 건강상태를 알려주는 기준이 되므로 자주 관찰할 필요가 있다. 소변의 색은 요산염이 많아 황적색을 띠고 있는 것이 보통이다.

(7) 수 면

신생아는 하루에 20시간 이상을 수면으로 보내게 되며, 점차적으로 수면 시간이 감소되어 출생 후 4~5일 즈음이 되면 18~20 시간이 된다. 수면을 많이 취하는 아동은 성장이 빠르다고 할 수 있는데 이는 섭취한 영양소가 성장 에너지로 활용되어 수면하는 동안에 세포의 증식과 발달을 더 많이 할 수 있기 때문이다.

신생아는 일반적으로 2시간을 주기로 깨어나는데 배가 고프거나 몸이 불편할 경우에 또는 여러 가지 강한 자극을 주게 되면 잠을 깬다. 그러므로 수면 시간 중에는 실내의 온도나 습도 등을 적합하게 유지해 주고 지나친 자극을 삼가며 수면을 돕는 것이 아기의 성장을 돕게 되는 것이다.

2. 운동기능의 발달

신생아기의 운동기능적인 발달 특징은 의도적이거나 계획적인 운동이라기보다 비의도적인 운동으로 이루어지는 것이다. 즉, 신생아는 대뇌피질의 억제작용이 미성숙한 상태이므로 뇌간에 의해 통제를 받기 때문에 학습이나 경험에 관계없이 오로지 생득적인 성숙에 의지하는 운동이 일어나는 것이다.

신생아기의 운동을 전신적인 큰 운동과, 부분적으로 일어나는 특수운동인 반사운동을 들 수 있다. 큰 운동이란 신경계통의 미발달로 인하여 신체 부분 간의 협동이 이루어지 않아 신체 전체가 확산적으로 움직이는 것을 의미한다.

반사운동(reflex behavior)은 특정 자극이 주어질 때에 비자발적이며 자동적으로 일어나는 운동반응을 뜻한다. 다시 말하여 특정 자극과 결합되어 부분적이며 비의도적으로 나타나는 반응양식으로 태어날 때부터 가지고 있는 생득적인 것이 대부분이다. 반사운동은 특정 자극에 대한 반응양식을 학습하기 이전에 환경에 반응할 수 있도록 해 주는 중요한 기능을 갖는 것이다. 그러므로 반사운동은 신생아의 건강과 생명을 지키는데 매우 중요한 역할을 하게 되며, 신생아에게 해로운 자극이나 건전하지 못한 자극에서 자신을 보호하고 주어진 환경에 적응할 수 있도록 돕는 기능으로서 생존적 가치를 지니고 있다.

그러나 이러한 반사운동들은 신경계통이 발달하고 정교해져 가면서 점차적으로 소멸되어 가며 대신에 의식적인 행동반응으로 대체되어 간다. 그러므로 반사운동의 내용에 따라 종 특유의 반사 기능으로서 수 개월 동안 유지되다가 사라지는 것도 있고 어떤 반사반응은 일생 동안 유지되는 생존반사로 구분된다. 이러한 반사운동 기능은 신생아의 신경기능의 발달상황이나 이상유무를 진단하는데 중요한 단서가 되기도 한다. 신생아기와 영아기에 나타나는 반사운동의 유형을 살펴본다.

1) 빨기반사(sucking reflex)

대표적인 반사운동인 빨기반사는 신생아의 생명을 유지하고 건강을 증진시키는데 매우 중요한 역할을 하는 생존을 위한 반사반응이다. 신생아는 구강자극에 민감하여 무엇인가 입 안에 들어가면 규칙적으로 빠는 행동을 보이는데 빠는 행동은 입술만의 운동이 아니라 구개와 혀 또는 목 등의 협응에 의한 활동이므로 이들의 기능발달에도 도움을 준다. 생후 2개월 즈음에 이르러 자발적으로 빨 수 있는 능력이 발달하면서 빨기반사는 점차로 사라지게 된다.

2) 찾기반사(rooting reflex)

신생아는 입의 주위 또는 뺨에 손가락 끝이나 물체로 자극을 주면 필사적으로 머리와 혀를 자극이 오는 쪽으로 돌리어 반응한다. 심지어는 눈을 감은 상태에서도 자신의 뺨에 닿는 어머니의 젖꼭지를 향해서도 머리와 입을 빠르게 돌려 찾아 빨기 시작하는 것을 볼 수 있다. 이러한 찾기반사는 신생아가 수유를 하는데 매우 중요한 반응이며, 생후 약 3~4개월 즈음에 소멸된다.

3) 바빈스키반사(Babinski reflex)

발바닥에서 일어나는 반사반응으로 발바닥반사라 부르기도 하며 Babinski가 발견해 낸 반사운동이다. 성인의 발바닥에 자극을 주면 간지럼을 타면서 발가락을 발바닥을 향해 안쪽으로 오므리고 자극을 피하려 하지만 신생아는 순간적으로 발가락을 바깥쪽으로 부채처럼 쫙 폈다가 오므리는 반응을 보인다. 이는 중추신경의 발달이 미숙하여 나타나는 것으로 출생 후 4~6개월이 지나면서 중추신경이 발달되면서 자연적으로 사라지게 된다. 그러나 아기의 뇌간에 이상이 있는 경우에는 계속하여 나타나기도 한다.

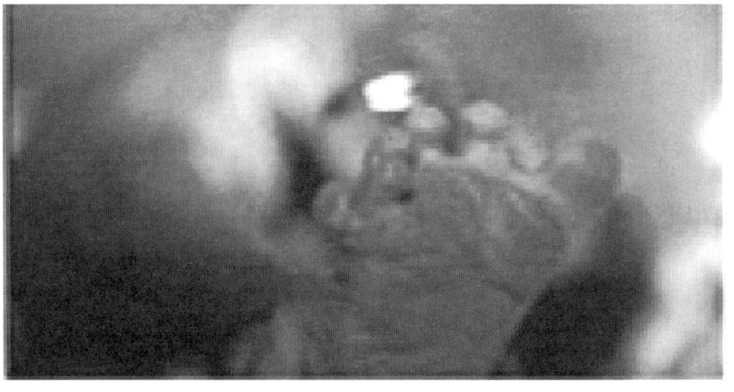

그림 11-2 바빈스키반사

4) 다윈반사(Darwin reflex)

신생아의 손바닥에서 나타나는 반응으로서 파악반사 또는 다윈반사라 부른다. 신생아의 손바닥에 타인의 손가락을 대거나 자극을 주면 그것을 빼내기 힘들 정도로 자극을 잡으려 손가락을 모으고 주먹을 강하게 쥐는 현상이다. 주먹을 꽉 쥐는 힘이 어느 정도인가 하면 어머니의 엄지손가락을 잡고 매어달릴 수 있는 정도로 매우 강하다. 그러나 생후 3개월이 지나면서 힘이 점차로 약해지고 소멸된다.

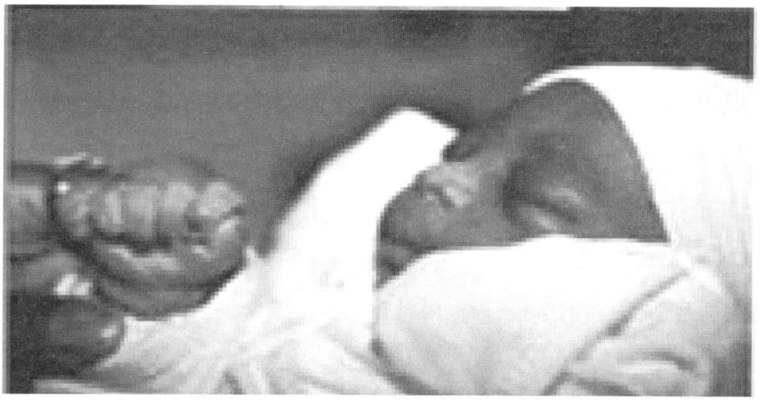

그림 11-3 다윈반사

5) 모로반사(Moro reflex)

Moro가 발견한 반사운동으로 놀람반사 또는 껴안기반사라고 한다. 외부에서 제공되는 갑작스러운 강한 자극이나 큰 소리에 대한 놀람반응이다. 성인들은 깜짝 놀랄 때에 순간적으로 온몸을 움츠리는데 반하여 신생아는 활처럼 폈다가 다시 껴안듯이 오므리는 반응을 보인다.

이러한 반응은 신체의 위치가 갑작스럽게 바뀌거나 몸이 떨어질 것같이 느껴지는 순간에도 나타난다. 정상적인 아기의 경우는 출생 후 6~8개월경이 되면 사라지는데 8개월이 지난 후에도 계속 모로반사가 나타나면 중추신경계의 이상유무를 진단해 보는 것이 필요하다.

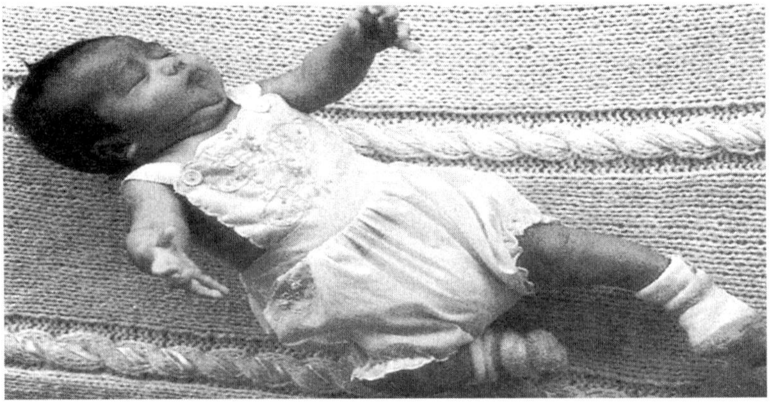

그림 11-4 모로반사

6) 목강직반사(tonic neck reflex)

신생아를 바닥에 엎드려 놓으면 아기는 머리를 한쪽으로 돌리고, 돌린 쪽의 팔과 다리는 길게 쭈욱 뻗치고 반대쪽의 팔과 다리는 옴츠려 구부리는 반응이 나타난다. 이 자세는 생후 약 4개월경이면 없어진다.

7) 걸음마반사(stepping reflex)

신생아의 양 겨드랑이를 잡고 살짝 들어 올려 평평한 바닥 위에 세우면 걷는 자세로 보일 정도로 무릎을 구부려 두 발을 교대로 엇갈리며 움직인다. 이 걸음마반사는 약 3개월 정도가 되면 소멸된다.

8) 헤엄치기반사(swimming reflex)

신생아를 물 속에 넣게 되면 일시적으로 호흡을 멈추고 수영을 하는 것처럼 팔과 다리를 움직이며 호흡하는 반응을 볼 수 있다. 수영반사는 4~6개월 즈음이면 점차로 사라지게 된다.

이러한 반사반응들이 정상적으로 나타나고 발달의 흐름에 따라 사라지는 것은 신생아기 및 영아기 신경계발달의 정상여부를 진단하는 중요한 기준이 된다.

제12장

영아기의 발달

1. 신체적 발달
2. 운동기능의 발달
3. 인지발달
4. 정서 및 사회적 발달
5. 발달장애

영아기는 생후 1개월에서 24개월까지로 여러 영역에서 급속한 성장 발달이 이루어지는 시기이다. 몇 가지의 반사 반응으로만 적응해 오던 영아는 신체운동기능발달, 두뇌발달, 언어 발달의 측면에서 결정적 시기임을 보여주는 질적 변화를 진행하며, 부모와의 애착형성을 통해 이후의 사회적 관계의 발달에 초석을 만들기도 한다. 또한 인지발달을 촉진시키기 위하여 감각 경험을 통한 지각의 발달이 중요한 시기이기도 하다. 그러나 영아는 독립적인 생활능력이 부족한 시기이므로 생존하기 위해서는 부모나 중요한 타인 등 성인의 관심과 보호에 절대적으로 의존하는 시기이다.

본 장에서는 영아기의 신체발달, 운동기능의 발달, 인지발달, 사회정서적 발달과 더불어 발달장애에 관해 살펴보고자 한다.

1. 신체적 발달

1) 신체구조 및 기능의 발달

신생아기를 지나 영아기에 들어서면 계속적으로 아기의 신체적 성장은 매우 빠른 속도로 진행된다. 태어날 때의 체중은 약 3.3kg, 신장은 약 50~52cm 정도인 신생아는 빠른 속도로 발달하여 생후 1년이 되면 몸무게는 출생시의 약 3배가 된다. 키는 생후 1년이 되면 약 75cm 정도가 된다. 뇌의 성장도 매우 빠르게 이루어져 머리는 여전히 다른 신체 부위에 비해 크게 보인다. 또한 골격과 근육 그리고 신경계와 같은 신체 내부적인 측면의 발달도 급격하게 이루어진다.

감각의 발달도 빠르게 진행된다. 아기는 태어날 때에 이미 최소한의 감각기능이 발달되어 있다. 시각의 발달을 보면 태어날 때에 물체를 정확하게 구별하지는 못한다. 안구근육의 협응이 잘 이루어지지 않아 양안시 현상으로 사시처럼 보이기도 하지만, 출생 후 일주일경이 되면 수평적인 추시가 가능해진다. 2~4개월이 되면 영아는 대상을 응시하는 거리조절 능력이 성인의 수준에 이르게 되므로 물체를 얼굴 가까이에 대거나 멀리 옮겨 움직여도 물체의 이동 위치에 따라 초점을 맞출 수 있게 된다(Aslim & Dumais, 1980). 출생 후 약 6개월이 되면 눈의 협응과 시력이 많이 발달하며, 생후 약 1년이 되면 시력은 약 1.2 정도로 발달한다.

청각의 발달을 보면 이미 태아 때부터 발달되어 있다. 모체의 규칙적인 심장박동 소리는 태아에게 강한 청각자극으로 각인된다. 그러므로 신생아에게 심장박동소리나 그와 유사한 규칙적인 시계 소리같은 일정한 간격을 두고 울리는 소리 등을 들려주면 아기는 안정감을 느끼게 된다. 신생아는 태내에서 어머니의 음성을 듣는 것에 익숙해져 있기 때문에 출생 후에도 어머니의 음성을 들으면 심리적인 안정을 찾게 된다.

2) 골격의 발달

영아의 골격은 성인과 비교해 보면 뼈의 크기와 질에 있어서 차이가 크다. 각

기관을 형성하는 골격의 수도 적고 크기도 작으며 뼈의 질도 아교질이 많아 성인보다 훨씬 부드럽고 유연하다. 뼈는 성장 해가면서 계속적으로 변화하여 청년기가 되면 신체의 골격구조가 완성된다.

골격의 질은 연령의 증가에 따라 단단해져 가는 경화현상이 나타난다. 경화(ossification)도 발달의 순서성 원리에 따라 머리부분부터 시작하여 팔, 손, 손목뼈가 먼저 단단해지고 나중에 발, 발목뼈의 방향으로 단단해져 간다. 머리부분의 뼈가 단단해져 가는 경화과정은 두개골의 숫구멍의 변화로 알 수 있다. 숫구멍은 두개골의 뼈가 약간 벌어져 있어 출산과정에서 좁은 산도를 통과할 때에 머리가 눌려도 상처를 입지 않도록 보호하여 조금이라도 쉽게 나올 수 있도록 도와줄 뿐 아니라 출생 이후에도 외부의 충격이나 자극으로부터 뇌를 보호해 주는 기능을 갖는다. 이러한 숫구멍이 출생 후 6개월경부터 점차로 단단해지기 시작하여 만 2세가 되면 다른 부분과 구분이 되지 않을 정도로 단단하게 경화되는 것이다.

3) 치아의 발달

치아는 유치와 영구치로 구분되는데 유치는 20개이고 영구치는 모두 32개이다. 아기는 출생할 때에 이미 잇몸 속에 20개의 유치와 여러 개의 영구치의 뿌리가 자리를 잡고 있는 것으로 치근은 이미 태내기에 형성되어 있다. 일반적으로 유치는 5개월부터 나오기 시작하는데 개인차가 심하여 2000명 중 1명 정도는 출생시에 이미 치아가 나와 있는 아기가 있는가 하면 17개월쯤 되어서 치아가 나오기 시작하는 아기도 있다. 그러나 대체로 5개월부터 유치가 나오기 시작하여 1년이 되면 6~8개의 앞니가 나며 약 24개월이 되면 20개의 유치가 모두 나오게 된다.

치아가 나오는 순서를 보면 처음에는 아래 부분의 앞니 두 개가 나오고 3~4개월 후에 다시 위쪽 앞니가 자라기 시작한다. 정상적인 아기들은 12개월경에 모두 6개의 앞니를 갖게 된다. 몇 개월 후에 다시 아래쪽의 앞니 2개와 어금니 4개가 나온 후에 송곳니가 나오게 된다(윤윤성 외, 1998).

4) 뇌의 발달

신생아기의 뇌중량은 전체 체중의 약 10%로 300g 이상이 되며 영아기의 뇌발달은 태내기와 더불어 일생 중 어느 시기보다 빠른 변화를 보인다. 생후 6개월경에는 출생 때의 뇌중량의 약 두 배가 되며 성인의 뇌중량의 약 66% 정도이고, 두돌 무렵에는 약 3배 정도로 증가하여 성인의 뇌중량과 비교하면 성인의 약 75% 정도가 된다. 이러한 발달은 두미의 발달원칙에 의거하는 변화로 영아기의 뇌의 크기는 신체의 부위 중 가장 성인의 크기에 가깝다.

뇌의 각 부위마다 발달하는 시기가 각각 다르므로 발달 속도에 있어 차이가 난다. 출생 당시에는 각성, 반사기능, 소화, 호흡, 배설 등의 생물학적 기능을 담당하는 뇌간과 중뇌가 이미 완전하게 발달한다. 6개월경에는 대뇌피질부의 감각영역과 운동기능 영역의 발달이 빠르게 진행된다. 이로써 생득적인 반사운동 기능은 사라지고 의도적인 운동기능이 발달하게 되는 것이다.

인간의 뇌는 좌우반구로 나누어져 있는데 주로 언어이해 기능이나 논리적, 기계적인 영역을 담당하는 좌반구와 시공간적인 정보와 비언어적인 정보, 정서적인 자극정보를 처리하는 우반구로 기능이 분화되어 있다. 이러한 좌우반구의 기능은 약 3세가 되면 대부분 분화가 완성되는 것으로 밝혀지고 있다(안영진, 2003).

이처럼 뇌기능의 발달은 일찍이 매우 빠르게 이루어지는데 영아의 뇌의 발달은 생물학적인 생득적 프로그램에만 전적으로 의존하는 것이 아니라 환경의 자극에 대해서도 민감하게 영향을 받는다. 양질의 단백질 등의 충분한 영양섭취, 다양하고 풍부한 자극의 제공 등으로 영아의 뇌의 발달을 촉진하는 것은 매우 중요한 과제이다.

2. 운동기능의 발달

영아기 초기의 운동기능은 신생아기에 가지고 있었던 반사운동으로 유지되며 점차로 의도적인 운동기능이 발달되어 가는 것을 볼 수 있다. 아기들은 엎드린 상태에서 목을 올려 머리를 드는 운동을 함으로써 운동의 발달이 시작된다. 그러나 이 운동은 학습을 통해 일어나는 것이 아니라 목의 근육이 강화되면서 자연스럽게 발달하는 것이다. 목들기 운동이 자주 반복되면서 다음 단계인 윗몸을 들어 올리는 기술이 발달된다. 이처럼 아기들의 운동기능은 이전 단계의 기능이 완전하게 형성되어야 새로운 행동에 도전할 수 있게 된다. 예를 들어, 영아들은 보통 일어서기 전에 앉는 운동이 가능하며, 걷기 전에 먼저 서는 운동이 앞서며, 뛰기 전에 걷는 운동이 먼저 이루어지게 된다. 영아기의 대표적인 운동기능은 대근육을 이용하는 걷기운동과 소근육을 활용하여 발달하는 파악운동을 들 수 있다.

1) 이동운동 : 대근육 운동

대근육 운동은 몸통이나 팔다리의 대근육을 활용하여 움직이는 운동으로 뒤집기, 기기, 서기, 걷기, 한 발로 서기, 뜀뛰기 등이며 출생 후 1년 동안 대근육운동 기술은 빠르게 발달한다. 영아들의 대근육발달의 순서는 일정하지만 그 시기는 아기에 따라 2~4개월 정도의 개인차가 있다. 영아의 대근육운동기술은 영아로 하여금 새로운 환경을 적극적으로 탐색하고 학습하는 여러 가지 양식을 제시하게 된다.

출생 후 약 1~2개월경이 되면 영아는 엎드린 자세에서 턱을 들어 머리를 기댄 채 똑바로 버티기 시작하며 2개월 말에는 가슴을 들 수 있게 된다. 이 시기에는 영아를 바로 눕히거나 옆으로 뉘는 등 다양한 자세로 바꾸어 주는 것이 영아의 운동발달에 도움을 준다. 또한 이 시기에 팔을 자극하고 영아의 손바닥에 손가락을 놓아 보면 잡기반사 반응을 나타낸다.

생후 3개월이 되면 가슴까지 똑바로 들고 팔꿈치를 이용하여 체중을 지탱할 수 있으며 뒤집기를 시작하기 위해 애를 쓰기 시작한다. 발을 이용하여 방바닥을 차고 몸을 머리 쪽으로 이동해 가는 반응을 보이다.

6개월경의 영아는 붙잡아 주지 않아도 혼자 앉을 수 있고 자유로이 뒤집기를 하기도 한다. 인공수유를 하는 경우에 영아는 우유병을 손으로 잡을 수도 있다. 출생 후 8~9개월이 되면 기어다니기 시작할 수 있고 자신의 몸을 잡아당겨 튼튼한 물건을 잡은 채로 일어서기를 시작하고 붙들어 주면 한 발씩 걷기도 한다.

출생 후 12개월이 되면 대부분의 영아들은 걷기를 시작한다. 손을 사용하여 블록을 3개 정도 쌓아올릴 수 있다. 12개월경에 시작된 영아의 걷기가 완성되는 평균적인 시기는 14개월이다. 그러나 개인차가 있어 어떤 아기는 12개월 안에 걷기를 완성하는가 하면 어떤 영아는 영아기 말기인 20개월 이후에 걷기를 완성시키는 경우도 있다. 성별로 보면 대체적으로 여아가 남아보다 운동발달이 빠르며, 지능이 높은 영아가 그렇지 않은 영아보다 걷기가 빠른 것을 볼 수 있다.

18개월경이 되면 앞으로 걸을 수 있는 것은 물론이고 더 나아가 뒤로 걷기도, 또 옆으로 걷기도 가능하다. 두 발로 뛰어오르기도 하고 계단을 기어오르기도 하고 자전거를 타기도 하며 짧은 거리이지만 뒤뚱거리며 뛰는 모습도 볼 수 있다. 리듬에 맞추어 손뼉을 치기도 하고 공을 던져 주면 받으려는 시도하기도 하며 공을 던지기도 이루어진다.

출생 이후 24개월경이 되면 영아는 공차기, 공던지기 더나아가 뛸 수도 있으나 몸의 방향을 갑자기 바꾸게 되면 넘어지기도 한다. 한 발로 잠시 서 있을 수도 있고 계단을 기어오르지 않고 자유로이 걸어 오르게 된다. 이러한 과정을 통하여 영아들은 대근육을 발달시키며 걷기의 완성과 더불어 영아의 생활범위는 넓어지고 다양한 학습의 기회를 갖게 된다.

2) 조작기능 : 소근육 운동

소근육의 발달은 손가락을 활용하여 잡기, 쥐기, 뽑기, 집어 넣기와 같은 소소한 움직임을 통해 물체를 사용할 수 있는 능력의 발달을 뜻한다. 신생아들은 파악반사운동으로 물체를 꽉잡는 행동을 하지만 이는 아기의 통제능력에 의한 것이 아니다. 생후 2개월이 되면 주먹을 쥘 수 있고 손 안에 있는 물체를 잠시 동안 쥘 수 있게 된다. 생후 3개월이 되면 눈으로 물체를 추적하기도 하고 손을 뻗어 보기도 한다. 손을 폈다가 주먹을 쥐는 행동을 보인다. 이 때부터 안수협응(eye hand coordination)이 이루어지기 시작한다.

생후 4~5개월이 되면 가까이에 있는 장난감을 어설프게 잡아 올려 놀이를 하기도 한다. 생후 6~7개월이 되면 물건을 쥐고 손목을 돌리기도 가능하다. 딸랑이를 주면 손에 들고 흔드는 행동을 하며 즐기는 모습을 보여 준다. 7~8개월이 되면 지금까지와는 다르게 손가락을 사용하여 물체를 쥐기 시작한다. 9개월이 지나면 서투른 모습으로 엄지손가락과 집게손가락 두 개를 이용하여 물체를 쥐기 시작한다.

12개월경에는 엄지손가락과 검지손가락 끝으로 물체를 잡는 것이 가능해지며 양말이나 모자를 벗어 던지기도 한다. 또한 이 시기에는 색연필이나 크레파스를 주면 엄지손가락과 집게손가락의 손끝을 사용하여 무엇인가를 그리기 시작한다. 2세경이 되면 주로 직선을 반복적으로 그리는 긁적거리기를 시작한다. 또한 2세경이 되면 혼자서 숟가락으로 식사를 하는 능력을 보이나 아직은 서툴러 음식을 흘리기도 한다.

그리고 옷을 벗기도 하고 큰 공을 손으로 잡기도 하며 블록을 5개 정도 쌓을 수도 있게 된다.

3. 인지발달

인간은 자신의 생명을 유지하고 주어진 환경에 보다 잘 적응하기 위해서 환경에서 제공되는 자극이나 정보를 선택적으로 수용하고 그 내용에 따라 적절하게 처리하고 해결하는 과정이 필요하다. 이러한 과정에서 중요한 기능이 인지이다. 인지(cognition)란 우리가 감각적 경험과 신경기능, 운동기능을 통해 생각하고 추리하며, 문제에 대한 해결을 모색하는 과정으로서 인지발달이란 사고와 지능의 발달을 의미한다. 신생아기에 있어 반사적인 반응에 기초하여 생활하던 영아는 2~3개월을 지나면 외부의 환경에 대하여 지적인 능력을 발달시키며, 환경에서 되풀이되는 자극을 수용하고 이해하는 것처럼 반응하고 행동하기 시작한다.

1) 지각의 발달

지각(perception)은 감각기관을 통해 들어온 외부자극의 정보를 이해하고 그 의미를 해석하는 능력으로 학습과 인지기능의 발달에 중요한 요인이 된다. 영아들의 시지각 능력은 1세가 되기 이전에 거의 성인수준에 도달한다. 영아들은 출생시에는 시각적인 정확성이나 시각적 조절능력이 성인에 비해 부족하지만 출생 후 6개월경이면 대상을 응시하는 거리조절 능력이 성인수준의 기능을 보인다. 시각은 영아의 감각기능 중에 가장 늦게 발달하지만 환경에서 수용하는 정보의 80% 이상을 시각으로 수용하므로 매우 중요한 기능이다.

영아는 특정 색을 선호하는 경향을 보이는데 2~3개월이 지나면 빨강, 노랑, 파랑의 삼원색의 구분이 가능하고 4~5개월경이 되면 기본적인 색의 분류가 가능해진다. 노란색이나 빨강색을 파랑색이나 녹색보다 더 호감을 가지며, 원색을 검정색, 회색 등의 다른 색보다 오래 바라보는 반응을 나타낸다. 사물의 형태에 대한 지각을 보면 영아들은 전체보다 부분에, 정지된 것보다 움직이는 것을, 흑색이나 어두운 색보다는 밝은 색을, 친숙하지 않은 얼굴보다는 친숙한 얼굴을 더 선호하는 모습을 보인다.

청각의 발달과정을 보면 청각은 신생아 때부터 소리나는 방향을 판단하기 시작하며, 단순히 소리의 크기나 음조뿐만 아니라 말소리도 구분할 수 있다. 생후 1~4개월의 영아에게서 높은 변별력이 발달하는 것으로 관찰되고 있다. 생후 2주경에는 사람의 소리와 다른 소리를 구분할 수 있으며 생후 3주경에는 어머니의 목소리에 민감하게 반응하는 것을 보여 준다. 출생 1개월경에는 음소의 구별이 가능하여 반응을 나타내며 2개월경에는 같은 사람이 내는 다른 음색의 목소리를 구분할 정도로 예민해진다. 4~6개월 정도가 되면 여러 유형의 소리 중에서 낯익은 목소리로 구별해 내고 음악을 들려주면 얼굴표정과 몸짓으로 좋아하는 반응을 나타낸다(Berk, 1996).

후각의 발달은 빠르게 발달하여 다양한 냄새를 식별하는 것을 알 수 있는데 예를 들어, 출생 후 2개월경이 되면 모유를 수유하는 영아는 엄마의 젖 냄새를 다른 것과 구분하며 더 선호하는 반응을 보인다.

미각은 태령 7개월이면 발달되어지므로 예민한 편이다. 신생아도 단맛, 짠맛, 신맛, 쓴맛을 구별하고, 2~3개월이 되면 영아는 나름대로의 좋아하는 맛을 가지게 되며, 4개월경이 되면 대체적으로 짠맛을 좋아한다. 20개월경이 되면 미각은 더욱 예민해져서 맛에 대한 영아의 개인적인 기호가 결정되기도 한다.

영아들은 촉각을 통해 사물을 이해하기도 하고 대인 관계에도 매우 중요한 영향을 받는다. 신생아는 입주위, 손바닥, 발바닥 주변의 촉각에 매우 민감하게 반응한다. 영아들은 입과 손이나 발 등의 자신의 신체를 이용하여 물체를 탐색하면서 물체에 대한 지식과 정보를 얻고, 초기의 인지발달을 이루어 가며 양육자와의 신체접촉을 통해 안정감과 신뢰감을 형성해 가는 것이다.

2) 인지적 발달

영아의 인지발달에 대한 설명은 Piaget의 연구에 기초하고 있다. Piaget는 출생부터 2세까지의 영아기를 감각운동기라고 명명하여 감각적인 자극경험과 운동반응의 관계를 통하여 사물을 이해하는 시기로 제시하였다. 출생 직후의 반사반응과 선천적인 지각능력을 바탕으로 아기는 환경의 탐색을 시도하며, 반복적인 경험의 결과로 기초적인 개념의 형성을 위한 기초를 확립해 간다는 것이다.

감각운동기는 여섯 개의 하위단계로 분류된다. 하위단계와 그 발달적 특징을 살펴보면 다음과 같다.

(1) 제1단계 : 반사기(refrex period)

출생으로부터 약 1개월 동안이다. 이 시기의 영아는 생득적인 반사반응을 기초로 세상에 대한 지식을 습득하고 인지발달의 기초를 형성하면서 적응한다. 영아들은 빨기반사, 잡기반사가 가장 우세한데 그 증거로 세상의 모든 것을 입으로 가져가 빨아보며 감각을 익힌다. 이를 통해 세상을 이해하기 시작하는 것이다.

(2) 제2단계 : 1차 순환반응기(primary circular reaction period)

출생 후 2개월부터 시작하여 4개월까지이다. 이 시기의 영아는 우연히 만들어진 행동이 흥미가 있게 되면 그 행동을 반복적으로 되풀이하므로 순환반응기라 한다. 영아의 흥미를 끄는 행동의 대상이 외부환경이 아니라 자신이나 가까운 주변 환경이므로 1차적이라고 하였다. 이 시기의 순환반응의 목적은 기존 도식에 대한 수정이며, 이 도식의 협응과 수정은 지적 발달을 증명하는 것이다. 예를 들어, 이 시기에 계속되는 다양한 반사반응들은 서로 협응을 이루게 되므로 주변의 물체를 추적하면서 한편으로는 그 물체를 잡으려는 행동이 나타난다.

(3) 제3단계 : 2차 순환반응기(secondary circular reaction period)

출생 후 4개월에서 8개월까지를 말한다. 이 시기의 영아는 행동을 자신의 외부에 있는 대상이나 자극에 초점을 맞춰 열중하고 도식을 적용시킬 수 있기 때문에 2차 순환반응기라 한다. 예를 들어, 영아는 딸랑이를 잡고 흔들었더니 재미있는 소리가 나면 잠시 멈추었다가 다시 흔들어 보는 행동을 나타내게 된다. 2차 순환반응기의 특징은 즐거움을 얻기 위한 목적을 가지고 의도적으로 행동(intentional behavior)을 시도한다는 것이다.

또 다른 특징으로 출생 후 7개월경의 영아는 대상영속성개념(object permanence concept)을 형성하기 시작한다는 것이다. 대상영속성개념이란 눈앞에 있던 어떤 사물이 눈앞에서 사라져 만질 수 없거나 보이지 않아도 그 사물은 여전히 존재한다는 것을 알게 되는 것을 의미한다. 예를 들어, 영아가 가지고 놀던 장난감을 영아가 보는 데서 등 위로 숨기면 영아는 장난감이 사라진 방향을 잠시 바라보다가 시선을 돌리는 모습을 보인다. 이 것은 영아에게 대상영속성개념이 생기기 시작한다는 신호이다.

(4) 제4단계 : 2차 순환반응협응기(coordination secondary circular reaction period)

2차 순환반응협응기는 2차 도식협응기라고도 하는데 출생 후 8개월부터 12개월까지이며 이제부터 영아의 주된 관심은 자신의 신체가 아니라 주변 환경에 있다. 영아들은 2차 순환반응을 더 의도적으로 조정하고 통제하면서 단순하지만 인과개념을 알기 시작한다. 그러므로 영아는 자기가 하고 싶은 행동의 목표를 이해하고 목표를 달성시키기 위해 목표에 맞는 수단이라는 도식을 연결하여 사용한다. 즉 목표와 수단을 결합시키는 지적 행동이 나타나는 것이다. 예를 들어, 영아가 가지고 놀던 장난감을 손으로 가로 막으면 이 시기의 아기들은 장난감을 잡기 위해 방해가 되는 손을 먼저 밀치고 장난감 잡기를 시도하는 것이다. Piaget는 이러한 의도적인 행동에는 목표와 수단을 구분하는 인지능력이 있기 때문이라고 하였다.

이 시기에는 영아와 양육자가 함께 하는 다양한 놀이가 시작된다. 물체 숨기기, 물체 찾기, 흔들기, 굴리기, 두드리기 등의 감각적 놀이를 통해 영아는 신체 운동기능과 더불어 사물이나 주변 환경을 탐색할 수 있는 좋은 경험의 기회가 되어 인지발달에 도움을 주면서 동시에 양육자와의 정서적 교류를 통해 애착을 형성시키게 된다.

(5) 제5단계 : 3차 순환반응기(tertiary circular reaction period)

출생 후 1년부터 18개월까지인데, 생후 1년이 지나가면서 영아는 주변 환경에 대한 실험적 사고로 적극적인 환경탐색이 시작된다. 신체운동적인 측면으로 영아는 걷기운동과 사물의 조작능력이 완성되어 가면서 고도의 활동성을 갖게 되어 영아의 활동범위는 크게 확장되면서 지금까지 경험해 보지 않았던 새로운 행동을 시도해 보고자 애를 쓴다. 이제는 단순한 목적을 가지고 반복하는 행동이 아니라 새로운 결과를 가져올 행동들을 다양하게 시도해 보는 것이다. 마치 실험을 하듯 이렇게 저렇게 탐색하면서 시행착오적으로 새로운 경험을 즐기고 있는 듯하다.

(6) 제6단계 : 정신적 표상기(mental combinations period)

18개월부터 감각운동기가 끝나는 24개월까지이다. 이제부터 영아의 인지발달에 있어서 놀랄 정도의 질적 변화가 시작된다. 영아들은 어떤 사물이나 사태를 직접 보거나 만지지 않아도 그 것을 정신적으로 머리에 상상할 수 있는 능력이 시작된다. 직접 보지 않고 인지적으로 상상하거나 표현할 수 있는 능력을 정신적 표상(mental representation) 또는 내적 표상이라 한다. 전 단계인 3차 순환반응 협응기까지는 사물을 직접 보거나 직접 행동함으로써 상황을 파악할 수 있었으나 이제는 눈앞에 보이지 않아도 인지할 수 있게 되는 것이다. 다시 말하여 행동하기 전에 상황에 대한 사고를 함으로써 문제를 더 빨리 해결하게 되는 것이다.

물론 이 시기의 영아들은 생각할 수 있는 능력이 부족하므로 여러 가지로 시행착오를 일으키는 것을 자주 볼 수 있다. 그러나 영아들은 어떤 상황에 부딪혀 반응행동을 할 때에 먼저 사물을 마음 속에 그려볼 수 있고 상상을 할 수 있으며, 생각을 한 후에 행동으로 옮긴다. 그러므로 영아들은 점차로 시행착오를 줄여나가게 된다.

이 시기의 영아들에게서 지금까지 불가능하던 지연모방(deferred imitation)이 나타난다. 지연모방이란 영아가 관찰한 특정 행동내용을 즉시 그 자리에서 바로 모방하는 것이 아니라 일정한 시간이 지난 후에 모방하여 재현하는 것을 말한다. 즉 영아는 관찰내용을 표상의 형태로 기억하고 있다가 자신이 필요한 상황에서 표현하는 인지능력을 가지게 된다는 것이다. 이를 통해 영아는 사태에 대한 통찰로 무제를 해결하며, 적응력을 높여 시행착오를 줄이며, 더 나아가 직접 경험하지 않고도 상상으로 사고할 수 있게 된다. 그러므로 영아들은 이미 사라진 모델의 행동을 상징화하여 그대로 본받아 엄마놀이, 학교놀이, 인형놀이 등의 모방놀이를 시작하는 준비가 되는 것이다.

3) 언어발달

언어는 환경에 대한 이해, 정보의 교환, 타인과의 의사소통, 자신의 생각과 감정의 표현, 타인의 생각과 감정의 이해와 수용, 학습의 수단으로 사용되는 중요한 도구이다. 특히 영아의 언어발달은 인지발달과 더불어 매우 중요하다. 영아들의 언어는 양육자와의 상호작용을 통해 발달하게 되는데 언어획득 이전의 영아들은 다양한 소리를 통해 양육자와 상호작용하게 된다. 언어발달은 크게 언어이전의 단계와 언어단계로 나눌 수 있다.

(1) 언어이전의 단계

언어를 표현하지 못하는 단계로서 다양한 소리로 자신의 의사를 표현하게 된다. 이 시기에 주로 나타나는 비언어적 언어로는 울음, 쿠잉, 옹알이, 소리모방, 몸짓말 등이 있다. 이 시기의 영아는 상대방이 표현하는 단어 자체에 대하여 반응하는 것이 아니라 말의 리듬, 강도, 고저에 따라 반응한다.

1 울음(crying)

울음은 신생아와 영아가 자신의 주변 환경과 의사소통을 하는 최초의 수단이며, 영아의 내면적이고 생리적인 욕구, 즉 식욕이나 배설, 자극에 대한 욕구, 편안함 등을 표현하는 유일한 수단이다. 영아의 울음은 이처럼 다양한 내용의 의사소통 수단으로 사용하게 된다. 신생아기 초기의 울음은 혼합되어 있어 울음의 형태로 아기의 요구 내용을 정확하게 파악하기 어려우나 약 1개월경이 되면서부터 울음이 분화되기 시작하여 배고픔, 분노, 고통, 수면요구, 배설 상태 등에 따라 울음의 형태가 구별되어 정확한 의사전달의 수단으로 사용된다.

2 쿠잉(cooing)

목울음이라고 하는 쿠잉은 영아가 꾸르륵하고 내는 목을 울리는 소리이다. 식사 후에 영아가 좋아하는 대상물이나 미소짓는 얼굴을 바라보면서 꾸르륵 소리를 내며 좋아하는 것을 볼 수 있다. 따라서 영아의 이러한 발성은 주로 기쁨이나 즐거움의 표현인 것으로 간주된다.

3 옹알이(babbling)

3~4개월이 되면 혼자 소리로 옹알거리며 여러 가지 형태의 음성을 표현한다. 영아에게 옹알이는 음성적 놀이이면서 동시에 언어를 연습할 수 있는 기회가 된다. 6개월부터는 정확하지는 않아도 음마, 마마, 나나 등의 의미있는 옹알이도 나타난다. 옹알이는 영아가 심리적으로 안정되고 만족스러운 상태에서 많이 나타난다. 특히 옹알이

에 대한 주위의 반응에 따라 영향을 받으므로 적극적인 강화반응을 제공하여 빈번한 옹알이를 유도하는 것이 언어학습에 중요하다.

4 몸짓말(gesture language)

영아는 옹알이와 함께 자신의 감정이나 생각을 몸짓으로 보충한다. 몸짓말은 영아가 표상의 의미를 알고 있을 때에 주로 나타낸다. 월령이 증가함에 따라 영아의 몸짓은 다양해지며 뿐만 아니라 타인의 얼굴표정, 음성, 몸짓을 보고 표현의 의미를 이해하기도 한다. 영아는 몸짓말을 통해 완전한 의사소통은 되지 않지만 자신의 의사를 전달하고 타인의 말을 이해하는 것이 발달되는 것이다. 영아의 몸짓말에 대하여 어머니나 양육자는 같은 방식으로 반응하기 보다는 매번 말로 응답하여 영아의 언어발달을 촉진할 수 있도록 돕는 것이 필요하다.

(2) 언어단계

1 한 단어 문장단계(one word sentence)

생후 1년경이 되면 영아는 단어를 사용하기 시작하면서 본격적인 언어발달이 시작된다. 엄마, 아빠, 맘마 등의 단어는 영아들이 최초로 획득되는 어휘이다. 1~2개의 단어를 획득하게 되면 영아의 의사소통을 위한 언어발달이 가속화된다. 이 시기의 영아들은 의사소통을 할 때에 주어, 동사 등의 표현은 생략되고 한 개의 명사 단어로 문장을 구성하여 어느 정도 의사소통이 가능하다. 예를 들어, 영아가 "맘마"라고 말하는 것은 "엄마, 맘마주세요"라는 의미를 가지고 있다. 그러므로 이 시기를 한 단어 문장단계라 하는 것이다. 영아의 한 단어 문장을 이해하기 위하여 듣는 사람은 말하는 영아의 소리나 운율, 억양과 몸짓, 표정과 같은 몸짓말을 참조하여 의미를 파악해야 할 것이다. 왜냐하면 동일한 한 단어의 표현에는 여러 가지 의미가 담겨 있으므로 정교하게 들을 때에 영아의 표현의미를 정확하게 파악할 수 있게 되는 것이다.

2 두 단어 문장단계(two word sentence)

출생 후 1년이 지나면서 영아들의 어휘수는 급격하게 증가하며 18개월쯤 되면 50개 정도의 어휘를 사용할 수 있게 되면서 영아는 두 개의 단어를 조합하는 능력과 언어모방 능력이 빠르게 발달한다. 특히 주축어와 개방어의 두 개의 단어를 연결하는 이 어문은 전보식 언어라고도 하는데 표현 문장이 동사나 부사, 또는 전치사 등을 생략하고 중요한 핵심적인 단어만 나열하는 것을 볼 수 있다. 그러나 영아들은 언어를 표현할 때 아무렇게나 조합하지 않고 규칙을 가지고 만드는데 이 규칙은 성인들이 사용하는 양식과 크게 다르지 않다. 이처럼 두 단어 시기의 언어적 표현은 질적인 변화를 보이고 있다.

영아들은 자신의 주변 환경에서 들리는 말을 열심히 듣고 계속적으로 반복하여 웅얼거리며 모방하는 모습을 볼 수 있다. 이전에 들어본 적이 없는 단어도 따라해 보려고 노력한다. 15개월경의 영아는 1주일에 2~3개의 새로운 단어를 배우고, 18개월즈음 되면 1주일에 10개 이상의 단어를 배우게 되어 2세 전후에는 300개 이상의 어휘를 사용할 수 있다. 이처럼 놀라운 언어발달 속도에 따라 2세 전후를 언어의 폭발적 팽창기라고 부르기도 한다(조성연 외, 2005).

(3) 영아기 언어발달의 문제

영아기 언어발달은 매우 중요하지만 누구나 정상적인 발달을 보이는 것은 아니다. 언어발달에 장애를 가지게 되면, 인지발달, 사회적 관계의 발달, 학습 등에 있어 장애를 초래하기도 하므로 문제의 원인을 파악하여 조기에 해결하는 것이 필수적이다. 언어발달의 지연이나 장애가 발생하는 이유는 복합적인 요인으로 볼 수 있으며, 구체적으로 생각해 보면 다음과 같다.

1 신체운동기능 발달의 지연

영아의 언어발달은 신체발달과 밀접한 관계를 가지고 있으므로 언어발달의 지연은 신체발달의 지연에 의해 초래할 수 있다. 신체 운동기능의 발달은 뇌기능의 발달과 밀접하므로 운동 능력의 발달지연을 보이는 영아는 언어발달도 늦을 가능성이 높은 것이다.

2 청각기능의 이상

언어는 기본적으로 들으면서 배우는 것이므로 듣기 능력에 이상이 있으면 언어발달에 지장을 초래할 수 있다. 예외가 없는 것은 아니지만 어머니 또는 부모 두 사람이 농아인일 경우에 영아의 언어발달이 늦는 경우를 종종 볼 수 있다.

3 발성기관의 문제

언어를 사용하기 위해서는 기본적으로 음을 만들어 내는 조음기관이 건강해야 한다. 치아나 혀, 구강, 목 등에 문제가 있게 되면 발음을 하기가 힘들어 언어표현의 속도가 느리고 부정확한 발음을 하게 되므로 의사소통이 어려워지게 되고 언어발달에 장애를 갖게 될 가능성이 높아진다.

4 인지 능력의 문제

언어는 상징적 기능을 사용하는 활동이므로 기호를 사용할 수 있는 지적 능력이 필요하다. 이러한 인지적인 능력에 문제를 갖게 되면 언어발달이 지체되어 언어를 효율적으로 사용하는데 장애를 갖게 된다.

5 환경의 분위기와 정서

언어발달을 유도하는 환경은 안정되고 편안함을 주는 환경이다. 영아기의 언어학습과 발달에 있어 가정의 안정된 분위기와 정서가 필요하다. 가족들이 함께 편안한 분위기에서 대화를 나눌 때에 영아도 안정감을 가지고 언어를 배울 수 있게 된다. 가족들이 말이나 대화가 별로 없거나 긴장되거나 불안을 주는 분위기, 또는 영아에 대하여 지나치게 높은 기대로 너무 많은 자극을 주는 경우 등은 아이를 위축되게 만들므로 언어발달에 문제를 초래할 수 있다.

4. 정서 및 사회적 발달

1) 정서발달

(1) 정서의 개념

정서를 정확하게 정의하는 것은 쉬운 일은 아니지만 일반적으로 정서(emotion)는 감정, 느낌이라는 용어와 혼용되기도 하는데 생리적, 신체적, 표면적, 인성적, 인지적인 요소들이 포함되는 포괄적 개념으로서 내외적인 자극에 대하여 반응하는 생리적인 변화나 눈에 보이는 행동으로 표출된다.

언어능력이 부족한 영아에게 있어 정서는 다음과 같은 목적과 기능이 있다고 할 수 있다.

첫째, 영아의 정서표현은 자신의 신체적 상태를 양육자에게 알려 돌봄을 받기 위한 기능이다.

둘째, 영아의 정서는 특정 자극에 대한 특정 행동을 유발하기 위한 동기를 부여한다. 즉, 기쁨은 애정행동의 동기를 부여하고 분노는 공격행동의 동기를 부여하게 되는 것이다.

(2) 영아기 정서의 발달과정

영아기의 정서는 다양하게 분화된다. 출생 당시에 신생아는 흥분이라는 정서로 유지되어 가다가 출생 후 1개월이 되면 불쾌정서와 쾌정서로 나누어진다. 특히 불쾌정서의 분화가 두드러지고 뚜렷한 형태로 발달한다. 출생 후 1개월이 되면 영아는 배가 고프거나 기저귀가 젖거나 신체적으로 불편함을 느끼게 되면 울음을 터뜨리거나 얼굴이 붉어지고 입을 삐죽거리며 주먹을 쥐는 행동 등으로 불쾌정서를 나타낸다.

불쾌정서는 분노정서로 가장 많이 표출되는데 생후 2~3개월부터 나타나기 시작한다. 생후 5개월경이 된 영아는 자신의 뜻대로 되지 않거나 욕구가 채워지지 않으면 울면서 분노를 표현하는데 빨리 해결되지 않으면 얼굴을 붉히면서 숨이 차도록 우는 모습을 볼 수 있다. 아기는 눈을 뜬 채로 항의하듯이 우는 뚜렷한 분노의 정서를 나타낸다.

출생 후 6개월 정도가 되면 영아는 자신이 좋아하는 대상과 싫어하는 대상을 구분하여 반응을 한다. 싫어하는 대상에 대하여 강한 혐오자세를 보인다. 싫어하는 사람을 보면 얼굴을 돌리거나 울기도 하며, 싫어하는 음식을 입에 넣어 주면 얼굴을 찌푸리기도 하여 혐오의 반응을 표정으로 나타낸다.

출생 후 6개월이 되면 영아는 공포의 정서가 표출된다. 왓슨에 의하면 크고 강한 소리와 신체를 지탱해 주던 지지대가 사라지게 되면 공포를 일으킨다고 하였다. 영아기에 무섭고 두려워하는 정서는 신체 운동을 정지시키거나 눈물을 흘리거나, 슬픈 표정으로 운다. 때로는 눈을 꼭 감거나 몸이 굳어져서 움직이지 못하게 되는 등의 특징적인 표현이 나타난다.

반대로 쾌정서는 만족, 기쁨, 웃음, 애정 등으로 분화되지만 불쾌정서만큼 세부적으로 분화되는 것으로 나타나지는 않는 것 같다. 영아에게 나타나는 쾌정서 중 만족을 들 수 있다. 영아들은 포만감을 느낄 때에나 목욕을 하고 난 후 편안함을 느낄 때에 나타내는 이완된 표정을 볼 수 있다. 또한 영아는 기쁨이나 웃음을 쾌정서로 표현한다. 건강한 영아일수록 자주 명확하게 기쁨의 표정을 짓는 것을 알 수 있다.

출생 직후의 신생아는 배냇 미소를 보인다. 배냇 미소는 선천적, 반사적인 반응으로 이는 깊은 수면이나 부드러운 감촉 등과 같은 편안한 내적 상태에서 기인하는 반응이다. 1개월경이 되면 영아는 움직이는 물체나 장난감 같은 외부자극에 대해 미소를 보인다. 생 후 2~3개월이 되면 엄마 또는 사람의 얼굴을 바라보며 미소를 짓는다. 이러한 미소를 사회적 미소라 할 수 있으며 사회적 미소를 바탕으로 친숙한 사람과의 친밀감을 강화시키는 역할을 한다.

출생 후 11개월 즈음에 영아는 성인에 대해 애정을 보인다. 즉 어른의 목에 자신의 팔을 감고 매달린다든지, 어른의 뺨에 자신의 볼을 대고 비빈다든지, 타인의 볼을 만지거나 뽀뽀를 하는 행동을 하면서 기쁨을 표현한다. 이 시기에는 사람에 대하여 뿐만 아니라 자기가 좋아하는 인형이나 장난감에 대해서 강한 애착을 형성하여 항상 손에 들고 다닌다. 장난감을 빼앗는다던지, 갖고 놀지 못하게 하면 마구 떼를 쓰며 울기도 한다. 이러한 애착행동은 18~24개월에 절정을 이룬다.

2) 기질의 발달

(1) 기질의 의미

영아기의 정서적 표출은 출생 직후부터 개인차를 많이 보인다. 어떤 영아는 주로 편안감을 느끼고 만족스럽게 지내는 반면에 또 어떤 아기는 자주 오랜 시간 울기도 하고 분노표출이 자주 나타나기도 한다. 이러한 정서적 표현행동의 차이는 영아의 성격, 즉 기질(temperament)의 차이에서 비롯되는 것이다(Bornstein, 2000). 일반적으로 기질이란 주어진 자극에 대한 반응의 속도 및 강도와 개인의 행동양식을 의미하는데 이는 개인의 행동을 특징짓는 정서형태나 성격에서 비롯되는 것이다. 기질은 인성발달 이전의 상태로서 개인차가 있으며 유전에 기초한다. 또한 기질의 심리적 특성은 성인기 성격의 토대가 되기도 한다.

Chess & Thomas(1977)는 영아의 기질의 개인차를 연구한 결과로 기질을 구성하고 있는 요소를 〈표 12 - 1〉과 같이 9가지 범주로 분류하였다.

표 12-1 기질의 9가지 범주

범 주	특 성
활동수준	활동적인 시간 대 비활동적인 시간의 비율
생물학적 리듬의 규칙성	배고픔, 배설, 수면, 깨어남 등의 생물학적 기능의 규칙성
주의산만의 수준	외부자극이 행동을 변화시키는 정도
접근성/회피성	새로운 사물이나 사람에 대한 반응/새로운 경험에 대한 반응
새로운 경험에 대한 반응	환경의 변화에 대처하는 것의 용이성 수준
주의집중의 지속성 정도	한 가지 활동에 보내는 시간의 양
반응의 강도	반응의 강도 및 에너지 수준
민감성	반응유발에 필요한 자극의 강도
기분의 특성	불쾌반응의 빈도 대 긍정적인 반응의 빈도

* 출처 : Thomas, A., & Chess, S.(1986). The new York Longitudinal Study.

(2) 기질의 유형

Chess & Thomas(1977)는 영아의 기질의 9가지 차원을 바탕으로 영아가 나타내는 반응을 살펴 기질을 세 가지 유형으로 분류하였다. 순한(easy) 기질, 까다로운(difficult) 기질, 반응이 느린(slow-to-warm-up) 기질로 구분하였다(표 12-2). 이러한 기질의 특성은 출생 후에 만나는 초기 환경적 경험이나 부모의 양육방식에 따라 변화될 수 있으며, 뿐만 아니라 영아들은 자신의 기질적 특성에 따라 독자적인 양육방식을 원한다는 것이다. 예를 들어, 까다로운 기질의 영아는 다루기 힘들기 때문에 어머니를 비롯한 가족 전체의 끊임없는 보살핌과 인내를 요구한다. 순한 기질의 아동은 양육자의 양육방식에 따라 순응적이며 규칙적인 반응을 보이므로 어머니와 가족들이 덜 힘들게 된다. 따라서 부모는 영아의 타고난 기질을 파악하여 그에 따른 적합한 방식으로 조절하여 영아의 정서적, 성격적 발달이 건강하게 이루어질 수 있도록 양육해야 할 것이다.

표 12-2 영아 기질의 유형

유형	빈도(%)	특성
순한 기질	40.0	혼자 놀기도 잘하고 기분이 대체로 긍정적이며, 일상적인 활동이 습관적이어서 규칙적으로 먹고 자며 새로운 환경에 쉽게 적응한다.
까다로운 기질	10.0	생물학적 기능이 불규칙하고, 새로운 환경에 적응하기 힘들며, 부정적으로 강렬하게 반응할 때가 많다.
반응이 느린 기질	15.0	수동적이고, 자극에 쉽게 반응하지 못하며, 새로운 환경에 적응하려면 시간이 오래 걸리고 전반적으로 부정적인 반응이 많다.

* 영아의 35% 정도는 어느 집단에도 소속되지 않는다.

3) 애착의 발달

(1) 애착의 개념

영아기에 발생하는 가장 중요한 사회적 발달이 애착(attachment)이다. 영아가 6~7개월이 되면 특정한 사람이나 사물에 대하여 강한 애착을 가진다. 애착은 영아와 주양육자 간의 지속적이며 강한 심리적·정서적인 유대감이라 할 수 있다. 영아기의 애착은 인지, 정서, 사회적 발달에 중요한 영향을 주며 더욱 주변 세계에 대한 신뢰감으로 연결되기도 한다.

여러 학자들은 영아의 애착행동이 어떤 과정으로 그리고 왜 형성되는지를 연구하였다. 그 중에 대표적인 학자로 Bowlby를 들 수 있는데 그는 애착이란 인간이 진화되어온 환경에서 성공적인 종족 번식에 영향을 미치므로 모든 포유류에게 존재하는 보편적인 행동이라고 설명하였다. 또한 영아기의 애착을 '타인과 가까운 관계를 유지하려는 행동 혹은 가까운 관계가 손상되었을 때에 회복하기 위한 행동'이라고 정의하였다(이원영 외, 2001). 즉 애착은 영아와 주양육자가 서로에 대한 강한 애정을 느끼고 관계를 지속시키기 위한 다양한 활동형태이다.

Shaffer(1988)는 애착을 영아가 그 종(species)의 어떤 다른 구성원에게 근접성을 추구하는 성향이라고 지적하였다. Papalia & Olds(1979)는 애착이란 다른 사람들로부터 구분되어 특별한 두 사람 간에만 형성되는 능동적이며 애정적인 상호작용관계라고 설명하여, 두 사람 간의 계속적인 상호작용은 서로의 결속을 강화하고 강력하게 응집하게 한다고 하였다. 이와 같은 학자들은 애착이란 영아가 특정인의 곁에 있으려는 안정된 성향으로 설명하고 있다.

영아의 애착행동의 유형들은 울음, 미소, 소리내기 등의 신호행동이나 애착대상을 쳐다보기, 따라가기, 접근하기, 기어오르기, 껴안기, 매어 달리기 등의 근접성이 있는 행동을 비롯한 신체적 접촉 행동으로 나타난다.

(2) 애착발달단계

① 1단계 : 욕구를 충족시켜 주는 사람에 대한 애착전조행동을 보이는 단계

출생 이후 6주까지의 시기로 영아는 애착의 전조행동을 나타낸다. 울기, 빨기, 미소 짓기, 움켜잡기 등의 행동으로 상대방과 가까운 거리를 유지하려는 단계이다. 영아는 자신의 요구를 채워 주고, 자신이 보내는 신호에 응답해 주는 사람이면 누구든지 상관없이 애착전조행동을 보인다. 영아들이 상대를 구분하지 않고 애착전조행동을 보이는 이유는 영아들이 아직 사람을 분명히 구분하여 지각할 능력이 없기 때문이다. 따라서 낯선 사람과 있어도 영아는 별로 신경 쓰지 않는다.

최근의 여러 연구에서는 영아들의 애착전조행동 시기를 4~6주까지로 주장하고 있다. 왜냐하면 이 시기의 영아가 사람들을 구분하여 지각하지 못한다는 지적에 이견을 갖기 때문이다. 영아들이 사람을 변별해 내는 시기는 Bowlby가 주장한 시기보다 훨씬 빠르다는 것이다.

② 2단계 : 애착형성의 시작단계

10주~8개월까지의 시기로서 영아는 부모 또는 정기적으로 자신을 돌보아 주는 특정인들에게 애착을 형성하는 단계이다. 영아들은 애착을 갖고 선호하는 사람과의 관계가 다른 사람들과의 관계에서 보이는 반응에 분명한 차이가 나타난다. 예를 들어, 영아가 울거나 떼를 쓸 때에 애착을 가진 사람이 달래면 빨리 그치는 경향이 있고 더 나아가 이들과 함께 할 때에 영아들의 행동은 훨씬 적극적으로 활동하는 것을 볼 수 있다. 6~8개월까지는 조금 덜 선호하는 사람과 함께 활동을 하는 경우에도 분리불안을 보이지 않고 긍정적인 반응을 나타낸다.

③ 3단계 : 애착형성의 완성단계

이 단계는 8개월에서 24개월까지로 영아와 양육자 사이에 확실하게 애착이 형성되었다고 볼 수 있는 시기이다. 영아는 어머니가 떠나려 할 때에 능동적으로 접근하고, 특히 곤경에 빠지게 되면 누구보다도 어머니를 찾는다. 이제부터 영아는 양육자가 자신의 곁을 떠나려고 하면 계속 매달리며 우는 등의 분리불안을 나타내며, 저항하거나 양육자의 관심을 끌기 위한 의도적인 행동을 시도하기도 한다. 분리불안을 나타내는 것은 영아가 대상영속성 개념을 획득하였다는 증거이며 대상영속성 개념을 획득하지 못한 영아는 분리불안을 보이지 않는다.

[4] 4단계 : 애착대상에 대한 상호관계 형성단계

만 2세 이후가 되면 유아들은 타인의 존재를 자신과 분리된 존재로 인식하기 시작한다. 또한 유아는 정신적 표상능력과 언어능력의 발달을 통해 애착대상의 행동을 예측할 수 있게 된다. 따라서 다른 사람들과 상호작용을 하기 위해서는 상대방의 요구와 필요를 생각해야 한다는 것을 깨닫기 시작하는 것이다.

지금까지의 애착이론 연구자들은 이 4단계에 대한 연구가 별로 이루어지지 않았음을 지적하고 있다. 그러므로 앞으로 이 시기의 애착행동의 특성에 대한 연구는 더 많이 수행되어야 할 것이다. 결론적으로 영아의 애착행동 형성의 발달은 생득적인 요인과 사회적 자극을 포함하는 후천적인 요인에 의해 좌우된다고 할 수 있다. 애착행동의 시작은 영아가 생득적으로 가지고 있는 신호에 의해서 이루어지나 그 이후의 애착형성은 가정에서 제공되는 사회적 자극의 질과 양, 그리고 영아의 행동에 대한 양육자들의 반응이 중요한 단서가 되는 것이다.

(3) 애착의 유형

대부분의 영아는 양육자에게 애착을 형성하지만 꼭 그렇지는 않다. 모자 접촉의 양과 질, 즉 어머니와 영아의 접촉의 시간적인 양과 자극의 양, 영아의 욕구나 감정에 대한 어머니의 반응의 민감성과 일관적인 안정성 등을 기초로 어머니와 영아의 상호작용 양상에 따라 영아가 느끼는 애착관계의 안정성 수준에는 개인차가 발생한다. 낯선 상황에서 영아가 어머니에게 보이는 행동반응과 어머니와 떨어져 있다가 다시 재회할 때에 영아가 보이는 반응양식을 기초로 Ainworth(1983)는 영아기의 애착을 안정애착(secure attachment), 불안정 회피애착(insecure-avoidance attachment), 불안정 저항애착(insecure-resistant attachment)의 세 가지 유형으로 구분하였다. 후에 Main & Solomon(1990)은 불안정 혼돈애착(insecure-disorganized attachment)을 덧붙여 영아의 애착유형을 네 가지로 분류하였다.

1 안정애착

연구대상의 65% 정도인 안정애착 유형의 영아는 어머니와 함께 있을 경우에는 안정감을 가지고 밀접한 관계를 유지하며 편안하게 놀고 낯선 사람에게도 긍정적으로 반응한다. 낯선 상황에 있어서도 어머니와 함께 있으면 안정감을 경험하며, 어머니를 안전기지로 삼아 상황을 탐색하기도 한다. 어머니가 떠나면 놀이를 중단하고 울기도 하지만 어머니가 돌아오면 매우 반가워하며 울음을 그치고 어머니에게로 다가가 쉽게 편안해진다. 안정애착을 가진 영아들은 애착행동과 탐색행동 간에 균형을 유지하며 타인과 더욱 조화로운 관계를 맺고, 상호작용의 기술을 더 많이 보인다.

2 불안정 회피애착

이 유형의 영아는 연구대상의 20% 정도가 되는데 어머니를 탐색의 기지로 삼지 않으며, 어머니나 낯선 사람 모두에게 유사한 반응을 보여 준다. 어머니와 떨어져도 심하게 울지 않으며 더 나아가 어머니가 돌아오면 무시하거나 외면하는 반응을 보인다. 심지어는 어머니와의 신체적 접촉이나 상호작용을 거부하기도 한다. 이들은 곤경에 처해도 어머니의 도움을 청하거나 위안을 구하지 않는다. 이 유형의 영아는 비협조적, 비순종적이며 공격성 통제의 어려움을 가질 수 있다.

3 불안정 저항애착

불안정 저항애착 유형의 영아는 연구대상의 10~15% 정도로 나타났는데 어머니와 떨어질 때는 물론이거니와 낯선 상황에서는 어머니와 함께 있어도 불안해하거나 울음을 터뜨린다. 지나친 애착행동으로 탐색행동은 거의 하지 않고 어머니의 옆에만 있으려 한다. 이들은 어머니와 떨어질 때에는 심한 분리불안을 나타내고 마찬가지로 어머니와 다시 만날 때에도 심하게 울며, 어머니에게 접촉하려 하다가 또 피하고 싶어하는 행동을 나타내기도 하는 양가감정을 보인다. 어머니가 주는 과자나 장난감을 던져 버리기도 하며 분노와 공격적 행동이 잦다. 이 유형의 영아를 양육하는 어머니의 양육방식을 보면 영아의 요구에 무감각하거나 아이를 다루는 방식이 안정되지 못하고 어색하다. 불안정 저항애착을 지닌 영아는 각종 행동장애를 일으킬 위험이 높으므로 어머니의 양육양식을 변화시키고 영아와의 관계에 더욱 민감할 필요가 있다.

4 불안정 혼란애착

불안정 혼란애착의 특성은 회피와 저항의 복합된 반응행동을 보이는 것이다. 예를 들어, 낯선 상황에서 떨어져 있던 어머니가 돌아오면 처음에는 굳은 표정으로 다가가서 안겼다가 금방 화가 난 것처럼 밀어 버리거나 영아가 어머니에게서 멀어지는 양극적인 행동을 보인다. 이러한 행동은 영아가 어머니와의 접근에 대한 욕구는 강하지만 어머니로부터 무시를 당하거나 구박을 받은 경험에서 오는 공포가 공존하기 때문에 나타나는 것으로 설명한다(Main & Solomon, 1990).

종합해 보면 안정애착을 형성하는 영아는 타인에 대한 신뢰감 뿐 아니라 자신에 대한 개념도 함께 발달시킨다. 낯선 또래나 성인들과도 조화로운 관계를 맺을 수 있고 리더십이나 사회적 상호작용의 기술이 두드러지게 나타난다. 성장해 가면서 어머니와의 신체적 접촉욕구보다는 상황에 대한 탐색과 또래에 대한 흥미를 더 많이 나타낸다.

반면에 불안정 애착을 가지는 영아는 영아기 후반까지도 어머니와의 신체적 접촉을 추구하며, 어머니의 곁을 떠나지 않으려는 경향이 있다. 더나아가 각 유형의 행동장애를 유발할 가능성도 크며, 타인에게 비협조적이거나 비순종적으로 대처하며 계속 칭얼거리거나 분노가 폭발하는 거친 행동을 보이며 공격성을 통제하지 못하는 등의 여러 가지 행동문제를 가질 수 있다.

(4) 애착형성의 영향 요인

애착을 어떻게 형성하느냐 하는 것은 영아기의 발달에만 중요한 것이 아니라 그 이후의 인간관계나 사회적 발달에도 크게 영향을 주므로 안정애착의 형성은 매우 중요하다. 애착형성의 요인으로 영아의 기질, 양육의 질, 영아 및 부모의 특성을 들 수 있다. 안정애착을 형성할 수 있도록 작용하는 환경요인을 살펴보면 다음과 같다.

1 양육자 – 영아 간의 상호작용의 질

Bowlby는 영아들은 따뜻하고 애정적인 양육자와의 관계를 내면화하며 인성의 중요한 부분이 된다고 보았다. 영아기 동안에 내면화된 어머니에 대한 친밀감은 성장한 후의 모든 친밀한 관계에 모델이 된다는 것이다. 즉 출생 후 1년 동안 영아가 애착인물(어머니 혹은 주양육자)과 상호작용을 하며 형성한 애착체계의 질과 특성을 바탕으로 하여 영아는 자신, 타인, 그리고 세계에 대한 태도가 결정된다. 그러므로 양육자는 영아의 안정애착을 형성하기 위하여 다음 사항을 인식하고 실천하도록 노력하는 것이 필요하다.

첫째, 양육자는 영아의 요구에 신속하고 신뢰롭게 반응하도록 한다.

영아는 자신이 울면 양육자가 빠르게 달려온다는 것을 예측할 때에는 생소한 상황에서도 불안하지 않게 된다. 이와 같은 양육자의 신속한 반응은 영아로 하여금 정서적인 안정감 이외에 지배감과 기쁨을 느끼게 해 준다. 영아는 자신의 행동이 주변에 미치는 결과를 보면서 큰 만족감을 가지고 즐거워한다.

둘째, 양육자는 영아가 보내는 욕구의 표현을 정확하게 해석하고 민감하게 반응하도록 해야 한다.

영아의 욕구를 표현하는 신호에 따라 양육자가 수유하고, 기저귀를 갈아주고, 함께 놀아주고, 편안하게 보살펴 줄 때에 영아는 정서적 안정감을 느낀다. 양육자는 자신의 감정이나 의도를 영아에게 강요하지 말고 영아의 신호에 민감하게 반응하도록 해야 한다.

셋째, 양육자는 영아를 일관성 있게 대하도록 한다.

양육자가 영아를 대할 때에 자신의 기분에 따라 화를 낸다든지, 영아를 무시하거나 거절하거나 반대로 아무 조건이 없이 지나칠 정도로 뽀뽀를 하거나 껴안는 자세를 취하는 등으로 불규칙하게 양육행동을 하게 되면 영아는 불안정 애착을 형성하기 쉽다. 양육자는 영아에게 언제나 다정한 자세로 일관되게 안정적으로 대하는 것이 좋다.

넷째, 양육자는 영아에게 여러 가지 방법으로 애정을 표현하도록 한다.

영아는 양육자와 접촉할 때 일정한 한 가지 형태로만 상호작용하는 것보다 다양한 방식으로 상호작용할 때에 더욱 기뻐하며 즐거워한다. 예를 들어, 뽀뽀하기, 귓속말해 주기, 간지럼 태우기, 무릎에 앉히기, 얼굴이나 이마 비비기 등으로 자주 바꿔가며 애정을 표현해 준다.

다섯째, 양육자는 영아를 신체적으로 잘 돌보아 주어야 한다.

양육자가 영아를 소홀히 보살피게 되면 영아는 불안정 애착을 형성하게 되는 경향이 많다. 예를 들면, 비위생적인 환경, 상처가 있을 때 치료나 처치를 해 주지 않거나 영아를 오랜 시간 혼자 있게 방치하거나, 기저귀를 갈아주지 않는 상태 등이 반복되면 영아는 양육자에 대해 만족감이나 기쁨을 느끼지 못하게 된다.

2 양육자-영아 간의 상호작용의 양

영아와 양육자가 갖는 상호작용의 양은 영아와 양육자가 함께 보내는 시간을 뜻한다. Fraiberg(1977)는 영아기는 어머니의 세심한 보살핌이 절대적으로 중요하므로 영아를 둔 어머니는 가정에 있어야 한다고 주장하였다. 반면에 Hoffman(1984) 등은 양육에 있어 상호작용의 양은 영아의 애착형성에 큰 영향을 주지 않는다고 보고하였다. 이들은 어머니와 함께 있는 시간의 길이가 중요한 것이 아니라 짧은 시간을 함께 하더라도 어머니가 영아의 욕구나 필요에 민감하게 반응하는 것이 안정된 애착관계를 형성시킬 수 있다는 것이다.

양육자와의 상호작용의 양에 관한 문제는 가정에서 이루어지는 양육보다 보육시설에서 이루어지는 보육교사와 영아의 관계에서 더 관심있게 연구되었는데, 연구결과를 보면 교사와 영아가 함께 지내는 시간이 많을수록, 그리고 교사의 교체비율이 낮을수록 영아들은 안정애착이 더 높게 형성된다고 지적하였다(Raikes, 1993). 또한 보육기관에 다니는 기간이 길어질수록 영아와 교사의 안정된 애착이 이루어진다.

그러나 무엇보다 중요한 것은 교사와 영아의 개별적인 상호작용의 정도이다. 교사와 영아가 같은 교실 공간에서 함께 지낼지라도 집단적 상호작용의 공간이므로 교사와 영아의 개별적이고 유의미한 상호작용의 기회는 쉽지 않을 것이다. 그러나 영아의 기질, 가정환경의 조건, 영아의 선호성 등 여러 가지로 개인차를 가지고 있는 영아들과 교사의 개별적인 상호작용은 영아의 안정애착형성에 중요한 요인이 된다.

3 양육자의 애착에 대한 인식과 태도

양육자가 갖는 애착의 중요성에 대한 인식과 태도는 영아의 애착형성에 영향을 준다. Mitchell(1996)은 교사가 애착에 관련된 지식이나 기술, 태도가 잘 형성되어 있으면 영아들은 안정애착을 보이며, 또한 보육기관의 교육과정에 적극적으로 관심을 갖고 참여하는 부모의 자녀들도 정서적인 안정을 보인다고 하였다. 뿐만 아니라 부모가 자신의 부모와의 관계에서 형성된 애착관계의 모형은 자신의 자녀와의 애착관계의 질에 영향을 준다고 하였다(Main, Kaplan & Cassidy, 1985). 이는 부모와 자녀 간의 애착관계는 세대 간에 연속성이 있음을 보여주는 것이다.

5. 발달장애

1) 발달장애

발달장애(development disorder)란 아동의 발달과정에서 정상적으로 발달이 진행되어야 할 특성이 지체되거나 왜곡됨으로써 부적응 현상이 초래되는 것을 말한다. 발달장애가 있는 아동은 정상적인 발달양상을 가지는 또래 아동으로부터 일탈되어 있거나 정상적인 아동의 발달 지표들을 획득하거나 진전에서 실패한다.

아동의 발달장애는 그 원인과 증상이 상이하지만, 적응적으로 실패한다는 공통점이 있으며, 이러한 발달의 실패나 왜곡은 단일한 원인일 경우는 드물고 개인적인 발달과 환경조건 사이의 지속적인 상호작용의 결과로 나타난다. 따라서 아동의 발달장애는 여러 원인들에 의해서 발생하고, 개인과 환경의 상호작용의 결과이며, 그리고 연속성과 비연속성이 존재한다는 세 가지 기본적인 가정을 할 수 있다.

이러한 발달장애 원인과 연관된 요인은 성별의 차이, 기질, 유전 등의 소인들과 질병이나 영양 상태 등의 후천적인 생물학적 요인, 양육태도나 가정환경과 같은 가정적 요인, 그리고 사회문화적 요인 등을 고려해 볼 수 있으며, 아동발달에 관한 원인에 대한 연구는 유전적 및 신경생물학적인 요인, 인지적, 정서적 과정의 역할 등 심리적인 영향과 가족, 문화적 규준 등의 환경적 영향에 관한 이론이나 발견 등이 포함된다.

2) 정신지체

정신지체(mental retardation)는 인지능력이 낮을 뿐 아니라 동시에 이러한 적응행동 발달에 있어 문제를 보일 때 비로소 정신지체를 가졌다고 말할 수 있다. 정신지체(mental retardation) 장애는 전반적으로 지적 능력이 비정상적으로 떨어져 있고, 의사소통, 자기관리, 사회성 기술, 학업과 사회적 적응생활의 어려움 등 실제적인 적응기술(adaptive skill)에 장애가 있는 사람으로 표준화 지능검사에서 지능지수

(IQ)가 70 미만에 포함될 때를 말하다. DSM-IV에서는 18세 이전에 의사소통, 자기 보살핌, 가정생활, 사회관계 및 대인관계기술, 지역사회 자원의 활용, 자기관리, 학업 기술, 직업, 여가, 건강 중에서 2가지 이상이 현저하게 손상을 나타내고, 지능지수 70 미만에 있을 때 정신지체로 진단한다.

(1) 정신지체의 분류 및 특성

지능 수준이 평균보다 유의미하게 낮은 수준으로 지능검사(IQ 검사)에 의해 결정되며 지능검사에서 표준편차 2 이하(70 이하) 수준으로 지능검사 점수기준은 IQ(지능지수)= 70 ~ 75 사이로 융통성 있게 평가할 수 있다. 개인이 획득한 IQ에 대한 평가 및 해석은 전문가의 임상적 판단에 의해서 지능지수 ±5점의 범위에서 평가를 할 수 있으며, 이것은 지능지수만이 정신지체를 정의하는 유일 요소가 아니기 때문이다. 개인의 사회적 적응기술에 문제가 있더라도 지능이 높으면 정신지체로 평가하지 않으며, 현재의 AAMR(미국정신지체협회)의 개정된 정신지체 정의에서는 지능을 다면적인 개념으로 보고 개념적 지능(conceptual intelligence), 실제적 지능(practical intelligence), 사회적 지능(social intelligence)의 세 측면으로 나누었다.

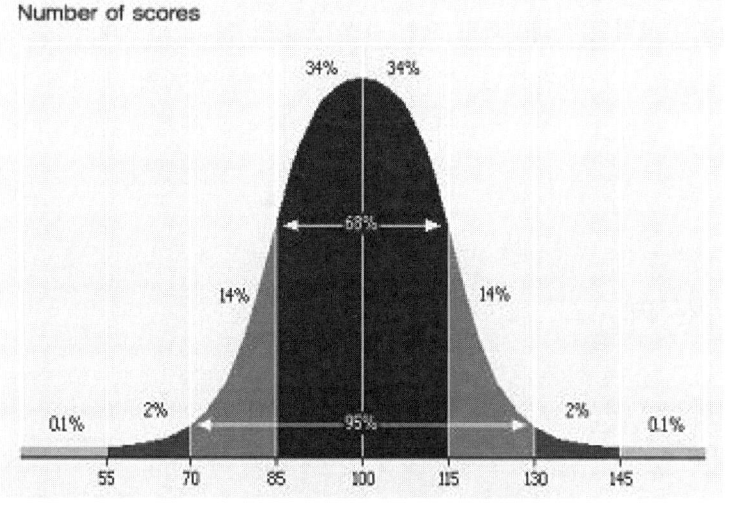

그림 12-1 Score on Wechsler Adult Intelligence Scale

정신지체에 대한 DSM-IV에 의한 분류에서는 (1) 경도의 정신지체(mild mental retardation) : IQ=50~55에서 70까지, (2) 중등도의 정신지체(moderate mental retardation) : IQ=35~40에서 55까지, (3) 중도의 정신지체(severe mental retardation) : IQ=20~25에서 40까지, (4) 최중도 정신지체(profound mental retardation) : IQ=20 또는 25 이하로 구분하고 있으며, ICD-10에 의한 분류는 (1) 가벼운 정도의 지체 : IQ=50~69, (2) 중간 정도의 지체 : IQ=35~49, (3) 심한 정도의 지능지체 : IQ=20~34, (4) 아주 심한 정동의 지능지체 : 20 이하로 구분하고 있다.

경도의 정신지체(mild mental retardation)는 교육적인 면에서는 교육가능의 범주에 있으며, 정신지체 아동의 약 85%에 해당되고, 취학전(0~5세)에는 정상발달 아동과 비슷하게 사회적 기술과 언어적 의사소통이 가능해지고 감각운동 영역에 장애가 적기 때문에 학령기가 되어야 정상발달 아동과 확실하게 구별된다. 평균적으로 초등학교 6학년 수준의 학습활동이 가능하며, 성인기에는 낮은 수준의 사회적 관계 및 직업적 적응이 가능하지만, 사회적 스트레스 상황에서는 다른 사람의 지도·감독 및 도움과 지원이 필요하다.

중등도의 정신지체(moderate mental retardation)는 교육적인 면에서는 훈련가능의 범주에 있으며, 정신지체의 약 10%에 해당되고, 어느 정도의 언어적 의사소통이 가능하고 기본적 자기관리, 사회적 관계 기술과 숙련을 통한 육체적이고 단순한 직업적 활동이 가능하지만, 항상 다른 사람의 지도와 감독 및 도움이 필요하다.

중도의 정신지체(severe mental retardation)는 정신지체의 약 3~4%에 해당되며, 운동발달 수준이 낮고, 언어적 의사소통에 장애가 심하고, 기본적인 신변처리나 건강 습관을 위해서 체계적인 생활습관 훈련이 필요하다. 중도의 정신지체 범주에 있는 사람은 모든 생활과 건강을 위해서 철저한 감독이 필요하고 통제된 환경에서 생활하는 것이 필요하다.

최중도의 정신지체(profound mental retardation)는 정신지체의 약 1~2%에 해당되며, 모든 측면에서 전반적인 지체를 보이고 최소한의 운동과 감각 기능만 할 수 있다. 이 범주에 있는 정신지체는 대부분의 기본적인 신변처리가 불가능하고, 신체적 건강문제가 발생하기 쉽기 때문에 제한된 환경에서 체계적인 도움과 간호 및 치료가 필요한 수준이다.

(2) 정신지체의 원인

정신지체의 원인을 정확하게 아는 경우가 드물며 장애 정도가 심한 아동들은 특정한 질병이나 두뇌 손상에 기인한 경우가 많다.

[1] 생물학적 요인

① 다운증후군

21번째 염색체가 2개가 아닌 3개가 됨으로써 발생하는 경우이다. 독특한 신체적 특징을 지니며 서로 얼굴이 유사하게 보이기도 하며 전반적으로 발달수준이 지체되지만 성격이 명랑하고 사람을 잘 따른다. 최근에는 조기교육을 포함한 특수교육의 발달로 다운증후군 학생들이 적절한 교육과 지원을 받으면 지역사회에 통합된 개인으로 살아갈 수 있다.

② 페닐케톤뇨증(PKU)

페닐알라닌을 티로신으로 바꾸는 신진대사를 할 수 없어 축적된 페닐알라닌이 비정상적인 두뇌발달을 초래하게 되는 유전자 대사 장애다.

③ 약체 X 증후군

23번째 성염색체의 X염색체의 이상으로 발생하며 여성 보다 남성에게 더 많이 나타나고 이들은 정신지체 뿐 아니라 머리가 크고 얼굴이 길고 좁으며 이마와 턱이 약간 튀어 오르고 코가 넓은 외모를 보인다.

④ 두뇌 손상

풍진, 매독 등 질병을 앓은 산모에 의해 태어난 태아일 가능성이 높고 신생아가 뇌막염이나 뇌염, 소아 AIDS에 걸려 뇌손상을 입기도 한다.

⑤ 유해 환경

약물남용(코카인, 헤로인, 담배, 술 카페인 등), 영양실조, 방사선, 조산, 또는 출생시의 뇌손상 등이 해당된다.

⑥ 태내알코올증후군(fetal alcohol syndrome)

알코올 중독인 산모에게 출생되는 아이에게 많이 나타나며, 정신지체와 함께 신체적 장애를 동반하고 알코올 중독 임산부의 약 1/3 가량이 이런 아기를 출산하는 것으로 보고 있다.

2 심리사회적 및 문화적 요인

정신지체는 대부분 생물학적 요인, 심리사회 및 문화적 요인들이 상호작용한 결과로 보고 있으며, 부모의 부적절한 양육방법이나 태내 관리 및 돌보기 등의 요인들이 생물학적 결함과 더불어 지능지체의 발달 수준에 영향을 줄 수 있다.

정신지체아를 둔 부모는 정상아동으로 발달하는 부모들에 비해서 스트레스 수준이 높은 것으로 보고되고 있으며(Dumas, Wolf, Fisman, & Culligan, 1991), 가족의 사회경제적 지위의 영향을 받고, 많은 경우에 가족 병리 또는 부모의 정신병리적 요인이 높은 것으로 보고 있다.

(3) 정신지체의 치료

정신지체의 특수교육이나 치료를 위해서는 정신지체 아동의 발달상 문제나 지적 능력 및 기능 수준을 빨리 발견하는 것이 중요하며, 정신지체 수준에 따라서 특수교육 및 치료 목표가 달라진다. 일반적으로 일상생활에 필요한 다양한 적응기술을 학습 및 훈련시키고, 이러한 적응기술을 효과적으로 발달시키고 유지하도록 하기 위해서는, 특수교사, 사회복지사, 의사 및 심리학자들의 치료적 팀 접근이 필요하다.

3) 전반적 발달장애

전반적 발달장애(pervasive developmental disorder)란 발달의 다양한 영역에서 발달상의 문제를 나타내는 장애를 말하며, 사회적 상호작용 기술이나 의사소통에 결함을 보이고, 상동 행동경향을 보이고, 관심 및 활동이 제한되는 등의 여러 발달 영역에서 전반적으로 손상되어 있는 것이 특징이다.

전반적 발달장애에는 자폐 장애, 레트 장애, 아동기 붕괴성 장애, 아스퍼거 장애, 비분류 전반적 발달장애가 포함된다. ICD-10에서는 이런 장애들을 심리적 발달장애의 전반적 발달장애로 범주화하고 있으며, 이러한 장애들은 일반적으로 생의 초기부터 명백하게 나타나고, 발달의 여러 영역에서 결함이 나타나며, 연령의 증가와 더불어 호전되지 않고, 흔히 정신지체가 수반된다.

전반적 발달장애는 다양한 일반 의학적 상태(예 : 염색체 이상, 선천적 감염, 중추신경계의 구조적 이상)에서도 관찰되기도 하며, 과거에는 "정신증"이나 "아동기 정신분열증"과 같은 증상이 있는 아동들에게 사용되었지만, 전반적 발달장애는 정신분열증으로 발전될 수도 있지만, 정신분열증과는 분명히 다르다.

(1) 자폐증

자폐증(autism)은 전반적 발달장애의 대표적인 한 형태로 필수 증상은 사회적 상호작용과 의사소통의 발달이 현저하게 비정상적이거나 손상되어 있고, 활동과 관심의 폭이 현저하게 제한되어 있으며, 상동적인 행동 및 특정 대상에 대한 강박적 관심과 반복 활동 등 발달의 여러 분야에 장애가 있다.

자폐증은 개인의 발달 수준과 연령에 따라서 매우 다양하게 나타나며, 3세 이전에 시작되고 대부분 중도의 지능지체(moderate retardation)가 수반되고, 10,000명당 5~10명의 비율로 나타나며(Tanguay, 2000), 남자가 여자보다 4~5배 정도로 높게 나타나고, 지적 수준에서는 남자보다 여자가 더 낮은 것으로 보고되었다(Dumas & Nilson, 2003).

1 자폐증의 특성

캐너(Kanner, 1943)는 초기 영아기 자폐증(early infantile autism)의 세 가지 중요한 특성으로서 첫째는 극단적인 사회적 고립으로서 태어나면서부터 사람 또는 상황에 대해 정상적인 방법으로 관계를 맺지 못하는 것, 둘째는 언어 이상과 함께 의사소통을 목적으로 언어를 사용하지 못 하는 것, 세 번째는 모든 일에서 동일성을 유지하려는 강박적인 욕구로 인해 자발적인 활동을 다양하게 하지 못하는 특성을 들었다.

자폐장애는 사회적 상호작용의 손상이 광범위하고 지속적이며, 사회적 상호작용과 의사소통을 위한 비언어적 행동(예 : 눈 마주치기, 얼굴 표정, 몸자세와 몸짓)에 손상이 있을 수 있다. 또한 자폐아동은 연령별 발달수준에 적절한 또래관계를 형성하지 못하고, 친구관계를 형성하는데 대부분 관심을 보이지 않으며, 연령이 증가하면서 친구관계에는 관심이 있지만, 사회적 상호작용의 관계를 이해하지 못하고, 다른 아동들과 기쁨, 관심, 성취 등을 공유하려고 하지 않는다.

자폐아동은 다른 사람과 정서적 상호교류가 결여되어 있으며 흔히 다른 사람에 대한 인식이 현저하게 손상되어 있고, 형제들 또는 다른 아동들이 주변에 있어도 알아채지 못하고, 다른 사람의 욕구에 대한 개념이 없거나 다른 사람의 고통을 이해하지 못한다.

또한 자폐아동은 의사소통의 손상이 현저하고 지속적이어서 언어적 및 비언어적인 기술이 결여되어 있고, 언어발달이 지연되거나 완전히 결여되며, 말을 할 수 있어도 다른 사람과 대화를 시작하거나 지속하는 능력이 현저하게 손상되어 있고 상동적이고 반복적인 언어나 괴상한(idiosyncratic) 언어를 사용한다.

자폐증 아동은 발달수준에 적절한 자연스런 가상놀이나 사회적 모방놀이를 하지 않고, 언어가 발달할 경우 음성의 고저, 억양, 속도, 리듬 및 강도가 비정상적일 수 있으며, 문법 구조가 미숙하고, 의미와 상관없는 단어나 구의 반복, 운율적으로 동일한 음(jingles)이나 광고방송 문구를 반복하는 등의 상동적이고 반복적인 언어를 사용하며, 자기의 의사소통 방식에 친숙한 사람만이 이해할 수 있는 괴상한 언어를 사용한다.

자폐증 아동은 행동, 관심 및 활동의 양상이 제한되어 있고, 반복적이고 상동적이며 제한적인 흥미에 몰입하고, 특정의 비기능적인 틀에 밖인 일이나 반복적 습관을 융통성 없이 고수하려는 행동특성을 보인다.

자폐증 아동은 일정한 수의 놀이 기구를 일렬로 정렬하거나 텔레비전 배우의 행동을 반복적으로 모방하거나 똑같은 방법으로 되풀이하는 경향이 있고, 똑같은 것을 고집하고 사소한 변화에 저항하거나 싫어하며, 비합리적으로 틀에 박힌 일을 고집한다.

자폐증 아동은 손벽치기 같은 상동적인 신체 운동 또는 몸 흔들기 같은 전신 행동을 하고, 발끝으로 걷기 등 비정상적인 자세와 행동을 하기도 하며, 단추나 신체부위 같은 사물의 부분에 지속적으로 집착하고, 반복적으로 장난감 바퀴 돌리기, 문 열고 닫기 같은 움직이는 대상을 반복 작동하고, 생명이 없는 나무나 끈 조각 같은 것에 애착을 보이는 경향이 있다.

2 자폐증의 원인

자폐증의 유전적 요인은 주로 쌍생아 연구에서 일란성의 일치율은 36~96%, 이란성은 0~24%(Samally, 1991)의 상관성을 보이고 있다. 이처럼 일란성 쌍생아의 자폐증 일치율이 이란성 쌍아의 자폐증 일치율보다 더 높다는 것은 자폐증 발생의 유전적 요인이 높다는 것을 의미한다.

자폐증의 초기연구에서는 부적절한 양육과 관련해서 원인을 찾으려 했으며, 심리사회적 요인으로서 자폐증 부모의 냉담하고 강박적 성격특성과 상관이 있는 것으로 추정했다(Bettleheim, 1976). 그러나 이러한 정상아동과 자폐아동 부모 간의 차이는 자폐증의 원인으로 보기보다는 결과일 가능성이 높고(Konstantareas, 1991), 또 다른 연구(Demyer, 1981)에서도 자폐증의 원인으로서 부모의 양육변인 및 성격특성은 부정되었으며, 자폐증이 부모 및 가정의 상호작용이 비정상적으로 밝혀진다고 해도 그 원인은 부모가 아니라 아동에게 있는 것으로 보았다.

자폐증 발생률을 증가시키는 요인으로 태내기나 출산시의 문제가 (Bolton et al., 1977)가 있으며, 미숙아, 노산아, 태아기의 출혈 등의 요인과도 강하게 연합되어 있는 것으로 보고되고 있고, 배아기 동안 특정 화학 물질이나 풍진 같은 질병에 노출되는 것, 임신기간 중에 탈리도마이드 같은 특정 약물을 복용하는 것도 자폐증 발생 가능성을 증가시킨다.

자폐증 아동의 뇌파측정(EEG)이나 자기공명영상(MRI) 촬영에서 뇌의 기질적 이상이 측정되었으며, 뇌의 신경화학적 연구에서는 자폐증이 있는 아동은 도파민이나 세라토닌 같은 신경전달물질이 증가되어 있는 것으로 밝혀졌지만, 이러한 현상은 정신지체나 정신분열증에서도 나타나기 때문에 자폐증만의 원인으로 보기는 어렵다(Ghaziuddin, Zaccagnin, Tsai, & Elardo, 1999)는 추론을 할 수 있다.

3 자폐아동의 치료

자폐아동의 치료를 위해서는 일찍 발견되어 적절한 치료적 조치를 취하는 것이 필요하지만, 자폐증에 대한 확실한 치료법은 없다. 단지 자폐아동의 잠재력을 극대화시키고, 이러한 장애를 보다 효율적으로 대처하도록 돕는 것이 목표가 된다. 치료에는 약물치료, 식이요법, 감각 통합치료, 그리고 의사소통 치료적 접근이 있으나 철저한 과학적 검증은 거치지 못했다(Jacobson, Mulk, & Schwatz, 1995).

자폐증 치료의 구체적인 방법에 대한 확실한 근거를 찾을 수는 없지만, 행동치료가 가장 일반적으로 적용되고 있다. 행동치료로서 조작적 조건형성과 모방학습을 통해서 자폐아동의 말하기, 다른 아동과 놀기, 주의집중력을 증가시키고 개선할 수 있다. Keogel 등(1982)은 부모교육의 중요성을 주장했고, 교육받은 부모가 일상생활에서 자폐아를 교육하는 것이 자폐아 치료에 효과적이고 필수적 요소라 할 수 있다.

또한 자폐증 치료는 일관성 있고 구조화된 치료 및 학습 환경에서 개별화된 교육프로그램을 실시하는 것이 필요하며, 최근에 출현한 구조화된 프로그램이 자폐증이 있는 모든 아동에게 효과 및 향상을 가져온다는 긍정적 평가를 받고 있지만, 아직도 대부분의 자폐증 아동은 이러한 프로그램의 혜택을 받지 못하고, 적절한 치료적 환경에서 치료에 의한 발달적 변화를 갖지 못하고 있다(Dawson & Osterling, 1997; Newsom, 1998).

(2) 레트 장애

레트 장애(Rett's disorder)는 그 원인이 알려져 있지 않은 신경학적 발달장애다. 최근에는 레트 장애의 변형된 장애 양상이 남성에게도 보이고 있으나(Christen & Hanefeld, 1995), 여성에게만 보고된 장애로 레트 장애의 소녀는 정상 아동보다 뇌의 크기가 12~34% 정도 적다(Bauman, Kemper, & Arin, 1995).

레트 장애는 정상적 태내발달과 출생시에는 거의 정상적인 발달과정을 보이다가 5~6개월경부터 점진적으로 장애를 보이면서 생후 1년 또는 2년 동안 빠르게 퇴행이 진행되며 중도의 정신지체나 최중도의 정신지체 상태가 된다(Nandu, Murpy, Moser, & Rett, 1986).

레트 장애 아동의 특징은 머리 성장의 감속, 전에 습득한 중요한 손기술의 상실, 서툰 보행이나 몸의 움직임 등의 특징이 있고(운동기능의 퇴행), 간질발작, 의사소통 장애를 포함한 심각한 장애가 관찰된다(Hagberg, 1995). 레트 장애는 자폐증과 유사한 면이 있으나 자폐증보다 훨씬 좋지 않으며, 공통적으로 무기력증(Apraxia)이 나타나고, 그 중에서 25%는 걷지 못한다.

레트 장애의 발병률은 자폐장애보다 더 희귀하며, 12,000명 또는 15,000명 중에 한 명 정도의 비율로 발생하고, 대부분 여자 아이들이다(Kerr & Stephenson, 1986). 레트 장애는 생물학적 또는 유전적 원인으로 발생하며, 레트 장애 아동의 여자 친척 중에서 가끔 증상이 발견되고, 쌍생아는 100%의 일치율을 보이고 있으며(van

Acker, 1991), X염색체와도 관련이 있는 것으로 밝혀지고 있다(Bienvenu et al., 2000).

레트 장애의 경과는 발달성 퇴행 양상이 아주 두드러지고, 평생 지속되며, 일반적으로 여러 기능이 계속해서 점진적으로 상실된다. 대부분의 경우 아동기 후기 또는 청소년기에 들어서면서 아주 미미하게 발달이 이루어질 수 있지만, 심각한 손상 때문에 먹고, 옷을 입고, 대소변 등의 기본적인 신변처리를 포함해서 일상생활의 모든 활동에서 도움이 필요하다.

(3) 아스퍼거 장애

아스퍼거 장애는 1944년에 Hans Asperger가 처음으로 기술했으며, 이 장애를 "자폐 정신병"이라고 불렀다. 이 장애(Asperger's disorder)는 자폐증의 임상특징과 매우 유사하며, 자폐증의 한 변형인지, 아니면 좀 더 높은 기능수준이 있는 자폐증을 가진 사람을 설명하는 것인지에 대한 논란이 계속되고 있다(Schopler, Mesibov, & Kunce, 1998).

발달장애의 한 유형으로서 아스퍼거 장애는 비교적 손상되지 않은 인지능력과 의사소통 기술을 가진 아동에게 나타나는 증상으로 사회적 상호작용에서 지속적인 손상이 있고, 행동, 관심, 활동이 제한적이고 반복적으로 나타난다(Volkmar et al., 1996).

아스퍼거 장애는 자폐증 아동과 마찬 가지로 사회, 직업 또는 다른 중요한 적응기능 영역에서 임상적으로 손상을 일으키지만, 자폐 장애와는 대조적으로 언어 습득, 인지발달, 나이에 적합한 자조 기술발달, 사회적 상호작용 이외의 적응행동, 환경에 대한 호기심 등에서는 임상적으로 심한 지연이나 이탈은 보이지 않는다.

아스퍼거 장애는 간혹 경도의 지능지체를 수반하기도 하지만, 일반적으로 정신지체를 수반하는 경우는 드물고, 운동이 미숙하고 동작이 서툴 수 있기 때문에 또래들로부터 팀 활동이 거부될 수도 있어 사회적으로 고립될 수 있으며, 과잉활동과 부주의 증상이 심하기 때문에 아스퍼거 장애라는 진단을 받기 전에 ADHD로 진단을 받기도 한다.

이 장애에서는 3세까지는 인지발달에서 임상적으로 유의미한 지연은 없으며, 환경에 대한 정상적인 호기심을 나타내고 연령에 적절한 학습 기술 및 적응행동을 습득하지만, 사회적 상호작용의 손상은 광범위하고 지속적으로 나타나며, 사회적 상호작용과 의사소통을 하기 위한 얼굴표정, 몸짓, 눈마주치기 등 여러 가지 비언어적 행동을 수행하는데 현저한 손상이 있을 수 있고, 연령별 발달수준에 적합한 또래관계를 형성하는데 어려움이 있다.

어린 나이의 아스퍼거 아동들은 친구관계를 형성하는데 거의 관심이 없으며, 보다 나이 든 아스퍼거 아동들은 친구관계에는 관심이 있지만 사회적 상호작용 관계를 이해하지 못하고 다른 사람들과 기쁨, 관심, 성취 등을 공유하려고 하지 않는다.

아스퍼거 장애의 흔한 임상 특성으로는 서투르고 조화를 갖지 못하는 운동 기술, 기이한 자세, 감정이입의 부족, 순진하고 부적절하며 편향적인 사회적 상호작용, 우정형성 능력의 결함, 사회적 격리, 현학적이고 지루한 말, 서투른 비언어적 의사소통 능력, 그리고 날씨나 TV방송 내용이나 지도 같은 주제에 집착하는 경향이 있다.

아스퍼거 장애는 약 2세경에 시작되어 평생 지속되는 장애로서 대부분 남아에서 발생하는데, 학령전기 또는 학령기에 더욱 분명해지며, 평균적으로 자폐아동의 진단시기인 5.5세보다 늦은 나이에 진단되고(11.3세), 자폐아동의 유병률에 비해서 상당이 높게 발생한다(1000명단 3~7명).

아스퍼거 장애는 유전적 소인이 있는 것으로 보고되고 있으며, 아스퍼거 증후군을 가진 사람의 친척이 자폐일 가능성 높고, 지능이 낮은 자폐아동일 경우에는 더욱 유전될 가능성이 높으며, 아스퍼거 장애를 가진 사람의 경우 특히 유전성이 강하다.

(4) 소아기 붕괴성 장애

소아기 붕괴성 장애(childhood disintegrative disorder), 또는 아동기 통합 결여 장애는 자폐증과 매우 유사한 증상을 나타내지만, 출생 후 2년 동안은 정상적인 발달이 이루어지다가 10세 이전에 획득한 기술을 임상적으로 평가할 때 심각한 수준으로 상실되며, 대인 및 사회적 관계와 의사소통에서 질적인 퇴행과 장애, 제한적이고 반복적이며 상동적인 흥미와 관심, 그리고 활동 및 행동특성을 보인다.

소아기 붕괴성 장애 또는 통합결여 장애를 가진 아동은 2세까지 정상적인 발달을 하지만, 표현성 또는 수용성 언어, 사회적 기술 또는 적응행동, 대변 또는 방광 조절, 놀이, 운동 기술 중에서 적어도 두 가지 이상의 영역에서 현저한 기능상실이 나타나게 된다.

Heller 장애라 불리던(Heller, 1954) 소아기 붕괴성 장애의 원인은 아직 구체적으로 알려진 바가 없으며, 발병은 서서히 점진적으로 나타날 수도 있고 갑자기 나타날 수도 있으며, 일단 발병하면 증상은 대부분 평생 동안 지속되고 일반적으로 정신지체를 동반한다.

유아기의 발달

1. 신체 · 운동발달
2. 인지발달
3. 사회 정서발달
4. 발달장애

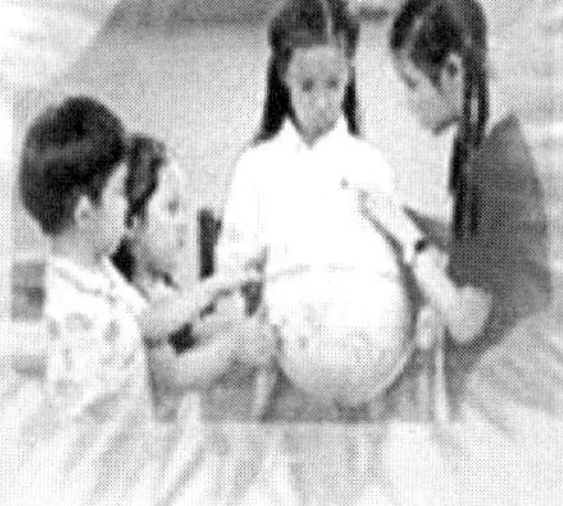

제13장

유아기는 만 2세부터 6세까지의 시기를 말한다. 영아기에 비해 신체의 성장속도는 완만하지만 꾸준한 신체 발달을 통해 운동기능이 크게 향상된다.

인지적 발달에 의해 정신적 표상이 가능하고 여러 가지 상징을 사용할 수 있게 된다. 그러나 유아의 사고는 전조작기의 한계로 인하여 자기중심적이고 직관적이며 비논리적 특징을 나타낸다. 언어발달에 있어서는 어휘력이 급격히 증가하고 문법적인 기초를 획득함에 따라 언어를 통한 의사소통 능력도 보다 발달하게 된다.

이 시기에 유아는 활발하게 주변 환경을 탐색하며 다양한 놀이에 참여하고 또래친구들과의 상호작용도 이루어진다. 또한 유아는 스스로 환경을 조절할 수 있다는 인식과 함께 주도적으로 과제를 수행해 가며 자기주장이 강해진다.

정서를 이해하고 조절하는 능력이 점차적으로 발달되며, 자신의 자아와 성에 대한 개념을 형성해 가고 사회화 과정에 필요한 기본적인 행동양식과 가치를 획득해 가면서 이후 아동기의 적응을 준비한다.

1. 신체 · 운동발달

유아기는 영아기에 비해 신체의 성장속도는 다소 둔화되나, 신체는 전체적인 균형을 잡아가는 시기이다. 이 시기에는 대 · 소근육 운동기술과 같은 여러 가지 운동기술 능력이 크게 향상되어, 신체 활동량이 증가한다. 두뇌 발달도 급속히 이루어져 2세경에는 성인의 두뇌 크기의 75%, 5세경에는 성인의 90%까지 성장한다.

유아기 신체발달이 원만하게 이루어지기 위해서는 충분한 영양 공급, 규칙적인 생활습관 및 사고와 질병으로부터의 보호가 필요하다. 그러나 유아기는 질병이나 영양결핍 등에 의해 성장에 손상을 입을 수 있으나, 건강상태가 호전되고 적절한 영양공급이 이루어지면 또래와 유사한 수준까지 성장하는 따라잡기 성장(catch-up growth)이 가능하다.

1) 신체발달

(1) 신장과 체중의 성장

유아기의 신체발달은 영아기보다 느리지만 아동기보다는 빠른 속도로 성장한다. 신장은 매년 5~7cm 정도 자라며, 체중은 2~3kg 정도 증가한다. 6세가 되면 유아는 평균 신장이 106cm, 체중이 17kg 정도가 된다(표 13－1 참조).

표 13－1 유아기 연령별 신체 발달 특징

연령	신장	체중	흉위	두위
2세	82cm	11kg	49cm	48cm
3세	89cm	13kg	51cm	49.5cm
4세	96cm	15.3kg	52.5cm	50.5cm
5세	102cm	16.5kg	54cm	51.2cm
6세	106cm	17kg	56cm	51.4cm

신장과 체중의 증가에 있어 남아가 여아보다 조금 앞서는 경향이 있으며, 전체적으로 체중이 신장보다 불규칙한 성장을 보이며 개인차도 심하게 나타난다.

유아기 신장과 체중의 성장은 유전적인 요인, 영양, 건강관리, 생활조건과 같은 요인에 의해 영향을 받는다. 특히 유아기의 영양섭취는 신체발육 뿐만 아니라 면역성과 활동력에 있어서도 중요한 역할을 한다. 따라서 지속적인 영양결핍은 발육지연을 초래하고 면역력 저하로 감염률을 높일 수 있다. 또한 개개 아동의 신장 및 체중의 성장은 성장궤도를 따르는 경향이 있다. 성장궤도란 다른 아동들의 신장 및 체중과 관련하여 개인이 자신의 위치를 시간이 지나도 계속 유지하는 것을 의미한다. 예를 들어, 신장이 상위 10%에 속한 유아의 경우 계속해서 자신의 연령에 비해 상대적으로 더 클 가능성이 있으며, 아동기에서 성인기까지 상위 10%에 속할 것으로 예상할 수 있다.

신장과 체중의 꾸준한 증가는 신체 비율의 변화를 가져온다. 유아가 성장함에 따라 신체에서 머리가 차지하는 비율이 적어지면서 성인의 모습과 점차 가까워진다. 즉 턱이 커지고 목이 길어지며, 몸통과 팔다리는 길어지고, 복부근육이 발달하여 몸이 날씬해진다.

(2) 골격과 근육의 성장

태아의 골격은 연골조직으로 형성되어, 임신 6주부터 연골조직이 점점 단단해지는 경화현상이 나타난다. 2세 이후가 되면 연골은 더 빠르게 경골화되며 12~13세 경에 거의 완료된다.

기본골격이 형성되면 출생 직전에 골단이라 불리는 성장센터가 나타나는데, 경화과정은 이 성장센터에서 시작된다. 팔다리의 뼈와 같이 신체의 긴뼈에는 골단이 양쪽 끝에 나타난다(그림 13 – 1 참조). 성장이 완성되면서 골단은 점점 가늘어지고 마침내 사라지게 된다. 보통 방사선 촬영을 통해 골단 수와 골단 간의 합착 정도에 따라 골격연령(skeletal age)을 측정할 수 있다. 이 때 아동의 생활연령보다 골격연령이 어린 것으로 나타나면 앞으로 키가 더 자랄 가능성이 있는 것으로 본다.

남녀 아동의 골격연령을 조사해 보면 여아의 신체적 성숙이 남아보다 앞서 있음을 알 수 있다. 출생시 여아의 골격성숙이 남아보다 4주 정도 앞서지만 5~6세경에는 1년 정도의 차이가 난다. 이 차이는 여아가 남아보다 2~3년 정도 사춘기가 빨리 오고 일찍 성숙하는 요인이 된다(Tanner, 1990).

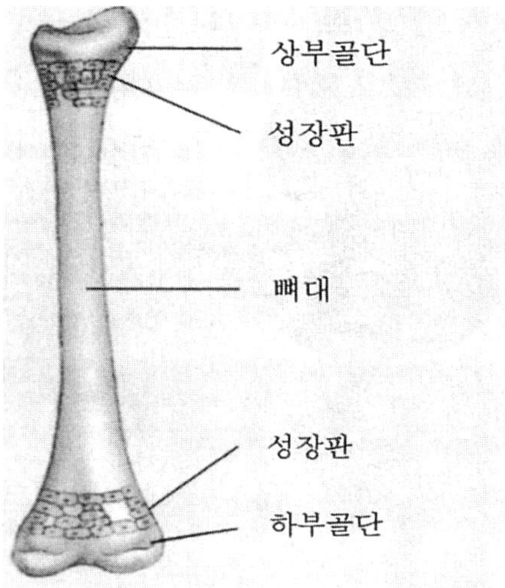

그림 13-1 장골의 상부골단과 하부골단

* 출처 : Tanner, J. M.(1999). Foetus into man(2nd ed.). Cambridge, M. A : Harvard University.

근육섬유의 수는 출생시 성인이 가지고 있는 것을 다 가지고 있으나 조직의 크기나 길이는 작다. 근육 발달은 3~4세 동안 꾸준히 증가하여 5~6세가 되면 근육을 구성하는 근섬유의 굵기가 증가하고 근력도 강해짐에 따라 체중의 약 75%를 차지하게 된다.

(3) 뇌의 성장

뇌성장이 가장 급속도로 이루어지는 시기는 태내기와 영아기인데, 유아기에도 뇌는 계속적으로 성장한다. 또한 뇌와 머리의 크기는 신체의 다른 어떤 부분보다도 더 빨리 성장한다.

유아기 동안 뇌 크기의 증가는 수초화와 시냅스 밀도의 증가로 인한 것이다. 수초화는 신경세포가 미엘린이라는 지방성 물질로 둘러싸이는 것을 말한다. 수초화가 증가할수록 정보가 전달되는 속도가 빨라지고 효율성이 높아진다. 발달심리학자들은 아동발달에 있어 수초화의 중요성을 특히 강조한다. 예를 들어, 눈과 손의 협응을 관장하는 뇌영역의 수초화는 4세 이전에는 완성되지 않는다. 따라서 4세 이전에는 눈과 손의 협응이 원활하지 못하고, 유아나 아동은 성인에 비해 주의집중 시간이 짧다.

시냅스는 신경세포의 자극전달부로서 시냅스의 밀도는 출생 후 2세까지 급격히 증가하다가 그 후 서서히 감소하여 7세경에는 성인의 수준에 도달한다(Lynch & Gall, 1979; Paus et al., 1999).

우리의 뇌는 두 개의 반구로 나뉘어져 있는데, 유아기에 이미 뇌의 편측성이 나타나기 시작한다. 편측성이란 뇌의 좌반구와 우반구가 각기 다른 기능을 맡아 하는 것을 말한다(그림 13-2). 뇌량(corpus callosum)은 두 개의 반구를 연결하는 구조로서 2~8세 사이에 뇌량의 수초화가 이루어지면 두 개 반구 간에 정보교환과 협응이 원할해진다(Yakovlev & Lecours, 1967). 좌반구와 우반구간의 협응은 여러 가지 운동기술을 가능하게 해 준다. 예를 들어, 5세경에는 눈과 손의 협응이 증가하면서 자신이 보는 글자나 숫자를 그대로 따라 쓸 수 있게 된다(Borsting, 1994).

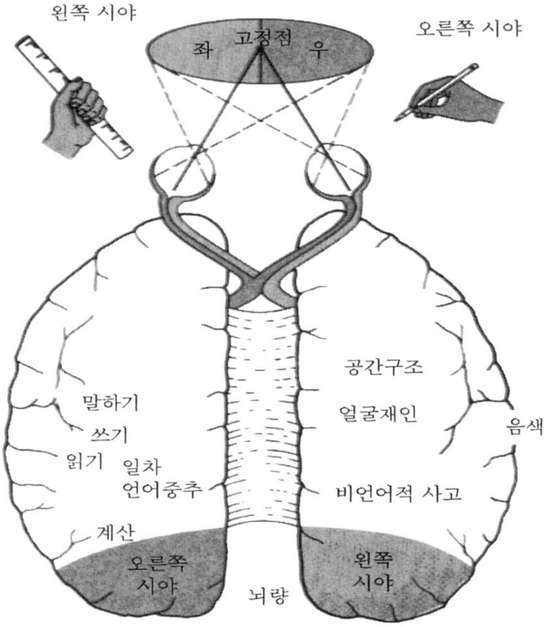

그림 13-2 좌반구와 우반구가 하는 기능

* 출처 : Clarke-Stewart et al.(1985). Child development : A topical approach. John Wiley.

2) 운동기능의 발달

(1) 대근육 운동 발달

유아의 신체가 발달함에 따라 근육활동과 움직이는 횟수의 증가, 신경계통과 골격의 성숙으로 새롭고 다양한 형태의 운동능력이 발달한다.

영아기의 운동발달은 어느 정도 성숙계획에 의해 이루어지나 유아의 운동발달은 성숙과 학습의 상호작용에 의해 이루어진다. 즉 유아는 영아기에 성취한 신체적 능력을 기초로 반복적인 연습과 활동을 통해 다양한 운동기술을 보다 정교화시킨다.

유아기 운동발달은 유아의 동기, 활동의 기회, 기술 발달을 위한 연습에 따라 다르게 나타난다. 따라서 유아의 흥미나 호기심을 자극할 수 있는 활동의 제공과 함께 적절한 연습을 통해 운동기술의 질을 향상시킬 필요가 있다.

영아는 생후 1년을 전후로 걷기 시작하고, 2~3세가 되면 달릴 수 있다. 3세 때는 달리면서 방향을 바꾸기는 힘들지만, 5세 정도가 되면 계속 달리면서 방향을 바꿀 수 있다.

3세 유아는 한 발을 다른 발 앞에 갖다 대면서 직선 위를 일자로 걸을 수 있다. 4세 때는 직선보다 걷기 어려운 곡선 위를 걸을 수 있는데, 곡선 위를 걸을 때는 한 발을 다른 발 앞에 갖다 대면서 동시에 방향을 바꾸어야 한다. 2세된 유아는 평균대 위에 서 있을 수 있으나 걸을 수는 없다. 2세가 조금 지나면 평균대 위를 걸으려고 하지만 한 발을 떼어 다른 한 발에 붙이는 식으로 가능하다. 3세가 되면 발을 바꾸면서 걸을 수 있고 4세가 지나면 빨리 걷게 된다.

2세 전 한쪽 발로 뛸 수 있고, 2세에는 두 발로 잠깐 뛸 수 있다. 3~4세경 두 발로 높이 뛰어오르고, 4~5세경 뛰면서 앞으로 나아갈 수 있다. 5~6세경 높이뛰기와 멀리뛰기를 할 수 있고, 줄넘기를 한다. 3~4세가 되면 세발자전거를 탈 수 있고, 5~6세면 아동용 두발자전거도 탈 수 있다.

계단을 오를 때 영아는 한쪽 발을 먼저 올려놓고 다른 발을 다시 올려놓는 식으로 계단을 오른다. 그러다가 4~5세경이 되면 발을 번갈아 가면서 계단을 오른다. 계단을 내려오는 것은 올라가는 것보다 균형잡기가 더 어려워 4세 전에는 발을 번갈아 가면서 내려오지 못한다.

2~3세경 유아는 두 팔을 사용하여 공을 던지며, 3~4세경에는 몸을 앞뒤로 흔들며 한쪽 팔로 공을 던진다. 4~5세경에 팔꿈치를 사용해서 공을 던지고, 5~6세경에는 발을 앞으로 내밀고 팔을 쭉 뻗어 공을 던질 수 있다.

2세 유아들은 공을 잡을 때 팔과 손을 뻣뻣하게 펼쳐서 잡는다. 3세 정도가 되면 공을 가슴으로 잡기 위해 팔꿈치를 구부린다. 3세가 지나면서 어깨와 몸통, 다리를 사용하여 공을 받을 수 있게 되고, 5세 때는 공이 떨어지는 지점을 예측하여 몸을 이리저리 움직이며 손과 손가락만으로 공을 잡을 수 있게 된다.

(2) 소근육 운동 발달

유아기는 눈과 손의 협응과 소근육의 통제도 발달하기 때문에 손의 사용이 점차 정교해진다. 일반적으로 소근육 운동기술은 여아가 앞서는 반면, 대근육 운동기술은 남아가 우세하다.

3세 유아는 엄지와 검지손가락으로 작은 물체를 잡을 수 있지만 블록쌓기나 퍼즐 맞추기 등이 서투르다. 4세가 되면 소근육 운동기술이 상당히 발달하여 블록쌓기 등이 향상된다. 5세 유아는 종이를 반으로 접거나 글자나 숫자를 베낄 수 있고, 크레용으로 색칠을 할 수 있다. 3세경에 유아는 원, 사각형, 삼각형 등의 그림을 그릴 수 있고, 5세 이후가 되면 사람, 동물, 자동차, 나무, 집 등 실제 사물을 그릴 수 있게 된다.

소근육이 발달함에 따라 자조기술(self-help skill)이 획득되기 시작한다. 자조기술은 먹기, 옷입기, 씻기, 배설하기 등과 같은 기본적인 생활습관을 습득하는 것으로, 이러한 습관은 경험이나 훈련을 통해 일정한 규칙이나 방법을 획득함으로써 향상되는 것이다.

2세 유아는 물을 엎지르지 않고 컵을 들고 마시는 것이 쉽지 않으며, 3세가 되면 다른 사람의 도움 없이 혼자 마시고 먹을 수 있다. 2세가 되면 혼자서 숟가락으로 밥을 먹기도 하지만 음식을 많이 흘리며 3세경에는 숟가락과 젓가락을 모두 사용한다. 그러나 적절한 사용은 7~8세가 되어야 하며 개인차도 크다.

3세가 되면 옷을 벗을 수 있고, 4세 이후가 되면 옷을 입을 수 있다. 5~6세 이후가 되면 혼자서 옷을 벗고 입고, 단추를 채우고, 지퍼를 열고 닫을 수 있다.

대소변 가리기는 신경 및 근육의 성숙과 관련된다. 대소변에 관계하는 괄약근의 성숙이 대소변 가리기를 훈련시킬 때 전제조건이다. 2세 이후가 되면 괄약근이 발달되어 대소변 가리기 훈련의 적절한 시기라고 볼 수 있다. 대체로 여아가 남아보다 배변통제 훈련을 더 빨리 완수하지만 개인차가 있다. 이러한 개인차는 괄약근의 성숙도, 부모의 배변훈련 태도 그리고 영아의 성별에 따라 다르게 나타날 수 있다. 5세가 지나도록 대소변 가리기가 안 되는 유아는 근육발달의 지연이나 정서적 문제를 의심해 볼 필요가 있다.

2. 인지발달

유아기는 인지적 성장과 언어발달이 빠른 속도로 이루어진다. 뇌의 성장은 유아로 하여금 정보를 보다 효율적으로 처리할 수 있게 해 준다. 유아는 눈앞에 없는 대상이나 사건에 대해 정신적 표상에 의한 사고를 할 수 있으며, 상징을 사용할 수 있는 능력을 갖게 된다. 또한 단어의 습득이나 문법의 숙달로 인해 영아기에 비하면 의사소통이 보다 효율적으로 이루어진다.

그러나 유아기의 사고는 비논리적이며 타인의 입장을 고려하지 못한 채 자기중심적인 특성을 나타낸다. 어떤 사건이나 사물을 대할 때 사물의 두드러진 속성에 압도되어 두 개 이상의 차원을 동시에 고려하지 못한다. 이러한 직관적 사고의 한계로 보존개념, 유목포함, 서열화에 관한 개념습득이 어렵다.

1) 지각 및 사고발달

(1) 지각발달

1 주의집중력의 발달

지각과정에 있어서 주의집중력의 발달은 매우 중요한 역할을 한다. 왜냐하면 수많은 자극들 중에서 주의를 기울이지 않은 자극은 지각될 수 없지만, 주의를 기울인 자극은 보다 명확하게 지각될 수 있기 때문이다. 또한 어떤 특정 자극에만 주의를 기울이고 다른 자극을 무시하는, 선택적 주의집중도 중요하다. 이를 통해 유아는 자극의 불필요한 부분은 무시하고 필요한 부분에만 주의를 기울임으로써 특정 대상의 속성을 보다 명확하게 파악할 수 있게 된다.

유아기 동안 주의집중력의 발달은 다음과 같은 특징들을 갖고 있다.

첫째, 연령이 증가함에 따라 특정 자극에 선택적으로 주의집중할 수 있는 능력이 증가한다. 약 4세 이후가 되면 특정 자극에 대한 선택적 주의가 급속히 발달되어 간다. 그 이유는 중추신경계통의 생물학적 재구성 능력의 발달 및 지각대상에 대한 기대의식의 발달 때문이다. 중추신경계통의 발달에 의한 생물학적 재구성 능력은 주의집중력의 발달을 돕고, 지각 대상에 대한 기대의식은 유아의 지각이 보다 효과적이며 정확해질 수 있도록 한다.

둘째, 유아의 복잡한 자극에 대한 선호도가 점차 증가하게 된다. 예를 들어, 유아는 단순한 도형보다는 복잡한 도형을 선호하게 되며, 새로운 형태를 탐색하고자 하는 욕구가 커진다.

셋째, 연령이 증가함에 따라 시각적 응시의 유동성이 증가하여 보다 완전하고 체계적으로 된다. 즉 점차적으로 유아의 지각은 자극의 부분적인 특징에 얽매이지 않게 되고, 자극의 각 부분을 연결하여 전체적으로 지각할 수 있게 된다. 이러한 과정을 통해 유아는 자신이 지각한 내용에서 상호관련성을 알게 되며, 지각한 내용을 보다 복잡한 인지체계로서 조직할 수 있게 된다.

그러나 유아기 동안 유아의 지각발달은 계속적으로 향상되어 가지만, 다음과 같은 한계를 갖고 있다.

첫째, 여러 개의 대상에 대한 체계적인 탐색이 부족하다. 예를 들어, [그림 13-3]의 왼쪽 그림처럼 대상을 가지런히 체계적으로 제시하면 4~5세와 6~8세 아동의 탐색능력에는 차이가 없으나, 오른쪽 그림처럼 비체계적으로 제시하면 모든 대상을 빠뜨리지 않고 지각하는 능력은 6~8세 아동이 4~5세 아동보다 높게 나타난다 (Elkind & Weiss, 1967).

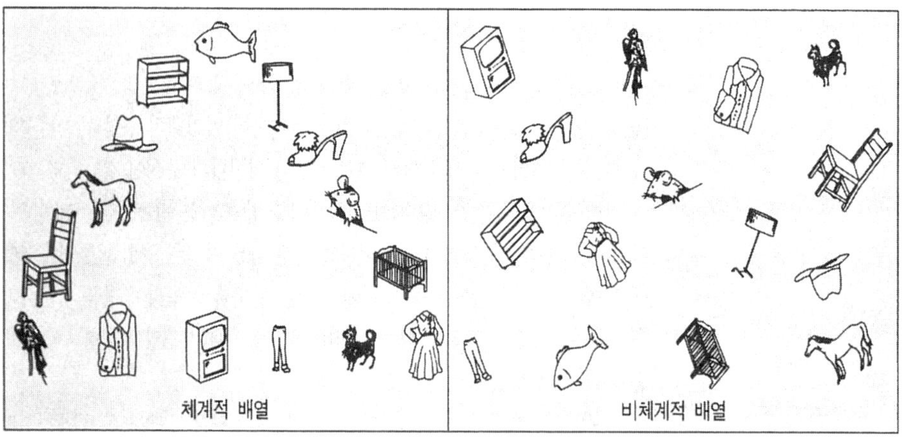

그림 13-3 지각탐색 그림자극
(Elkind & Weiss, 1967에서 인용)

둘째, 과제해결과 관련되는 가장 중요한 속성에 선택적으로 주의를 기울이는 능력이 부족하다. [그림 13－4]와 같이 한 쌍의 서로 다른 그림을 보여주고, 두 그림이 같은가를 물어 보면 유아들은 같다고 대답하는 오반응을 보이는 빈도가 높다. 이는 그림 속의 창문들을 대략 살펴보고 하나하나의 창문내용을 선택적으로 면밀히 살펴보는 지각 능력이 결여되어 있기 때문이다(Cole & Cole, 1989; Vurpillot, 1968).

그림 13－4 시각탐색 자극
(Vurpillot, 1968; Cole & Cole, 1989에서 인용)

셋째, 유아는 한 번에 두 개 이상의 속성을 동시에 지각하거나 이들을 통합하는 능력에 한계가 있다. [그림 13－5]와 같이 (a)와 같은 '부분－전체 도형'을 보고 대부분의 6~7세 이전의 유아들은 전체를 무시한 채 부분만을 지각하여 기린, 과자 등으로 대답하거나 부분은 무시한 채 전체만을 지각하여 하트 모양, 자전거로 반응하는 경향을 보인다. 반면 8~9세 아동은 '기린으로 만든 하트 모양' '과자로 만든 자전거'로 반응하여 부분과 전체를 통합하고 있음을 보여준다. 그림 (b)의 '역전가능도형'에서도 유아는 나무/백조, 나비/얼굴의 두 개 역전가능한 형태를 식별할 수 있는 능력이 없다. 이러한 능력은 아동기에 들어서면 가능해진다(송명자, 1995, 재인용).

2 지각의 발달

2~3세경이 되면 유아는 사물에 대한 형태의 차이를 지각할 수 있게 되고, 물체의 길이나 크기의 차이도 점차 구별할 수 있게 된다. 5세경 유아는 서로 다른 크기의 물체를 보다 정확하게 구별할 수 있으며 숫자나 알파벳 같은 복잡한 형태도 구분할

수 있게 된다.

4세 유아는 가까운 거리와 방향을 비교적 정확하게 지각할 수 있지만, 사물이 좌우 어디에 있는지 그리고 아래위 어느 쪽을 향하고 있는지 등의 사물이 놓여진 방향을 인식하지 못한다.

일상생활의 반복적인 경험을 통해 유아들은 대체로 낮과 밤, 아침과 저녁, 사계절과 같은 뚜렷한 시간의 경과를 정확하게 지각하고 있다. 3~4세경 유아는 어제, 내일과 같은 말을 사용하게 되며, 6세 이후가 되어서야 과거, 현재, 미래에 대한 지각이 분명해지고 주, 월, 일 등의 개념을 이해하게 된다.

어린 유아들이 여러 물체들의 무게가 서로 다르다는 것을 구분하기는 힘들다. 그러나 여러 가지 다양한 물체들을 경험하는 동안 유아들은 물체의 무게는 크기 외에 그 재료나 구조와도 관련되어 있다는 사실을 알게 된다. 3세 이후가 되면 유아는 크기나 무게가 같아 보이는 두 물체를 구별할 수 있게 된다.

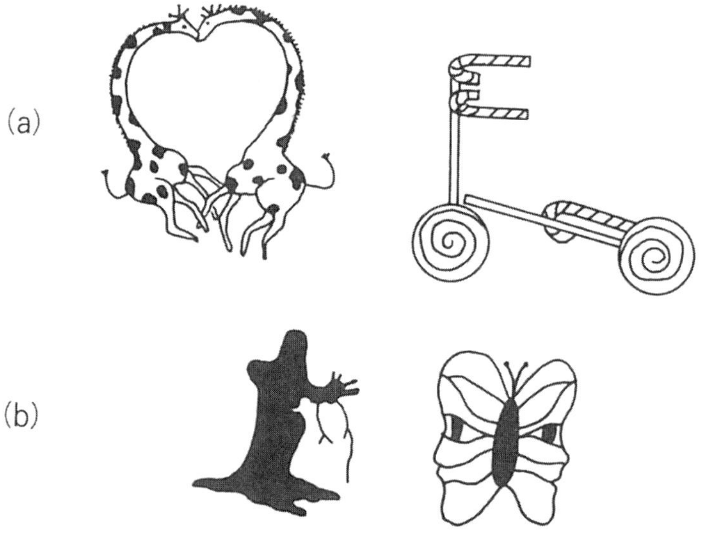

그림 13-5 부분-전체 및 역전가능 도형
(Elkind, 1978에서 인용)

(2) 사고발달

유아기는 피아제의 인지발달단계에서 전조작기에 해당한다. 전조작기는 감각과 행동에 의존하여 사고하는 영아기와 내재화된 표상에 의해 보다 논리적으로 사고하는 아동기 사이의 전환기로서, 이 단계는 논리적 조작은 어려우나 정신적 조작의 숙달을 향해 나아가는 시기라고 할 수 있다. 피아제는 전조작기를 두 개의 하위단계, 즉 전개념적 사고기(preconceptual period : 2세~4세)와 직관적 사고기(intuitive period : 4세~7세)로 구분하였다.

1 전개념적 사고의 특징

전개념적 사고기는 조작적 사고가 거의 나타나지 않으나 눈앞에 없는 것을 머릿속에 그릴 수는 있다. 이 시기의 유아는 객관적인 개념이 갖고 있는 일반적인 내용과 개별적 요소 간의 관계가 불명료하며, 언어가 개념으로서의 기능을 다하지 못한다. 예를 들어, '개'라는 말은 일반적으로 사용되지 않고 어떤 특정의 개를 지칭하거나 고양이 같이 개를 닮은 모든 것을 '개'라고 부르는 것이다.

① 상징적 사고

감각운동기 말에 접어들면 상징적 사고가 발달하기 시작한다. 상징적 기능은 단어, 부호, 이미지, 몸짓 등과 같은 상징체계를 사용하고 구성하는 능력을 말한다. 예를 들어, 달콤한 케이크를 먹어 본 유아가 케이크의 맛을 떠올리며 케이크를 먹는 시늉을 낸다거나, 베게를 마치 자동차인 것처럼 타고 노는 것 등이 상징적 기능의 예라 할 수 있다. 언어 또한 유아가 눈앞에 존재하지 않는 것을 말할 때 상징적으로 사용할 수 있게 된 것이다(예 : 엄마는 시장갔어요).

따라서 상징적 사고는 유아가 눈에 보이지 않는 사물이나 대상을 표상화하기 위하여 여러 형태의 상징을 사용하는 것이다. 이 때 상징은 순수하게 정신적 표상일 수도 있고, 단어나 물체, 행동일 수도 있다.

상징의 사용은 문제해결의 속도를 증가시키고 시행착오를 감소시킨다. 단어나 대상이 어떤 다른 것을 표현하게 하는 상징적 사고능력은 유아로 하여금 '지금', '여기'의 한계에서 벗어나 정신적으로 과거와 미래를 넘나들게 해 준다.

② 자기중심적 사고

자기중심적 사고(egocentric thought)란 유아들이 어떤 사건이나 사물에 대하여 다른 사람들도 자신과 똑같이 느끼고 지각한다고 생각하는 것이다. 이는 유아가 다른 사람들은 사물을 자신과 다르게 보거나 다르게 경험할 수 있음을 이해하지 못함을 의미한다.

유아기의 자기중심적 사고를 보여주는 실험으로 Piaget와 Inhelder(1956)의 '세 산 모형'이 있다. 이 실험에서 크기와 모양이 서로 다른 세 산 모형을 탁자 위에 올려놓고 유아로 하여금 탁자 주위를 돌게 한 다음, 한 의자에 인형을 앉히고 다른 의자에 유아를 앉게 한다. 그리고 유아가 본 것을 나타내는 사진과 인형이 본 것을 나타내는 사진을 선택하게 하였을 때, 6~7세 이전의 유아는 자신이 본 것은 잘 고르지만 인형이 본 사진을 고르라고 했을 때도 자신이 본 것과 똑같은 사진을 선택하였다.

유아기 자기중심성은 유아의 자기중심적 언어에서도 나타난다. 이는 자신이 하는 말을 상대방이 이해하든 못하든 자기 생각만을 전달하는 의사소통 양식이다. 전조작기 유아는 집단독백처럼 타인과의 대화에서 의사소통할 목적이나 의도없이 독백처럼 자기 말만 하는 특징을 보인다.

③ 물활론적 사고

유아는 생명이 없는 물체도 살아 있다고 생각하는 특성을 갖는다. 처음에는 모든 사물에 생명과 감정을 부여한다(예 : 높은 곳에서 떨어진 인형이 매우 아플꺼라고 상심한다). 그러다가 6~8세경이 되면 움직이는 물체만이 살아있다고 생각한다(예 : 하늘에서 움직이는 달과 해는 살아 있다). 이러한 물활론적 사고는 4~5세경에 감소하기 시작하여, 8세 이후가 되면 생물과 무생물을 완전히 구분할 수 있게 된다.

④ 전환적 추론

이 시기 유아는 일반적인 것에서 구체적인 것을 연역하거나 구체적인 것에서 일반적인 것을 도출하는 귀납적 사고가 힘들다. 그래서 서로 관련 없는 두 개의 사건을 인과관계로 사고하는 오류를 범한다. 예를 들어, 낮에 잠에서 깨어난 유아가 잠에서 깼기 때문에 지금이 아침이라고 생각하는 것이다. 즉 어떤 두 가지 현상이 시간적으로 근접해서 발생하면 두 현상 간에 아무런 관계가 없는데도 유아는 인과관계가 있는 것으로 생각한다.

2 직관적 사고의 특징

직관적 사고란 어떤 사물을 볼 때 그 사물의 여러 가지 특성을 동시에 통합적으로 고려하지 못하고 가장 두드러지게 지각되는 특징에만 근거하여 판단하는 것을 말한다. 즉, 직관에 의해서만 사물의 특징을 파악하는 것이다. 전조작기의 직관적 사고로 인해 유아는 다음과 같은 사고의 한계를 나타낸다.

① 보존개념

보존개념(conservation)이란 어떤 대상의 겉모양이 바뀌어도 양이나 무게, 길이와 같은 물리적 속성은 변하지 않는다는 것을 이해하는 능력을 의미한다.

다음의 [그림 13 - 6]은 피아제의 보존개념 실험이다. 실험에서 용량이 똑같은 유리컵 A, B에 똑같은 양의 물을 붓고, 유아에게 두 컵의 물의 양이 같음을 확인시켰다. 그리고 A, B컵의 물을 유아가 보는 앞에서 높이와 넓이가 서로 다른 C, D 컵에 부었다. 그런 다음 유아에게 C, D컵 중 어느 컵의 물의 양이 더 많은지 물어 보면 유아는 대부분 길고 폭이 좁은 D컵의 물이 더 많다고 대답한다. 이는 유아가 직관적 지각에만 의존하여 사물을 판단함으로써 논리적 오류를 범한 것이다.

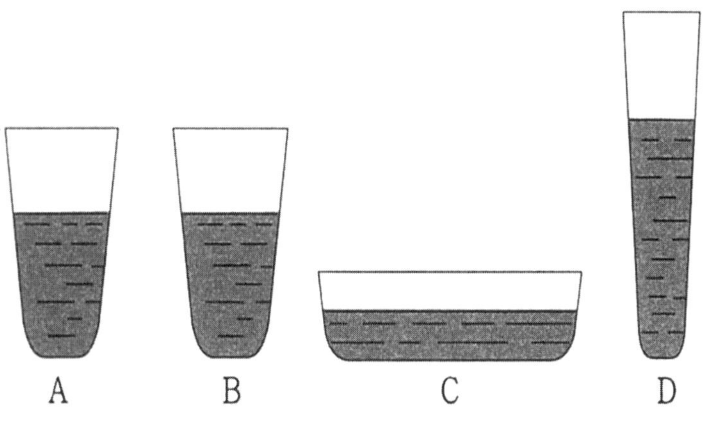

그림 13 - 6 4~7세의 유어의 보존개념 실험에서 지각우위 현상

보존개념이 획득되는 연령은 과제의 종류에 따라 다르다. 수의 보존개념은 5~6세, 길이의 보존개념은 6~7세, 무게, 액체, 질량, 면적의 보존개념은 7~8세, 부피의 보존개념은 11~12세에 획득된다(그림 13 - 7 참조).

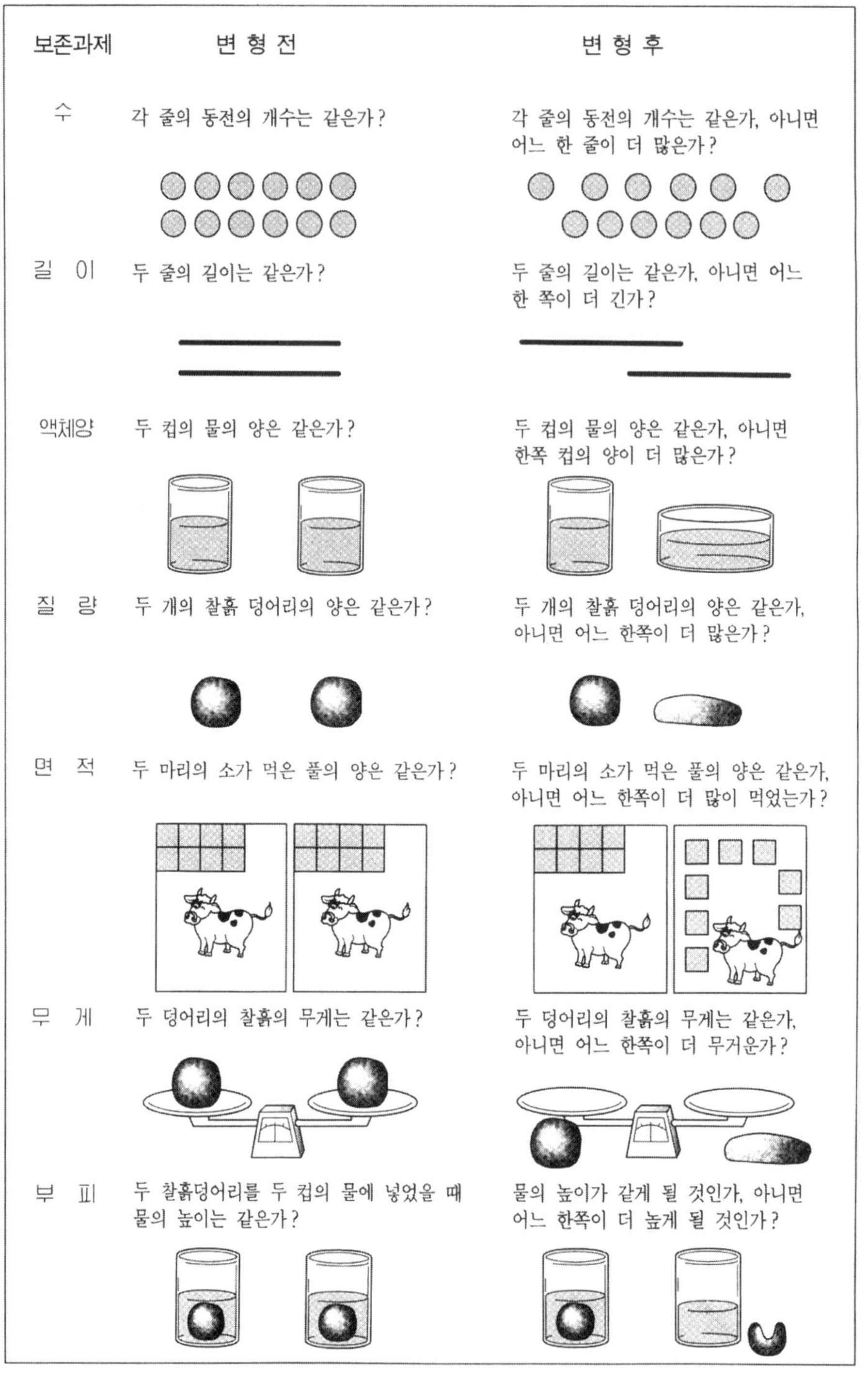

그림 13-7 Piaget의 보존실험

* 자료 : Black & Puckerr, 1996, p. 328.

피아제는 전조작기 유아가 보존개념을 획득하지 못하는 이유를 다음과 같이 설명하고 있다.

첫째, 중심화(centration) 현상 때문이다. 중심화란 어떤 상황의 한 측면에만 집중하여 다른 측면들은 무시하여 비논리적 결론에 도달하는 경향을 말한다. 예를 들어, D컵의 물이 많다고 말하는 유아는 높이라는 한 측면에만 집중하기 때문인 것이다. 둘째, 정지된 상태에만 주의를 집중함으로써 변환과정을 고려하지 못하기 때문이다. 전조작기 아동은 A컵의 물을 C컵에 옮겨 붓는다는 의미를 파악하지 못한다. 즉 변환과정을 고려하지 않고 변환의 시작과 끝, 정지된 상태에만 주의를 기울인다. 셋째, 비가역성 때문이다. 가역성(reversibility)은 어떤 변화가 일어났을 때 이것을 먼저 상태로 되돌려 놓는 것을 말하는데, 유아는 D컵의 물을 B컵에 다시 부으면 원래의 상태로 복구할 수 있다는 것을 개념화하지 못한다. 즉 조작의 양방향성 개념을 획득하지 못하기 때문이다.

② 유목포함

유목포함(class inclusion)은 상위유목과 하위유목 간의 관계, 즉 전체와 부분의 관계를 이해하는 능력을 말한다. 이 시기 유아는 전체와 부분의 논리적 관계를 이해하지 못한다. 예를 들어, 유아에게 열 개의 검정색 구슬과 다섯 개의 흰 구슬을 보여주고 "검정색 구슬이 더 많니? 흰 구슬이 더 많니?"라고 물으면 유아는 검정색 구슬이 더 많다고 대답한다. 이는 유아가 검정색 구슬과 흰색 구슬(하위유목)이 모두 구슬이라는 상위유목에 포함된다는 사실을 이해하지 못하고, 구슬의 색깔이라는 지각적 특성에만 주의를 기울이기 때문이다. 즉 유아는 부분과 전체를 비교하지 않고 부분과 부분을 비교하기 때문에 이러한 오류를 범하는 것이다.

③ 서열화

서열화(seriation)란 사물의 어떤 특징적 속성의 차이를 순서대로 배열하는 것을 의미한다. 사물을 서열화하기 위해서는 사물간의 반복적이고 연속적인 비교가 계속 요구되고, 비교에 의한 배열이 나타나며, 방향을 갖게 될 뿐만 아니라 규칙이 반영된다. 예를 들어, 크기가 서로 다른 크레파스 3개로 순서짓기를 하면, 가장 큰 크레파스, 중간 크레파스, 가장 작은 크레파스 순서로 놓이게 될 것이다. 이러한 배열에서 방향은 큰 것에서 작은 것으로, 규칙은 크기 순서가 된다(이경우, 1998).

유아에게 세 개의 크기가 다른 크레파스를 주고 차례대로 배열해 보도록 요구하면 연령에 따라 서로 다른 반응이 나타난다. 5세 이전의 유아들은 길이에 따라 순서대로 나열하지 못하고, 5~6세 유아들은 순서대로 배열하지만 반응에 일관성이 없다. 서열화 개념이 완전히 획득되는 것은 구체적 조작기가 되어서야 가능해진다.

최근에는 많은 학자들이 유아기의 인지능력을 전조작기로 규정하는 것에 대해 비판적인 시각을 보이면서 유아기 인지발달 수준이 피아제가 생각하는 것보다 훨씬 앞서 있다는 사실을 입증하고 있다. 피아제가 유아에게 제시한 과제들이 지나치게 어렵고 복잡하며 특히 유아의 언어적 설명에 의존하는 자료수집 방법이 문제점으로 지적되고 있다. 따라서 좀 더 단순한 과제나 일상적으로 친숙한 과제를 제시하면, 유아도 타인의 관점을 고려할 수 있고 보존개념 등의 과제를 상당 부분 수행하는 것으로 나타났다. 또한 이들 과제 수행시 훈련을 통해 유아의 인지능력이 향상될 수 있을 것으로 보았다(Field, 1987).

2) 기억발달

유아기 말에 이르면 기억능력이 점차적으로 향상되기 시작한다. 이는 연령이 증가함에 따라 정보를 저장하는 기억용량이 증가하고, 정보를 저장하고 인출하기 위한 기억전략을 보다 효율적으로 사용하게 되며, 기억과정에 대한 지식, 즉 상위기억이 점차적으로 발달하고 그리고 성장함에 따라 지식기반이 보다 확장되기 때문으로 볼 수 있다.

(1) 기억용량의 증가

기억용량의 증가란 정보를 저장할 수 있는 공간이 증가함을 뜻한다. 기억공간에는 감각기억, 단기기억, 장기기억이 있는데, 감각기억과 장기기억의 용량은 연령에 따른 변화가 거의 없는 것으로 보이기 때문에 기억용량의 증가는 단기기억 용량의 증가를 의미한다(Bjorklund, 1995).

단기기억의 용략은 보통 기억폭(memory span) 검사에 의해 측정된다. 예를 들어, 숫자를 몇 개 불러 주고 그것을 순서적으로 정확히 회상할 수 있는 항목수로 기억폭을 재는 것이다. 기억폭은 유아기에 급격히 증가하는데, 2세 유아의 기억폭은 2개,

5세 유아는 4.5개, 그리고 성인의 기억폭은 7~8개 정도이다(Dempster, 1981). Case(1985)에 의하면 연령이 증가할수록 정보를 처리하는 속도가 빨라지고 보다 효율적이 되기 때문에 조작공간을 덜 필요로 하게 되며 저장공간이 증가하게 된다고 한다. 즉 어릴 때는 많은 시간과 노력을 필요로 했던 과제들이 나이가 들면서 자동적으로 처리되어 시간과 노력을 적게 들이고 과제를 해결할 수 있게 된다는 것이다. Kail(1997)은 저장공간의 증가는 학습이나 경험의 영향을 받기도 하지만 주로 생물학적 성숙에 기인한다고 보았다. 즉 뇌와 신경계의 수초화가 증가하고 불필요한 뉴런의 제거가 정보처리를 좀 더 효율적으로 해 준다는 것이다(정옥분, 2006).

(2) 기억전략의 발달

기억전략은 정보의 저장과 인출을 보다 쉽게 해 주는 자발적이고 의도적인 활동을 말한다. 기억전략에는 시연(rehearsal), 조직화(organization), 정교화(elaboration), 그리고 인출(retrieval)전략 등이 있다. 이러한 기억전략은 유아기에 출현하기 시작하지만, 초보적이고 제한적인 수준이며 크게 효율적이지는 못하다.

1 시 연

시연은 기억해야 할 정보를 여러 번 눈으로 보거나 소리내어 말하는 것이다. 시연은 매우 간단하고 효과적인 기억전략이지만, 유아기에는 성인처럼 자발적으로 시연하지 못하므로 시연전략의 사용이 빈약하며 덜 효율적이다. Flavell 등(1966)의 연구에 의하면 시연을 하는 비율은 연령이 높아질수록 증가하였고, 후속연구(1967)에서는 시연을 한 유아들이 시연을 하지 않은 유아들보다 기억을 더 잘하는 것으로 나타났다.

2 조직화

조직화란 기억하고자 하는 정보를 그것이 가지고 있는 속성에 따라 의미있는 단위로 묶어 기억하는 방법이다. 한 번에 기억할 수 있는 정보의 양에는 한계가 있기 때문에 조직화에 의해 정보를 체계화하면 보다 많은 정보를 기억할 수 있게 된다. 예를 들어, 호랑이, 해바라기, 사자, 사과, 장미, 수박 등의 단어들을 기억해야 하는 경우 동물은 동물끼리, 꽃은 꽃끼리, 과일은 과일끼리 묶어서 기억하는 것이다. 따라서 조직화는 보다 많은 정보들을 저장하고자 할 때 시연보다는 효율적인 방법이라 할 수 있다.

조직화는 상위개념과 하위개념에 대한 이해를 전제로 하기 때문에 시연보다 늦게 나타난다. 9~10세 전에는 정보 조직화의 능력이 효율적으로 수행되지 않으며, 유아의 경우 정보를 조직화하는 능력이 없는 것으로 나타났다(Hasselhorm, 1992). 한 연구(DeLoache & Todd, 1988)에서 4세 유아들이 매우 초보적인 형태의 조직화 전략을 사용하기는 하나, 유아기에는 의미가 같은 것끼리 묶는 의미론적 조직화를 사용하지 못하는 것으로 나타났다.

3 정교화

정교화란 서로 관계가 없는 정보, 즉 같은 범주에 속하지 않는 자료들을 의미있는 관계로 연결지어 기억하는 것이다. 즉 기억해야 할 두 개 이상의 항목에 의미를 부여하기 위해 이야기를 만들거나 시각적 심상을 만들어 기억하는 방법이다. 예를 들어, 인형과 사과를 기억해야 하는 경우 인형이 사과를 먹는 장면을 상상하며 기억하는 것이다.

정교화를 사용하기 위해서는 기억해야 할 항목들을 이미지의 형태로 전환해야 하고, 양자 간의 관계를 설정해야 하기 때문에 다른 전략에 비해 늦게 발달한다. 일반적으로 11세 이전에는 정교화 전략을 사용하지 못한다. 왜냐하면 11세 이전에 아동은 정적 이미지를 사용하기 때문에 기억에 별 도움이 안 된다. 예를 들어, '개'와 '자동차'가 제시되면 그들이 사용하는 이미지는 고작 '자동차를 소유한 개' 정도이다. 그러나 아동 후기의 아동들은 좀 더 기억하기 쉬운 동적 이미지를 사용하는데, 예를 들면, '개와 자동차가 경주를 한다'이다.

유아기에 정교화 전략을 효율적으로 사용하지 못하는 또 다른 이유는 일반적인 지식의 부족 때문이다. 정교화 전략을 사용하기 위해서는 새로운 정보를 기존의 지식과 의미있게 관련지을 수 있어야 하는데, 그러기 위해서는 보다 풍부한 선행지식을 갖고 있어야 한다.

4 인출전략

인출전략은 저장된 정보 중에서 필요한 정보를 효율적으로 인출하기 위한 전략을 말한다. 정보를 인출할 때 적절한 전략은 정보를 저장할 때 사용했던 전략을 그대로 사용하는 것이다. 즉 조직화 전략을 이용해서 정보를 저장한 경우는 조직화 전략을 이용하여 정보를 인출하고, 정교화 전략을 이용해서 정보를 저장한 경우는 정교화 전략을 이용하여 정보를 인출하는 것이 효과적이다.

Pressley와 Levin(1980)의 연구에서 6세와 11세 아동들에게 정교화 전략을 이용하여 항목들을 기억하게 한 다음, 한 집단에게는 그 항목들을 기억할 때 정교화 전략을 이용하여 회상해 보라고 하고 다른 집단에게는 그냥 잘 기억해 보라고만 하였다. 결과적으로 11세 아동들은 두 집단 모두 65%의 항목을 정확히 회상하였지만 6세 유아들 중 정교화 전략을 지시받은 집단은 42%, 지시받지 않은 집단은 23% 밖에 회상하지 못하였다. 즉 11세 아동은 스스로 정교화 전략을 이용하여 정보를 인출하였지만, 6세 유아는 지시하지 않으면 정보를 인출할 때 스스로 인출전략을 이용하지 못하였다.

저장된 정보를 효율적으로 인출하기 위한 또 다른 전략은 이들 정보를 연상할 수 있게 하는 인출단서를 활용하는 것이다. Kee와 Bell(1981)의 연구에서 7세 아동도 인출단서를 보여준 집단이 훨씬 기억을 잘하는 것으로 나타났다.

(3) 상위기억

상위기억이란 기억과 기억과정에 대한 지식을 말한다. 즉 기억과제를 명확히 파악해 과제의 특성과 자신의 기억능력을 평가하여 그에 적절한 기억전략을 세우는 것이다. 어떤 기억전략이 언제 어떻게 더 효율적인가에 대한 지식, 어떤 정보가 더 기억하기 쉽고 어려운지에 대한 기억의 저장과 인출에 관한 지식 등을 뜻한다.

유아도 상위기억에 대한 초보적인 지식을 가지고 있는 것으로 보인다. 3, 4세의 유아도 짧은 내용이 긴 내용보다 기억하기 쉽고, 긴 내용을 기억하려면 더 많은 노력이 필요하다는 것을 안다(Kreutzer et al., 1975).

아동기에 이르면 상위기억에 대한 지식이 급격하게 발달한다. 7~9세 아동은 기억해야 할 내용들을 가만히 들여다보는 것보다는 시연이나 조직화같은 기억전략이 더 효율적이라는 것을 깨닫는다. 그러나 11세가 되어서야 시연보다 조직화가 더 효율적인 기억전략이라는 것을 이해하고, 정보를 인출할 때도 메모같은 인출단서를 사용하게 된다(Justice et al., 1997).

(4) 지식기반의 확대

학습내용과 관련된 선수지식이 많을수록 그 내용을 기억하기가 쉬워진다. 즉 새로운 학습내용이 기억 속에 저장되어 있는 기존의 지식이나 정보와 빠르게 연결될 수 있기 때문에 쉽게 기억할 수 있다.

친숙한 주제와 친숙하지 않은 주제에 관한 글을 읽는다고 가정해 보자. 친숙한 주제의 경우에는 우리가 이미 가지고 있는 지식에 새로운 정보를 연결시킴으로써 재빨리 정보를 처리할 수 있다. 즉, 새로운 정보를 조직하거나 정교화하기 위한 도식을 우리가 이미 가지고 있다는 것이다. 그러나 친숙하지 못한 주제를 학습하거나 기억해야 하는 경우 그 주제와 관련된 지식이 우리 기억 속에 저장되어 있지 않기 때문에 더 많은 노력이 요구된다. 일반적으로 아동이 유아보다 대부분의 주제에 대해 더 많은 지식을 가지고 있기 때문에 아동은 확장된 지식기반을 통해 정보를 더 빨리 처리할 수 있으며, 정보를 범주화시키고 정교화할 수 있는 전략을 획득하게 된다(Bjorklund, 1995). 따라서 회상기억에서 연령차를 보이는 것은 연령증가에 따른 기억전략의 발달과 지식기반의 확대 때문일 수 있다.

3) 언어발달

유아기는 언어발달에 있어 사용하는 어휘수가 급속히 증가하고 문장의 길이도 길어지며 문법적으로도 점차 숙달되어 가는 시기이다. 이러한 언어발달을 통해 유아의 의사소통 능력도 보다 효율적으로 이루어지게 된다.

즉 유아는 언어를 통해 타인과 상호작용하고, 새로운 정보를 서로 교환하고, 자신들이 바라는 바를 표현하고, 타인의 행동을 통제하며, 자신의 독특한 견해, 감정, 태도를 나타낸다(Halliday, 1975).

(1) 단어와 문장의 발달

유아 초기에는 주어, 동사, 목적어로 이루어진 전문식 문장의 형태를 보이나, 점차적으로 그 외 다른 요소들이 첨가되기 시작한다. 사용하는 단어 수가 급속히 증가하여, 보통 유아 초기에 사용하는 단어 수는 200~300개, 3세경은 900개, 4세경은 1,600개 그리고 5세경이 되면 2,500개 정도로 늘어난다. 유아기에 단어 수가 급증하는 것은 유아의 인지적 성숙으로 인해 사물을 범주화할 수 있는 능력의 발달과 관련 있어 보인다(Goldfield & Reznick, 1990).

유아기의 어휘를 능동적 어휘와 수동적 어휘로 구분하는데, 유아가 자발적으로 실제 사용하는 어휘를 능동적 어휘라 하고, 알고는 있으나 자주 사용하지 않는 어휘를 수동적 어휘라고 한다. 유아기에는 대체로 능동적 어휘수가 수동적 어휘수보다 적다고 한다.

또한 유아는 추상적 의미의 어휘보다 구체적 의미의 어휘를 더 빨리 획득하고 더 많이 사용한다. 다시 말해 유아는 구체적인 사물을 지칭하는 어휘는 쉽게 획득하지만, '더 많다', '더 적다', '더 크다', '더 작다'와 같은 비교급은 획득하기 힘들고, 또 유아기 초에는 전과 후라는 어휘의 의미를 이해하지 못하며, 두 단어를 구별하지 못한다(유안진, 2001).

유아 초기에 사용하는 언어유형에서도 개인차가 나타난다. Nelson(1973)에 의하면 유아들이 사용하는 초기 언어 유형으로 참조적 유형(referential style)과 표현적 유형(expressive style)이 있다. 참조적 유형을 주로 사용하는 유아들의 언어는 대부분 사람이나 사물을 가리키는 것이다. 표현적 유형을 주로 사용하는 유아들의 언어는 사물이 아니라 사회적 관계와 관련된다. 이러한 유아들은 좀 더 다양한 형태의 개인적 · 사회적 단어들을 사용한다. 즉 언어를 주로 사회적 상호작용에서 주의를 환기시키는 도구로 사용한다.

Bate 등(1988)은 참조적 유형을 사용하는 아동들이 보다 더 인지지향적이며, 그들은 물체에 더 많은 관심을 가지고 있다고 하였다. 그들은 초기단계에서 급격한 어휘발달의 양상을 보이며, 짧은 시간 내에 많은 물체의 이름들을 습득할 뿐만 아니라 복잡한 성인언어를 이해할 수 있는 능력이 발달되어 있다.

표현적 유형을 사용하는 유아들은 사회적 상호작용을 지향한다. 이러한 언어들은 문법적인 어형변화를 많이 포함하기 때문에, 이들이 사용하는 초기 언어는 참조적 유형을 사용하는 유아들 보다 더 발달된 것처럼 보이기도 한다.

이러한 언어유형에서의 차이는 문화에 따라서 차이를 보인다. 즉 대인간 화목을 중시하는 아시아 문화권의 유아들은 서구 문화권의 유아들보다 표현적 양식의 언어를 더 많이 사용한다(Choi & Gopnik, 1995).

한편 아동의 언어발달 수준을 진단하기 위한 하나의 지표로서 아동이 한 문장에서 사용하는 기본의미 단위인 형태소의 평균을 나타내는 MLU(mean length of utterance)가 사용된다.

Brown(1973)은 언어발달을 MLU에 기초하여 5단계로 구분하였다. 1단계는 유아가 하나 이상의 형태소를 가진 문장을 만들어 내는 시기이다. 이 시기의 문장의 특징은 주로 명사와 동사로만 구성되어 있고, 전치사나 관사 등은 생략되어 전보식 형태를 띤다. 2단계에서는 전치사와 관사 및 불규칙 동사와 명사의 복수 형태 등을 배우게 되지만, 완전한 형태로 사용하지 못한다. 3, 4단계에서 어휘 수가 증가하고, 문법의 법칙을 보다 정확하게 사용한다. 5단계에서는 둘 이상의 문장이 '그리고'에 의해 연결되는 보다 복잡한 구문을 사용할 수 있게 된다.

따라서 유아가 문법적 형태소를 획득함에 따라 전문식 표현은 감소하게 되고 말의 길이도 점차 길어지기 시작한다. 즉 유아는 2~3세경이 되면 세 단어 이상을 이용하여 문장을 만들 수 있다. 4세경에는 3~7개의 단어로 된 거의 완전한 문장을 사용하며, 5~6세경에는 6~12개의 단어로 된 보다 길고 복잡한 문장으로 언어를 구사할 수 있게 된다.

(2) 문법의 발달

삼어문 시기에 이르면 그 전에는 볼 수 없었던 문법적 요소를 찾아볼 수 있게 된다. 즉 세 단어 이상을 사용하는 시기에는 어휘 수만 증가하는 것이 아니라 문장을 발달시켜 가면서 점차 성인의 문법과 유사해져 간다.

언어발달 단계상 초기에 가장 먼저 나타나는 형태소는 '엄마야'와 같은 호칭어미와 '내 꺼야' 같은 문장의미이다. 다음으로 '같이, -랑, -하고, -도'와 같은 공존격을 나타내는 형태소 및 장소격을 나타내는 형태소가 나타난다. 다음으로 주격조사인 '가'와 '는'이 출현하고, 그 후 기타 격조사나 과거, 현재, 미래를 나타내는 시제형태소와 수동형태소가 사용된다. 〈표 13-2〉는 문법적 형태소의 출현 순서를 제시한 것이다(정옥분, 2006).

Brown(1977)은 아동이 문장을 발달시켜감에 따라 구문법상에서 문법적 형태소를 사용하는 과잉일반화의 오류를 범한다고 하였다. 예를 들어, 주격조사인 '-가'를 지나치게 규칙적으로 적용하여 '삼촌이가', '선생님이가'라는 식으로 말을 하는 것을 들 수 있다.

표 13-2 우리말 문법 형태소의 평균 출현 순위 및 사용 예

순위	문법적 형태소	사용 예
1	문장어미(야, 라, 자 등)	엄마야/ 이리와
2	공존(랑, 하고, 도, 같이)	엄마랑 애기랑/ 나두
3	장소(에, 로, 한테)	엄마 앞에/ 산에/ 엄마한테
4	과거(었)	산에 갔어/ 새 봤어
5	미래(ㄹ)	낸내 할 거야/ 쉬 할래
6	주격(가)	엄마가/ 오빠가/ 병아리가
7	진행(ㄴ,ㄴ다)	내가 먹는다
8	수동(이,히)	내가 입혀 줄게/ 토끼가 놀랬어
9	주어(는)	나는 사자다
10	목적(을, 를)	그냥 귤을 먹어
11	도구(로)	몽둥이로 맴매해

유아는 점차 의문문이나 부정문의 형태도 사용할 수 있게 된다. 4세경이 되면 '뭐, 어디, 누가, 언제, 왜, 어떻게'와 같은 의문사를 모두 사용할 수 있다. 부정문도 2세경이면 나타나는데, 초기에는 '안~' 형태를 많이 사용한다. 예를 들어, '안 먹어, 안 아파, 안 이뻐' 등이 있다(신경혜, 1994).

(3) 의사소통 기술의 발달

의사소통이란 언어적 · 비언어적인 매체를 통해 자신의 생각이나 감정을 타인에게 전달하는 것을 의미한다. 유아기에는 어휘 수가 증가하고 문법적인 숙달이 이루어지면서 언어를 통한 의사소통 능력이 점차적으로 발달하게 된다.

의사소통 기술은 말하는 사람과 듣는 사람이 언어가 지니는 문법과 통사 규칙의 의미를 파악하고, 말하는 사람이 듣는 사람의 개인적인 요인이나 그가 속한 상황에 대한 정보를 인지하여 그가 필요로 하는 정보를 표현하면서 대화를 지속시킬 수 있는 능력이다(유효순, 1993).

피아제에 의하면 유아기는 사고의 자기중심성으로 인해 상대방이 자신과 다른 견해를 갖고 있다는 사실을 이해하지 못하므로 진정한 의미의 의사소통을 위한 사회화된 언어를 보유하지 못한다고 하였다. 이러한 자기중심적인 언어는 유아기 말이 되면 점차 사회화된 언어로 발달하게 된다.

그러나 피아제의 주장과 달리 만 2세 정도만 되어도 대부분의 유아들은 다른 사람이 말을 걸면 대답을 해야 한다는 것을 알고 있다. 만 4세 정도가 되면 말을 할 때 듣는 사람의 수준에 맞게 화법을 조절해야 한다는 것을 안다. 즉, 듣는 사람이 이해하기 쉬운 형태로 바꾸어서 말한다. 예를 들어, 유아가 자신보다 어린 동생에게 말을 할 때는 쉬운 단어로 천천히 반복하는 것을 들 수 있다.

2세경의 어린 유아도 화자로서 말할 때 상대방이 자기와 놀거나 자기를 쳐다보고 있을 때에만 말을 걸었고, 청자가 되었을 때도 그와 같은 반응을 보였으며 상대방이 자기 말을 못 들었다고 생각되면 반복해서 말을 하였다. 2세 유아는 성인이 한 말을 반복하거나 따라 하지만 3세경이 되면 성인이 한 말에 새로운 정보를 보태어 말을 하고, 4세경이 되면 대화가 이어질 수 있는 후속질문을 적절히 사용할 수 있음이 보고되었다.

또한 3세경 유아는 특정 사건에 대해 묘사가 가능하며 문제해결과 대화 유지를 통해 보다 많은 주고 받기 차례를 거칠 수 있게 된다. 4세경이 되면 감정적인 발화의 양이 증가하고 상대의 감정까지 고려할 수 있게 된다.

3. 사회 · 정서발달

유아기 동안 아동은 신체 발달과 인지적 성숙으로 인해 보다 자율적, 자발적이 되어 간다. 주변 환경에 대한 호기심이 왕성하며 매우 활동적이 된다. 유아는 주변을 탐색하고 활동할 수 있는 기회를 통해 성취감과 자기능력감을 경험하면서 주도성을 발전시킨다. 또한 정서를 이해하고 조절하는 능력도 점차적으로 발달되어 간다.

스스로 환경을 조절할 수 있다는 인식과 함께 특유의 자아개념을 형성하게 되며, 자아개념은 유아의 적응과 자존감에 영향을 미친다. 또한 성 정체감의 발달로 자신의 성에 대한 고정적 관념을 갖게 된다. 또한 유아기의 놀이는 세상을 접하고 또래관계를 형성하며 상상력을 발휘할 수 있는 수단이 된다.

유아기는 부모와의 관계를 중심으로 또래들과의 상호작용을 통해 자아를 반영하게 되며 사회화에 필요한 기본적인 기술과 능력을 획득해 가는, 이후 발달의 토대가 되는 중요한 시기이다.

1) 성격발달

유아기는 성격발달 단계에 있어 프로이트의 남근기와 에릭슨의 주도성 대 죄의식의 단계에 해당한다.

(1) 프로이트의 심리성적 발달단계 : 남근기

남근기는 성적 에너지인 리비도가 항문에서 생식기로 옮겨가는 시기이다. 이 시기 유아는 남녀의 신체 차이, 아기의 출생, 부모의 성역할 등에 대해 관심을 가지게 된다. 프로이트에 의하면 이 단계에서 남아는 외디푸스 콤플렉스(Oedipus complex)를, 여아는 엘렉트라 콤플렉스(Electra complex)를 경험한다.

남아는 어머니에게 성적 애착을 가지며 아버지에 대해서는 성적인 경쟁자로서 적대감을 경험한다. 또한 아버지가 자신의 근친상간적 욕구를 벌하기 위해 자신의 성기를 거세할 것이라는 거세불안을 지니며, 이러한 거세불안을 감소시키기 위해 어머니에 대한 성적 욕망을 포기하고 아버지에 대한 적대감을 억압시키면서 아버지와 같은 남성다움을 갖기 위해 노력하게 된다.

여아도 처음에는 남자아이처럼 어머니를 좋아하지만 곧 자기는 남근이 없음을 알게 되고 이를 부러워하는 남근선망을 갖게 된다. 그리고 그 책임을 어머니에게 돌리고 아버지를 더 좋아하게 되지만, 어머니의 여성다움을 따르는 동일시과정을 통해 콤플렉스를 극복해 간다. 이 시기 동일시는 부모의 성격, 말투, 가치, 도덕기준 등을 따르며 내면화시켜 가는 과정으로서, 이러한 과정을 통해 남근기의 콤플렉스를 극복하고 초자아를 발전시켜 나간다. 그러나 이 시기를 잘 극복하지 못하면 성불감증, 동성애 등과 같은 신경성 질환을 보일 수 있다.

(2) 에릭슨의 심리사회적 발달단계 : 주도성 대 죄의식

이 시기 유아들은 신체 및 인지발달의 증가로 자율성과 자발성을 획득해 간다. 따라서 유아들은 매우 활동적이고 호기심이 왕성하며, 주변 환경에 대한 탐색욕구가 증가하여 자유롭고 공격적으로 움직이면서 활동반경을 넓혀 나간다.

또한 목적의식이 생기면서 스스로 어떤 목표나 계획을 세워 자신이 성취할 수 있다는 것을 발견하기 위해 열중하며 노력하게 된다. 이 때 주변에서 유아가 스스로 무엇인가를 열심히 할 수 있도록 지원하고, 칭찬과 격려로서 강화시켜 주면 유아는 주도성을 획득하게 된다.

한편 이 시기 유아는 도전적인 충동이 강하므로 목적을 지나치게 탐색하는 경향이 있다. 지나친 호기심이나 성적 탐색에 대한 사회적 비난과 처벌은 죄의식의 발달을 조장할 수 있다. 죄의식을 지나칠 정도로 갖게 되면 소극적이고 목적의식이나 용기가 부족한 성격이 될 수 있으며, 아동의 창의성과 자율성이 손상되고, 타인과의 자유로운 상호작용에서 어려움을 초래할 수 있다.

이 단계에서의 발달적 위기가 적절히 해결되지 않으면 아동은 정신신체화장애, 억제행동, 성교불능 등으로 고통받거나, 과시를 통해 과잉보상을 받으려 하거나, 혹은 독선적이거나 참을성 없고, 자발성보다는 충동을 억제하는 등의 행동을 보이는 어른으로 성장할 수 있다.

2) 정서발달

약 2세경을 전후로 분화된 정서가 유아기에도 그대로 유지된다. 유아기의 정서도 강하고 빈번하게 나타나며, 극단적으로 자주 변하는 것이 특징이다. 또한 유아의 연령에 따라 각 정서의 강도도 변하는데, 예를 들어 질투심이 강한 시기와 약해지는 시기가 있다. 유아의 어떤 정서가 직접적으로 표현되지 못할 때는 왜곡되어 백일몽, 언어장애, 손가락 깨물기 등의 행동적 증후로 나타날 수 있다.

유아기는 영아기에 비해 또래나 다른 성인들과의 접촉이 빈번해지고, 활동영역이 점차 넓어짐에 따라 정서를 유발하는 요인이 보다 다양해진다. 또한 이 시기 유아는 정서를 이해하고, 그것을 적절히 표현하는 법을 배워야 한다. 따라서 사회적으로 바람직한 방법으로 정서를 표현하고 조절할 수 있도록 부모의 적절한 훈육이 필요하며, 이는 앞으로 유아의 사회화와 사회적 능력의 기초가 되는 것이다.

(1) 유아기 정서의 특징

1 공 포

유아기의 공포는 과거의 경험과 관련되어 나타나는 경우가 많다. 예를 들어, 개에게 물린 경험이 있는 유아들은 개를 무서워하고, 물에 빠진 적이 있는 유아는 물을 두려워한다.

3세경 유아는 시각적인 것에, 4세가 되면 이유 없이 특별한 대상에 대해 공포심을 나타낸다. 5세가 되면 이유 없는 공포는 줄어드나, 구체적인 대상에 대해 무서움을 보인다.

6세가 되면 다시 공포심이 강해지는데, 이 때는 상상력이 증가하면서 가상의 대상이나 사건에 의해 야기되는 경우가 많다.

2 분 노

분노는 유아가 하는 일을 방해받거나 원하는 것을 가질 수 없을 때 그리고 자신의 요구가 거절당했을 때 이에 저항하여 유발되는 정서이다. 분노는 떼쓰기, 고집부리기, 말 안 듣기, 폭발적 행동, 보복 등의 행동으로 표출된다.

때때로 분노는 건강상태가 안 좋거나, 지치고 피곤할 때 그리고 강한 자극, 흥분, 불쾌한 일 등이 원인이 되어 나타나기도 하며, 부모의 분노 행동을 학습하여 나타내는 경우도 있다.

어린 유아들의 분노는 직접적으로 화를 내기 보다는 울거나 발구르기 등의 간접적인 표현으로 나타난다. 나이가 들어감에 따라 이 같은 행동은 줄어들고 방해받는 대상에 직접 대항하거나 화를 낸다.

연령이 증가되면서 격렬한 분노는 다소 억제될 수 있으며, 직접적인 방해물에 화를 내다가 4세경이 되면 던지기, 때리기, 깨물기 등의 분노행동으로 나타난다. 5세말경이 되면 공격적 행동보다 공격적 언어로 분노를 표시하게 된다.

유아의 분노 표출을 조정하기 위해서는 유아의 요구에 일관성 있게 대처하는 것이 중요하며, 유아들이 충분히 놀고 쉴 수 있게 해 주며, 무익한 자극은 피하고 부모들 자신이 분노를 잘 조절하는 것이 중요하다.

3 질 투

유아기의 질투는 흔히 동생이 생겼을 때 많이 나타나게 된다. 이러한 질투심의 내면에는 부모의 사랑과 관심이 동생으로 인해 상실될지도 모른다는 두려움이 깔려 있다. 질투로 인해 유아는 오줌 싸기, 음식물 토하기, 손가락 빨기 등과 같은 퇴행적 행동을 보이기도 하고, 때로는 지나치게 의존적인 행동이나 혹은 공격적인 행동을 보이기도 한다.

대체로 자기주장이 강해지는 시기인 3~4세경에 질투가 가장 심하게 나타난다. 5~6세경에는 교사가 다른 친구를 귀여워하면 심한 질투를 보이기도 한다.

질투심은 대체로 내향적인 유아보다 적극적이고 공격적인 유아에게서 더 많고, 리드 당하는 유아들보다 리드하는 유아들에게 보다 많다. 또한 지능이 높은 유아일수록 질투심이 많고, 남아에 비해 여아가 질투심이 많으며 특히 외아들, 외딸이 강하다고 한다(김나영 외, 2006).

4 기쁨과 애정

유아는 자기의식이 분명해지면서 인정받고 자신을 과시할 수 있을 때 기쁨을 느낀다. 또한 이 시기는 이해력이 발달되면서 익살스러운 몸짓이나 농담에도 웃을 수 있다.

유아의 기쁨은 애정과도 밀접히 관련된다. 안고 쓰다듬어 주면 유아는 기쁨을 느끼고 웃으면서 자신의 애정도 표현한다. 3세경에는 또래와 함께 놀면서 또래에 대해 애정을 갖기 시작한다. 4~5세경이 되면 자기보다 어린 동생을 귀여워하고 보살펴 준다. 유아의 애정은 상호적이어서 자기를 특히 사랑해 주는 사람을 따르고 좋아한다.

애정은 심리적 자양분이다. 애정을 많이 받는 유아는 그렇지 못한 유아보다 정서적, 신체적 발육이 빠르다고 한다. 정서를 통제하는 대뇌부위인 시상하부에서 분비되는 호르몬이 뇌하수체를 자극해서 성장호르몬을 분비시킨다. 따라서 애정을 많이 받는 유아는 유쾌한 정서적 흥분을 자주 경험하게 되어 정서발달이 촉진되고 성장호르몬의 분비도 활발해지어 신체발달도 촉진된다(유안진, 2001).

(2) 정서이해 능력의 발달

유아기에 이르면 유아는 정서를 표현하는 단어를 사용하거나 이해하는 능력이 빠르게 증가한다.

유아도 또래가 표현하는 각기 다른 정서에 다른 반응을 보인다. 즉 행복한 표정을 짓는 또래에게는 행복한 표정을, 아픈 표정을 짓는 또래에겐 동정적인 반응을 그리고 화난 표정을 짓는 또래를 못 본 척 하거나 그 자리를 떠나는 반응을 보인다(Denham, 1986).

유아는 슬픔과 같은 부정적 정서보다 행복과 같은 긍정적 정서를 더 쉽게 이해한다. 예를 들면, 3~4세 유아들의 절반 이상이 '좋다'라는 단어를 사용하지만, 소수만이 '슬프다'라는 단어를 사용하였다. 즉 유아는 타인의 긍정적 정서를 이해하는 데는 성인과 거의 동일한 수준이지만, 부정적 정서를 이해하는 데는 아직 서툴다(Fabes et al., 1994).

유아는 사람들이 '진짜로' 느끼는 정서와 그들이 겉으로 '표현하는' 정서를 잘 구별하지 못한다. 왜냐하면 아직 사물의 실제 모습과 겉으로 드러나는 모습 간의 차이를 이해하지 못하기 때문이다. 그래서 유아는 슬픈 일을 당한 사람이 웃고 있으면 혼란스러워 한다.

3~4세경이 되면 유아는 기쁨, 슬픔, 분노, 놀람 등의 비교적 단순한 정서와 이들 정서를 야기하는 원인에 대한 이해도 증가한다. 즉 꾸중을 들었을 때, 게임에 졌을 때, 그리고 원하지 않는 선물을 받았을 때의 상황에서 느끼는 정서를 예측할 수 있게 된다.

(3) 정서규제 능력의 발달

정서규제 능력은 자신의 정서를 적절히 조절하여 표현하는 능력으로, 유아기에 크게 증가한다. Saarni(1984)는 정서규제 능력 발달에 필요한 3가지 요소로서 정서를 통제할 수 있는 능력, 부정적 정서를 언제 감추어야 하는지에 대한 지식 그리고 정서를 통제하고자 하는 동기를 제시하였다.

정서규제의 한 측면인 좌절에 대한 참을성(tolerance for frustation)은 2세경에 나타나기 시작하여 유아기에 극적으로 증가한다(Bridges & Grolnick, 1995). 2~5세 사이가 되면 욕구좌절로 인해 부모에게 떼를 쓰거나 반항하는 것이 급격히 감소한다. 즉 하기 싫은 일도 참고 하게 되며, 갈등을 해결하기 위한 해결책도 찾아내기 시작한다.

좌절에 대한 참을성은 만족지연(delay of gratification)에서도 나타난다. 만족지연은 지금 당장의 만족을 충족시키기 보다는 그 만족을 지연시켜 나중에 더 큰 보상을 얻고자 하는 것을 말한다. 유아기에는 만족지연 능력도 증가하는데, 여기에는 자신의 정서를 통제하는 능력이 작용하는 것으로 보인다. 그리고 좌절에 수반되는 긴장을 감소시키는 전략을 사용하는 법을 배우게 된다. 예를 들어, 먹고 싶은 음식을 안 먹기 위해 쉼 호흡을 하거나 다른 놀이에 주의를 돌려 열중하는 것 등을 들 수 있다. 아동의 만족지연 시간은 연령이 증가할수록 길어졌고, 사려성/충동성의 인지양식에 있어서도 차이를 보여 사려적인 아동이 충동적인 아동보다 만족지연 시간이 더 길었다(허수경 · 이경님, 1996).

다른 사람 앞에서 부정적 정서표현을 자제하는 능력은 3세경에 나타난다(Cole, 1986). 연령이 증가함에 따라 아동은 부정적 정서표현을 덜 하게 되며, 자신의 진짜 감정을 숨기는 것이 왜 바람직한지 그 이유도 설명할 수 있게 된다.

3) 자아개념 및 성역할의 발달

(1) 자아개념의 발달

1 자아개념

자아개념(self-concept)은 자신이 자기를 어떻게 생각하고 받아들이느냐 하는 것이다. 유아의 자아개념은 자신에 대한 매우 제한된 인지라고 볼 수 있다. 그러나 성장함에 따라 자아개념도 확장되고 보다 세분화되어 간다.

일반적으로 자아개념은 자신의 특성, 즉 외모, 성, 정서, 능력, 흥미, 행동적 경향 등에 대해 가지는 개인의 생각이나 관점을 의미한다. 다시 말해 자아개념은 전체 자신에 대한 상세한 개인적 평가라고 할 수 있다.

유아의 자아개념은 자아인식에서 비롯된다. 3~4세가 되면 유아는 애착대상과의 분리에 불안을 덜 느끼면서 부모로부터의 개체화가 이루어진다. 개체화는 2세경부터 유아가 사물을 스스로 조작할 수 있는 조작능력의 발달과 함께 유아 자신이 부모 및 타인에게 어떤 영향을 미칠 수 있음을 인식할 만큼 자아가 발달한 결과이다. 이 시기에 인식하는 자아가 곧 유아의 자아개념이 된다.

3~5세경이 되면 유아들은 범주적 자아를 발달시킨다. 즉 처음에는 자신의 신체적 특징, 연령, 성 등을 토대로 자아개념을 형성한다. 어린 유아의 신체적 특징과 능력은 유아가 다른 사람들과 상호작용하는 데 영향을 미친다. 이러한 상호작용은 자아개념의 형성에 긍정적 혹은 부정적인 영향을 미친다. 즉 신체적 능력이 앞서는 유아는 다른 또래들로부터 긍정적인 피드백을 받게 되고, 이러한 경험은 그 다음의 반응에 영향을 주며 결국 아동은 자신을 능력있는 존재로서 지각하게 되고, 자신감과 주도성을 발전시킬 수 있게 된다. 이후 학동기 동안 아동은 점차적으로 자아개념에 자신의 신념이나 추상적 특징 등 추상적 개념을 넣어 보다 확장되고 복잡한 자아개념을

발전시켜 간다.

2 자아개념의 요소

자아개념은 자아상(self-image)과 자아 존중감(self-esteem)이라는 두 가지 요소를 포함한다. 자아상은 자신이 어떤 특성을 가지고 있는가에 대한 내적인 영상을 말한다. 예를 들어, 유아가 “나는 여자고, 5살이에요. 책읽기를 좋아하고 노래를 잘 불러요”라고 말한다면 그것이 곧 그 유아의 자아상을 나타내는 것이라고 할 수 있다.

자아상은 지각된 자아(perceived self)와 이상적 자아(ideal self)로 구분된다. 지각된 자아는 자신의 실제적 특성에 대해 가지는 생각인 반면, 이상적 자아는 자기가 되고 싶은 자신의 모습을 뜻한다. 지각된 자아와 이상적 자아의 불일치는 동기적 속성을 지니기 때문에 때때로 아동의 수행을 자극하고 발달의 원동력이 된다. 그러나 적은 불일치는 침체를 가져오며, 지나치게 큰 불일치는 실패와 손상된 자아존중감을 초래할 수도 있다.

자아 존중감은 자신의 이미지와 유의미한 타인들의 평가를 통해 이루어지는 것으로, 자신이 하는 일의 성공을 예견하고 자기에게 가치를 부여하려는 것이다. 자존감은 유아가 스스로 무언가를 시도하면서 성취감과 유능감을 경험하면서 발달된다. 따라서 양육자가 유아 스스로 무엇인가를 할 수 있는 기회를 허용하고 성공의 기회를 많이 제공할수록, 또한 벌이나 질책보다는 칭찬하고 격려할 때 자아존중감은 보다 쉽게 발달할 수 있다.

한편 유아의 자아개념은 주변의 유의미한 타인들의 평가에 의해 영향을 받는다. 특히 부모의 평가를 유아 자신이 평가함으로써 자아개념이 생겨나고 그러한 평가를 기초로 자아존중감이 형성된다. 유아는 부모로부터 사랑받고 인정받으면서 긍정적인 자아개념을 발전시켜 나간다. 그러나 부모로부터 지속적으로 미움받고 부정적인 평가를 받을 때는 부정적인 자아개념을 형성할 수 있다.

자아개념은 유아의 정서나 자존감에도 영향을 미치며, 이후 개인의 행동이나 사회적 관계에도 영향을 미친다. 긍정적인 자아개념을 갖는 아동은 적극적이고 정서적으로 안정되어 있으며, 자존감과 자기능력에 대한 자신감을 갖기 쉽다. 또한 학동기에 이르면 학교생활에 잘 적응하고 학업성취도도 높으며 원만한 대인관계를 유지할 수 있다. 그러나 부정적인 자아개념을 갖고 있는 아동은 소극적이며 정서적으로 불안하고 자존감이 낮고 위축될 수 있다. 또한 학교 및 사회생활에서의 적응이 어려울 수 있다.

따라서 유아의 자아개념 발달에 있어 부모의 양육태도가 매우 중요하다. 부모는 유아 스스로 무언가를 성공적으로 해볼 수 있는 기회를 적절히 제공하고, 유아가 사랑받고 있다는 느낌을 통해 스스로를 가치있는 존재로서 지각할 수 있도록 하며, 또한 긍정적인 평가자로서의 역할을 수행하여야 한다.

(2) 성역할의 발달

1 성역할의 발달과정

우리가 속한 문화권에서 개인 각자의 성별에 적합하다고 기대되는 행동특성, 태도, 가치 등을 내면화시키는 과정을 성유형화라고 한다. 이를 통해 아동도 자신의 성에 적합한 성역할(sex role) 개념을 습득하게 된다. 즉 성유형화란 개인이 자신에게 적절한 성역할을 획득하고, 성적 정체감을 확립하는 것으로 이러한 관념은 유아기부터 발달되며, 이렇게 획득된 성역할 형태는 일생동안 지속된다. 여기서 성역할이란 한 사회에서 여성 혹은 남성으로서의 역할 일부인 일련의 행동, 태도, 권리, 의무, 책임을 뜻한다(Bee, 1989).

초기에 유아는 자신의 생물학적 속성에 근거하여 자신이 남자인지, 여자인지를 알고 받아들여야 하는데 이것이 성 동일시의 형성이다. 유아는 2세를 전후로 자신뿐만 아니라 타인의 성을 정확히 말할 수 있다. 그러나 이 시기 성에 대한 이해는 매우 제한적이다.

그 후 성역할 동일시가 형성되는데, 이는 '여성적 혹은 남성적이다'라는 개념에 대한 자신의 지각과 믿음을 의미한다. 즉 아동이 자신의 성에 적합한 성격, 흥미, 행동특성이 어떤 것인지를 알게 되는 것이다. 예를 들어, 여아는 엄마처럼 치마를 입고, 로봇이나 총보다는 인형을 갖고 놀아야 된다고 생각하며, 남아는 치마를 입어서는 안 되며 인형보다는 자동차나 로봇을 가지고 놀아야 된다고 생각한다. 4, 5세경이 되면 직업에 대한 대부분의 고정관념도 알게 되는데, 여아는 간호사나 교사가 되고 남아는 군인이나 경찰 등이 되어야 한다고 생각한다.

성역할 고정관념이 획득되는 시기에 대해 Kuhn 등(1978)은 2세 유아도 성역할 고정관념에 대한 지식을 소유하며, 그 외 많은 연구결과가 성역할 고정관념이 유아기에 형성된다는 것을 지지하고 있다. 또한 유아의 성역할 고정관념은 주로 직업, 성격특성, 행동특성, 놀이를 중심으로 형성된다.

성장해 가면서 아동의 성역할에 대한 생각은 보다 융통성있게 변해간다. 아동 중반기에 들어서면 여자든 남자든 간에 사람은 남성적 또는 여성적 행동을 나타낼 수 있음을 이해하며, 자신의 성역할이 아니라고 생각한 것도 받아들일 수 있게 된다. 아동의 성역할 고정관념에 대한 융통성이 증가하게 되는 것은 부분적으로 성 항상성 (gender constancy)을 이해했기 때문이다. 성항상성이란 인간의 성은 놀이, 복장, 외모 등의 변화에도 불구하고 변하지 않는다는 인식이다. 따라서 이 시기 아동은 성역할 고정관념을 어겼다고 해서 자신의 성이 바뀌는 것은 아님을 이해한다.

2 성유형화 이론

성유형화의 발달에 대해 정신분석이론, 사회학습이론, 인지발달이론에서는 다음과 같이 설명하고 있다.

정신분석이론에 의하면 4, 5세경에 남아는 외디푸스 콤플렉스를, 여아는 엘렉트라 콤플렉스를 해소하기 위한 수단으로 부모와 동일시하는 과정을 통해 성유형화를 배우게 된다. 즉 유아는 각자 동성의 부모가 가지고 있는 남성적/여성적 성격 특성과 가치, 행동특성 등을 받아들여 내면화시킨다는 것이다.

사회학습이론가들에 의하면 성유형화 행동은 강화와 관찰학습에 의해 이루어진다. 아동은 자신의 성에 적합한 행동은 강화받고 그렇지 않은 경우 벌을 받거나, 또는 동성의 행동을 관찰하고 모방함으로써 성유형화 행동을 학습하게 된다. 특히 동성부모에 대한 모방은 성유형화의 발달에 중요한 영향요인이다. 그 외 아동은 대중매체, 또래, 교사 등의 행동을 관찰하고 모방함으로써 성유형화를 형성하게 된다.

인지발달이론가들은 유아 초기의 성역할의 학습은 일반적인 인지발달 변화에 의해 이루어진다고 주장한다. 이는 아동이 가정환경과는 무관하게 성고정관념에 대한 지식을 매우 어릴 때부터 습득한다는 사실에 근거한다.

콜버그(1966)에 의하면 성역할 동일시에서 가장 중요한 요인은 아동 자신이 '남자다, 여자다 '라는 성별 자아개념을 인식하는 것으로 동일시에 선행한다고 주장한다. 즉 이러한 인식이 먼저 이루어진 다음에 '남자/여자에게 적합한 행동을 한다'라는 동일시를 통해서 자신과 동성인 사람의 행동을 모방한다는 것이다.

3 심리적 양성성

양성성이란 하나의 유기체 내에 여성적 특성과 남성적 특성이 공존하는 것을 의미한다. 특히 양성성은 한 사람이 여성성과 남성성을 동시에 가짐으로써 상황에 따라 도구적 역할과 표현적 역할을 수행할 수 있다는 보다 효율적인 성역할 개념을 의미한다. 양성성은 전통적인 성역할 구분은 현대사회에 적합하지 않으며, 인간의 잠재력을 발휘하는데 장애요인이 된다는 학자들에 의해 주장되었다.

많은 연구들이 양성적인 사람이 성유형화된 사람보다 자존감, 자아실현, 성취동기, 결혼만족도가 높고, 도덕성 발달과 자아 발달도 높은 수준에 있으며, 정신적으로 더 건강한 것으로 보고하고 있다. 즉 양성적인 사람은 다차원적인 행동을 할 수 있기 때문에 상황에 따라 남성적/여성적인 특성의 역할을 적절하게 수행함으로써 적응력이 높다는 것이다.

4 성역할 발달에 영향을 미치는 요인들

먼저 개인의 성역할 정체감은 생물학적 구성에 의해 영향을 받는다. 남성과 여성의 생식체계의 해부학적 차이를 비롯해 성호르몬 수준, 그리고 성염색체 패턴의 차이도 원인이 될 수 있다.

아동이 소속된 문화적 요인이 성역할 발달에 영향을 미칠 수 있다. 문화권에 따라서는 성별에 따라 각기 다른 행동양식을 기대하고 상이한 가치기준을 부여하기 때문이다. 예를 들어, 우리 사회는 일반적으로 남아에게는 공격적, 적극적, 독립적인 것을 기대하며, 여아에게는 순종적, 의존적이기를 바란다.

부모 또한 아동의 성역할 습득에 있어 훈육자 혹은 모델로서의 역할을 한다. 아동은 동성의 부모를 보고 자라면서 그들의 특성을 본받게 되고, 부모는 자녀가 성에 적합한 행동을 할 때는 보상을 주고, 적합하지 않은 행동을 할 때 벌을 줌으로써 성역할 학습에 영향을 미친다.

특히 아버지는 어머니에 비해 아들, 딸을 구별하여 서로 다른 상호작용 양식을 발달시키고, 이것이 자녀의 성역할 발달에 큰 영향을 미친다고 한다. 즉 아버지는 아들에게는 엄격하고 비판적으로 대함으로써 도구적 성역할을 습득시키고, 딸에게는 관대하고 애정적으로 대함으로써 표현적 성역할 발달을 도모한다는 것이다.

형제도 아동의 성역할 발달에 영향을 미친다. 일반적으로 남자형제를 가진 아동은 여자형제를 가진 아동보다 더 남성적이다. 또한 동성의 형제인 경우 성역할 발달이 빨리 이루어진다. 즉 같은 성의 형제들끼리 놀이에 자주 참여함으로써 성에 적합한 행동을 빨리 습득하게 된다는 것이다.

유아들은 또래들과의 상호작용을 통해 자신의 성에 적합한 행동을 배우고 실행하기도 한다. 유아들도 성에 적합한 행동은 서로 보상하고, 성에 부적합한 행동에 대해서는 비판을 가하기도 한다. 또래의 보상과 벌은 유아의 행동에 많은 영향을 주기 때문에 더욱 중요하다.

4) 놀이의 발달

유아의 놀이는 생활 그 자체이다. 놀이는 자발적인 행위이며 순수한 내적 동기로서 유발되어지는 것이다. 놀이를 통해 유아는 즐거움과 행복감을 경험한다.

또한 유아는 놀이를 통해 성장한다. 유아는 놀이를 통해 많은 것을 배운다. 놀이를 하면서 주변 환경을 탐색하고 다른 유아들로부터 새로운 정보를 얻게 되며, 자신의 생각과 감정을 놀이를 통해 표현하고, 또래와의 관계를 보다 확장시키며, 신체발달을 이루게 된다. 따라서 놀이는 신체적, 인지적, 사회적, 정서적 발달에 영향을 미치는 중요한 활동인 것이다.

(1) 놀이의 가치

놀이는 다음과 같은 중요한 가치를 지닌다.

첫째, 아동은 놀이를 통해 자신의 신체를 조절하는 능력과 운동 능력을 발달시킨다. 운동기구를 타고 기어 오르며 대근육을 발달시키고, 적목을 쌓고 가위질이나 종이접기 등을 하면서 소근육을 발달시킨다.

둘째, 놀이는 아동의 정서 발달에 도움이 된다. 아동은 놀이를 통해 즐거움을 느끼고, 또한 놀이를 통해 실생활에서 겪는 긴장과 스트레스, 좌절감 등을 해소한다. 즉 부모에게 쌓인 섭섭함이나 동생에 대한 미움 등을 놀이를 통해 해소하기도 한다.

셋째, 놀이는 아동의 지적 발달을 돕는다. 놀이를 하는 동안 아동은 새로운 개념을 학습하고, 탐구력과 주의집중력, 그리고 문제해결 능력을 키울 수 있다.

넷째, 아동의 놀이는 의사소통 기술을 촉진시킨다. 아동은 혼자서 하는 놀이 동안에도 무언가를 중얼거리며 그리고 친구들과 함께 하는 놀이 동안에도 자신의 생각을 말하고 다른 친구의 말을 듣는 과정을 반복하게 된다.

다섯째, 놀이는 유아의 사회성을 발달시킨다. 또래들과 놀이를 하는 동안 아동은 사회생활에 필요한 규칙이나 협동심, 질서, 양보 등을 배우게 된다.

여섯째, 놀이는 아동의 창의성과 상상력을 발달시킨다. 아동의 놀이는 자유로우며, 기존의 규칙이나 방법에 구애받지 않는다. 독창적으로 놀이하는 동안 아동의 창의성은 풍부해지고, 자유롭게 놀이하면서 마음껏 상상의 나래를 펼칠 수 있다.

(2) 놀이이론

1 정신분석이론

프로이트는 놀이가 아동의 정서 발달에 중요한 역할을 한다고 보았다. 그에 의하면 놀이는 아동이 원하는 바를 표현하여 바라는 바를 충족시켜 주는 수단이라고 하였다. 즉 현실에서 소원의 충족이 이루어지지 못할 때 생기는 억압된 감정을 놀이를 통해 해소시키며, 불쾌한 사건에 대한 부정적인 감정을 제거하는 정화효과를 가진다는 것이다.

또한 아동은 실생활에서 인상 깊게 경험한 것을 놀이를 통해 반복하게 되는데, 이러한 반복놀이는 아동이 불쾌한 경험을 다루는 하나의 기제가 된다. 불쾌한 경험을 놀이를 통해 여러 번 반복하면 그 경험은 아동이 다룰 수 있는 작은 부분으로 나누어지고 천천히 부정적인 감정을 해소해 가게 된다는 것이다.

한편 에릭슨은 사회문화적인 관점에서 놀이를 해석하고 있다. 즉 놀이는 아동의 중요한 자아기술의 하나이며, 놀이를 통해 아동은 자신의 내적 세계를 외적 세계와 관련시켜 조직화한다고 보았다. 아동은 놀이를 통해 현실에서 겪는 어려움을 극복하고, 숙달에 이르고자 노력하게 되며, 이를 내면화시켜 개념적 사고를 발달시키기 때문에 마침내 스스로를 가르치게 된다고 하였다.

따라서 정신분석학적 견해에서 놀이는 아동이 실제 현실에서 겪었던 슬프거나 화나고 괴로웠던 감정을 해소시키는 치료적 의미를 갖는다. 안나 프로이트는 놀이요법으로 아동의 부적응 행동을 치료하고자 하였다. 즉 아동은 현실에서는 억압된 감정을 놀이를 통해 분출시켜 갈등과 좌절을 해소하여, 현실에서는 불가능한 소원을 충족시킬 수 있다. 따라서 놀이의 이러한 정화적 효과로 치료 효과를 본 것이다.

2 인지이론

피아제에 의하면 아동의 놀이는 인지발달에 있어 본질적인 활동이다. 아동에게 있어 놀이는 능동적이고 즐거운 통합과정이기 때문에 놀이를 통하여 세계를 경험하고 가장 순수하게 동화와 조절을 이루게 된다.

피아제에 의하면 놀이는 아동 자신에게 현실을 동화시켜 가는 과정이다. 즉 놀이를 조절보다 동화가 더 우세한 불균형의 상태로 보았다. 놀이를 통해 아동은 새로운 기술을 획득하기 보다는 이미 배운 기술을 연습하여 보다 견고하게 한다는 것이다. 따라서 아동은 놀이를 통하여 새롭고 복잡한 사태를 이해하게 되고, 여러 가지 다양한 개념과 기술, 기능 등을 배워 익히고 사고를 통해 행동을 통제하게 된다.

비고츠키는 놀이가 아동의 인지발달에 직접적인 역할을 한다고 보았다. 어린 아동은 추상적 사고를 할 수 없다. 왜냐하면 의미와 사물이 하나로 받아들여지기 때문이다. 예를 들어, 아동은 실제 호랑이를 보지 않고 그것을 생각할 수 없다. 그러나 가상놀이를 할 수 있게 되면 하나의 사물(예 : 베개)을 다른 것(예 : 호랑이)을 나타내는 것으로 사용할 수 있게 되며, 이 때부터 의미와 사물을 분리하기 시작한다. 그리하여 아동은 사물과는 독립적으로 의미에 대해 생각할 수 있게 된다. 이와 같이 인지론적 관점에서는 놀이를 인지발달을 돕는 교육적 효과를 갖는 것으로 보고 있다.

③ 학습이론

학습이론에서는 놀이도 학습된 행동으로 본다. 즉 유아가 강화받은 놀이는 점차 빈번해지고, 강화받지 못한 놀이는 점차 감소하게 된다는 것이다.

예를 들어, 유아의 연령이나 성별에 맞는 놀이는 긍정적인 강화를 주게 되지만, 그에 맞지 않는 놀이는 금지하거나 비난함으로써 감소시킨다는 것이다. 즉 남자 아이가 인형이나 소꿉놀이를 하고 여자 아이가 총이나 로봇을 가지고 놀면 비난하고 못하게 하는 경우 점차 그러한 놀이의 빈도가 감소되고 소멸되는 경우이다. 그러나 놀이의 종류를 지나치게 제한하면 놀이를 통한 인지발달과 사회성 발달이 저해될 수 있다.

(3) 놀이의 유형

① Parten의 놀이유형

성장해감에 따라 유아의 놀이는 상호작용에 근거한 보다 사회화된 형태로 발전하게 된다. Parten(1932)은 놀이활동에서 사회적 상호작용이 얼마나 많이 일어나느냐에 따라 놀이의 유형을 6가지로 구분하고 있다. 초기에 유아는 몰입되지 않은 놀이, 방관자적 놀이, 혼자놀이처럼 비사회적인 형태를 보이다가, 점차 평행놀이의 제한된 사회적 활동으로 변해간다. 마지막 단계에서 유아는 연합놀이나 협동놀이 같은 진정한 사회적 상호작용 형태를 나타내게 된다.

① 몰입되지 않은 놀이(unoccupied play)

얼핏 영아는 놀고 있는 것처럼 보이지 않으나, 주변의 일에 관심을 갖고 있다. 주로 자신의 신체를 가지고 논다.

② 방관자적 놀이(on-looker play)

대부분의 시간을 다른 유아가 노는 것을 관찰하면서 보낸다. 다른 유아에게 말을 걸거나 제안은 하지만 놀이에는 끼어들지 않는다.

③ 혼자놀이(solitary play)

주위는 아랑곳하지 않고 혼자서만 노는 형태이다. 주로 혼자 책보기, 토막쌓기, 그림그리기 등으로 시간을 보내는데, 대체로 2~3세의 유아들에게서 많이 나타난다.

④ 평행놀이(parallel play)

2세 반~3세반 시기의 유아들은 같은 공간에서 또래들과 유사한 장난감을 가지고 놀지만, 마치 혼자 노는 것처럼 상호간에 특별한 교류가 이루어지지 않는 놀이 형태를 보인다. 그러나 옆의 유아가 놀이를 그만 두면 자기도 그만 두는 경우가 많다.

⑤ 연합놀이(associative play)

둘 이상의 유아가 동일한 놀이에 참여하여 정해진 규칙을 지키면서 놀기도 하고, 놀잇감을 주고받거나 이야기도 하지만, 놀이에서 리더나 역할분담이 없다. 연합놀이는 3세 반~4세 반경에 나타난다.

⑥ 협동놀이(cooperative play)

4세 반 이후에 이르면 유아들은 한 가지 활동을 함께 하고, 서로 도우며, 조직된 집단으로 편을 이루어 규칙에 따라 각자의 역할을 정해 놓고 놀이를 한다. 이러한 놀이형태에서는 리더나 공동의 목표, 일정한 역할분담이 존재한다.

Parten에 의하면 유아가 성장함에 따라 사회성이 발달하면서 혼자놀이나 평행놀이의 비중은 감소하고, 연합놀이나 협동놀이의 비중은 증가한다고 하였다. 그러나 이 같은 견해에 비판적인 시각도 있다. 예를 들어, 혼자놀이의 경우 사회성이 발달되지 않아서가 아니라 독립심과 성숙함을 나타내는 것일 수 있으며, 평행놀이를 통해서 유아는 다른 유아의 놀이를 모방하기도 하고 이러한 형태에서 나타나는 비언어적 상호작용이 이후의 언어적 상호작용의 발달에 기여할 수도 있다.

[2] Smilansky의 놀이유형

Smilansky는 유아의 놀이를 인지적 수준에 따라 다음의 4가지 형태로 분류하고 있다.

① 기능놀이(functional play)

영아기에는 딸랑이를 흔들거나 자동차를 앞뒤로 굴리는 것처럼 단순히 반복적으로 근육을 움직이는 기능놀이가 주가 된다.

② 구성놀이(constructive play)

생후 22~24개월이 되면 다양한 놀잇감을 활용하여 무엇인가를 만들어 내는 놀이를 한다. 예를 들어, 목공놀이, 블록쌓기, 그림붙이기 등을 들 수 있다.

③ 가상놀이(pretend play)

한 명 이상의 친구가 함께 참여하여 상상으로 어떤 상황을 만들어 내고 그 상황을 놀이하는 유형이다. 소꿉놀이, 병원놀이, 가게놀이 등을 예로 들 수 있다. 이러한 가상놀이는 아동의 표상능력을 반영하는 것으로 인지발달을 위해 유용한 정보가 될 수 있다. 무언가를 가상적으로 표현하기 위해서는 인지발달이 선행되어야 가능하며, 가상놀이를 많이 할수록 인지발달이 촉진되는 순환이 이루어지게 된다.

④ 규칙이 있는 게임(games with rules)

아동기가 되면 카드놀이, 줄넘기, 숨바꼭질 같은 미리 만들어진 규칙에 따라 놀이를 하는 게임이 주가 된다. 때로는 놀이 그 자체보다 규칙을 새로 만들고, 바꾸고, 협상하는 데 더 많은 시간을 보내기도 한다. 게임은 유아기 말에 나타나 아동기

말에 절정을 이룬다.

5) 친사회적 행동

(1) 친사회적 행동의 발달

친사회적 행동(prosocial behavior)이란 긍정적인 사회적 행동으로 사람들 간의 우호관계를 촉진시키거나 유지하여 타인들을 이롭게 하는 행위이다. 몇몇 심리학자들은 친사회적 행동을 이타심과 동일시하나 엄밀하게 말하면 친사회적 행동이 이타심을 포함하는 포괄적인 의미이며, 이타심은 친사회적 행동의 한 유형이라 할 수 있다. 여기서 이타적 행동은 어떤 외적 보상에 대한 기대없이 자발적으로 다른 사람을 돕는 것을 말한다.

친사회적 행동은 유아기부터 가능하다. 생후 18개월된 유아들도 실제로 나누어 갖기, 돕기 및 협동을 할 수 있다. 2~3세 유아들도 다른 아픈 유아들을 도와 주거나, 장난감을 나눠 주기도 하고, 위안을 주려고 한다. 이러한 친사회적 행동은 아동이 성장함에 따라 더욱 증가한다. 이 같은 발달경향을 다음 세 가지 측면에서 설명할 수 있다.

첫째, 아동의 사회적 상호작용의 능력이 증가하기 때문이다. 성장함에 따라 아동은 누군가 도움이 필요할 때 도와 주기를 기대한다는 것을 깨닫게 되며, 또한 다른 사람이 도움을 필요로 할 때 도와 주어야 한다는 사실을 이해하게 된다.

둘째, 다른 사람을 공감적으로 이해하는 능력, 감정이입이 가능해지기 때문이다. 따라서 아동은 다른 사람의 기분이나 감정을 마치 자기 자신의 일처럼 느끼고 지각하게 되므로, 그 사람을 도와 주고 나누게 되며 다정하게 말을 걸며 위로하기도 한다.

셋째, 연령이 증가함에 따라 성인이나 손위 아동의 행동을 더 많이 관찰할 수 있게 되거나, 또는 이들의 가르침이나 강화로 인해 친사회적 행동이 증가하게 된다는 것이다.

(2) 친사회적 행동에 영향을 미치는 요인

유아의 친사회적 행동에 영향을 미치는 요인으로 부모의 양육태도, 모델링, 가정 분위기 등을 들 수 있다.

친사회적 특성이 강한 유아의 부모는 대체로 권위적인 양육태도를 보인다. 그들은 유아에게 친사회적 행동을 연습할 기회를 많이 제공해 주고, 유아의 수행에 있어 부모 자신의 힘을 행사하는 양을 극소화하였다. 반면 부정적, 적대적인 양육태도를 가진 부모의 자녀들은 반대의 결과를 나타내었다.

또한 단순히 말로만 친사회적 행동 규준을 제시하는 것보다 친사회적 행동을 보이는 부모의 모델링이 유아의 친사회적 행동의 학습에 긍정적인 영향을 미치는 것으로 보인다. 반두라의 연구에서도 친사회적 행동은 모델에 의해 쉽게 영향을 받는 것으로 보고되었다. 친사회적 행동의 모델은 7~8세 이하의 유아들에게 강력한 영향을 미친다. 즉, 보살핌과 베풀기를 잘하는 성인과 지속적으로 접촉했던 아동들이 성장 후에도 친사회적으로 행동하는 경향이 있었다.

스밀란스키(1968)의 연구에서는 인지적·사회적 기술 훈련이 친사회적 행동에 효과적임을 보여주고 있다. 즉 역할놀이 지도를 받은 학령전 아동들이 통제집단 아동보다 훨씬 더 사회적 문제해결 기술이 높은 것으로 나타났다.

6) 공격성

(1) 공격적 행동의 발달 추이

공격성이란 일반적으로 적의, 분노, 불안 등에 의해서 타인이나 자신 또는 다른 대상에 대한 손상, 공포, 고통을 주는 행동이나 경향성을 말한다. 일반적으로 공격에 대한 정의는 두 가지가 혼합되어 사용되고 있다. 즉 고의적으로 해를 끼치는 행동, 다른 사람에게 명백히 해로운 행동, 특히 어떤 행동을 함으로써 다른 사람에게 해를 끼칠 수 있다는 것을 알면서 하는 행동 등이다.

또한 공격성은 도구적 공격성(instrumental aggression)과 적대적 공격성(hostile aggression)으로 나눌 수 있다. 도구적 공격성은 어떤 목표를 성취하기 위해 공격하는 행동을 말한다. 장난감이나 원하는 어떤 대상을 얻기 위해 나타나는 것이다. 적대적 공격성은 신체적·언어적으로 타인에게 해를 끼치기 위한 목적에서 나타나는 것이다. 신체적인 공격이나 언어적 폭력, 위협, 조롱, 괴롭힘, 모욕을 주는 것이다. 따라서 도구적 공격성은 목적 지향적이며, 적대적 공격성은 공격 지향적인 것으로 유아기에는 주로 장난감이나 다른 물건을 얻기 위한 도구적 공격성이 많이 나타나지만, 점차 적대적 공격성으로 변하게 된다.

Hartup의 연구에 의하면 공격의 양은 계속 증가하여 약 4세경 절정을 이룬다고 하였다. 이 때는 생활의 중심이 놀이집단으로 옮겨가 유아들이 서로 접촉하는 시간이 많기 때문이다. 6~7세 이후에는 대부분의 아동이 덜 공격적이 된다. 이 시기가 되면 긍정적으로 사고하는 기술과 다른 사람과 의사소통하고 함께 목적을 달성하기 위해 협동하는 능력이 발달되기 때문이다.

연령에 따라 공격 양상도 변한다. 2~3세에 가장 보편적으로 나타나는 공격 유형은 신체적 공격이며, 이러한 공격의 대부분은 도구적 공격이다. 아동기 중반이 되면 도구적 공격은 줄어들고 적대적 공격이 많아진다. 이 공격은 물건보다는 사람에게로 향하게 되며 자신의 자존심에 위협이 되거나 고의적으로 공격당한다고 느낄 때, 그 상대에게 해를 끼치기 위한 목적으로 나타나는 것이다.

또한 학령기가 되면 신체적 공격은 적어지고 언어적 공격이 증가한다. 아동은 자기 감정을 말로 표현할 수 있게 됨으로써 신체적으로 해를 끼치려는 충동을 억제하는 대신 심리적인 무기로 상대에게 적절히 보복을 가하게 된다.

(2) 공격성의 원인

모든 사람이 화가 나거나 좌절할 때마다 공격성을 보이는 것은 아니다. 공격적 충동이나 감정을 적절히 조절하고, 다른 방식으로 표현하거나 억압시키기 때문이다. 그러나 공격적 충동을 많이 느낄수록 공격적 행동을 할 가능성은 높아지므로, 공격성을 일으키는 요인을 고려해 볼 필요가 있다.

정신분석이론에서는 공격성을 인간의 본능으로 본다. 프로이트에 의하면 인간은 삶의 본능과 죽음의 본능을 가지고 있으며, 죽음의 본능인 자기 파괴적 충동(공격성)은 내부로 지향되기도 하고 외부로 지향되기도 한다. 이러한 충동이 내부로 지향될 때 사람들은 자기 자신을 학대하고, 외부로 지향되면 공격적인 행동으로 표출된다.

좌절－공격성의 가설에서는 아동이 자신의 활동이 억제당하거나 방해받는 좌절상황에서 공격성이 유발된다고 본다. 아동의 욕구가 좌절되었을 때, 아동은 자신의 욕구를 만족시키기 위한 수단으로서 공격적 행동을 한다. 즉 다른 친구가 가지고 있는 장난감을 갖고 싶을 때 친구를 밀치고 장난감을 뺏는 경우, 선생님에게 귀여움을 받는 친구를 질투하여 그 친구를 꼬집는 경우를 예로 들 수 있다.

사회학습이론에서는 아동의 공격성은 자신의 공격적 행위가 지속적으로 강화받은 경험을 통해 혹은 다른 사람이 공격적 행위를 함으로써 보상을 받는 것을 관찰한 경험을 통해 그리고 주변 사람들의 공격적 행동을 모방함으로써 학습된 결과라고 본다.

일반적으로 공격적 행동에 영향을 미치는 요인으로 유아의 연령, 성, 부모의 양육 행동, 대중매체 등을 들 수 있다.

유아의 공격성은 연령이 증가함에 따라 신체적 공격에서 언어적 공격으로 변화되는 경향이 있으나, 그 자체는 상당히 지속적인 특성을 갖고 있다. 즉 유아기에 나타난 공격성은 청소년기까지 지속되고, 성인기의 공격성과도 연관되는 것으로 보고되고 있다(Mussen et al., 1979). 성에 따른 차이에 있어서는 남성이 여성보다 더 공격적이라는 이론이 지배적인데, 이에 대해 학자들 간에는 성호르몬에 의한 생물학적 요인 때문이라는 주장과 사회화의 요인 때문이라는 상반된 입장들이 있다.

아동의 공격성에 영향을 미치는 주요 요인은 부모의 양육태도이다. 부모로부터 거부당하거나 욕구 충족을 받지 못한 아동은 공격적으로 될 가능성이 높다. 아동의 공격성은 부모의 벌을 가져오고, 이는 아동에게 또 다른 좌절로 인한 공격성을 유발시키게 된다. 또한 아동은 부모가 보여주는 공격적인 행위를 모방함으로써 공격성을 학습하게 되며, 부모의 지나치게 엄격한 체벌과 일관성 없는 양육방식이 아동의 공격성을 증가시킬 수도 있다.

(3) 공격적 행동의 지도

아동의 공격성을 감소시키기 위해 다음의 방법을 사용할 수 있다.

① 아동이 분노나 좌절을 느낄 수 있는 상황을 최소화한다. 예를 들어, 아동에게 지나치게 어려운 과제를 주거나 적절히 놀지 못할 때 아동은 좌절과 욕구불만을 경험한다.

② 아동의 공격적 행위가 강화받지 않도록 한다. 아동이 공격성을 보일 때는 단호하게 금지시키고, 공격적인 행동을 하지 않을 때는 보상을 준다.

③ 부모나 교사는 자신이 아동의 주요 행동 모델임을 명심해야 한다. 부모나 교사가 보여주는 신체적 처벌과 폭언을 아동은 그대로 학습하게 된다.

④ 폭력성을 조장하는 매체를 제한하고, 총이나 칼과 같은 공격성을 유발시키는 장난감을 제공하지 않아야 한다.

7) 우 정

(1) 우정의 발달단계

성장함에 따라 유아들이 접촉하는 대상의 범위가 확대되고 또래집단의 비중도 커지게 된다. 또래집단과의 친밀하고 지속적인 애정적 유대를 우정이라고 한다. 유아기에도 또래집단과 우정을 형성하지만, 유아들은 지속적인 관계가 아닌 일시적인 놀이상대로서 또래에게 관심을 갖는다. 그러나 연령이 증가함에 따라 친구를 일시적인 상호작용을 뛰어넘어 지속적인 관계로 생각하게 된다.

Selman과 Selman(1979)에 의하면 유아의 우정은 순서적이며 일련의 중복적인 성격을 보인다고 하였으며, 다음의 다섯 단계를 통해 사춘기까지 우정을 발달시켜 간다고 하였다.

1 제0단계 : 일시적 놀이 친구의 단계(3~7세)

이 단계에서 유아들에게 친구란 자주 함께 놀거나 주어진 시간에 유사한 신체활동에 참여하는 유아를 말한다. 이 시기 유아는 다른 사람의 관점을 이해할 수 없으며, 우정으로부터 단지 그들이 원하는 것만을 생각할 뿐이다. 서로 얼마나 가까이 살고 있는가에 따라 친구를 정의한다. 그리고 친구의 신체적 특성과 그들이 가지고 있는 물건의 특성에 따라 친구를 평가한다.

2 제1단계 : 일방적인 우정의 단계(4~9세)

0단계와 1단계 사이에는 많은 부분이 중복된다. 이 시기 유아들은 자신과 다른 사람의 관점의 차이를 이해하게 된다. 그러나 아직도 '좋은 우정'이란 '자기가 원하는 것을 하는 친구'라고 생각하는 경향이 있다. 한 번에 한 사람 이상의 친밀한 친구관계를 유지하는데 어려움이 있으며, 서로 친구인지 아닌지를 말하는 데 많은 시간이 소요된다.

③ 제2단계 : 상호 순조로운 협력관계(6~12세)

이 단계에서는 두 유아가 함께 참여하지 않는다면 만족스러운 우정관계를 유지하기가 어렵다. 이 시기에는 서로 비밀을 공유하게 되고, 누구와 친구인지를 말할 수 있게 되며, 상대방의 생각을 고려하여 행동하게 된다. 옷이나 언어, 행동에 있어 일치를 보이는 아동들끼리 집단을 만들고 그 집단에 동조하는 행위를 하려는 경향을 나타낸다.

④ 제3단계 : 친숙하며 서로 공유하는 관계(9~12세)

이 단계에서는 어느 정도 성숙한 친구관계를 형성하고 서로 주고받음으로써 우정을 인식한다. 친구간에 감정을 공유하며 개인적인 갈등이나 문제를 해결하는 데 도움이 되는 관계가 된다. 즉 우정이란 서로의 흥미를 위해 타인과 협력하는 것으로 인식한다.

⑤ 제4단계 : 성숙한 우정단계(12세 이상)

이 시기부터 우정은 복잡한 양상을 보이며 친구는 심리적 지원을 위한 중요한 사회적 관계로 인식된다. 친구란 독립적인 관계이며 한 명 이상의 친구를 소유할 수 있고 친구 간에는 서로 떨어져 있어도 서로를 지원해 주는 사람이라는 생각을 하게 된다.

(2) 우정의 결정요인

유아기 우정의 결정적 요인에 대한 Gamer 등(1975)의 연구 결과에 의하면 유아들은 비슷한 에너지와 활동 정도를 갖고 있고, 같은 활동에 참여하는 같은 연령의, 동성 친구와 친한 경향이 있었다. 특히 친구관계에 있어 이성보다 동성을 선호하는 경향은 사춘기 이전까지 계속된다(Lafreniere et al., 1984).

또한 유아가 다른 사람에게 접근하는 방식인 '상호성'도 우정의 중요한 요인이 된다. 즉 친밀한 반응을 보이는 유아, 함께 노는 것을 좋아하는 유아, 타인의 생각이나 말을 잘 들어 주는 유아, 자신의 감정을 잘 표현하는 유아들은 친구로 선택될 확률이 높다. 이러한 상호성은 다른 사람이 유아에게 접근하는 방식에도 영향을 주며, 이후 아동의 대인관계 형성에도 도움이 된다.

4. 발달장애

1) 주의력결핍 과잉행동장애

주의력결핍 과잉행동장애(Attention Deficit Hyperactivity Disorder : ADHD)는 부주의와 과잉행동 및 충동성들이 지속적이고 반복적으로 나타나는 장애를 말하며(American Psychiatric Association; APA, 1944), 부주의(Inattention), 과다활동(Hyperactivity), 충동성(Impulsivity)으로 인해서 정상적인 사회적, 정서적, 인지적 기술에 결함을 가지는 상태를 말한다(Dumas & Nilson, 2003).

ADHD는 50년대 이전에는 미세 뇌손상(minimal brain damage)과 미세 뇌기능장애(minima brain dysfunction)라는 용어로 사용(Kessler, 1980; Strauss & Lehtinen, 1947)되어 왔으며, 1970년대에 과잉행동 이외에 주의력결핍과 충동성 통제 장애가 ADHD의 증상이라고 주장(Douglas, 1972; Douglas & Peters, 1978)되었고, ADHD에 대한 현재의 진단 준거에 반영되었다.

미국소아과학회(American Academy of Pediatrics)의 통계에 따르면 평균 학령기 소아에서의 ADHD의 유병률은 약 3~8% 정도며, 남아의 발병률(평균 9.2%)이 여아(평균 2.9)보다 약 3배 정도 더 높고, 한 국내 역학조사 결과(서울과 대전 지역)에 따르면 유병률이 7.6%(조수철 등, 1994)로 나타났다.

일반적으로 ADHD는 7세 이전에 나타나고, 청소년기 이후 성인기까지 지속되는 경우가 30%에서 많게는 70%에 이르는 경우도 있는 것으로 밝혀졌다.

(1) 주의력결핍 과잉행동장애의 특징

1 과다행동(hyperactivity)

ADHD 아동은 교실에서 수업을 받을 때 꾸준히 앉아 있는 일이 불가능한 수준이며, 허락 없이 자리에서 이탈하거나 목적 없이 뛰어다니고, 보이는 것은 모두 만지고, 팔과 다리를 끊임없이 움직이고, 다른 아동을 난폭하게 밀치는 등의 부적절한 행동과 활동 수준이 높다. ADHD 아동은 장시간 가만히 앉아 있어야 하는 상황에서는 신체

통제에 어려움을 느끼며, 손가락이나 다리를 끊임없이 움직이고, 이상한 소리를 내기도 한다.

과잉행동은 가정, 학교, 병원 등 상황에 관계없이 일어나고, 혼자 있을 때, 부모와 같이 있을 때, 놀이 중, 수업시간 중 모든 활동에서 나타나며, 또한 ADHD 아동은 분노, 좌절, 슬픔, 기쁨 등의 정서적인 반응도 일반 아동들보다 더 빈번하고 강하게 표출한다.

2 주의력결핍(inattention)

주의집중은 학습이나 기억을 위해서 가장 요구되고 필요한 기능이며, 교실 환경에 적응하기 위해서는 주의집중이 필수적이다. 수업 및 교실 환경에는 창밖의 풍경이나, 친구들의 말소리, 호기심을 끄는 물건 등 각종 자극이 수업 내용과 선생님 설명과 같은 적절한 자극들과 공존하는데, 정상아동의 경우는 어떤 것에 주의를 기울여야 할지 알고 주의를 기울이지만, ADHD 아동들은 주의를 기울여야 할 자극에 선택적으로 주의집중하기 어렵고, 아무리 지적을 해도 적절한 주의력을 유지하도록 개선하는 것이 어렵다.

주의력결핍 아동에 대한 교사와 부모의 공통적인 불만은 아동이 경청이 필요할 때 듣지 않고, 집중할 수 없으며, 지시에 따르지 않고, 쉽게 산만해 지며, 잘 잊어버리고, 과제나 숙제를 끝내지 못하고, 백일몽을 하고, 지겨운 과제에 대한 관심을 쉽게 상실한다(Hinshaw, 1994; Milich & Lorch, 1994).

주의의 유형에는 관련된 자극에만 집중하는 선택적 주의집중, 주의를 기울일 수 있는 단기기억 속에 있는 정보의 양으로서 주의 용량, 시간이 지나면서 지속적으로 관심의 초점을 유지하는 능력으로서의 주의, 지속 등이 있으며, 아동은 주의의 유형 중에서 하나 혹은 그 이상의 결함을 가지고 있을 수 있다(Bjokrlund, 1995).

ADHD 아동의 선택적 주의집중 결함을 밝힌 한 연구(Shroyer & Zentall, 1986)는 듣기 과제에서 내용을 상세히 설명하거나, 묘사를 많이 보태거나, 배경음이 있을 때는 ADHD 아동의 듣기 이해가 떨어지는 것으로 보고하고 있으며, 시험에서도 부주의하여 답을 알고 있어도 틀리는 경우가 많고, 세심한 주의집중과 기억력을 요하는 과제에서는 일반아동이나 학습장애아보다 ADHD 아동의 수행능력이 뒤떨어진다.

③ 충동성(impulsivity)

ADHD의 충동성은 반응을 억제하기 어렵기 때문에 생각 없이 혹은 생각하기 전에 행동하는 경향을 말하며, ADHD 아동은 여러 가지 행동 가운데 어떤 행동이 적절한 것인지를 판단하지 못하는 경우가 많다. 이런 현상은 ADHD 아동의 충동성이 인지적 측면으로 반영된 것이라 볼 수 있고, 행동적 측면에서 보면 자기 억제능력 부족으로 본인이 원치 않는 말이나 행동이 튀어나오는 특성이다. ADHD 아동이 어떤 규율을 이해하고 알고 있는 경우에도 급하게 행동하려는 욕구가 자기억제 능력을 압도하여 충동적으로 행동하는 경향이 있고, 일반아동은 부적절한 행동에 대해 부모나 교사로부터 지적이나 벌을 받으면 충동적 행동이 개선되지만, ADHD 아동은 벌을 주어도 계속 규율을 어기는 경우가 많은데, 이는 고의적 반항으로 인한 것이 아니라 내재적인 충동성 때문이다.

충동성 여부를 판별하는데 MFFT(Matching Familiar Figure Test)라는 검사가 사용되는데, 인지적으로 충동적인 아동은 같은 지능의 또래 아동보다 이 테스트에서 첫 반응을 하기까지의 소요시간이 짧고(즉, 생각을 하지 않고 반응), 더 많이 실수를 한다. 이런 충동성은 학업 환경 또는 과제수행 과정에서 문제를 풀 때 지시문을 끝까지 읽지 않는다든가 선택답안을 모두 읽지 않고 답을 선택하는 경향이 있고, 장애물을 보지 못하고 뛰어가다가 넘어지거나 차도를 건널 때 잘 살피지 않고 급하게 건너다 교통사고를 당하는 위험성이 높다.

이러한 충동성은 대개 3~4세경에 발생하고, 2~3년 후에는 부주의 증상이 수반되며(Barkly, Fischer, Edelbrock, & Smallish, 1990), 50~80% 정도는 청소년까지 지속되고, 30~50%는 성인기까지도 지속된다(Mannuzza & Klein, 2000).

ADHD의 세 가지 핵심 특징 외에도 사회적인 문제와 공격성을 야기시키기도 하며, 건전한 방법으로 친구관계를 형성하고 우정을 유지할 수 있는 사회성 기술에 결함을 나타내게 되며, 사회, 인지, 학업, 정서, 신체 등 여러 발달 영역에도 다양한 문제가 동반된다.

(2) ADHD의 원인

ADHD의 원인에 대해서는 다양한 가설이 제기되어 왔으나 가장 근본적인 것은 신경・화학적 요인에 의한 것이라는 해석이 지배적이며, 기타 해부학적, 유전적, 환경 및 심리 사회적 요인들이 복합적으로 상호작용한 결과로 설명한다.

신경 화학적 요인으로서 사람의 뇌에서 학습, 자기통제, 동기부여 등을 관장하는 망상활성계(RAS : reticular activating system)라는 부위가 있는데, RAS 내에 주의력을 관장하는 도파민(Dopamine) 및 노르에피네프린 (Norepinephrine) 등의 신경전달 물질이 낮은 수준일 경우 ADHD가 유발되는 것으로 전문가들은 보고 있다.

유전적 요인으로는 ADHD로 진단된 아동의 부모나 형제 중에도 주의력 결핍 문제가 있는 경우가 30~50% 또는 30% 정도로 나타난다는 보고(Farone & Biederman, 1998)가 있고, 일란성 쌍생아들은 이란성 쌍생아보다 ADHD 일치율이 2~3배 더 높다(Gilger, Pennington, & DeFries, 1992). 그러나 구체적으로 ADHD가 어떤 유전적인 문제로 인해 발생된다고 밝혀진 바는 없으며, 단지 가족연관성이 있다는 것이 인정되고 있다.

환경적 요인으로는 임신시 임산부의 영양부족, 흡연, 과도한 스트레스, 감염 등이 영향을 줄 수 있으며, 조산이나 난산으로 인한 두부손상이 이러한 문제를 유발할 수 있으나 이런 환경적 요인이 단독적으로 ADHD를 유발시킨다는 것은 아니다.

또한, 아동의 과다한 TV 시청, 납중독, 고압 전류지역 노출, 형광등 노출, 비디오 게임, 알레르기 등으로 인해 ADHD가 발생할 수 있다는 과거의 주장들은 근거가 없는 것으로 보고되었고, 비타민 결핍, 식품 첨가물이나 소금에 절인 식품, 많은 양의 정제설탕의 섭취 등 식품 첨가물의 알레르기성 반응이 과잉 행동의 원인이 될 수 있다는 주장도 있으나 역시 과학적 근거가 미약하다.

대부분의 학자들은 주의력 결핍이 선천적이며 신경 화학적 원인에 의해 발생한다고 보며, ADHD 아동의 뇌의 기본 구조는 외관상 정상적으로 보이더라도, 뇌기능에 있어서는 미세기능장애가 있는 경우가 많고, 평균적으로 ADHD 아동들은 전두엽(前頭葉, frontal lobe)이 정상 대조군에 비하여 10% 작고, 대뇌 전상부(anterior superior)와 전하부(anterior inferior)의 용적도 10% 작다.

(3) ADHD의 치료

ADHD의 치료는 포괄적인 접근을 필요로 하는 질환이며, 가장 효과적인 치료는 지속적인 약물요법을 위주로 하고 비약물 요법을 병행하는 것으로 밝혀졌으며, 약물치료는 직접적으로 아동의 주의력을 높여 주고 보다 조직화된 행동을 하는데 도움을 주고 뇌의 각성 상태를 조절해 준다.

ADHD 치료에 쓰이는 가장 대표적인 약물로는 집중력 강화제 또는 중추신경자극제(CNS Stimulant)로 메칠페니데이트(Methylphenidate), 암페타민(Amphetamine) 등이 있으며, 또한 삼환계 항우울제, 항정신병 약물, 자율신경계 약물 등이 있다.

약물치료와 병행할 수 있는 각종 치료법(비 약물치료)으로는 놀이치료, 인지행동치료, 보호자 교육 및 상담과 행동치료, 그리고 집중력과 사고력 향상 프로그램 활용 방법 등이 있다.

놀이치료는 아동들의 감정 표현 방법인 놀이를 통하여 자신의 문제를 발견하고, 내면의 감정을 놀이방식을 통하여 표현하며, 적절한 행동과 대처 방식을 아동 스스로 찾아내고 적절한 기술을 익힐 수 있도록 돕는 것을 목적으로 하는 방법이다.

인지행동치료는 주의산만, 과다행동 아동, 규칙을 잘 지키지 않거나 반항적인 아동, 우울하고 불안한 정서가 있는 아동의 부적응적인 인지를 확인하고 분석하여 그러한 인지적 특성을 적응적인 행동으로 강화·수정하고, 아동이 특정 상황에서 스스로 적절하게 대처하는 전략을 사용하도록 가르친다. 또한 인지행동치료적 접근은 아동이 자신의 행동을 스스로 조절하는 방법을 강화하고 보다 긍정적 사고와 효과적인 사회적 기술과 대처 전략으로 개선하거나 새로운 행동기술을 학습할 수 있는 치료적 접근이다.

보호자 상담과 인지행동치료적 방법은 인지행동치료를 받고 있는 아동이나 자신의 행동이나 생각을 인지하고 조절할만한 능력이 부족하고 성숙하지 않은 아동에게 부모나 교사의 개입을 통하여 아동의 환경과 행동을 변화시키는 데 중점을 둔다. 순종하지 않고 반항하거나 규칙을 따르지 않고 약속을 지키지 않거나 시간을 지키지 않는 행위장애가 있는 아동이나 정리정돈을 하지 못하는 정서불안정한 문제가 있고, 친구 및 대인관계에서의 어려움이 있는 아동에게 보상을 통한 강화요법이나 모델링 등의 방법이 사용된다.

그리고 집중력 및 사고력 향상을 위한 인지프로그램은 흥미롭고 다양한 인지과제를 해결하는 과정에서 청각적 주의력, 시각적 주의력, 기억능력, 그리고 창의적인 문제해결 능력과 사고력을 향상시킨다.

2) 의사소통장애

의사소통장애(communication disorder)는 언어 획득에 매우 중요한 유아기에 정상적으로 언어발달이 이루어지지 않아 말을 하는데 곤란을 겪거나 의사전달에서 어려움이 있고, 다른 사람의 말을 이해하는데 장애가 있는 장애다. DSM-IV에서는 의사소통장애를 표현성 언어장애(expressive language disorder), 음성학적 장애(phonological disorder), 혼재된 수용－표현장애(mixed receptive-expressive language disorder), 말더듬(stuttering), 등의 4가지 하위범주로 나누고 있으며, 유아기에 나타날 수 있는 의사소통장애로는 언어발달의 지체와 조음장애(articulation disorder), 음성장애(voice disorder), 유창성 장애(fluency disorder), 선택적 함구증(selective mutism)이 있다.

표현성 언어장애(expressive language disorder)는 언어이해에는 문제가 없지만, 표현에 현저한 제한이나 결함을 나타내는 장애다. 이 장애의 아동은 제한된 어휘, 짧고 단순한 구조의 말, 어순이나 시제가 잘못된 언어적 표현, 부적절한 단어나 어휘 사용, 문장의 주요 부분의 생략과 길고 복잡한 문장을 만들지 못하는 장애가 있다. 표현성 언어장애는 정상적 언어발달이 이루어진 후에 뇌염이나 두부외상 등의 신경학적 문제로 발생한 획득형(acquire type)과 특별한 신체적 문제없이 서서히 언어장애가 나타나는 발달형(developmental type)이 있다.

혼재형 수용－표현성 언어장애(mixed receptive-expressive language disorder)는 정상적인 지능이지만, 언어표현과 이해력에 현저한 장애가 있으며, 언어사용과 관련된 표현성 언어장애와 언어를 이해하는 수용성 언어발달이 현저하게 저하된 장애이다. 이 장애의 원인은 신체적 원인과 환경적 원인이 있으며, 뇌손상이나 감각기능(뇌의 청각 투사영역 및 주변의 연합영역)의 결손, 유아기에 언어발달에 부적절한 언어적 환경에서의 성장한 요인이 있다. 음성학적 장애(phonological disorder)는 발음에 어려움을 느끼는 장애를 말한다. 혀 짧은 소리를 내는 것이 가장 흔하며 단어를 발음할 때, 한 음을 생략하거나 다른 음으로 대치하는 경우도 있다. 음성학적 장애는 청각장애, 발성기관의 구조적 결함(예 : 언청이), 신경학적 장애(예 : 뇌성마비), 인지장애(예 : 낮은 지능)와 같은 기질적 문제로 발생할 수 있다. 음성학적 장애의 치료는 음성학적 문제를 유발하는 신체적 또는 심리적 문제를 해결하는 것이다. 즉 수술을 통해서 발성기관을 치료하거나 심리 및 정서적 안정을 얻을 수 있는 심리치료를 하는 방법이다.

말더듬기(stuttering)는 말의 유창성에 문제가 있는 장애를 말하며, 말을 시작할 때 첫음절을 반복하여 사용하는 경우와 특정한 발음을 길게 하거나(예, 나는 가~아~ 고 싶다) 말을 하는 도중에 머뭇거리고, 갑자기 크게 발음하는 등 다양하다. 말을 더듬는 아동의 60% 정도는 16세 이전에 자연스럽게 회복되는 경향이 있고, 말더듬기의 원인은 명확하게 밝혀진 것은 없지만, 흔히 말더듬는 사람을 흉내 내거나 정서적 흥분이나 불안상태에서 우연히 말을 더듬게 된다.

말더듬기의 치료는 개인의 심리적 상태를 고려해야 하며, 인지적 치료가 효과적이다. 자신의 말더듬기를 수용하도록 하고, 타인에게 자신의 어려움을 인식시키게 되면, 대화상황에서 불안과 긴장이 감소하게 되고, 그 결과 말더듬기가 개선된다는 것이다. 사회적 상황에서 불안과 긴장을 완화시킬 수 있는 행동－인지적 치료와 언어 치료적 훈련을 병행하는 것이 더욱 효과적이다.

유아기의 의사소통장애로서 언어발달의 지체는 유아기 특정 연령에서 기대되는 정상적인 언어발달 수준에 미치지 못하는 상태(서봉연 · 이순영, 1983)로서 다른 발달영역에는 이상이 없으나 언어영역에서만 발달이 지체되는 경우를 말하며, 대개 3세경에 발견된다.

언어발달지체 아동들은 발음이 정확하지 못하고, 말을 잘 알아듣지 못하고 어휘수가 부족하여 사용하는 문장이 짧고, 어휘를 적절하게 사용하지 못하며, 언어표현력이 미숙하다. 이러한 언어발달의 지체는 정신지체, 청각장애, 정서장애, 뇌손상 및 뇌기능장애, 부적절한 언어 환경 등의 원인과 관련될 수 있다.

조음장애(articulation)는 학령기에 언어장애를 지닌 아동들의 절반 이상의 아동들이 보이는 장애로 발음이 정확하지 못하고 말소리의 생략(예 : 아버지－아지)이나 왜곡(예 : 아버지－아봐지) 및 첨가 또는 대치(예 : 아버지－아러지)하여 말하는 현상(윤치연, 2003)으로 6~7세까지는 이러한 실수를 하지만, 8세경이 되면 정확하게 발음할 수 있다. 조음장애 아동은 의사소통에 어려움 때문에 질문이나 대화를 회피하는 경향이 있다(Malcolm & Myers, 2001). 조음장애의 원인으로는 청각장애, 중추신경계 손상, 발음기관의 결함, 부적절한 언어 환경, 구강 및 턱의 결함 등이 있다.

음성장애(voice disorder)는 목소리의 질(콧소리, 숨이 새는 소리, 거친 소리, 쉰 소리 등), 말소리에 음률적인 요소가 부족하고 한결같이 변화 없는 억양으로 말하는 목소리의 억양이나 높낮이, 소리 강도 및 크기에 결함을 특성으로 하는 비정상적인 목소리 산출을 의미하며 이러한 특성 때문에 말소리를 알아듣기 힘든 경우를 말한다. 이 장애의 원인은 스트레스나 불안과 같은 심리적 요인과 성대마비, 후두염, 후두암 등을 들 수 있다.

유창성 장애(fluency disorder)는 말더듬이라고도 하는데 부적절한 속도나 부적절한 리듬으로 말하는 것을 의미하며, 말의 흐름에 있어서 나타나는 문제로 말이 너무 빠르거나 문장의 잘못된 곳에서 부적절한 형태의 강세를 사용하거나 흐름이 부드럽지 못하여 음절이나 단어를 반복하는 등의 특성을 보이는 가장 보편적으로는 말더듬의 형태로 나타나며, 조기진단을 위해 정확한 문제를 알고 대처하는 것이 중요하다. 이 장애는 대개 2~4세경에 시작되고 대부분 회복되지만 일부는 성인이 되어서도 증상이 남아있게 되며(김태련 등, 2005), 남아가 여아보다 3배 정도 많이 나타나고, 읽고 노래하거나 무생물 및 애완동물과 이야기할 때는 이러한 현상이 나타나지 않는다(윤치연, 2003). 유창성 장애는 부모의 억압적인 양육태도와 관련된 긴장과 불안, 모방, 뇌 기질 손상, 신경의 협응 장애, 그리고 부모의 지나친 기대 등의 원인이 있다.

선택적 함묵증(selective mutism)은 집이나 친숙한 장면에서는 큰 소리로 말을 잘하지만, 어떤 사회적 상황에서는 이야기를 하지 못하는 증상으로, 어떤 사람이나 장소를 가려서 말을 하기도 하고 하지 않는 증상을 말한다(서봉연 · 이순영, 1983). 선택적 함묵증은 대개 5세 이전에 발생하지만 취학전까지는 잘 발견되지 않으며, 이러한 아동은 부끄러움이 많고, 사회적으로 위축되어 있고, 강박적이거나 반항적인 행동특성을 보이는 경향이 높다. 함묵증의 원인으로는 주의집중력 장애, 개념형성 능력의 결함, 기억력 결함, 신경근육조절 능력의 결함, 낮은 동기수준, 낮은 사회경제적 수준, 양육자와 부적절한 상호작용 등을 들 수 있다.

3) 반응성 애착장애

반응성 애착장애(reactive attachment disorder)는 5세 이전에 시작되고 대부분의 맥락에서 현저하게 장애가 있으며 발달적으로 부적합한 사회적 관계를 나타내는 장애(DSM-IV)로서, 사회적 상호장면에서 적절한 태도로 상호작용하거나 반응하는데 지속적으로 실패를 보인다. 또한 이 장애가 있는 아동은 사회적 상호작용의 대상자를 구별해 내는데 실패하여, 낯선 사람에게 과도한 친밀감을 보이거나 애착대상자를 선택하는데 실패를 보인다. 반응성 애착장애는 대부분 안락과 자극을 주는 정서적, 신체적 욕구가 지속적으로 무시당하거나 일차양육자가 빈번하게 바뀌어 안정된 애착형성을 방해하는 병리적이고 부적절한 양육경험(학대나 방치의 경험)을 한 영유아나 아동에게서 나타나는 임상적 특징을 공유할 수 있다(김태련 등, 2005).

반응성 애착장애는 억제형(inhibited type)과 탈억제형(disinhibited type)이 있으며(윤치연, 2003), 억제형은 대부분 사회적 관계를 시작하지 못하고 발달상 부적절한 방식으로 반응하고, 지나치게 억제적이고 경계하며, 접근과 회피의 양가적 태도를 보인다. 탈억제형은 사회적 관계형성의 주문제가 낯선 사람에게 무분별하게 친밀감을 나타내거나 애착대상자를 선택할 능력이 부족한 경우다.

반응성 애착장애가 발생하는 원인으로는 발병 전인 5세 이전에 어머니나 대리어머니의 부적절하고 병적인 보살핌과 아동의 기질적 문제와 관련된다. 병적인 보살핌의 특성은 ① 안락함, 자극, 애정 등 소아의 기본적인 감정적 욕구를 지속적으로 방치, ② 소아의 기본적인 신체적 욕구를 지속적으로 방치, ③ 돌보는 사람이 반복적으로 바뀜으로써 안정된 애착 형성을 저해(예 : 양육자의 빈번한 교체), ④ 돌보는 사람의 질적인 문제로서 양육자가 신체적, 정신적으로 문제가 있는 경우와 부부갈등이나 심각한 경제적 갈등 등의 문제 등이며, 아동의 문제로는 ① 미숙아, 저체중아 등의 타고난 기질적 문제, ② 유대관계 형성의 결함, ③ 발달 장애 또는 시청각 장애, ④ 지나치게 유순하거나 혼자 잘 노는 아이는 엄마에게 사랑의 보살핌이나 발달에 필요한 자극을 이끌어내지 못하고 저절로 방치될 가능성이 경우 등이다.

4) 분리불안장애

분리불안장애(separation anxiety disorder)는 애착대상으로부터 이별하는데 대한 불안의 정도가 일상생활을 위협할 정도로 심한 수준으로, 복통 등의 신체 증상과 실제로 학교에 가기 싫다는 표현은 하지 않고, 학교가 두려워서 가지 않으려는 것이 아니라 어머니와의 떨어지는데 대한 불안 때문에 학교 가기를 거부하는 것으로 나타나는 학교 거부증(school refuse)이 있다.

분리불안장애의 증상은 대개 5~9세경에 발생하고, 여아에게서 더 흔하게 나타나며, 유치원이나 학교에 가지 않으려는 증상이 있는 경우에는 사회적, 인지적 발달이 제한되고 종종 학교공포증으로 발전될 수도 있다(Dumas & Nilson, 2003).

분리불안장애의 원인은 가족 구성원간의 지나친 밀착과 과잉보호를 한 경우, 부모가 아동에게 학교에 대한 불안과 공포를 부지불식간에 심어준 경우, 아동의 우울증적 성향이 있는 경우 등과 관련이 있는 것으로 보고 있으며, 불안장애가 있는 부모의 자녀에서 많이 나타나는 것으로 보아 학습과 유전적 소인이 상호작용하는 경향이 있는 것으로 보고 있다. 또한 부모가 자신의 질병이나 이혼으로 인해 자녀를 상실할 것에 대해 스트레스를 경험하고 있다면 유아는 부모의 불안에 주목하게 되고 유아 자신도 불안하게 되어 분리불안장애를 나타낼 수 있다고 보았다(김태련 외, 2005). 청소년기에는 흔하게 나타나지 않지만, 분리불안장애의 약 50% 정도는 만성화되는 경향이 있고, 50% 정도는 성인이 되면 인내심이 부족하고 급한 성격으로 변하는 경향이 있는 것으로 본다.

분리불안장애의 치료는 학교거부증세의 완화가 치료의 목표와 원칙이며, 정신치료, 가족치료 등과 때로는 모친이 아동과 동반등교를 시작으로 하면서 아동의 신체증상의 호소에는 무관심하고, 학교 가는 행동과 관련된 행동은 강화하는 행동요법 등 다양한 심리사회적 치료적 접근을 하고, 때로는 항우울 약품을 사용하기도 한다.

5) 배설장애

배설장애(elimination disorder)는 대소변을 가릴 수 있는 나이(약 4~5세 경)인데도 이를 가리지 못하고 옷이나 적절치 못한 장소에서 배설하는 경우를 말하며, 유뇨증(enuresis)과 유분증(encopresis)으로 구분한다.

(1) 유뇨증

유뇨증(enuresis)은 5세 이상의 아동이 신체적인 이상이 없음에도 옷이나 침구에 반복적으로 소변을 보는 경우를 말하며, 최소 3개월간 일주일에 2회 이상 부적절하게 소변을 볼 때 유뇨증으로 진단한다.

유뇨증은 야뇨증(nocturnal enuresis)과 주뇨증(diurnal enuresis)으로 구분하며, 야뇨증은 밤에 소변을 가릴 수 있는 연령이 되었음에도 소변을 가리지 못하는 경우며, 주뇨증은 낮에 소변을 가리지 못하는 경우를 말하며, 낮에 소변을 가리지 못하는 것은 야뇨증에 비해서 더 심한 신경증으로 평가한다.

유뇨증에는 5세가 될 때까지 소변가리기를 한 번도 제대로 가리지 못한 일차성 유뇨증(primary enuresis)과 5~8세 사이의 나이에 흔히 발병하고, 적어도 1년 동안 소변을 가렸으나 심리 사회적 스트레스로 다시 소변가리기에 문제가 생긴 이차성 유뇨증(secondary enuresis)이 있다.

유뇨증의 원인은 명확치는 않으나 유전적 요인, 중추신경계의 미성숙, 방광 등 신체적인 기능장애와 관련이 있는 원인과 동생 출산 등에 의한 퇴행성 유뇨증(regressive enurosis), 부모에 대한 불만, 두려움, 분노 등의 억압된 감정이 수동-공격적인 형태로 나타나는 복수성 유뇨증(revengiful enuresis)이 있으며, 이 중에서 약 20%에서 자신감이 결여되고, 친구를 사귀지 못하고, 성적이 저하되며, 우울증 등의 정신과적 문제가 발생할 수 있다.

유뇨증의 치료에는 아동에게 일정양의 물을 마시게 하고, 가능한 한 오랫동안 소변보는 것을 조절하게 하는 방광훈련(bladder training), 잠자리 요나 기저귀에 전자 경보장치(bell and pad)를 사용하는 소변가리기 훈련 등 주로 행동치료 기법을 활용한다. 그리고 약물치료의 효과는 낮지만, 때로는 항우울제(imipramine 등)를 흔히 사용한다.

(2) 유분증

유분증(encopresis)은 4세 이상의 아동이 대변을 적절치 못한 곳에 반복적으로 배설하는 경우를 발하며, 이러한 행동이 3개월 이상 매주 1회 이상 나타날 때 유분증으로 진단된다. 유분증이 있는 아동은 수줍음, 사회활동의 제약, 친구들에게 놀림과 배척, 낮은 자존감 등의 문제가 발생할 수 있다. 유분증도 1차적 유분증과 2차적 유분증으로 구분할 수 있으며, 1차 유분증은 대변가리기를 처음부터 가리지 못했던 경우며, 2차 유분증은 일정기간 대변을 가린 후에 발생하는 경우를 말한다(윤치연, 2003).

정신분석적 입장에서는 유분증을 분노의 표현으로 보고 있으며, 유분증은 다양한 심리사회적 스트레스(예 : 입학, 동생의 출산, 부모불화, 부모 이별 등) 등의 원인에 의해서 유발될 수 있다.

유분증의 치료는 대소변가리기 훈련 등의 행동치료가 주로 적용되며, 가족 및 내·외적인 스트레스와 긴장을 완화시키고, 아동의 낮아진 자존감을 회복시키는 것이 중요하다.

6) 수면 이상

수면 이상(parasomnia)은 수면 상태에서 일어나는 비정상적인 행동을 말하며, 수면 이상증에는 악몽장애(nightmare disorder), 수면중 경악장애(sleep terror disorder), 수면중 보행장애(sleepwalking disorder) 또는 몽유병(sleepwalking) 등이 있다.

악몽장애(nightmare disorder)는 수면 중에 생명, 안정, 자존감의 위협과 같은 여러 가지 무서운 꿈을 꾸고, 잠에서 깨어나는 일이 반복되고, 꿈에서 깨어난 후에 바로 정상적인 의식이 회복된다. 거의 모든 유아가 악몽을 꾸지만, 유아에게 악몽이 반복적으로 일어난다면 유아가 많은 스트레스를 경험하고 있는 것으로 이해할 수 있다. 악몽은 심각한 외상경험 후에 잘 발생하는 경향이 있다.

수면중 경악장애(sleep terror disorder)는 야경증(night terror)이라고도 하며, 수면 중에 심장이 빨리 뛰고, 호흡이 가빠지며, 진땀을 흘리는 등의 자율신경계의 흥분과 더불어 강렬한 공포를 느끼고 잠에서 깨는 증상을 말하며, 잠에서 깨면 타인의 말이나 안심시키려는 노력에 반응이 없고, 꿈의 상세한 내용을 회상하지 못한다.

야경증을 일으킨 유아는 이 때 일어났던 일들을 기억하지 못한다. 야경증은 악몽보다 발생 빈도가 낮고, 악몽보다 깊은 수면 상태에서 나타나며, 야경증을 경험한 유아는 바로 잠들 수 있다(Thiecdke, 2001).

수면중 보행장애(sleepwalking disorder)는 몽유병이라고 말하며, 수면 중에 잠자리에서 일어나 걸어 다니는 일이 반복되는 증상을 말한다. 이 증상은 야간 수면의 초기에 나타나며, 수면 중에 보행하는 동안, 멍한 표정을 보이고, 다른 사람의 말이나 행동에 반응이 없고, 깨어난 후에 수면 중 보행에 대한 기억이 없으며 대부분 몇 분이 지나면 정상적인 의식 상태로 회복된다. 수면중 보행장애는 아동의 10~30%에서 한 번 이상 나타나며, 대부분 4~8세 사이에 처음 증상을 보이고, 12세 무렵에 가장 빈도가 높으며, 대개 청소년기에 증상은 자연적으로 사라진다.

수면중 보행장애는 중추신경계의 성숙과 관련이 있는 것으로 시사되고 있고, 유전적 요인과 관련이 있는 것으로 주장되고 있다. 또한 수면중 보행장애는 신체적, 정서적 스트레스 직후에 발생하는 경향이 높고, 적개심이나 분노의 감정을 잘 표현하지 못하고 억누르는 사람에게서 잘 나타난다. 성인에게서 나타나는 수면중 보행장애는 성격장애, 기분장애, 불안장애와 관련되는 경우가 있으며, 발열이나 수면박탈에 의해서 증상의 빈도를 증가시킬 수 있다. 수면중 보행장애의 약물치료는 항불안제가 효과적이고, 이완치료나 최면요법이 활용되며, 발병 중에 자신의 신체적 손상이나 타인에게 위험한 행동을 할 가능성이 있기 때문에 특별히 주의할 필요가 있다.

아동기의 발달

1. 신체 · 운동발달
2. 인지발달
3. 사회 · 정서발달
4. 발달장애

제14장

아동이란 교육법에서는 만 6세~만 12세까지를 초등학교 의무교육을 받아야 할 학령아동으로 규정하고 있다. 심리학에서는 이 시기를 잠복기에 해당하는 시기라고 보고 성격 형성에 중요한 성적 에너지가 억압되어 있다고 보기 때문에 중요하게 보지 않았다. 그러나 에릭슨의 발달 과업인 근면성이 이 시기에 발달되어야 하고 피아제의 조작능력의 습득기라는 점에서 아동기가 학자들에게 관심을 받기 시작하였다. 생활의 중심이 가정에서 학교로 옮아감에 따라 아동은 많은 사회적 관계를 형성하고 사회인의 기초를 닦는다.

1. 신체 · 운동발달

신체발달이란 신체의 여러 기관이 양적으로 늘어나고, 구조가 정교해지며, 기능이 능률적으로 되어가는 과정을 말한다. 그리고 운동발달이란 앉거나 걷는 것과 같이 어떤 동작을 이루는 기본적인 움직임을 할 수 있고, 이러한 움직임이 정밀하고 정확하게 되어가는 과정을 말한다.

이러한 신체 · 운동발달은 아동의 인지발달, 사회성 발달, 자아개념 발달 등에 중대한 영향을 끼치게 되므로, 신체 · 운동발달은 아동의 생활에 중요하고 절대적인 요건으로서 중요한 의의를 지니게 된다. 신체 · 운동발달이 이루어지면 아동의 생활공간이 점점 늘어나고 다양한 경험을 더 많이 할 수 있게 되어 아동의 인지발달이 촉진된다. 아동에 대한 타인의 반응은 아동의 신체 · 운동발달과 밀접한 관계가 있으므로, 신체 · 운동발달은 간접적으로 아동의 사회성 발달에 중요한 영향을 미친다고 할 수 있다. 그리고 신체 · 운동발달은 자아개념 발달에도 많은 영향을 미친다. 신체 · 운동발달이 미숙한 아동은 또래 아동들로부터 따돌림을 받거나 놀림을 당하여 소외되기 쉽다. 이러한 과정에서 아동은 부정적인 자아개념을 형성하여 위축되고 열등감을 가지게 된다. 반면에 신체 · 운동발달이 정상적이고 조화롭게 이루어지면, 또래 아동들과 잘 어울리고 긍정적인 자아개념을 형성하게 된다.

1) 신체발달

아동기 신체 성장의 속도는 영 · 유아기에 비해 느리지만 꾸준한 성장이 이루어지면서 전체적인 신체의 체계가 안정되는 시기이다. 신장은 매년 평균 5.8cm 정도 자라고 체중도 평균 3.7kg 정도 늘어나게 되어, 12세가 되면 출생시에 비해 신장은 약 3배가 되며, 체중은 약 13배가 된다(이근홍, 2003).

초등학교 입학 무렵에는 남아가 여아보다 신체적 성숙이 더 빠르지만, 11~12세경이 되면 여아의 신체적 성숙이 남아에 비해 더 우세해진다. 이것은 여아가 남아보다 2~3년 먼저 사춘기의 성숙이 일어나기 때문이며, 2차 성징도 여아에게 먼저 나타나게 된다.

아동기 10~20% 정도가 성장통(growing pain)을 경험하게 되는데 그 원인은 정확하지 않으나 성장하면서 뼈를 싸고 있는 골막이 늘어나 주위의 신경을 자극함으로써 생기는 통증으로 보고 있다.

[그림 14 - 1]은 남학생과 여학생의 연령에 따른 체중(a)과 신장(b)의 증가량을 나타낸 것이다. 아동기는 체중과 신장이 증가 속도 면에서는 완만하나 꾸준한 성장이 이루어지는 시기이며, 아동기 후반기에 들어서면서 남녀의 구분이 점차 뚜렷해진다. 6세의 남아는 같은 나이의 여아에 비해 키도 크고 체중도 무겁다. 그러나 10세가 되면 남녀의 키가 비슷해지며, 여아의 체중이 약간 더 증가한다.

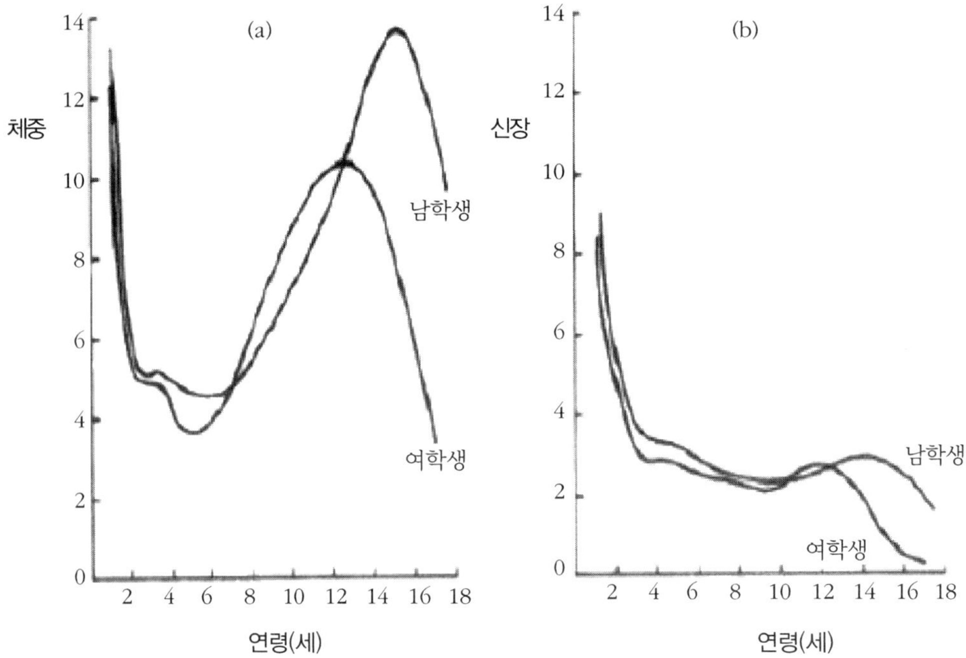

그림 14-1 남학생과 여학생의 연령에 따른 체중(a)과 신장(b)의 증가

표 14-1 한국소아발육 표준치

남						연령	여					
체중(kg)		신장(cm)		두위(cm)			체중(kg)		신장(cm)		두위(cm)	
평균	SD	평균	SD	평균	SD		평균	SD	평균	SD	평균	SD
21.41	3.1	115.8	4.8	51.3	1.5	6년	20.68	2.8	114.7	4.7	50.5	1.6
22.57	3.6	118.5	4.9	51.4	1.5	6.5년	21.96	3.2	117.5	4.7	50.8	1.6
24.72	4.3	122.4	5.7	51.7	1.5	7년	23.55	3.8	121.1	6.1	51.1	1.6
27.63	5.4	127.5	6.1	52.1	1.5	8년	26.16	4.9	126	6.1	51.5	1.6
30.98	6.4	132.9	6	52.5	1.5	9년	29.97	6.1	132.2	6.4	51.8	1.5
34.47	7.5	137.8	6.4	52.9	1.6	10년	33.59	7	137.7	7	52.3	1.6
38.62	8.6	143.5	7.1	53.3	1.7	11년	37.79	8.3	144.2	7.6	53	1.7
42.84	9.4	149.3	7.8	53.6	1.7	12년	43.14	8.6	150.9	7.2	53.4	1.5
47.2	9.9	155.3	8.4	54	1.6	13년	47.01	8.3	155	6.1	53.6	1.5
53.87	10.3	162.7	7.1	54.6	1.6	14년	5.066	8	157.8	5.5	53.8	1.6
58.49	10.4	167.8	6.5	55	1.7	15년	52.53	7.8	159	5.2	54.3	1.5
61.19	9.5	171.1	5.8	55.4	1.6	16년	54.35	7.7	160	5.2	54.4	1.4
63.2	9.8	172.2	5.9	55.8	1.6	17년	54.64	7.2	160.4	5.2	54.6	1.4
63.77	9.1	172.5	6	56.2	1.8	18년	54.65	6.7	160.5	5.2	54.7	1.5
66.04	8.8	173.2	5.7	56.8	1.7	19년	54.94	6.2	160.1	5	54.8	1.5
66.55	8.5	173.4	5.7	56.8	1.6	20년	55.74	5.4	160.4	5	55.1	1.7

2) 운동발달

아동기는 운동기능의 발달을 위한 이상적인 시기이다. 이는 아동의 골격구조가 경골화되기 이전 단계이므로 신체가 유연하며, 호기심, 모험심이 강하여 활발한 신체활동에 대한 욕구가 강하기 때문이다. 그리고 비교적 신체활동에 충분한 시간적 여유가 있기 때문에 다양한 형태의 운동에 참여할 수 있으며, 운동유형에 따라서는 성인 수준의 기능까지도 습득할 수 있다. 아동의 운동기능은 발달속도가 현저하게 달리기, 뛰기, 던지기 등의 운동기능을 습득하기에 가장 적당한 시기라 할 수 있다. 중요한 점은 아동이 한 가지의 운동 동작을 익히기 위해서는 다양한 상황에서 그 동작을 반복적으로 연습하는 것이 필요하다는 것이다.

아동기는 춤, 놀이, 운동, 게임 등의 활동을 하는데 중요한 역할을 하는 운동기술이나 근육의 협응이 세련되고 정교화되어 운동의 힘이나 기교가 증대되는 시기이다. 달리기, 계단 오르기 등에서부터 성인이 할 수 있는 스케이트, 스키, 수영, 잠수, 야구, 축구 등에 이르기까지 다양한 활동에서 다양한 기능을 발휘하게 된다. 특히, 이 시기에는 뛰기 능력과 공놀이 기능이 크게 발달한다. 또한 소근육 운동의 발달로 도구를 좀 더 자유롭게 사용하게 되는데, 8~10세는 손의 사용이 정확해져서 단순히 글자를 베끼는 것이 아니라 제대로 쓸 수 있게 되고, 10~12세에는 복잡하고 신속한 동작이 필요한 공예작품과 악기연주를 할 수 있게 된다.

아동기에 들어서면 아동들은 자신의 신체를 더욱 잘 통제할 수 있으며 더 오랫동안 앉아 있을 수 있고 주의를 기울일 수 있다. 방학과 체육시간과 같이 신체적 교육을 받는 짧은 시간을 제외하고, 아동기 아동들은 주로 앉아 있는 학교 환경에 있게 된다. 이러한 환경은 집에서도 이어지는데, 학년이 올라갈수록 아동들은 숙제를 하며 보내는 시간을 증가시키며 주의집중력을 기르게 된다. 그러나 아동기 아동은 달리거나, 뛰기, 자전거 타기를 하는 것보다는 가만히 앉아 있는 것을 더 피곤해 한다.

3) 신체 · 운동발달의 성차

신장, 체중, 흉위 등 여아와 남아가 거의 비슷한 성장속도를 유지하기는 하지만, 모든 면에서 남아가 약간 우세하다. 그러나 여아의 사춘기의 변화가 남아보다 약 2년쯤 먼저 시작되기 때문에, 11세 이후부터는 오히려 여아가 우세하게 된다. 또한, 사회 · 경제적 지위가 높은 가정의 아동과 지능이 높은 아동일수록 신체성장이 빠르다는 연구결과도 있다.

그리고 최근 연구들에 의하면 운동발달의 성차는 거의 차이가 없다는 것으로 나타났다. 과거 여아에 비해 남아가 우세했던 것은 운동능력의 성차를 사회적인 기대나 운동에 참여하는 기회의 차이에 기인하는 것으로 보고 있다. 즉, 이것은 유전적인 차이라기보다 사회적 요인에서 비롯된다고 알려져 있는데, 남아는 격렬한 신체활동의 참여를 권장받는 반면, 여아는 소극적이며 정적인 신체활동에 참여하도록 권장받아 왔기 때문이다.

4) 아동 비만

최근 우리 주변에서 비만인 아동이 쉽게 눈에 뜨인다. 최근 조사에 의하면, 유치원 및 초등학교 아동의 10명 중 3명은 소아 비만인 것으로 나타났다. 아동 비만율은 시간이 흐를수록 점차로 증가하는 추세이며 이는 식생활의 변화 그리고 컴퓨터·오락기기의 보급화에 의한 운동량 감소에 의한 영향이다.

그러나 이러한 추세에도 불구하고 부모님들은 어린이는 통통해야 귀엽고 건강해 보인다, 통통한 어린이는 성격이 좋아 보인다, 또는 살은 커가면서 빠지기 때문에 걱정할 필요가 없다고 잘못 생각하는 경향이 많다.

식량사정이 좋지 않았던 옛날과 달리 요즈음 현대사회에서는 아동기 비만이 성인 비만으로 연결되며 비만아동이 성인이 된 이후에 당뇨병, 고혈압에 걸릴 확률이 많기 때문에 부모님이 아동기 비만의 예방과 치료에 관심을 가져야 한다. 비만은 주로 좋지 못한 생활습관에 의하며 당뇨병, 고지혈증, 고혈압, 관상동맥질환(심근경색, 협심증), 지방간과 밀접한 관계에 있다.

이러한 질병들은 성인병으로 알려져 왔지만 최근에는 아동 비만이 증가함에 따라 아동기에 이러한 질병들이 발병하는 경우가 증가하고 있다. 이러한 질병들에 일단 걸리면 건강한 상태로 돌아가기 위해서 성인인 경우에도 치료받는 과정이 고통스러울 뿐만 아니라 완치되기 까지는 상당한 시간이 걸린다. 또한 아동기 비만의 60~80%는 성인 비만으로 지속된다는 보고가 있다.

만약 비만한 상태에서 질병이 없다고 하더라도 체중이 많이 나가는 경우에는 과도한 체중 때문에 운동할 수 있는 기회가 보통 사람 보다 적으며 운동을 하더라도 과체중이 관절에 가하는 부하 때문에 운동 상해가 일어날 확률도 높다. 체중이 증가하면서 함께 늘어나는 것으로 무시할 수 없는 것은 심리적으로 가해지는 스트레스이다. 비만인 아동은 "나는 뚱뚱하다"라는 것에 대해 부모가 생각하는 것 이상으로 스트레스를 느끼고 있다.

아동은 어른이 생각하는 것 이상으로 자신이 또래의 친구들 보다 더 뚱뚱하다고 생각하면서 컴플렉스를 가진다. 일단 컴플렉스에 빠지면 자기외모에 대한 자신감을 잃게 되고 자신의 힘으로는 이러한 문제를 어떻게 할 수 없다고 생각을 하게 되면서 포기를 하게 된다.

또한 현대사회는 마른 사람일수록 더 멋있고 예쁘다는 평가하는 풍조가 만연하기 때문에 비만아는 또래집단으로부터 "뚱뚱하니까 못생겼다", "운동회에서 매일 꼴찌만 하는 아이" 등으로 낙인이 찍히고 소외당하는 경우도 있다.

결과적으로 비만 때문에 마음의 상처를 받고 자신의 뚱뚱한 몸을 싫어하게 되거나 여러 친구들과 어울리는 것마저 기피하게 된다. 비만을 예방하고 치료하기 위해서는 신체와 마음의 병을 동시에 치료해야 하며 어린이가 심리적인 스트레스를 받고 있다고 느끼게 될 때 부모님이 즉시 도움을 주는 것이 중요하다.

5) 학년별 신체 · 운동 특징

(1) 1학년 (6~7세)

이 시기 아동의 특징은 유아기에 비해 현격한 신체적 발달과 함께, 그 신체 각 부위의 기능적 발달 또한 왕성해지므로, 무척 활동적이 되어 잠시라도 가만히 있지 못하며, 뛰거나 내닫기를 좋아하고, 바퀴 달린 놀잇감과 술래잡기 놀이 등을 좋아한다. 그러나 비교적 세밀한 근육 운동은 발달하지 못하여 연필을 바르게 쥐거나 글씨쓰기 등은 마음먹은 대로 되지 아니하는 경우가 흔하다.

(2) 2학년 (7~8세)

손끝 등의 치밀한 운동은 1학년 때보다 크게 진보하고, 충동적으로 떠들며 날뛰던 것이 줄어 조용한 놀이를 좋아하게 되나, 손톱을 물어뜯거나 머리를 긁적이기 등 신경질적인 행동이 비교적 많이 나타나는 학년이다.

(3) 3학년 (8~9세)

근육 발달이 현저해지는 시기이므로 섬세한 근육의 조직을 활용하는 놀이나 운동에 관심을 갖게 된다. 작고 세밀한 근육 활동에 아직은 부담을 느끼나 글씨쓰기 등은 곧잘한다.

사회성이 커져 겸손할 줄도 알게 되고, 분단 활동도 가능해진다. 자기 것, 남의 것에 관한 소유권의 이해가 커지며, 집 밖에서의 행동을 잘하며, 친구를 선택해서 사귄다. 남을 놀라게 하는 데 재미를 느껴 서로 놀려 주는 장난이 심하며, 싸움에서도 신체적 공격보다는 언쟁의 경향이 심해지고, 유머 감각도 생겨난다.

(4) 4학년 (9~10세)

건강 상태가 좋아지고, 각종 질병에 대한 저항력도 높아지는 학년이라 눈과 손의 공동 작업 및 손재주가 크게 길러진다. 피로에 대한 저항력도 커져서 운동량이 점차 많아져 여러 가지 놀이에 흥미를 갖고, 지칠 줄 모르게 뛰어 놀기 좋아하며, 모험심이 많아져 위험한 일에도 많은 흥미를 보이는 연령이다.

(5) 5학년 (10~11세)

신체적 유연성이 크게 향상되므로, 여러 가지 묘기를 할 수 있고, 힘 드는 일도 기꺼이 하려는 의욕을 보이며, 위험한 장난, 난폭한 행동을 즐기기도 한다.

(6) 6학년 (11~12세)

여학생의 경우 많은 아동이 생리의 변화를 보이기 시작하며, 남녀 아동의 신체적 능력이 현저히 분리되는 시기이나, 근육 발달과 함께 원기가 넘치는 시기이어서 몸 전체를 움직이는 놀이나 활동을 좋아한다. 차츰 자기 몸에 대해 신경을 쓰게 되며, 자기의 개인적 기호에 따른 놀이를 선택한다.

2. 인지발달

인간의 지적인 능력의 발달은 아동기에 뚜렷하게 나타난다. 때로 아동기를 학동기라고도 하는 것은 이 때문이다. 언어의 발달에 있어서 유아기 때 대개 기초적인 발달을 이루지만, 초등학교에 입학할 때쯤이면 약 5,000개의 어휘를 구사하게 된다. 6학년이 되면 어휘는 2배로 늘고, 문장의 표현 능력은 4학년에서 5, 6학년의 순으로 현저하게 발달한다. 또 기억력과 사고력도 현저하게 발달한다. 즉, 기계적인 기억의

발달은 8~10세경에 절정에 도달한다. 또 8세 이하에서는 청각적 기억이 우세하지만, 9세가 되면 시각적 기억이 우세하게 되는 것을 볼 수 있다.

사고의 발달에도 현저한 전환이 이루어지는 것을 볼 수 있다. 즉, 초등학교 1, 2학년까지는 자기중심성이 사고의 특징을 이루고 있지만, 8~9세경이 되면 자기중심적인 경향이 없어지고 주위의 세계를 객관적으로 이해하게 된다. 지적인 기능의 발달에 대해서 보면 몇 개의 사물로부터 공통되는 특징을 뽑아내는 것 같은 추상적 사고가 9~10세경부터 발달하기 때문에 12세경이면 추상개념을 파악할 수 있게 된다. 또한 10세경이 되면 상당한 수준의 추리작용도 가능하게 되므로, 이들 추상·추리 등의 작용을 기초로 하여 비판이나, 새로운 것을 만들어 내는 창의적 사고 등이 현저하게 발달한다.

1) 사고발달

아동기는 피아제의 인지발달 단계로 보면 구체적 조작기에 해당되는 시기이다. 구체적 조작기(concrete operational period)는 7세에서부터 12세까지의 시기로 일반적으로 초등학교 시기에 해당된다. 이 시기는 전조작적 사고기와는 달리 중심화에서 벗어나는, 즉 탈중심화가 이루어진다. 다시 말해서 한 가지 차원만 고려하고 두 가지 이상의 차원을 동시에 고려하지 못하는 전조작적 사고기와는 달리 두 가지 이상의 차원을 동시에 고려할 줄 안다. 따라서 자기중심성과 직관적 사고에서 벗어난다.

(1) 조망수용능력

세 산 모형실험에서 전조작적 사고기의 아동은 조망수용능력(perspective-taking ability)을 획득하지 못했기 때문에 타인의 위치에서 보이는 사물의 모습을 추론하지 못하는 사고의 한계를 보였다. 그러나 구체적 조작기에서는 타인의 시각에서 보는 조망을 정확하게 추론해 내는 조망수용능력을 획득을 하게 된다. 따라서 아동은 다른 자리에서 보는 산의 모습이 자기가 보는 산의 모습과 다르다는 것을 깨닫게 된다. 이와 같이, 구체적 조작기에서는 아동이 자기중심적 사고에서 벗어나는 탈중심화가 이루어진다고 할 수 있다.

(2) 보존개념

보존실험에서 전조작적 사고기의 유아가 대부분 C컵의 물의 양이 A컵의 물의 양보다 더 많다고 반응한 것과는 달리, 구체적 조작기의 아동은 A컵과 C컵의 물의 양이 같다고 반응을 한다. 즉 이 시기의 아동은 가역성이라는 논리적 조작이 가능하기 때문이다. 가역성은 반환성과 상보성의 두 조작형태로 나타난다.

A컵과 C컵의 물의 양이 같은 이유를 물으면 이 시기의 아동은 C컵의 물을 원래 B컵에 도로 부으면 물의 양이 같아진다고 설명한다. 이처럼 가했던 조작을 철회하면 항상 원래의 상태로 돌아가는 것을 생각하는 조작이 반환성이다. 또한, C컵의 물의 높이가 높아서 많아 보여도 밑이 좁은데 비해서 A컵은 물의 높이는 낮지만 밑이 넓으므로 두 컵의 물의 양은 같다고 대답한다. 이처럼 물 컵의 높이와 넓이이라는 두 특성을 상호 비교하고 그 관계를 통합하는 조작이 상보성이다. 피아제는 반환성과 상보성을 포괄하여 가역성이라고 부르고 있다.

보존성 개념의 획득은 앞에 소개한 양에 대한 보존성 실험 이외에도 수나 부피 등의 여러 영역에서 이루어진다. 일반적으로 아동들은 처음에 수에 대한 보존성 개념을 습득하고, 그 다음에 질량에 대한 보존성, 무게에 대한 보존성, 그리고 마지막으로 부피에 대한 보존성 개념을 습득한다. 피아제는 이렇게 동일한 가역성의 원리에 기초를 두면서 과제의 형태에 따라 조작의 습득 시기가 달라지는 현상을 수평적 격차(horizontal decalage)라고 한다.

(3) 유목화 개념

구체적 조작기에 획득하게 되는 다른 중요한 능력은 유목화(classification) 조작이다. 유목화는 부분과 전체의 논리적 관계 및 상위유목과 하위유목의 위계적 관계를 이해하여 전체는 부분보다, 상위유목은 하위유목보다 그 수가 많다는 것을 아는 것이다. 예컨대, 18개의 갈색구슬과 2개의 흰색구슬로 이루어진 나무구슬 20개가 있을 경우, 아동들에게 나무구슬이 많은지 갈색구슬이 많은지 물어 본다. 이 때 전조작적 사고기에 있는 아동은 갈색구슬이 많다고 대답을 하고, 구체적 조작기의 아동은

그림 14－2 서열화

나무구슬이 많다고 대답한다. 구체적 조작기의 아동은 하위유목과 이들을 포함하는 상위유목을 동시에 다룰 수 있으므로 이 두 유목의 관계에서 나무구슬과 흰구슬, 나무구슬과 갈색구슬을 비교할 수 있다.

(4) 서열화 개념

구체적 조작기에 획득하게 되는 또 다른 중요한 능력은 서열화(serial) 조작이다. 서열화는 물건들은 하나의 속성, 즉 크기나 무게와 같은 특성 기준에 따라서 순서대로 배열하는 것을 말한다. 서열화는 큰 것에서부터 작은 것으로, 작은 것에서부터 큰 것으로 차례에 맞게 배열하는 것처럼 사물을 크기, 무게, 길이, 밝기 등과 같은 여러 특성의 양적 차원에 따라 정신적으로 계열화하는 능력이다.

2) 인지양식

아동의 인지적 과제수행에 있어서 개인차가 나타나는 원인을 전통적으로는 두 가지 양식으로 설명하고 있다. 하나는 아동의 일반지능 수준 또는 지능이나 지식의 양의 차이가 인지과제 수행에 차이를 일으키는 것으로 보는 것이고, 다른 하나는 아동의 사회적 적응, 성취동기, 가치관, 태도와 같은 비인지적 요인의 차이에 기인된다고 보는 것이다. 그러나 최근에 와서는 이러한 전통적인 설명만으로는 불충분하다는 것이다. 예컨대, 일반적으로 인지발달 수준이 같은 정도의 아동 사이에서도 개개 인지과제에 대한 대처방법이나 처리양식에 큰 차이가 있다는 것이 알려져 왔다. 즉, 정보의 어느 특징에 주의를 기울이느냐, 어떠한 기억전략을 사용하느냐 등의 정보처리 양식에 있어 발달적 변화만 아니라 개인차도 크다고 지적되어 왔다. 이러한 개인차를 인지양식(cognitive style)이라고 한다(김동일 외, 2003).

(1) 장독립성과 장의존성 인지양식

과거 인간의 행동을 단순한 자극－반응의 관계로 이해하던 입장에서는 인간의 개인차를 도외시해 왔으나 인지심리학의 발달에 따라 자극과 반응을 매개하는 중개과정이 중시되면서 이러한 매개과정에서의 개인차에 많은 관심을 기울이게 되었는데, 그 중의 대표적인 것이 인지양식이라고 하겠다. 인지양식 가운데 교육과 관련하여 주목을 받아 온 것은 Witkin의 장의존성 – 장독립성 차원의 인지양식이다.

장의존적 인지양식이란 개인이 어떤 사물을 지각하는데 있어서 그 사물의 배경, 즉 장의 영향을 받는 사람의 인지양식이고 장독립적 인지양식이란 장의 영향을 받지 않는 사람의 인지양식을 말한다. 장의존적 인지양식이나 장독립적 인지양식은 그 가치 판단의 양극성을 가지고 있으므로 어떠한 방향이 더 좋다고 평가할 수 없으며, 상황에 따라 적합한 적용적 가치를 지니고 있다.

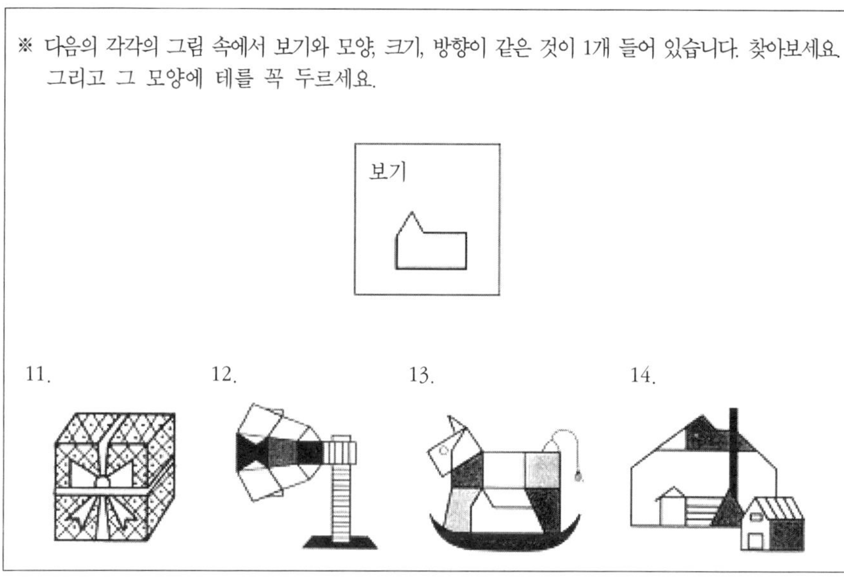

그림 14-3 인지양식의 잠입도형 검사의 일부

이들 두 가지 유형의 사람들은 환경에 대해 다르게 반응한다. 장독립형은 사람들간의 상호작용을 덜 강조하는 천문학이나 공학과 관계 있는 직업을 선호하고 학교에서는 수학과 물리같이 비인격적이고 추상적인 과목을 선호한다. 반면에 장의존형은 사람들에게 이끌리며 사람들과 관계 있는 사회과학과 같은 학문이나 가르치는 직업을 선호하며 매우 인간지향적이다.

성격과 지각에 있어서도 장독립형은 어떤 일을 해결하려는 성취동기가 강하고,

특히 분석적 기능을 요구하는 영역에 높은 적성을 보이는 반면에, 장의존형은 일반적으로 성격의 노출이 심하여 자신에 대한 통찰력이 결여되고 열등감을 지니고 있어 외부에 의존적이고 긴장 상태에서 문제를 해결하려는 경향이 있다.

인지양식의 차이는 사회적인 관계에 있어서도 나타나는데, 예를 들어 장독립형은 개인주의적인 경향이 많아 타인에 무관심한 편이고, 장의존형은 사회지향적이어서 타인의 감정이나 사고에 민감하며 사려적인 태도를 취하는 경향이 높다. 또한 동조집단에 있어서도 장독립형은 장의존형에 비해 자율성이 강하고 대인관계의 의사소통에 있어서 보다 개방적인 성격을 갖고 있다.

이러한 인지양식의 차이는 학습 면에서도 차이를 나타내기 때문에 학습지도를 할 때에 고려해야 할 요인이 되기도 한다. 어떤 학생들은 체계화되지 않은 상황을 공부할 때 이해가 늦기 때문에 명료하고 차근차근한 수업이 필요한가 하면, 부적합한 세부사항은 무시하고 중요한 특징을 끄집어 내는 것을 배우는 데 도움을 필요로 한다. 또 어떤 학생들은 체계화하는 능력을 갖고 있으나 다른 사람들의 느낌에 덜 예민해서 사회적 상황에서는 효율적이지 못하다.

(2) 충동적 인지양식과 반성적 인지양식

인지양식의 또 다른 분류방식에는 Kagan의 충동적 인지양식과 반성적 인지양식이 있다. 반성적 인지양식(reflection)은 주어진 문제를 찬찬히 생각하며 문제를 풀고 실수를 적게 하는 유형이며, 충동적 인지양식(impulsiveness)은 주어진 문제에 즉각적인 반응을 보이면서 실수를 많이 하는 유형이다. 이러한 특성은 5~6세 경에 나타나기 시작하며, 충동적인 아동보다 반성적인 아동이 자기통제 행동이 높은 것으로 보고되고 있다. 또한 아동들은 나이가 들어갈수록 보다 반성적으로 되어가는 경향이 있으며, 아동기 아동들의 경우 보다 반성적 인지양식을 가진 학생들이 읽기와 같은 학교 과제에서 높은 성취를 보인다고 보고하고 있다.

3) 기억발달

아동기에는 중추신경계의 성숙으로 주의집중력이 발달하고, 기억용량이 증가하며, 그리고 기억전략과 상위기억의 발달과 지식기반의 확대 등으로 보다 효율적으로 기억할 수 있게 된다. 기억은 학교학습에 매우 중요한 요소로서 이 시기에는 기억전략과 상위기억이 현저하게 발달한다. 기억전략은 기억 저장고에 정보를 입력하거나 인출하기 위해 사용하는 의도적인 활동으로서 시연, 조직화, 심상화 등이 있다. 상위기억은 기억을 더욱 증진시킬 수 있는 방향으로 전환하는 능력이다. 즉 아동 자신이 기억할 수 있는 정보의 양에 한계가 있을 때 어떤 과제를 더 쉽게 기억할 수 있는지, 어떤 전략을 사용할 때 기억을 더 잘 할 수 있는지를 이해하는 능력이다.

아동기의 기억발달에는 몇 가지 일반적인 경향이 있다. 아동기에는 단기기억보다 장기기억이 증가하고 그 범위가 점점 확대되며, 간접기억보다는 직접기억이 현저하게 발달한다. 6~8세까지는 청각기억이 우세하다가 9세 이후부터는 시각기억이 우세하게 되며, 논리적 기억보다는 단순히 암기하는 기계적 기억이 발달한다(김제한, 2001).

4) 언어발달

(1) 언어와 인지

참스키는 언어 능력을 사람이 가지고 태어난다고 하며, 언어 소유의 보편성을 선험적인 것이라 하였다. 실제로 아이들은 부모의 말을 모방하여 학습하는 것이 아닌 것만은 사실인 것 같다. 왜냐하면 나라마다의 부모의 말은 달라도 아동 언어의 내적 구조는 세계 공통적이며, 어휘 수나 문장의 길이는 개인차가 심해도 언어 발달의 단계와 시기는 보편적이며, 우선 언어 습득의 속도는 너무나 빠르며, 그 기간은 또 놀라울 만큼 짧다. 그러나 언어 습득의 선천성을 과학적으로 증명하는 일은 거의 불가능하다.

그래서 학자들 가운데에는 언어의 보편성을 선험성의 가설로 설명하기보다는 인지설로 설명하고자 하는 이가 있다. 아동 언어가 보편적인 것은 인간의 인지가 보편적이기 때문이라는 설명이다. 인지란 앎의 작용, 곧 지식을 어떻게 획득하고 저장하며, 그리고 그것을 어떻게 체계화하여 사용하는가 등 지적 활동 내지는 사고 과정을 뜻한다.

아이들은 자기가 아는 것만을 말한다고 한다. 그 까닭은 자신이 인지하는 것만을 언어로 표현하기 때문이다. 이 말은 결국 인지의 발달이 언어의 발달에 선행한다는 것을 일컬음이며, 언어 능력 또한 일종의 인지 작용임을 뜻하는 것이 된다.

그러나 이와 같은 입장에도 계란이 먼저냐, 닭이 먼저냐라는 식의 논란이 있을 수가 있다. 겉으로 보기에는 언어발달이 인지발달과 같은 것인 듯 보이지만, 실상 언어 발달이 아동이 알고 있는 것을 더욱 확실히 해 주는 길잡이이기도 하며, 의미를 객관화시키는 작업이기도 하다. 언어가 발달함으로써 인지가 더욱 굳어지고 구체화된다. 결국 언어와 인지는 상호작용을 한다.

(2) 인지발달과 언어발달

인지의 구조가 언어의 습득을 설명해 줄 수 있다 하고, 언어 습득의 과정이 인지의 발달에 의해 결정된다는 등 언어와 인지의 불가분리성을 주장하는 심리학자들로는 피아제(J. Piaget), 비고스키(L. S. Vygotsky), 루리아(A. R. Luria) 등이 유명하다.

우선 스위스의 심리학자인 피아제는 인간의 인지발달을 감각 운동기(출생~2세 경), 전조작기(2세~7세 경), 구체적 조작기(7~11세 경), 형식적 조작기(11세 이후)의 네 단계로 구분하였다. 아직은 언어를 획득하지 못한 출생 직후부터 아이들의 인지는 발달하는데, 이 때의 인지발달은 주로 감각, 운동적 자극에 의존하는 것으로 보았다. 즉 피아제에 의하면 감각이나 운동을 사고로 개념화하는 초기의 인지발달은 언어와 무관하고, 언어에 선행하여 이루어진다고 하였다. 이 시기에는 언어가 이해를 조장하는 게 아니라, 오히려 이해의 정도에 의해 언어의 사용이 제한된다고 하였다. 이 때의 아이들은 언어를 사용하지 않으면서도 놀이를 통해서, 그리고 사물을 조작하면서 그들의 생각을 곧잘 표현한다. 곧 언어와 사고는 독립적이면서, 사고의 발달이 언어에 선행하며, 언어의 역할은 사고 구조를 번역하는 구실에 불과하다고 하였다.

피아제는 또 학령기 전후의 인지발달 과정에 있는 아동 언어를 자기중심적 언어(ego-centric speech)와 사회화된 언어(socialized speech)의 두 가지로 나누고, 3~5세 된 아이의 경우, 그 중에서 44~47%가 자기중심적 언어이며, 7~8세 아이의 경우도 그것이 25% 내외이라 하였다.

비고스키는 소련의 심리학자로 인지발달에 관한 그의 연구가 서방 세계에 널리 알려져 있다. 그는 피아제와는 달리 언어가 인지 및 사고발달에 크게 공헌하며 사고는 그 도구인 언어와 사회, 문화의 경험에 의해 발달한다고 하였다. 곧 아동의 지적인 측면은 사고의 사회적 도구인 언어 습득에 부수하여 발달함을 강조하였다. 그러므로 비고스키는 “생각과 말의 관계는 살아 있는 과정이고 말을 통해 생겨난다. 생각 없는 말은 죽은 것이고, 말이 포함되지 않은 생각은 그림자이다.”라 말한다. 피아제는 아동의 언어가 자기중심적인 것에서부터 사회화된 것으로의 이행이라 하였으나, 비고스키는 정반대로 언어란 그 기원에 있어 원래 사회적인 것이며, 자기중심적인 것이 아니라고 하였다. 한동안 아동의 말이 자기중심적인 것처럼 보이지만, 그건 과도기적 현상에 불과한 것으로 보았다.

또 비고스키는 인간 언어의 형식을 외적 언어와 내적 언어로 나누어 보았다. ‘외적 언어’는 남에게 하는 말이고, ‘내적 언어’는 스스로 자기에게 하는 말을 일컫는다. 본래 외적 언어는 소리내어 하는 말로서 피아제의 이른바 사회적 언어이며, 인간의 사회적 행동, 대인 행동의 일부로 직접적인 행동과 관련이 있는 것이라 하고, 내적 언어는 소리 없이 하는 말로서 구체적 음성을 수반하지는 않으나 사고의 용구로 쓰는 언어이며, 언어라는 기호를 이용하여 기호적으로 문제해결을 모색하는 과정으로 직접 행동의 차원에 속하지는 않는다 했다.

비고스키는 이 두 언어가 아동들에서는 완전히 분화돼 있지 않다고 한다. 곧 아동들은 내적 언어도 소리내어 말하는데, 피아제는 그것을 자기중심적 언어라 하였지만, 실상 이와 같은 내적 언어의 출현은 언어발달의 최종적 단계를 시현한 것으로 보았다. 왜냐하면 내적 언어란 곧 말이 생각 속으로 들어간 형태로서 언어적 사고이며, 내적 언어는 외적 언어의 내재적으로 표현이 되는 것이 아니라, 결국 그것 자체로서 하나의 기능이며, 사고 그 자체이고, 사고를 이끌어 가는 길잡이란 것이다.

비고스키의 제자인 루리아 역시 스승의 설을 이어받아 언어를 외적 언어(외현적 언어)와 내적 언어(내현적 언어)로 나누고, 그 발달은 전자에서 후자에로 이행한다고 보았다. 그는 말의 출처와 성질의 요인을 다음 〈표 14-2〉와 같이 분석하였다.

표 14-2 말의 출처와 성질

통 정 유 형	말의 출처와 성질		
	타자→외현적	자기→외현적	자기→내현적
충 동 적	단계(1.5~3살)	단계 2(3~4.5살)	
의 미 적			단계 3(4.5살 이상)

말의 출처란 곧 누구에게서 그 말이 발견되는가의 문제인데, 발달 초기에는 남이 자기에게 외현적인 말을 하여 통제를 하거니와, 이어서 자기가 남에게 외현적인 말을 하고, 끝내는 자기가 자기 자신에게 내현적으로 말하게 되는 것이 정해진 이치라 하였다.

루리아는 언어에 의한 통제가 아동 초기에는 충동적이던 것이 차츰 의미론적이 되도록 발달한다는 것이다. 곧 초기의 말은 상징적인 의미를 담지 못한 채 말이란 게 그저 여타의 물리적 자극과 다름없는 것이었는데, 그것에서부터 차츰 상징성을 가지는 말로서의 발달이 이루어진다고 하였다.

(3) 학년별 언어적 특징

[1] 1학년 (6～7세)

언어가 급격히 발달하는 시기이므로, 활용하는 어휘가 크게 증가하고, 때로 어른이 놀랄 만한 어휘를 사용하는 것을 발견하게 된다. 상상력이 풍부하여져 극적인 놀이를 즐기며, 이야기를 자기 상상대로 꾸며서 길게 계속할 수도 있다. 이야기가 아주 많아지는데, 큰 소리로 잘 지껄이나 공격적, 적대적, 적극적인 언어가 많으며, 욕설, 불평 등을 늘어놓기도 한다. 남의 말 흉내내기를 즐기는데, 그러므로 말더듬이 되는 경우도 이 시기에 많아진다.

유치원 교육을 받지 않은 아동들은 갑자기 가정에서 학교로, 그 생활의 장이 옮겨지게 됨으로써 여러 모로 불안한 정서를 보이는 경우가 많으며, 아직도 유아어를 사용하는 아이가 많고, 초기에는 문자의 인지도 시각 어휘로 파악하는데, 특히 지각 오인의 경향도 많다. 문형에 있어서는 음성 언어와 문자 언어 사이의 불일치가 심하며, 문자 언어의 문형은 초보적인 것을 활용하는 정도이나, 그것 또한 오용의 경향이 심하다. 문장의 발달도 극히 초보적이어서 나열적, 병렬적 문장이 많으며, 문장과 문장의 연결을 찾아볼 수는 있으나 주어 및 서술어의 반복이 흔하다. 독서의 경향은 그림 이야기를 즐기는 정도에 머물러 있다.

[2] 2학년 (7～8세)

이 시기는 이른바 피아제의 이론에 의하면, 감각 운동 조작기에서 구체적 조작기로 이행하는 시기이다. 그런데, 아직은 말의 발달이 미분화 상태에 있어 언어에 의한 논리적, 추상적 사고는 무리이고, 사실에 의하여 생각한다든지 행동을 통하여 이해하는 등 행동과 밀접한 관계를 맺는다. 말하기, 듣기 등 음성 언어의 면에서는 학교 생활에 익숙하여지고, 어느 정도 일상 생활에서의 언어 생활을 제대로 영위할 수 있게 된다. 글씨쓰기 면에서는 지각 오인의 경향이 없어져 바른 필순과 자형으로 쓸 수 있게 되며, 문장 구성의 면에서는 병렬적 문장 쓰기의 습관이 강하여, 전체로서 마무리된 글을 쓸 수 있는 단계에 이르지는 못하였으나, 줄거리를 잡아 쓰려는 의욕은 높아진다. 어휘의 양은 더욱 풍부하여져, 완전히 익히지 못한 어휘를 말, 글 속에 써 보는 의욕을 보이기도 한다.

독서력, 독해력은 상당히 발달하여, 비교적 긴 글도 읽어 내고, 독서에 관한 흥미도 그림 이야기 시대를 지나 옛날 이야기 시대로 들어가므로, 독서 흥미 형성을 위한 중요한 시기가 된다.

[3] 3학년 (8～9세)

저학년 때의 유아어, 유아음이 사라지고, 어휘도 이해 어휘, 사용 어휘 모두에서 현저하게 증가하며, 일상 생활에서 쓰는 말에 거의 부자유함이 없어진다. 따라서 어른과의 의사 교섭도 자연스러워지며, 상대나 상황에 따라 말하는 태도가 싹튼다. 좋은 말씨나 나쁜 말씨를 구별하며, 여러 가지 내용에 대해 그 방법이나 태도를 생각하여 설명이나 의견 발표를 할 수 있게 된다. 읽기에 있어서는 독서의 흥미가 아주 높아지고, 그 범위나 능력도 늘어난다. 비교적 긴 글도 읽어 내며, 묵독도 용이해진다. 대문 의식이 높아지고 참고서나 잡지 등을 활용하는 힘도 늘어난다. 글씨쓰기에 대한 일반적 경향은 손가락의 근육 운동이 급격히 발달하여 좀 더 작은 글자도 쓸 수 있어, 한글 해서체의 기초를 완성한다. 괘선 있는 지면이나 백지에 쓸 수도 있으며, 편지를 쓸 수 있게 된다. 글의 표현에서는 비교적 자세하게 서술하는 경향이 나타나고, 글이 급격히 길어지며, 구문 구조도 복잡해진다. 취재의 범위가 넓어져 사회적, 객관적 세계를 향하기도 한다. 문장은 병렬적인 표현이 차츰 감소하여 차차 구체적인 묘사적 서술이 활발해진다.

외적인 세계에 관한 흥미가 강해지고, 독서의 경향은 남녀를 막론하고 신화를 좋아하여 읽고 듣고자 한다. 옛날 이야기를 즐기는 가운데에서도 또 생활 이야기(동화)의 시기로 들어간다.

4 4학년 (9～10세)

어휘가 양적으로 큰 발달을 보이되, 많은 추상 어휘의 활용이 가능하게 되고, 문어적 어휘와 구어적 어휘의 구분 인식이 가능해진다. 병열적 문장은 거의 없어지며, 주절과 종속절을 가진 복합문의 사용이 점차 많아진다. 읽는 속도가 크게 향상되므로 빨리 읽기 등의 훈련이 가능해진다.

흥미의 관점이 외적인 세계로 향하는 경향이 더욱 두드러지며, 자연과학적인 의문, 자연 현상에 대한 관심이 커진다. 독서의 취향은 남녀 아동이 크게 달라짐을 보이는데, 공상의 세계에서 현실로의 전환을 보이지만, 남자는 모험, 탐험, 발명 등 제재에 관심을 보이고, 여자는 소년 소녀 소설을 좋아하게 된다. 여전히 생활이야기(동화) 시기에 있으나 전기에 대한 관심도 차츰 커진다.

5 5학년 (10～11세)

어휘나 문장은 4학년에 이어 계속 발전한다. 문제해결을 위하여 조리 있게 토론하며, 남의 의견을 존중하는 능력도 증진된다. 혼자 사고하여 판단하는 것보다는 집단적 사고의 결과를 중시하는 능력도 생기며, 바르게 질문하는 능력도 증가되고, 다른 사람의 사상, 생각에 대하여 흥미를 가지게 된다.

정서의 표현은 차츰 내면화의 경향으로 진행하고, 정서적 감수성도 계속 순조롭게 발달되어 간다. 외적 세계에 관한 흥미는 더욱 넓어지며, 토론에서는 사회적인 사항, 지적 경험에 의한 사항에 흥미가 기울어지게 된다. 점차 흥미의 방향이 남녀 성별차에 따라 뚜렷이 달라지게 되고, 독서는 생활 동화기의 말기, 전기 시기의 중간에 처하여 남자는 모험 이야기, 여자는 소년 소녀 소설 등을 즐겨 읽는다.

6 6학년 (11～12세)

어휘는 아동기 최후의 순조로운 발달을 보이며, 문장은 일정한 중심을 두고 통일성 있게 정리한다. 기계적 기억과 논리적 사고의 발달은 더욱 현저해진다. 정서의 표현은 점점 내면화의 경향이 되며, 감수성에 있어서는 여러 가지 정신적, 사회적, 도덕적인 세계에 대해 정서를 일으키게 된다. 이제 상대나 상황을 고려한 적절한 어휘 구사 등 언어 사용이 비교적 유창하게 되고, 독서 결과에 대한 토론 등이 가능하며, 자기 자신을 주인공으로 삼는 글짓기 등도 해낼 수 있게 된다.

이상적인 인물에 대한 흥미도 5학년에 비해 한층 심화되며, 남녀의 성격 차이도 더욱 뚜렷해진다. 독서, 토론의 흥미 등도 5학년의 경향이 더욱 심화된다.

5) 지능발달

인간의 지적 능력의 발달을 연구하는 심리학적 접근으로는 인지발달적 접근, 심리측정적 접근, 정보처리적 접근이 있다.

인지발달적 접근은 아동의 지적 능력의 발달과정과 수준을 이해하는데 좋은 이론적 틀을 제공해 주지만 지적 능력의 크기를 보여 주는 데에는 한계를 가지고 있다. 대표적인 인지발달이론가는 피아제(Piaget)이다. 이와는 대조적으로 심리측정적 접근은 인간의 지적 능력을 수량화하여 비교함으로써 지적 능력의 크기를 보여준다. 그러나 어떤 지적 능력이 어떤 과정을 통해 어느 정도 발달하는지 정확하게 변별하지는 못한다.

(1) 지능의 의미

IQ라고 했을 때, 이 말은 영어의 Intelligence와 Quotient를 합쳐서 일컫는 말이다. 이 때 Quotient는 지수라는 말인데, 지수는 분수의 일종이다.

비네(Binet)가 계발한 지능 측정 방식을 공식화한 사람이 독일의 심리학자 윌리엄 슈테른(William Stern)이다. 즉 그는 지능지수인 지적 연령(정신연령, MA; mental age)을 실제연령(생활연령, CA; chronological age)으로 나눌 것을 제안했다. 그런 의미에서 윌리엄 슈테른 (William Stern)은 IQ(지능지수)의 창시자이다. 그 후 소수점을 없애기 위해서 터어만(Terman)이 MA/CA의 비에 100을 곱하는, 즉 IQ=MA/CA×100의 공식을 적용하였고, 이후 이것이 지능지수를 산출하기 위한 공식으로 오랫동안 사용되어 왔다. 따라서 지능지수, IQ란 지적 연령을 실제연령으로 나누어 100을 곱한 수치로 정의된다.

(2) 지능의 진단

알프레드 비네(Alfred Binet)는 프랑스 교육부로부터 일종의 IQ test를 개발하라는 지시를 받았다. 이것은 정규학교 과정에 적응하지 못할 것으로 예상되는 학생들을 조기에 알아낼 수 있는 방법을 찾아서 정규학교에서 장기적으로 무리한 교육을 받지 않게 하기 위한 조처였다. 이것이 최초의 근대적 IQ 테스트이다.

비네(Binet)가 지능검사 도구를 만든 이후 Army-α와 β검사가 있는데, 이것은 1차 세계 대전 중 미국에서 군대를 조직하기 위해서 신병이 군사 명령에 따를 능력이 있는지의 여부를 적은 예산으로 속히 파악해 낼 수 있는 방법으로 만들어진 검사도구이다.

Stanford-Binet검사가 거의 언어적 검사로 구성됨으로써 학업성취도에 대한 예언력이 높아 학교에서 주로 사용하는 검사인 반면, 웩슬러(Wechsler)는 성인용(WAIS; Wechsler Adult Intelligence Scale), 아동용(WISC; Wechsler Intelligence Scale for Children) 학령전 지능검사를 제작하였다. 또한 국내에서도 1950년대 후반부터 집단지능검사가 제작되었으며 Stanford-Binet검사는 고려대-Binet란 이름으로, Wechsler검사는 KEDI-WISC란 이름으로 각각 번안·보급되었다.

(3) 지능이론

지능을 이루고 있는 요인들은 무엇인가? 여기에 대해서 많은 학자들은 나름대로 지능의 요인들을 제안하고 있다. 대표적인 학자들이 스피어만(Spearman)의 양요인설, 써스톤(Thurston)의 군집요인설, 길포드(Guilford)의 지능구조모형, 캐텔(Catell)과 혼(Horn)의 유동성 지능과 결정성 지능이다.

스피어만(Spearman)은 인간의 지능은 일반요인(G-factor)과 특수요인(S-factor)으로 구성되어 있으며, 써스톤(Thurston)은 군집요인설로 인간의 지능은 언어 이해력, 언어 유창성, 수리력, 공간지각, 기억, 추론, 지각 속도로 구성되어 있다고 했다. 또한 길포드(Guilford)는 인간의 지능을 5개의 내용차원, 6개의 조작차원, 그리고 5개의 산출차원의 180여 개의 상이한 능력으로 이루어져 있다고 했다.

한편, 종전에 지능은 나이가 들어감에 따라, 특히 20세를 전후해서 점점 쇠퇴해가는 것으로 보는 관점과는 달리 캐텔(Catell)과 혼(Horn)은 종전의 관점처럼 나이가 들어감에 따라 점점 쇠퇴해 가는 유동성 지능이 있는 반면, 나이가 들어감에 따라 점점 발달하는 결정성 지능도 있다고 했다.

(4) 대안적 지능이론

지적 발달에 대한 심리측정적 접근은 인간의 능력을 수량화하여 지적 능력의 크기를 보여주며, 학업성취에 대한 예언을 가능하게 해 주기는 하지만 다음과 같은 점에서 비판을 받고 있다.

첫째, 심리측정적 접근은 한정된 학업적 지능을 진단하므로 아동의 학교 학습능력을 예언하는 지표는 되지만 성인 실제 사회 생활에서 활용할 수 있는 보다 포괄적인 지적 능력의 발달 수준을 보여주지 못한다.

둘째, 심리측정적 접근은 경험하거나 학습된 지적 수행 수준을 진단함으로써 아동이 발휘할 수 있는 지적 잠재력을 보여 주지 못한다.

이와 같은 심리측정적 접근이 가지고 있는 한계점을 보완할 수 있는 새로운 지능이론으로 스텐버그(Sternberg)의 삼원지능이론 그리고 가드너(Gardner)의 다중지능이론, 비고스키(Vygostky)의 근접발달영역이다.

1 스텐버그(Sternberg)의 삼원지능이론과 성공지능이론

Robert J. Sternberg(1949~)

가드너의 다중지능이론은 독립적인 구조를 강조하지만, 스텐버그의 삼원지능이론은 상대적으로 독립적인 과정을 강조한다.

스텐버그는 종래의 대부분의 이론들이 지능의 근원을 오로지 개인, 행동, 혹은 행동의 상황 중의 일부로부터 구하려 했기 때문에 불완전한 이론이 되었다고 가정하고, 지능이론이 보다 완전한 이론이 되려면 개인, 행동, 상황 등의 세 가지를 모두 고려한 이론이 되어야 한다고 주장하여, 이 세 가지 근원을 각기 고려한 세 가지 하위이론, 즉 상황하위이론, 경험하위이론, 요소하위이론으로 구성된 하나의 종합적인 지능이론을 내 세웠다.

첫 번째 하위이론은 요소하위이론(componential subtheory)으로 지능을 수행하는데 있어서 기초가 되는 기본적인 정보처리 과정과 요인들을 다룬다. 요소 하위이론에는 다시 다음과 같은 세 가지 하위과정들이 있다.

① 메타요소(Metacomponents)이다.

메타요소는 일을 진행하는데 있어서 계획 세우기, 일을 하는 동안의 수행 정도 감독하기, 수행결과 평가하기와 같은 역할을 수행한다. 예를 들어, 수학 프로젝트를 진행하기 위해 먼저 학생들은 프로젝트의 주제를 결정해야 하고, 그 다음 프로젝트를 진행하기 위한 전략들에 대해 계획해야 한다. 또한 프로젝트가 절대로 잘 진행되고 있는지를 감독해야 한다. 이러한 역할을 담당하는 사고과정이 메타요소이다.

② 수행요소(Performance components)이다.

메타요소가 계획한 것을 실행하는 것과 관련되는 과정이다. 예를 들어, 책이나 소논문을 실제로 읽는 것, 프로젝트에 필요한 자료를 수집하는 것, 계획한 대로 자료를 정리하여 프로젝트를 쓰는 것 등의 일을 한다.

③ 지식－획득 요소(Knowledge-acquisition components)이다.

문제해결을 하는 방법을 학습하는 것과 관련된 과정이다. 예를 들어, 도서관이나 인터넷을 통해 연구하는 방법, 프로젝트를 조작하는 방법, 논리적이고 흥미롭게 자료들을 조직하여 제시하고 쓰는 방법에 대해 학습하는 것이 이 과정에 속한다.

세 가지 정보처리 요소들은 서로 상호작용을 한다. 메타요소는 무엇을 할 것인지를 결정하고 그 다음 수행요소, 지식획득 요소가 활성화된다. 후자의 두 요소는 메타요소에 피드백을 제공하고, 메타요소는 정보처리를 위한 전략과 정보의 표상을 조절한다. 실제 문제를 해결하는데 이 세 가지 정보처리 요소가 어떻게 상호작용하는지 예를 들어 보면, 학생들이 특정 주제에 대한 중간 보고서를 쓸 계획을 세우는 것(메타요소), 주제에 대해 학습하는 것(지식－획득요소), 그것을 작성하는 것(수행요소) 등으로 설명할 수 있다.

두 번째 하위이론은 지능을 경험과 관련짓는 경험하위이론이다. 정보처리 요소는 과제에 대해 사람들이 가지는 경험수준에 따라 다르게 응용될 수 있다. 이 하위이론에 따르면, 과제가 상대적으로 새롭거나 덜 친숙할 때 지능을 가장 잘 측정한다고 본다. 상대적으로 새로운 과제는 친숙하지 않고 그 개인의 경험 밖에 있다. 예를 들어, 대부분의 7세 아이들은 복잡한 곱셈문제를 풀 수 없다. 왜냐하면, 그 문제는 7세 아동들의 경험밖에 있기 때문이다. 7세 아이들은 곱셈문제 보다 오히려 덧셈과 뺄셈에서 더 도전을 받는다. 따라서 새로운 문제를 상대적으로 잘 해결하는 사람은 그렇지 못한 학생들보다 더 지능적인 것으로 볼 수 있다.

자동화(automatization)는 과제에 친숙하게 되는 과정을 말한다. 자동화가 되면 상대적으로 정보를 처리하는데 적은 노력이 들고, 덜 의식적인 방법으로 수행을 하게 된다. 예를 들어, 7세 아동의 읽기에 대한 자동화 과정을 보면, 아동들이 초보자일 때 의도적으로 더 많은 노력을 기울이지만 읽기에 숙달이 되면 더 적은 노력으로 읽을 수 있게 된다. Sternberg의 관점에서 지능적인 사람은 더 빠르게 효과적으로 과제를 자동화할 수 있는 사람이다.

세 번째 하위이론은 지능이 일상생활에서의 상황이나 장면과 관련이 있다는 상황하위이론(contextual subtheory)이다. 이 하위이론에 따르면, 일상생활 속의 환경과 만나는 세 가지 기본과정이 있다.

적응(adoption)은 환경에 자신을 맞추는 것을 말한다. 예를 들어, 새로운 학교에 부임한 교사는 먼저 그 학교의 상황과 요구에 스스로 적응해야 한다. 점차 환경에 익숙해지면 사람들은 환경을 조성하려 한다. 조성(shaping)은 환경을 자신에게 맞도록 변형시키는 것을 말한다. 예를 들어, 사고교육에 관심을 가지고 있는 새로 부임한 교사는 학교 혹은 학급에서 사고교육을 위한 새로운 시도를 하려 할 것이다. 그러나 때때로 조성이 적절하지 않을 때가 있다. 다시 말해, 환경에 적응할 수 없을 뿐만 아니라 자신이 만족할 만큼 환경을 조성할 수 없을 때, 새로운 환경을 선택(selection)하게 된다. 예를 들어, 새로 부임한 교사가 자신의 교육적 신념과 맞지 않을 때 학교를 떠나기도 한다.

일상생활에서의 지능은 환경에 대한 적응, 조성, 선택의 균형을 필요로 한다. 지능적인 사람들은 자신의 장점과 환경과의 균형을 유지하기 위해 적응, 조성, 선택의 과정을 효과적으로 사용하는 사람이다.

지능 측정에 관한 Sternberg의 견해는 다음과 같다.

첫째, 상황하위이론에 입각하여 지능검사가 지나치게 인위적인 학업지능만을 측정할 것이 아니라, 학생 개개인이 처해 있는 환경에서 표출되는 지적 행동과 관련된 현실세계의 지능을 보완해야 한다고 주장하고 있다.

둘째, 경험하위이론과 관련하여 지능은 지적 과제의 신기성을 다루는 능력과 정보처리 과정을 자동화하는 능력을 관련시켜 측정해야 한다고 제안하고 있다.

셋째, 요소하위이론과 관련하여 속도 그 자체에 관심을 두지 않고 문제해결 과정에 어떻게 시간을 할당했는지가 중요하다는 것과 지능의 다양한 수행요소들에 대한 점수를 분리해 낼 것, 그리고 학생의 지능에 가장 큰 책임이 있는 요소가 메타요소임을 인식하여 그러한 메타요소를 측정하고 진단할 필요가 있다는 점 등을 피력한다.

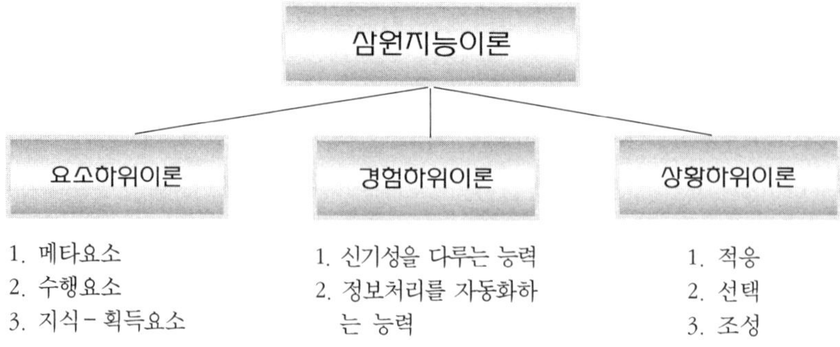

그림 14-4 스텐버그의 삼원지능이론

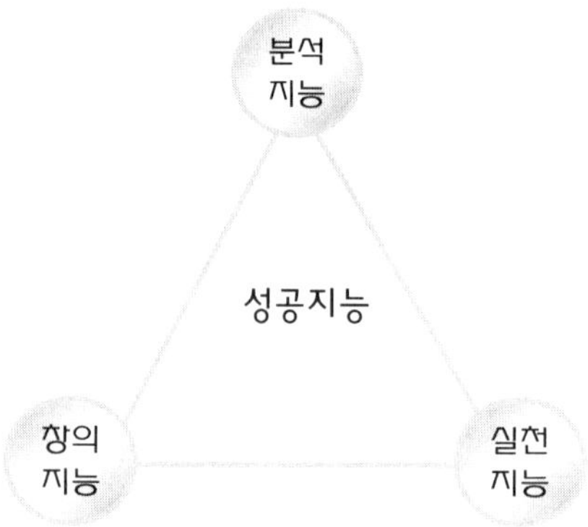

그림 14-5 성공지능이론

▣ 성공지능이론

Sternberg 지능 이론의 세 번째 시기는 성공지능이론의 시기이다. 그는 1996년에 발간한 Successful Intelligence란 책에서 성공지능을 성공적인 삶을 이룩하는 데 요구되는 세 가지 능력 — 분석 능력, 창의 능력, 실제 능력 — 으로 정의한다.

분석 능력(analytical abilities)은 개인의 삶에서 유용한 선택 사항을 분석하고 평가하는 데 요구되는 것이다. 예를 들어, 그 능력은 문제 인식하기, 문제의 본질을 정의하기, 문제해결 전략을 수립하기, 문제해결 과정을 점검하기와 같은 일들을 포함한다.

창의 능력(creative abilities)은 우선적으로 문제해결안을 창출하는 데 요구되는 것이다. 창의적인 사람은 전형적으로 아이디어의 세계에서 "싸게 사서 비싸게 파는" 사람이다(Sternberg & Lubart, 1995, 1996). 그들은 인기 없고 심지어 거부되는 아이디어를 싸게 산 후 적어도 몇 사람에게 그 아이디어의 가치를 설득한 다음에 비싸게 판다. Sternberg는 이 능력이 종래의 IQ와 최소한 부분적으로 구분되는 능력이고 또한 어느 정도 영역-특수적인 것으로 간주한다. 여기서 '영역-특수적'이라는 말은 한 영역(예, 미술)에서의 창의성은 필연적으로 다른 영역(예, 작문)에서의 창의성을 암시하지 않는다는 의미이다. 다시 말해서 어떤 사람이 미술 영역에서 창의성을 나타낸다고 해도 작문 영역에서는 창의성을 나타내지 않을 수 있다는 것이다. 또한 그는 모든 창의적인 작업이 반드시 "기성의 무리에 도전하는 것(crowd defying)"은 아니고, 어떤 것은 기존의 패러다임을 확장시키는 것에서 비롯될 수 있음을 지적한다(Sternberg, 1999).

실제 능력(practical abilities)은 문제해결안을 실행하여 효과적인 것으로 만드는 데 요구되는 것이다. 실제 능력은 지능이 실세계 맥락에 적용될 때 관련된다. 실제 지능의 핵심적인 양상은 암묵적 지식의 습득과 활용에 있다. 여기서 암묵적 지식(tacit knowledge)이란 분명하게 가르쳐 지지 않고 말로 표현되지도 않지만 주어진 환경에서 성공을 위해 알 필요가 있는 것에 대한 지식이다. 다음은 지금까지 Sternberg(2003)가 암묵적 지식 연구를 통해 밝혀낸 결과들이다. 첫째, 암묵적 지식은 경험을 사려 깊게 활용하는 것을 통해서 습득된다. 중요한 것은 경험 그 자체가 아니라 경험으로부터 얼마나 이득을 얻을 수 있는가이다. 둘째, 암묵적 지식은 비교적 영역-특수적인 것이다. 셋째, 암묵적 지식의 습득과 활용은 전통적인 능력(IQ)과 비교적 독립적이다. 넷째, 암묵적 지식은 IQ만큼 혹은 그 이상으로 직무 성공의 준거를 잘 예측한다. 다섯째, 암묵적 지식은 IQ와 그밖에 다른 성격, 학습 및 사고양식과 같은 측정치를 넘어서 추가로 직무 성공의 준거를 예측한다(McClelland, 1973; Sternberg et al., 2000; Sternberg & Wagner, 1993; Sternberg, Wagner, Williams, & Horvath, 1995).

이상의 내용을 포함한 성공지능이론의 구성요소와 내용을 〈표 14-3〉에 제시한다.

표 14-3 성공지능이론의 구성요소와 내용

	삼원지능의 세 가지 구성요소	성공지능의 세 가지 구성요소	내 용
성공지능	요소하위이론 (componential subtheory)	분석지능 (analytical intelligence)	• 새로운 지식을 획득하고 논리적 과제 해결에 적용하는 능력 • 효율적인 정보처리과정
	경험하위이론 (experiential subtheory)	창의지능 (creative intelligence)	• 관련 없는 요소를 연관시켜 새로운 것을 창출, 반복적인 경험을 자동화하는 능력
	맥락하위이론 (contextual subtheory)	실천지능 (practical intelligence)	• 주어진 환경과 조화를 이루는 능력, 환경에 적응하는 능력

성공지능이론에서 지능은 늘 수정 가능한 것이라는 관점을 취하는데, 즉 지능을 한번 수치로 고정되어 평생 그대로 남는 것이 아니고 변화, 개발될 수 있는 것으로 본다. 또한 지능을 수량의 문제가 아니라 균형의 문제라고 설명한다. 지능은 어떤 목표를 달성하려는 노력을 기울일 때 발휘되므로, 분석적, 창의적, 실천적 능력을 사용하는 시기와 방법에 대한 문제가 중요하다고 한다.

성공지능관에 따르면 성공지능은 성공을 얻어낼 수 있는 인간 능력의 총합으로서, 중요한 목표를 달성하기 위해 사용되는 지능이다. 자신의 기준에서나 타인의 기준에서 바라보았을 때, 성공한 사람들은 광범위한 지적 기능을 획득, 개발, 적용한 사람들이다. 이들은 결코 학교 교육이 중시하는 IQ나 학업성적에만 의존하는 사람들이 아니고 분석적인 동시에 창의적 아이디어를 생산하며 과제를 해결하는 실천력이 뛰어난 사람이다. 또한 소중한 생활태도를 갖고 있다는 공통점이 있다. 즉, 그들은 자신의 장점과 단점을 알고 있으며, 장점은 적극 활용하고, 단점은 보완하거나 시정한다. 장점의 극대화와 단점의 보완은 환경에 적응하고(adapt), 조성하고(shape) 선택하는(select) 데 있어서 분석적, 창의적, 실천적 능력이 균형을 이루는 것을 통하여 이루어진다. 이들은 과제를 해결할 때 융통성 있고 현실성 있는 방법을 모색한다. 분석지능, 창의지능, 실천지능 중 특정지능이 뛰어나게 발달한 사람만이 성공지능인이 되는 것은 아니다. 성공지능인은 학교에서든 직장에서든 자신의 장점을 최대한 이용하고 단점을 보완하면서 자기의 능력을 최대한 활용하므로, 이러한 일련의 과정을 통해 자연히 분석적, 창의적, 실천적 지능을 골고루 사용하게 된다. 이러한 성공지능관은 사람들로부터 최대한의 효과를 얻어 내기 위해서는 필수적인 요건이라고 볼 수 있다.

성공지능의 지능관은 우리의 학교 또는 직장에서 절실히 필요로 하는 새로운 지능관이라 할 수 있다. 이러한 지능관은 낮은 IQ를 가진 사람들이 빠지기 쉬운 자기수행 예언(어떤 행동이나 학습을 함에 있어서 자신이 목표를 어느 정도 달성할 수 있을 것인지에 대한 예언)을 일으키지 않으며 인간 능력의 극히 일부분에만 치중하는 종래의 지능관이 갖는 한계성을 극복할 수 있다. 또한 성공지능이론에서 지능은 한 번 수치로 고정되어 평생 그대로 남는 것이 아니고 늘 수정 가능한 것이라는 관점을 취하기 때문에 인간의 지적 능력 개발에 희망적 메시지를 준다.

2 가드너(Gardner)의 다중지능이론

가드너(Gardner)는 지능이 높은 아동은 모든 영역에서 뛰어나다는 종래의 지능관을 비판하고 인간의 지적 능력은 서로 독립적이며 서로 다른 유형의 능력으로 구성된다고 주장하였다. 이에 가드너(Gardner)는 8개의 지능을 제시하였다.

Howard Gardner(1943~)

1970년 이후부터 새로운 개념의 지능이론이 등장하기 시작했다. 그 중 가장 주목할 만한 것이 하버드대 교육대학원 교육심리학과 교수인 하워드 가드너 다중지능(MI : Multiple Intelligence)이론이다.

가드너는 종래의 IQ개념에 대항해 다중지능이론을 제시하면서 교육학과 심리학 분야에 돌풍을 일으키고 있다. 그에 의하면 사람 속에는 8가지 종류의 지능이 함께 존재한다고 한다. 무지개가 7가지색으로 구성된 것이라면 인간의 소질 적성 능력과 관련해 다음과 같은 8가지 지능이 존재한다는 것이다.

첫째, 언어지능(Linguistic Intelligence)이란 말과 글이라는 상징체계에 대한 소견과 적성이 뛰어난 사람이 갖고 있는 능력을 말한다. 이 지능이 높으면 글이나 말을 통해 자신의 생각이나 느낌을 잘 표현하고, 탁월한 언어적 기억력을 보인다. 이 능력이 발달한 사람은 시인, 소설가, 정치가, 변호사, 방송인 등이 될 소질이 있다. 대표적인 인물로는 T. S. 엘리엇, 셰익스피어 등의 작가와 윈스턴 처칠을 들 수 있다.

둘째, 음악지능(Musical Intelligence)은 가락, 리듬, 소리 등의 음악적 상징체계에 민감하고, 그러한 상징들을 창조할 수 있는 능력을 말한다. 노래를 부르거나 악기를 다루거나 새로운 곡을 창작하거나 감상하는 데 필요한 능력이 이에 해당한다. 모차르트, 베토벤 등이 대표적인 인물들이다.

셋째, 논리·수학지능(Logical-Mathematical Intelligence)은 숫자나 규칙, 명제 등의 상징체계를 잘 익히고 그와 관련된 문제를 손쉽게 해결해 내는 능력을 말한다. 수학이나 사회 현상 등 여러 대상에 대해 관심을 가지고 탐구하면서, 논리적으로 추론하여 규칙이나 법칙을 발견하거나 체계를 마련할 수 있는 능력이다. 회계사, 통계학자, 법률가, 컴퓨터 프로그래머 등이 가지고 있는 소질로 아인슈타인, 갈릴레이 등이 대표적 인물이다.

넷째, 시각·공간지능(Spatial Intelligence)은 도형, 그림, 지도, 입체 설계 등의 공간적 상징체계에 소질과 적성을 보이는 능력이다. 물건을 보기 좋게 배치하거나 새로운 물건을 만들고, 낯선 곳에서 길을 찾는 데 필요한 능력으로 조종사, 디자이너, 건축가 등에서 이런 능력을 찾아볼 수 있다. 대표적인 인물로는 피카소, 레오나르도 다빈치 등을 들 수 있다.

다섯째, 신체·운동지능(Bodily-Kinesthetic Intelligence)은 춤, 운동, 연기 등의 상징체계를 쉽게 익히고 창조하는 능력이다. 이 지능이 발달한 사람은 신체적 활동에 쉽게 몰입하여 즐길 수 있으며, 무용이나 연극 등에서 신체로 자신의 내면세계를 표현하는 데 뛰어난 재능을 보인다. 무용가, 기술자, 운동선수 등이 될 수 있는 소질을 보이며, 마서 그레이엄, 타이거 우즈 등이 대표적이다.

여섯째, 개인내지능(Intrapersonal Intelligence)은 자기 자신을 느끼고, 자기감정의 범위와 종류를 구별해 내며 그런 감정에 이름을 붙이고, 자신과 관련된 문제를 잘 풀어 내는 데 필요한 능력이다. 작가, 종교인, 예술가, 심리학자들이 소유하고 있는 능력으로 버지니아 울프와 시그문트 프로이트 등이 대표적인 인물이다.

일곱째, 대인관계지능(Interpersonal Intelligence)은 다른 사람의 기분이나 동기, 바람을 잘 이해하고 그에 적절하게 반응할 수 있는 능력, 즉 인간관계를 잘 이끌어 가는 능력을 가리킨다. 교사, 정치가, 치료사, 사업가 등에서 흔히 발견할 수 있는 능력으로 간디, 링컨, 김구 등에서 그 예를 찾을 수 있다.

여덟째, 자연탐구지능(Naturalist Intelligence)은 식물이나 동물 또는 자신이 살아가고 있는 환경에 관심을 가지고, 그 인식과 분류에 탁월한 전문 지식과 기술을 발휘하는 능력을 말한다. 식물학자, 동물학자, 과학자, 조경사, 탐험가 등이 갖고 있는 지능이 이에 해당한다. 이 지능을 뛰어나게 발휘한 인물로는 곤충학자 파브르, 아문젠 등이 있다.

그림 14-6 가드너의 다중지능이론

③ 비고스키(Vygostky)의 근접발달영역

근접발달영역은 아동이 현재 스스로 과제를 해결할 수 있는 실제적 발달수준과 성인이나 자기보다 뛰어난 또래의 도움을 받아 과제를 해결할 수 있을 것으로 기대되는 잠재적 발달수준간의 격차를 의미한다. 이런 관점에 따른다면, 교육이란 아동이 유능한 성인이나 뛰어난 또래 아동의 도움을 받으면 성취할 수 있는 활동들, 즉 근접발달영역에 있는 활동을 제공하는 것이다. 이 때 성인이나 뛰어난 또래 아동은 아동이 스스로 문제를 성취할 수 있도록 매 단계마다 아동의 수행수준에 맞게 도움을 주는 수준과 양을 조절해 주어야 하는데, 이것을 발판화(scaffolding : 단계적 지지)라고 한다.

(5) 감성지능(Emotional Quotient)

감성지능(Emotional Intelligence)이란 말은 1990년 심리학자인 예일대의 피터 살로베이(Peter Salovey) 교수와 뉴햄프셔 대학의 존 메이어(Jone Mayer)에 의해 만들어진 용어로 “자신의 감정을 이해하는 능력이나, 남의 감정을 이해하는 능력, 그리고 삶을 풍요롭게 하는 방향으로 감정을 통제할 줄 아는 능력”을 의미한다. 그러나 최근에 EQ 혹은 감성지능이란 말로 널리 유행하게 된 것은 두 가지 계기가 있다. 즉 1995년 뉴욕 탐임지의 과학전문 칼럼리스트인 다니엘 골만(Daniel Goleman)의 새 책 「정서지능(Emotional Intelligence)」의 발간과 같은 해 Time지(10월 9일자)의 표지에 ”당신의 EQ는 얼마인가 ? (What's Your EQ ?)”라는 기사가 실린 것이 계기가 된 것이다. 따라서 감성지능은 “감정을 통제하고 이해하는 능력”이라고 할 수 있다.

살로베이(Salovey) 교수는 감성지능을 첫째, 자신의 감정을 인식하는 능력(자각능력), 둘째, 자신의 감정을 조절할 줄 아는 능력(자기 절제), 셋째, 자신에게 동기를 부여하는 능력(동기부여), 넷째, 타인의 감정을 읽을 줄 아는 능력(공감 혹은 감정이입), 다섯째, 인간관계를 관리하는 능력(사회적 기술)으로 나누고 있다.

(6) 도덕지능(Moral Quotient)

EQ와 IQ에 이어 최근에 새롭게 등장한 것이 MQ이다. 이것은 1997년 로버트

콜스(Robert Coles) 교수의 새 책 「아이들의 도덕 지능(The Moral Intelligence of Children)」과 1997년 Time지(1월 20일자)에서는 이 책을 소개하였다. Coles에 의하면 "도덕 지능은 규칙들의 암기나 교실에서의 추상적인 토론 혹은 가정의 순응 교육에 의해서 길러지는 것이 아니라, 다른 사람과 어떻게 잘 지내며 어떻게 올바르게 처신하는가를 배우고 보고 들으면서 도덕적으로 성장하는 것이다"라고 하였다.

그는 아동기 도덕심 형성에 3단계의 층위가 있다고 본다. 첫 단계인 유아기는 정서형성에는 결정적인 영향을 주는 반면 도덕심의 형성에서는 상대적으로 비중이 덜하며, 둘째 단계는 초등학교 시기로 이 시기는 '양심의 시기'로 도덕심 형성과 관련해 가장 중요한 시기이며, 셋째 단계인 청소년기에는 자의식이 강화되면서 외로움을 견디며 세상을 살아가는 문제에 부딪히는 시기이다. 결국 자녀의 도덕심을 길러 주고 싶은 부모라면 아이들이 초등학교에 다닐 때 보다 많은 관심을 쏟아야 한다는 말이 된다.

6) 창의성 발달

(1) 창의적 사고의 개념

새로운 변화와 발전을 가능케 하는 창의력은 과연 어떤 것일까?

첫째, 창의적 사고란 협의의 개념으로 반응 수가 많고(many) 다양하고(varied), 그리고 독특한(unusual) 작품이나 아이디어를 생산해 내는 능력이라고 할 수 있다.

둘째, 창의적 사고란 광의의 개념으로 새롭고 유용한 어떤 것을 생산해 내는 행동, 통상적인 것이 아니고 기발하고 독창적인 '새로움'(신기성, new, novel)과 '유용성'(usefulness)이라고 할 수 있다. 따라서 유용성이란 당사자가 아닌 소비자나 기타의 전문가들이 적절하고 가치가 있다고 인정하는 것을 말한다. 유용성과 가치성 외에 '질적 수준'과 '중요성'이 높을수록 남들의 수용이 용이해진다.

셋째, 과정으로서의 창의력은 기존의 정보, 지식, 즉 심상이나 개념들을 특정한 요구 조건에 맞거나 유용하도록 새롭게 조합(combination), 연결(connection) 또는 결합(association)시키는 것이라고 본다. 과정이란 동기유발, 인식, 학습, 사고, 대화 등과 관련이 있다. 창의적인 과정이란 문제와 정보에 있어서의 차이, 부족한 요소와 잘못된 부분을 지적하고 이러한 잘못된 부분에 대한 가설을 설정하고 가설을 평가하고 검증하는 것으로 가능하다면 이러한 가설을 수정하여 최종적인 결과를 제시하는 것까지 모두 포함한다. Ribot (1906)는 '유추에 의한 사고'를 할 줄 아는 능력이 바로 창의적 사고의 기본적인 요소라 말한다.

(2) 창의적 사고의 요소

[1] 창의적 사고의 정의적 요소

창의적 사고의 정의적 요소는 민감성, 상상력이 바탕이 된다. 특히 민감성은 창의적 사고의 가장 기본이 되는 기초능력이기도 하다. 인지적 요소인 유창성, 융통성, 독창성, 정교성을 개발시키기 위한 배경은 민감성이다. 민감해야만이 아이디어를 많이, 다양하게, 독특하게 산출하여 정교하게 다듬어 나갈 수 있다.

그러므로 창의력 신장을 위한 초보단계에서 민감성 훈련이 필수적이다. 이러한 민감성 훈련은 감각이 예민하고 관찰력이 뛰어나야 하므로 어릴수록 효과적이다.

① 민감성

민감성은 창의력를 발휘하는 기초능력이기도 하다. 민감성은 감각이 발달되어 관찰력이 뛰어나다는 말이다. 남들이 그냥 지나치는 것을 예민한 감각으로 포착하여 새로운 아이디어를 내는 것이다. 그 중에서도 가장 중요한 것은 '문제이나 상황에 대한 민감성'이라 말하기도 한다.

문제에 대한 민감성을 문제나 상황에 대한 '민감한 관찰', '관찰력'이라고 하기도 한다. 관찰은 '사물이 있는 그대로의 현상을 주의깊게 살펴보는 것을 의미한다. 관찰력이 뛰어나야 감각이 예민해지고 더 많은 것을 보고, 듣고, 냄새 맡고, 생각할 수 있게 된다.

어떻게 하면 잘 관찰할 수 있을까?

제대로 관찰하려면 주의 집중을 해야 하고, 많은 노력이 필요하다. 특히 오감을 통한 민감성 훈련은 어릴 때부터 훈련되어야 한다.

첫째, 끊임없이 질문하기

둘째, 호기심을 유발시켜 관찰하는 것이다.

셋째, 오감을 통하여 민감하게 활동해 본다.

② 상상력

사람의 가장 기본적인 심리학적 경험 중의 하나는 상상력이다.
여러 학자들이나 천재적으로 창의적인 사람들은 상상력에 대한 중요성에 대하여 언급을 하고 있다, 아인슈타인은 '지식보다 더 중요한 것은 상상력이다'라고 하였으며, 생떽쥐베르는 '가장 아름다운 것과 중요한 것은 눈에 보이지 않는다. 오직 가슴으로만 찾아야 한다'라고 한 것을 보면 진정한 것은 현실을 초월한 상상의 세계에서 영혼의 눈과 가슴으로 볼 수 있다는 것을 알 수 있다.

상상력은 눈에 보이지 않는 어떤 사물을 구체적인 이미지로 형상해 내는 정신능력을 말한다. 특히 사고력의 원동력이 되는 상상력은 과거의 경험이나 지식, 아이디어 등의 표상을 바탕으로 앞으로 해야 할 일이나 행동을 계획하기 위하여 새로운 어떤 표상을 만들어 내는 능력이다. 그러므로 상상력이 발달되려면 과거의 경험이나 지식이 축적되어 있어야 한다. 예컨대, 코끼리 흉내를 내려면 먼저 코끼리가 어떻게 생겼으며 어떤 모양인지 아는 것이 우선되어야 한다. 그리고 축적된 지식이나 경험을 새로운 상황에 알맞도록 통합하고 조합할 수 있어야 한다. 인간의 기본적인 심리학적 경험 중의 하나인 상상력을 통하여 창의적인 형상이나 사물을 생성해 봄으로써 자신의 욕망을 충족시키기도 한다.

2 창의적 사고의 인지적 요소

창의적 사고의 핵심은 '아이디어를 생산'하는 발산적 사고에 있다. 아이디어를 많이(many), 다양하게(varied), 독특하게(original), 그리고 정교한 것(elaborative)을 생산(생성)해 낼 수 있을수록 창의적이다. 그래서 사고의 유창성, 융통성, 독창성 및 정교성은 창의적 사고의 핵심적인 요소들이다.

① 유창성(fluency)

Torrance에 의하면 유창성은, 문제해결의 여러 가지 대안을 산출할 수 있는 사고능력을 의미하며, Williams는 유창성을 많은 질문과 생각, 해결책 혹은 대안을 생각할 수 있는 사고기능을 의미한다. 유창성에 대한 개념이 학자에 따라 다소, 다르게 표현되지만 공통적인 면을 살펴보면 사고의 속도개념으로 어떤 자극 또는 물건에 관한 아이디어를 제한된 시간 내에 많이 생성해 내는 양적인 사고과정이다.

활동 1	1. '겨울여행'하면 떠오르는 낱말들을 3분 동안 가능한 한 많이 나열해 보시오. 2. 세 글자로 된 낱말을 3분 동안 생각하는 대로 많이 나열해 보시오. 3. ○, □ 도형을 활용하여 다양한 모양이나 물체를 만들어 보시오(□, ○의 모양을 확대하거나, 축소하거나, 여러 개의 모양을 활용할 수 있습니다.)

② 융통성(flexibility)

융통성이란 어떤 문제가 제시될 때 그 상황에 접근하는 사고의 폭을 의미한다. 즉, 고정적이고 경직된 사고 방식이나 지각 체제에서 벗어나서, 폭넓고 다양하게 접근함으로써 여러 종류의 문제해결 방법을 생각해 내는 사고 능력이다. 즉 사고의 범위의 개념으로 가능한 한 다각적으로 폭넓은 사고능력이다.

폭넓은 사고를 위하여 다양한 시각에서 사고하도록 De Bono는 CoRT 프로그램의 하나인 OPV나 '여섯 색깔 사고 모자'의 기법을 제시하였다. 또한, 아이디어를 생성할 때 다양한 범주에서 사고할 수 있도록 Torrance는 '미래 문제해결 창의력 프로그램(Future Problem Solving Program, FPSP)'에서 18분야의 아이디어 생성 범주 리스트를 제시하고 있다. 사업, 수송(육상, 해상 등 모든 수송기관), 사회 인간관계, 환경의 측면, 교육분야, 레크리에이션, 정부와 정치, 윤리와 종교, 예술과 미적 정서, 기본적인 욕구(의식주, 생리적인 욕구), 신체건강, 심리적 건강, 국방, 경제적인 측면, 법과 정의, 의사소통, 기타 등이다. 이것을 다시 세분화하여 생각할 수도 있다. 수송기관에도 자동차 종류, 배 종류, 비행기 종류 등으로 재분류할 수 있다.

활동 2	1. 유창성에서 실습한 문항들의 아이디어를 각 범주별로 묶어 보십시오. 몇 개의 범주로 나눌 수 있는가? 2. FPSP(Future Problem Solving Program)의 범주 리스트를 보고, 각 범주에 'ㅇ' 철자로 시작되는 낱말을 5분 동안 생각해 보시오. 3. FPSP의 범주 리스트를 보고, 각 범주에서 네모모양으로 된 것은 어떠한 것들이 있을까? 5분 동안 생각한 것을 나열해 보시오.

③ 독창성(originality)

독창성은 사고의 새로운 개념으로, 다른 사람이 생각하지 않는 독특한 방식으로 생각하는 능력을 의미한다. 즉, 주어진 문제 상황에서 기존의 해결 방안이나 생각을 그대로 사용하는 것이 아니라, 기존의 방안이나 생각을 바탕으로 하여 자기 나름대로 색다르고 참신한 문제해결 방법을 생각해 내는 능력을 뜻한다. 이러한 독창성은 어떤 돌연한 문제 상황에 접했을 때나 서적을 읽고 이를 요약해서 보고할 때, 문제를 해결하려고 할 때, 그리고 각종 시청각 교재를 통해서 자신을 표현할 때 유머(humor)를 통해서도 나타난다.

활동 3	1. 유창성 활동 1, 2, 3에서 나온 아이디어들을 친구(집단 구성원)들과 비교해 보고 자기만이 생각한 아이디어들은 몇 개나 됩니까?

④ 정교성(elaborateness)

정교성은 사고의 깊이 개념으로서, 한 가지 아이디어를 설명하기 위하여 상세한 내용을 가득 채워 넣거나 심층적인 아이디어를 생산하는 능력이다. 즉 사고가 피상적인 수준에 머물지 않고 보다 세부적으로 나아갈 수 있는 구체적인 수준으로 아이디어를 보다 재미있고 완전한 것으로 확대시켜 가는 사고과정을 말한다. 기본적인 아이디어를 보다 재미있고 완전한 것으로 다듬고 확대시켜 나가는 것이다. 어떤 문제를 해결하기 위하여 생성된 많은 아이디어를 조합하거나 결합하여 최종의 안을 실제 상황에 적용하기 위해서는 반드시 정교화 과정을 거쳐서 더 나은 대안, 바람직한 대안으로 다듬어야 한다. 주어진 낱말로 다양한 문장이나 그림, 또는 노래만들기를 해보거나, 주어진 낱말에다 새로운 낱말을 첨가시켜서 재미있고 완전한 문장으로 연결시켜 나가는 활동들은 아이디어들을 정교화시키는 방법들이다.

활동 4	1. 유창성 활동 1, 2에서 나온 낱말들 중에서 5개의 낱말을 선정하여 재미있고 다양한 문장을 만들어 보시오. 2. 유창성 활동 3에서 가장 재미있다고 느껴지는 도형을 좀 더 자세하게 세밀하게(배경 그려 넣기, 동작을 자세히 표현하기) 완성시켜 보시오.

3 창의적 사고의 환경적 요소

전경원(2000)은 창의적인 환경을 단순히 가정, 학교, 사회·문화적인 영향 뿐만 아니라 지식의 상태나 새로운 아이디어를 자극할 수 있는 기회, 다양한 교수매체, 감정적인 분위기, 사회적인 분위기 등을 포함하는 것으로 창의성을 북돋아 줄 수 있는 물리적인 환경, 가정, 학교 , 작업장, 문화 등을 포함하는 총체적인 환경이라고 하였다.

총체적인 환경이란 여러 사람이 창의적인 사고과정을 유지하고 좀 더 창의적인 사고를 발휘할 수 있도록 흥미를 불러일으킬 수 있는 특별한 교수매체를 의미하기도 한다.

① 물리적 환경

창의적 환경에서의 물리적 환경의 목적은 호기심을 가지고 창의적인 사고를 할 수 있도록 창의적 사고를 자극할 뿐만 아니라 잠재된 창의성을 충분히 발휘할 수 있도록 심리적인 안정감을 주는 것이다 구체적으로 살펴보면 다음과 같다.

- 적절한 온도와 조명
- 편안하고 안락한 분위기(신선한 공기)
- 다양한 자세(앉아서, 혹은 서서, 때로는 엎드려서 등)로 활동할 수 있는 작업 공간을 위한 자료와 도구의 배치
- 창의적 자극을 받을 수 있는 책, 잡지, 미래 비전을 그린 벽화, 장난감 등의 각종 물건, 다양한 재활용품, 컴퓨터 등 다양한 교재나 교구의 배치
- 토론과 대화의 기회 제공을 위한 공간 마련

② 심리적 환경

심리적 환경이란 창의적인 아이디어를 내고 그 아이디어를 산출물로 완성될 때까지 지속적으로 활동할 수 있는 심리상태 유지를 위한 것이다.

- 학생들이 아이디어를 생성해 낼 때 독특한 아이디어나 반응을 지지해 주고 강화할 수 있도록 한다. 새롭게 생각해 보는 것은 언제나 틀릴 가능성이 있다. 틀리면 남들에게 바보스러워 보이고 그래서 남들이 인정해 주지 않을까 봐 불안해 질 수 있다. 이런 이유로 사람들은 확실히 맞는 것이 아니면 말을 하지 않으려고 한다. 어떠한 아이디어라도 인정해 주고 받아들인다면 새롭고 독특한 아이디어를 과감하게 제시할 수 있는 용기가 생기게 된다.
- 산출한 아이디어에 대하여 비판적인 태도를 삼가고 판단을 유보한다. 실수에 대한 두려움을 느끼는 것과는 달리 항상 자신의 생각이 맞고 똑똑하게 보여야 자존심이 유지된다고 생각하는 사람들도 있다. 이러한 사람들은 남의 아이디어

가 틀렸다는 것을 잘 증명하는 한편 자신의 견해에 집착해서 자신의 생각이 맞다고 변호하는데 집중한다. 이러한 사람들은 남의 생각을 인정해 줄줄 알며 자신의 견해를 넘어 더 폭넓게 탐색을 한 후에 판단할 수 있도록 해야 한다. 그렇게 하려면 창의적인 아이디어를 생각하고 발전시켜 볼 수 있도록 충분한 시간을 주어야 한다. 독특한 아이디어를 인정해 준다고 해서 아무렇게나 생각하면 오류를 범하거나 실수를 범하기 쉽다. 판단하기 전에 일단 한번 멈춰 서서 생각을 다시 한번 더 다각도로 생각할 수 있어야 한다. 다시 생각해 보는 시간은 새로운 아이디어를 생성해 내는 시간이기도 하지만 무엇보다도 중요한 것은 자신의 감정이나 사고를 통제하는 시간이기도 하다. 이러한 활동의 결과는 자기 스스로를 다스릴 줄 아는 자율성(自律性)을 향상시킨다. 또한 일상생활에서 자신의 생활을 다스릴 줄 아는 어린이로 성장되어 갈 뿐만 아니라 자신이 스스로 결정하고 행동하였기 때문에 그 일에 대한 책임의식을 가지게 되고 아울러 충분히 생각하였기 때문에 자신감도 생기게 된다.

- 수업재료나 수업전략을 학생 개개인이 선호하는 학습양식을 바탕으로 구성한다. 자신의 학습양식에 부합되는 정보는 쉽게 이해하여 습득할 수 있으며 사고의 과정도 효율적으로 일어나서 학습의 능률도 향상된다. 그리고 학생들의 아이디어와 관심을 수업절차에 가능한 많이 적용시키고 학생들에게 선택의 기회와 의사 결정시 참여할 수 있는 기회를 제공한다.
- 학생과 교사, 부모와 자녀, 상사와 부하 간은 물론이거니와 학생, 자녀, 동료 상호 간에도 상호존중하고 수용하는 분위기를 유도한다.
- 창의력은 누구나 가지고 있는 특성이며 이는 학습함으로써 개발될 수 있다는 것을 인식시켜 흥미와 관심을 갖고 학습할 수 있도록 유도한다.
- 집단활동이나, 소집단 토론이나 토의활동에서, 누구의 아이디어인가를 생각하지 않고 생성된 모든 아이디어를 지지하고 모두가 함께 참여하는 것에 대한 중요성을 일깨운다. 문제를 해결하기 위하여 소집단 토론을 하고 그 결과로 해결책이 마련되어 그것을 실천해 나가는데 있어서 함께 참여한 집단 사고의 해결책은 훨씬 능동적이고 협동적으로 해결될 수 있다. 따라서 일의 효율성이 높아진다.

3. 사회 · 정서발달

1) 정서발달

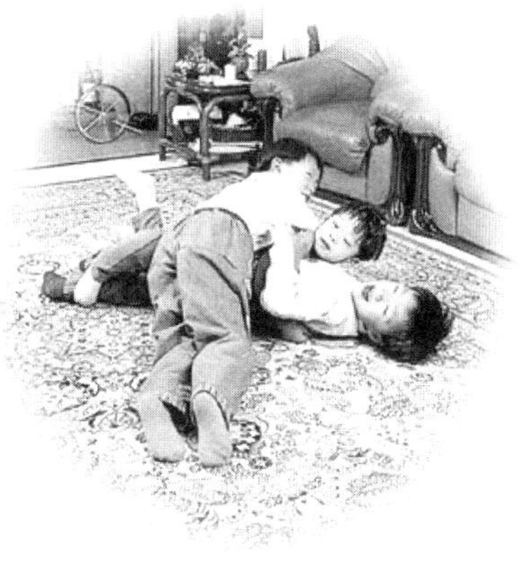

아동기가 되면 기본적인 정서는 거의 발달되며 정서의 표현도 비교적 안정된 특성을 보인다. 아동기는 정서적 통제와 분화된 정서표현이 가능해지며, 폭넓은 경험을 통해 정서를 야기하는 자극도 다양해지고, 정서는 직접적으로 보다는 간접적으로 나타난다.

아동기의 공포는 구체적이고 직접적인 자극보다는 상상적, 가상적, 비현실적이고 초자연적인 것에 대해 많이 나타난다. 이러한 공포감과 직접적으로 연관된 정서가 불안인데, 불안은 공포보다 강렬하지 않은 지속적인 기분이나 감정으로 아동의 상상력 발달과 생활경험의 확대에 따라 발생하는 성적, 친구관계나 교사와의 관계 등과 같은 여러 가지 문제에 기인하여 나타난다.

아동기에 공포나 불안보다 더 빈번하게 발생하는 정서가 분노다. 그 이유는 아동기에 접어들면서 사회적 관계범위가 넓어지기 때문이다. 즉 사회적 관계범위가 가정에서 학교로 확대되면서 욕구가 좌절되고, 행동에의 제약이 가해지며, 놀림을 당하거나 꾸중을 듣는 경우가 많아지고, 다른 아동들과 불쾌한 비교를 당하거나 무시를 당할 때가 많아짐으로써 분노의 감정이 이전보다 더욱 빈번하게 발생하게 된다. 그러나 분노의 감정이 발생하는 빈도는 높아지지만, 분노감정을 잘 통제하고 간접적인 방식으로 표현할 수 있게 된다(권중돈 · 김동배, 2005).

자긍심이나 죄책감 같은 정서는 이제 성인의 피드백 없이도 자연스럽게 표출된다. 즉 부모나 교사가 칭찬하거나 나무라지 않아도 어려운 일을 해내고 나서 스스로 자긍심을 느끼고 도덕적으로 부적절한 행동을 했을 때 죄책감을 느낀다. 이는 아동기 도덕성의 발달을 반영하는 것이다.

아동기에는 정서를 표출하는 규칙에 대한 이해도 증가한다. 즉 아동기가 되면 자신의 진짜 감정을 숨기는 일에 점점 능숙해지기 때문에 아동들의 진짜 감정이 무엇인지를 이해하기 어려울 때가 있다.

아동기에는 애정의 대상이 가족에서 또래친구로 변화해 간다. 이 시기에는 이성보다는 동성친구에 대한 애정이 더 강하며 애정을 방해하는 경쟁자가 나타나면 질투를 경험하게 된다. 이러한 동성애적 경향은 사춘기에 접어들면서 점차 이성애로 변화되어 간다.

2) 성격발달

아동기는 사회적 관계망이 넓어지면서 부모에의 의존성은 줄어들고, 자기 존재에 대한 자각과 함께 자아개념, 자율성, 자존감, 근면성 등이 더욱 발달하게 된다. 아동기는 자신의 능력을 실험하고 탐구하는 과정에서 경험하는 성취감이나 실패감 그리고 주변의 의미 있는 사람들의 태도에 의해 자아개념의 형성에 영향을 받는다. 즉 과제수행에 의해 아동이 성취감이나 성공감을 경험하고 그에 따라 교사나 부모가 물질적 · 심리적 보상을 부여하면 긍정적인 자아개념을 형성하게 된다. 그러나 실패감을 경험하고 교사나 부모의 질책과 꾸중을 당하게 되면 부정적인 자아개념이 형성되기도 한다.

아동기의 자존심은 학문적 · 신체적 · 사회적 자존심으로 구성되며, 연령이 증가함에 따라 점차 분화되어 간다. 학문적 자존심은 교과수행과 관련되며, 신체적 자존심은 신체적 능력과 외모와 관련되며 그리고 사회적 자존심은 또래나 부모와의 관계와 관련되어 형성된다. 즉 아동기의 자존심은 교과수행에 따른 성공과 실패경험, 자기 자신의 신체적 능력이나 외모에 대한 인식 정도 그리고 관계를 통한 만족감 등에 영향을 받게 되며, 이는 근면성의 발달과도 밀접한 관련성이 있다.

근면성이란 학습과제나 활동을 통한 성취감, 자기 능력에 대한 자신감을 바탕으로 하여 발달되며, 외부의 도전을 스스로의 힘으로 극복할 수 있다고 믿는 태도를 말한다. 근면성은 아동의 성취동기와 경쟁심, 자기효능감에 의해 더욱 강화된다. 근면성이 높은 아동은 긍정적인 자아개념을 획득하며, 외부세계에 대해서도 자신감을 가질 뿐만 아니라 능동적이고 활발한 성격을 갖는다. 그러나 성공적인 경험보다 실패의 경험이 더 많은 아동은 자신은 도전에 대처할 능력이 없다는 생각으로 인해 열등감이 형성되어 외부세계에 대해 스스로 위축되고 부정적인 성격을 형성하게 된다(최옥채 외, 2005). 따라서 학동기 아동의 근면성 발달을 위해서는 개개인의 능력에 적절한 도전과제를 제시하고, 성공과 성취감을 경험할 수 있는 학습환경의 조성이 필요하다.

3) 도덕성 발달

도덕성 발달에 대표적인 이론은 피아제(Piaget)와 콜버그(Kohlberg)로서 첫째, 이들은 도덕적 내면화란 일련의 고정된 그리고 질적으로 다른 단계를 거쳐 발달되며 그 최종 산물은 보편적 정의감 및 개인간 호혜성에 대한 관심이라고 가정하였다. 둘째, 이들은 도덕적 추론에 대한 유형론적 접근을 취하고 있다. 즉, 그들은 사고과정의 기본적 정신구조에 따라 사람들을 여러 가지 범주로 분류할 수 있다고 가정하였다. 그들은 개인의 인지발달 단계가 도덕적 추리의 수준을 제한한다고 믿었다. 도덕적 단계의 발달이란 그 이전 단계의 변형 및 대치를 의미하기 때문에, 아동은 단계를 순서대로 거쳐야만 한다. 즉 한 단계를 "건너 뛰거나" 높은 단계에서 낮은 단계로 "퇴행할 수 없다". 셋째, 이들은 도덕판단의 기준이 외적인 준거에서 내적인 준거로 점차 변화되는 것으로 보고 있다.

(1) 피아제(Piaget)의 이론

피아제(Piaget)는 도덕적 발달을 타율적 도덕성의 단계와 자율적 도덕성의 단계로 두 단계를 제안하였다.

강요의 도덕성(타율적 도덕성) 단계의 아동은 첫째, 도덕적인 판단을 할 때 주관적인 의도 및 동기보다는 객관적 결과에 치중하는 경향이 있다. 예를 들어서, 어머니가 설거지하는 것을 도와 주기 위해 설거지를 하다가 접시를 11개를 깨뜨린 아동과 어머니가 시장에 간 동안 부엌에 있는 사탕을 어머니 몰래 꺼내다가 접시를 4개를 깨뜨린 아동 중에서 누가 더 나쁘냐고 했을 때, 이 단계에 있는 아동은 11개의 접시를 깨뜨린 아동이 더 나쁘다고 대답을 한다.

둘째, 이 단계의 아동은 규칙에 대한 불변성의 신념을 갖고 있다. 규칙과 법칙은 신으로부터 온 것이기 때문에 대다수 사람들이 바꾸고 싶다해도 결코 바꿀 수 없다는 신념이다.

셋째, 편재정의 또는 인과응보에 대한 신념이다. 예컨대, 도둑은 나쁜 짓을 했기 때문에, 벼락을 맞거나 그 외의 어떤 방법으로든지 "처벌받고야" 만다.

아동은 9~10세경에 자율적 도덕성 단계에 이르게 된다. 이 단계의 아동은 도덕적 판단시 결과보다는 의도를 더 중요시하고, 규칙을 대다수 사람의 원하는 바대로 수정될 수 있는 사회적 관습으로 여기며, 편재정의란 어리석은 생각임을 깨닫게 된다.

일부학자들은 피아제(Piaget)의 도덕성 발달에 대한 연구의 방법에 대해서 비판을 하였다.

첫째, 피아제(Piaget)는 연구시 결과의 심각성에 대한 정보를 늘 나중에 알려 주었다. 즉 의도는 나빴으나 거의 해를 끼치지 않은 사람과, 의도는 좋았으나 심한 해를 끼친 사람에 대한 이야기를 들려주고 두 인물 중 누가 더 나쁜지를 판단하게 했다. 그러나 어린 아동들은 제한된 기억능력 때문에 의도는 고려치 못하고 결과만을 더 잘 기억하는 것인지도 모른다(Austin, Ruble, & Trabasso, 1977; Feldman, Klosson, Rholes, & Ruble, 1976 ; Gottlieb, Taylor, & Ruderman, 1977; Nummedal & Bass, 1976).

둘째, 피아제(Piaget)가 사용했던 이야기에서는 대개 의도에 대한 정보와 결과에 대한 정보가 뒤섞여 있다. 즉 좋은 의도는 항상 큰 손해와, 나쁜 의도는 항상 작은 손해와 짝지어져 있다. 어린 아동은 행위자의 의도를 근거로 판단할 수 있지만 심한 손해 자체에만 주의하느라고 어떤 행동이 우연한 것인지 아니면 의도적인 것인지, 또는 행위자의 의도가 좋은지 나쁜지를 고려하지 못할 수 있다(Armsby, 1971; Bearison & Isaacs, 1975; Buchanan & Thompson, 1973; Costanzo, Coie, Grumet, & Famill, 1973; Ferguson & Rule, 1980; Rule & Duker, 1973; Suls, Gutkin, & Kalle, 1979).

(2) 콜버그(Kohlberg)의 이론

콜버그는 "도덕적 딜레마"에 대한 10, 13, 16세의 소년들의 반응을 토대로 피아제의 도덕발달이론을 정교화하고 확장시켜 왔다. 딜레마를 보고 소년들은 두 가지, 즉 규칙, 법, 권위적 인물에 복종하는 것과 개인의 욕구를 충족시키기 위해 이런 규칙과 명령을 어기는 것 중 하나를 선택해야 한다. 그 이야기 중 하나를 소개하면 다음과 같다.

유럽 어느 지역에서 한 부인이 암으로 죽어가고 있었다. 그 부인은 동네의 약사가 최근에 개발한 라디움으로 만든 약을 복용하면 병을 고칠 수 있다. 남편인 하인즈(Heinz)는 알 만한 사람 모두에게 찾아가 돈을 꾸었으나 통틀어 그 반 값인 1,000달러 밖에 빌리지 못했다. 그리하여 하인즈는 약사에게 아내가 죽어가고 있으니 약 값을 할인해 주거나 외상으로 달라고 애원했다. 그러나 약사는 단호하게 거절하였다. 하는 수 없이 남편은 약국에 무단 침입하여 약을 훔쳐내었다. 하인쯔는 과연 그렇게 해야만 했을까?

콜버그는 소년들의 도덕적 판단자체보다는 그렇게 판단하게 된 이유나 "사고구조"에 더 관심이 있었다. 소년들의 도덕적 추론구조를 알아보기 위해 콜버그는 다음과 같은 질문을 하였다. 하인쯔는 약을 훔쳤기 때문에 벌을 받아야만 하는가? 약제사는 그렇게 터무니 없이 비싼 약값을 요구할 권리를 가지고 있는가?

콜버그(Kohlberg)는 도덕적 추리를 3수준 6단계로 분류하고, 이 범주를 도덕적 추리의 단계라고 하였다. 최고의 단계에까지 도달한 사람은 드물지만, 콜버그(Kohlberg)는 어떤 특정한 단계에 이르기 위해 반드시 이전 단계를 거쳐야만 하고, 각 단계를 반드시 순서대로 거쳐야만 한다고 주장하였다.

1 제1수준, 전인습적 : 전도덕성

1~2단계의 아동은 외적 결과를 기준으로 도덕성을 규정하기 때문에 이 두 단계를 전인습적 도덕성 수준이라고 칭한다.

① 1단계(주관화 – 복종과 처벌지향) : 1단계의 아동은 올바른 행동이란 자신에게 닥칠 부적인 결과를 막아주는 행동이라고 믿음

하인즈가 약을 훔치는 것은 벌을 받게 되기 때문에 잘못이라고 판단한다. 권위자의 벌을 피하고, 권위에 복종한다. 3세-7세에서 나타나는 이 단계는 벌과 순종을 향하여 있다. 놀이 친구를 고자질할 것인가 말 것인가 하는 질문을 받는다면, 이 나이 또래의 어린이는 "차라리 말하겠어, 그렇지 않으면 매맞을 거야."라고 말할 것이다.

② 2단계(상대화 – 상대적 쾌락주의) : 2단계의 아동은 자신에게 보상을 가져다 주는 행동을 모두 착한 행동이라고 믿음

약을 훔쳐서라도 하인즈는 자기 아내의 생명을 구해야 한다고 판단하는 시기이다. 자신의 욕구충족이 도덕 판단의 기준이며, 욕구 배분의 동기는 있으나 자신의 욕구충족을 우선 생각한다. 8세~11세의 어린이에게 나타나는 이 단계는 순진한 도덕적 상대주의(naive instrumental relativism)에 있게 된다. 앞의 질문에 대하여 어린이는 오히려 다음과 같이 답변할 것이다. "다른 아이들과 잘 지낼 수 있도록 고자질하지 않겠어요." 제2단계의 어린이들은 고도로 발달된 감각을 가지고 있기 때문에, 어떤 환경에서든지 모든 사람이 동등한 분깃을 받도록 공명정대함을 요구한다. 예를 들면, 그런 어린이들은, 자신들은 잠을 자야 되는데, 왜 더 나이가 많은 어린이들이 더 늦게까지 자지 않아도 되는가를 이해하기가 어렵다.

2 제2수준, 인습수준 : 타율 도덕성

3, 4단계의 아동은 다른 사람들이 착하거나 나쁘다고 규정하는 바에 따라 도덕성을 정의하기 때문에 인습적 도덕성 수준이라 칭한다.

③ 3단계 (객체화－착한 소년 · 소녀지향) : 3단계 아동은 타인의 승인 및 애정을 얼마나 받을 수 있는가에 따라 도덕성을 규정

하인즈가 약을 훔치는 것은 약사의 권리를 침해하여 남에게 해를 끼치기 때문에 옳지 못하다고 판단한다. 대인 관계 및 타인의 승인을 중시한다. 12~17세의 청소년에게 나타나는 이 시기는 상호 인격적 일치가 나타난다. 청소년은 다른 사람의 관점과 의도를 이해할 수 있고, 고려할 수 있다. 정의는 항상 다른 사람을 부정하고 해치지 않는 옳은 것에 대한 인습적 형상(image)을 포함한다. 아무리 반항적인 청소년일지라도 항상 그들의 도덕적 개념을 유지해 주는 동년배 집단이 있게 마련이다. 이들의 도덕적 판단의 특징적인 결과는 보다 덜 반항적인 청소년들과도 마찬가지이다.

④ 4단계 (사회화－사회질서와 권위 지향) : 4단계 아동은 법칙상 올바르다고 규정된 행동을 모두 좋은 행동이라고 믿음

법은 어떤 경우에도 지켜져야 하기 때문에 하인즈의 행동은 정당하지 못하다고 판단하는 시기이다. 법과 질서를 준수하며, 사회 속에서 개인의 의무를 다한다. 18~25세의 시기에 주로 나타난다. 이 때에는 법과 질서가 호소력이 있다. 친구의 비행을 말할 것인가, 아니할 것인가 하는 것은 그 행위가 법을 어겼는가? 또는 공공의 질서를 심각하게 방해하였는가이다. 정의는 자신의 의무를 행함으로, 자기

자신의 사회의 가치를 유지하는 것이다. 그러나, 아직 소수의 권리에 대한 예리한 감각은 없다. 가장 성숙한 측면이 탈 인습적 측면이다. 여기에서 도덕적 관습이 이해된다. 그러나, 다른 것을 고려하는 것도 역시 중요하다.

3 제3수준, 후인습수준 : 자율 도덕성

5, 6단계의 아동은 행동의 외적 결과 보다는 그 행동 이면에 있는 도덕적 원리를 중요시하므로, 후인습적 도덕성 수준이라고 칭한다.

⑤ 5단계 (일반화 – 민주적 법률) : 5단계 아동은 사람들의 상호 권리와 의무를 포함하는 일반적 원리에 따라 어떤 행동을 판단

하인즈가 약방문을 부수고 들어간 것은 잘못이나 인명을 구하기 위한 일이므로 용서해야 한다고 판단하는 시기이다. 인간으로서의 기본 원리에 따라 행동한다. 사회적 책임으로서의 공리주의, 가치기준의 일반화를 추구한다. 25세 이상의 시기에 나타난다. 이 단계의 사람들은 신념이 서로 다른 사람들의 상호 유익을 위하여 합의를 시도한다. 그러므로 소수까지 포함된 모든 개인의 권리가 인정되는 것이 모두의 관심거리가 된다. 어떤 친구의 비행을 말할 것이냐 아니냐 하는 문제는 이제는 그 친구가 그 행위를 하게 된 이유에 달려 있게 되고, 가능한 여러 행동이 그 친구와 보다 넓은 공동체에 끼칠 영향력을 고려하게 된다. 그러므로, 정의는 개인의 권리를 보호하는 것이라고 정의된다.

⑥ 6단계 (궁극화 – 보편적 원리) : 6단계의 아동은 도덕적 행동을 양심에 따른 행동이라고 믿음

법이나 관습 이전에 인간 생명이 관여된 문제로서 생명의 가치는 무엇보다도 우선하여 생각해야 한다고 한다. 보편적 도덕 원리를 지향한다. 스스로 선택한 도덕 원리, 양심의 결단에 따른다. 제6단계에 있어서(극히 소수만이 단계에 도달하게 되기 때문에 나이를 들 수가 없다) 보편적 도덕의 원칙을 인식하게 된다. 사회적 질서에 대한 것이 아니라, 모든 사회와 모든 사람을 결속시키는 도덕적 원칙에 대한 존중이 극에 달하게 된다. 어떤 상황에 있어서의 정의는 모든 주장에 대하여 동등하게 생각하는 것이며, 모든 사람이 결코 수단으로만 여겨지지 않고 목적으로 여겨지는 것이다.

⑦ 7단계 : 우주적 영생을 지향하는 단계

콜버그는 말년에 7단계를 추가한다. 그것은 도덕 문제는 도덕이나 삶 자체가 문제가 아니라 우주적 질서와의 통합이라고 보는 단계이다. 예수, 간디, 마틴 루터 킹, 공자, 소크라테스, 칸트, 본 회퍼, 테레사 등의 위대한 도덕가나 종교지도자, 철인들의 목표가 곧 우주적인 원리이다. 우주적인 원리가 속하는 것은 '내가 대접을 받고자 하는 대로 남을 대접하라'는 황금률과 같은 곳에서 드러난다. 생명의 신성함, 최대다수를 위한 최선의 원리, 인간 성장을 조성하는 원리 등이 우주적인 원리에 속한다.

(3) 콜버그 이론의 예시와 검증

"수학 시험 시간이다. 주관식 한 문제가 아무리 해도 풀리지 않는다. 어제 저녁에 한번 풀어 봤는데 해법이 좀처럼 떠오르지 않는다. 시간 이 다 되어 간다. 그런데 그 문제를 풀던 연습장이 쉽게 손닿는 곳에 있다. 감독 선생님의 눈도 피할 수 있다. 이 시험은 내신 성적에 반영되는 중요한 시험이다. 어떻게 할 것인가?"

[1] 1단계

만약 발각되어 처벌받을 위험성이 전혀 없다면, 부정행위를 하겠다고 말할 수 있다. 또는 감독 선생님의 눈을 피할 수 있다 해도, 만에 하나 발각되면 선생님으로부터 매를 맞는 등 신체적 고통을 받을 수 있기 때문에 부정행위를 안 하겠다고 말할 수도 있다.

[2] 2단계

내 신상의 불이익을 받을까 부정행위를 하지 않겠다고 말할 수 있다. 또는 내가 부정행위를 함으로써 상대적으로 다른 학생의 내신이 불리해져도 나의 내신만 높이면 된다고 생각하고 부정행위를 할 수도 있다.

[3] 3단계

선생님에게 발각되지 않아도 옆의 친구들이 보고 나서, 나를 부정행위 잘하는 놈이라고 놀려댈까 봐 하지 않을 수도 있다.

[4] 4단계

처벌에 상관없이, 나에게 이익이 되느냐 안 되느냐에 상관없이, 다른 사람이 나를 어떻게 보느냐에 상관없이, 부정행위를 하는 것은 일종의 속임수이며 교칙에도 어긋나기 때문에 무조건 해서는 안 된다고 생각하여 안 할 수도 있다.

[5] 5단계

단순히 교칙이나 사회 규범에 어긋나기 때문이 아니라, 부정행위가 사회에 보편화되면 사회구성원들이 살기 힘들게 될 것이라고 아주 넓은 시야에서 생각하고 부정행위를 안 할 수도 있다.

[6] 6단계

극히 일부의 철학자들에게나 나타나며, 보통 사람들에게는 별로 나타나지 않는다.

(4) 콜버그 이론의 쟁점

콜버그의 도덕성 이론에 대한 비판을 살펴보면 다음과 같다.

첫째, 불변적 순서에 대한 논쟁이다. 콜버그도 피아제처럼 단계들이 불변적인 순서로 전개된다고 믿고 있다. 그러나 단계순서에 대한 콜버그의 증거는 횡단적 자료에서 나온 것이다. 즉 횡단적 연구에서는 각 연령별로 상이한 아동을 면담하므로, 개개의 아동이 실제로 단계들을 순서적으로 거쳐 왔다는 보장은 없다. 예를 들면, 3단계에 있는 13세 소년이 어렸을 때 1, 2단계를 순서적으로 진행해왔다는 보장은 없다.

둘째, 퇴행의 문제이다. 콜버그는 단계의 순서에서 퇴행이 있을 수 없다고 했지만, 어떤 피험자들은 앞으로 진행하기 전에 이전 단계로, 특히 2단계로 되돌아가는 것같이 보인다(Kohlberg) & Kramer, 1969). 이는 대부분의 젊은 대학생에게서 보여지는데, 그들은 일시적으로 인습적인 도덕적 견해를 버리고 상대주의적 의문의 시기로 들어간다.

셋째, 단계에서 단계로의 이행의 문제이다. 많은 심리학자들은 도덕적 태도를 사회화의 산물로 믿고 있다. 이런 관점에서 보면, 부모나 다른 사회화 주관자들은 교훈이나 본보기를 통하여 자신의 도덕적 견해를 아동에게 점차적으로 전달한다. 그러나 콜버그는 사회화에 동의하지 않는다. 도덕적 단계는 문화적인 가르침의 결과가 아니며 아동의 자발적 행동의 결과이다.

그림 14-7 Kohlberg의 도덕성 발달단계

넷째, 단계들의 문화적 보편성의 문제이다. 콜버그는 아동들이 모든 문화권에서 같은 순서로 자신의 단계를 밟아 간다고 주장한다. 다만 도덕발달의 범위와 속도에는 변화될 수 있다고 보고 있다. 즉 문화적 요인들이 발달 속도에는 영향을 줄 수 있지만 단계의 순서는 바꾸지 못한다. 그러나 사회화 이론가들은 문화권이 서로 다른 곳의 아동들은 상이한 도덕적 신념을 획득한다고 주장하여 문화마다 도덕적 발달의 순서 등이 달라질 수 있음을 주장한다.

다섯째, 도덕적 사고와 도덕적 행동의 문제이다.

콜버그의 척도는 도덕적 사고에 관한 것이지 도덕적 행동에 관한 것은 아니다. 누구나 알고 있듯이, 단지 높은 도덕적 수준의 말은 하지만 도덕적 행동은 자신의 말과는 다르게 하는 사람들이 있다. 따라서 도덕적 판단과 도덕적 행동 간의 완전한 상관관계를 기대할 수 없다. 하지만 콜버그는 다소의 관계가 있을 것이라고 생각한다. 그는 일반적 가설로서, 도덕적 단계가 높을수록 도덕적 행동은 더욱 일관성이 있고, 예견 가능하며, 책임성이 있다고 한다.

여섯째, 도덕추론과 남녀 차이의 문제이다(남성 중심). 도덕추론에 대한 여러 연구에서 흥미로운 성차가 나타나고 있다. 대개 성인 여자는 콜버그의 3단계에 속한 반면 성인 남자는 4단계에 속해 있었다(Holstein, 1976; 콜버그(Kohlberg), 1969; Parikh, 1980). 이것은 매우 흥미로운 발견이므로 연구자들은 정말로 여성이 남성보다 도덕적으로 미숙한가 그리고 이것은 여자와 남자의 진정한 차이를 반영하는가에 의문을 갖게 되었다. 이 문제를 연구한 Carol Gilligan(1982)에 의하면 콜버그의 연구에는 근본적인 오류가 있다. 즉 그의 도덕단계의 구분 자체가 지나치게 남성 중심적으로 치우쳐 있다는 것이다. 즉 그는 남성피험자를 대상으로 연구하였으므로 여성의 본질을 파악하지 못했을지도 모른다.

4) 사회성 발달

(1) 학교생활과 또래관계

학령기 아동은 교과활동을 통해 환경과 문화에 대한 지식과 기술을 습득하게 된다. 또한 교사나 또래관계를 통해 사회화에 필요한 규범이나 가치를 받아들이고, 대인간 관계 기술도 발전시켜 나간다.

아동이 교과학습을 통해 적절한 성취감이나 만족감을 경험하고, 친구들과 좋은 관계를 유지해 나가며, 교사로부터 적절한 관심과 인정을 받게 되면 학교생활에 잘 적응하고, 학교에 대해 긍정적인 태도를 갖게 된다. 그러나 교과학습이나 친구를 사귀기가 힘들고, 교사로부터 부당한 처우를 받게 되는 경우 학교생활에 적응하기 어렵고, 학교에 대해서도 부정적인 태도를 가질 수 있다. 특히 교사가 지나치게 처벌적이고 엄격한 경우 아동은 교사 뿐 아니라 학교에 대해서도 부정적인 태도를 갖기 쉬우며, 그로 인한 지나친 긴장감이나 불안은 학교적응을 어렵게 만들 수 있다.

아동기의 또래관계는 매우 중요한 의미를 지닌다. 이 시기 아동은 또래와의 관계를 통해서 사회적 상호작용에 필요한 기술이나 규범을 배우고, 자기 자신을 새롭게 지각하게 되며, 집단에 대한 소속감을 발달시키고 그리고 정서적 안정감을 유지하게 된다. 따라서 또래관계는 아동의 학교생활의 적응 뿐만 아니라 사회적, 정서적, 인지적 발달과도 관련성이 있다.

친구를 선택하는 경향은 학년에 따라 다르다. 저학년의 경우에는 집이 가깝고, 앉는 자리가 가까우며, 가족끼리 교류가 있는 친구를 선택하는 경향이 있으나, 고학년으로 올라갈수록 친절, 온화함, 호감, 장래목표, 희망 등과 같이 내면적이고 성격적인 특성에 따라 선택하는 경향이 있다(최순남, 2002). 7~8세경에는 주로 동성친구들과 어울리면서 이성친구에게는 배타적이다. 9세경이 되면 아동은 집단을 형성하여 함께 놀기를 좋아한다. 이러한 집단을 짝패(clique) 또는 도당(gang)이라고 하는데 짝패집단에서는 외모, 성숙도, 운동기술, 학업성취나 지도력 등에 따라 서열이 형성된다(한종혜, 1996). 짝패집단을 형성함으로써 아동은 자기표현의 기회를 갖게 되고, 상호의존적인 감정을 공유함으로써 우정을 발달시키게 되며, 자아중심성을 극복하고, 협력관계를 유지할 수 있게 된다. 그러나 짝패가 형성되면서 짝패집단으로부터 거부되거나 무시당하고 괴롭힘을 당하는 '집단따돌림'의 피해자가 생길 수 있으며, 집단적으로 어울림으로써 비사회적 행동이나 반사회적 행동을 쉽게 학습할 수 있다는 문제도 있다.

(2) 대중매체

아동기의 사회성 발달에 큰 영향을 미치는 것이 TV, 컴퓨터 등과 같은 대중매체이다. 이러한 매체들을 교육적으로 잘 활용하면 아동의 학습 및 인지기능의 향상에 도움이 될 수 있으나, 그렇지 못할 경우에는 여러 가지 부정적인 문제가 발생하게 된다. 아동이 TV나 컴퓨터 게임 등에 지나치게 몰두하게 되면 신체활동량이 줄어들어 신체발달을 저해할 수 있으며, 가족이나 또래친구들과의 상호작용이 줄어들면서 대인관계 기술에도 문제를 가져올 수 있고, 학습의욕을 저하시키며, 공격성을 유발시킬 수도 있다.

TV는 아동에게 학습자료를 제공해 주고, 친사회적 행동을 증가시켜 주기도 하지만 폭력적인 장면에 노출됨으로써 공격성을 증가시키고 바람직한 가치 형성을 방해할 수도 있으며, 또한 성에 대한 고정관념을 형성하게도 한다. 폭력적 내용 뿐만 아니라 지나치게 선정적인 장면에 노출됨으로써 아동이 성에 대해서도 잘못된 지식과 생각을 가질 수도 있다. 그러므로 대중매체의 부정적인 영향을 통제하고 그로부터 아동을 보호하기 위한 적절한 대책이 마련되어야 하며, 부모나 교사의 적절한 지도·감독이 병행되어야 할 것이다.

4. 발달장애

1) 학습장애

학습장애(learning disabilities)는 나이나 지능에 비해서 실제적인 학습기능이 낮은 경우이며, 정상적인 지능을 소유하고 있고, 정서적인 문제가 없지만, 현저한 학습부진을 보인다. 학습장애는 읽기장애(reading disorder), 수학장애(mathematic),

글쓰기장애(disorder of written expression)가 있다. 학습장애 아동의 유병률은 2~10%의 범위에 있고, 진단은 읽기, 산술, 쓰기를 평가하기 위해 개별적으로 시행된 표준화 검사에서 나이, 학교교육, 그리고 지능에 비해 기대되는 수준보다 현저하게 낮게 나올 때 학습장애로 진단한다.

학습장애는 아동의 자아개념과 장애 아동에 대한 다른 아동이나 교사 등 다른 사람들의 태도에 영향을 미치게 되어 아동의 학교생활의 적응을 힘들게 한다(Dumas & Nilson, 2003).

(1) 읽기장애

읽기장애(reading disorder)는 글을 읽는데 어려움이 있으며, 글을 잘못 읽거나 읽는 속도가 느리고, 글의 이해력이 부족한 문제로 나타난다. 읽기장애를 난독증(dyslexia)이라고도 하며, 난독증은 글자를 정확히 발음하는데 어려움이 있는 단어재인장애(예, 경제를 갱제로, 학생을 악생으로 읽는 경우 등)와 글을 읽어도 그 의미를 정확하게 파악하지 못하는 독해장애로 나눌 수 있다. 읽기장애를 보이면, 지능지체, 시각장애, 그리고 뇌의 손상이 있는지를 확인해야 한다. 글을 정확히 읽고도 무슨 뜻인지 모르는 아동은 인지발달의 특성상, 글의 형상과 소리를 연합시키는 능력은 있어도, 이를 의미와 연합시키는 능력은 아직 부족하기 때문이다.

읽기장애의 핵심결함은 단일 단어를 읽는 문제와 결합되어 있는 해독에서의 어려움과 기본적으로 관련되어 있으며(Olson, Foresberg, Wise & Rack, 1994; Stanovitch, 1994), 한 단어에 대한 느리고 부자연스러운 해독과 인식으로 한 문장의 핵심내용을 파지하는 능력이 떨어지고, 당락이나 절의 핵심의미를 파지하는 능력이 저하된다(Eric J. Mash & David A. Wolfe, 2001).

(2) 수학장애

수학장애(mathematics disorder)는 숫자이해와 계산능력에 결함이 있는 장애며, 지능 및 교육수준에 비해서 수학능력이 현저하게 낮을 때 진단한다. 수학장애의 기준은 정상이거나 평균지능(IQ로 평가됨)을 가지며, 감각기능이 정상적이고 적절한 교육적 기회를 가지고 있으며 발달장애와 정서적 혼돈이 없다는데 바탕을 두고 있다. 이 장애를 가진 아동은 수학에서의 어려움과 추상개념에 대한 이해나 시각적-

공간적 능력에도 문제를 가진다(Eric J. Mash & David A. Wolfe, 2001). 이러한 결함은 신경심리학적 발달과 신경심리학적 기능과 연결되어 있으며, 결함이 있다는 것은 수학적 추론과 계산하기의 기저에 있는 정신과정이 덜 발달했거나 손상되었음을 뜻한다(Eric J. Mash & David A. Wolfe, 2001).

(3) 쓰기장애

쓰기장애(disorder of written expression)는 글을 쓰는데 어려움이 있는 장애며, 철자법을 자주 틀리거나 문법에 어긋난 문장을 사용하고, 문장구성력이 부족하다. 쓰기장애는 나이, 지능, 교육수준에 비해서 현저하게 낮을 때 진단된다. 학습장애를 지닌 아동은 학업성적의 부진, 낮은 자존심, 사회기술의 부족, 사회적 위축 또는 공격적 행동을 나타내며, 학업을 중단하는 비율이 높다.

쓰기장애는 다른 학습장애에 비해서 알려진 것이 적으며, 쓰기장애 아동은 읽기에서도 장애가 있고, 시각-손의 협응이 필요한 과제에서도 전반적인 운동근육이 정상적으로 발달했다 하더라도 미세한 시각-운동 근육 문제를 갖는다(Eric J. Mash & David A. Wolfe, 2001).

(4) 학습장애의 원인

학습장애의 원인은 여러 가지 생물학적 요인이 있는 것으로 보이고, 상당부분 유전된다는 근거가 가계연구들에서 밝히고 있고, 쌍생아 연구에서 일란성 쌍생아는 100%의 일치율을 보이고, 이란성 쌍생아는 30%의 일치율을 보였다(Herman, 1959). 학습장애는 출생전 후의 외상이나 생화학적 또는 영양학적 요인에 의한 뇌손상을 초래하여, 인지처리 과정의 결함을 초래하여 학습장애를 유발한다는 주장이 있다.

능력이 높은 아동은 단어들을 쉽게 이해할 수 있고, 생소한 단어를 빠르게 해독할 수 있으며, 단어들을 쉽게 쓸 수 있고, 노력을 기울이지 않고도 일반적인 문법규칙을 빠르게 사용할 수 있다. 장애가 없는 아동들에게는 이러한 과정이 연습을 통하여 자동적으로 습득되어 아동으로 하여금 과제수행에 집중하도록 할 수 있으나, 이러한 기능들이 정상적으로 발달하지 못하는 경우 학습장애가 발생하게 된다(Pennington, Groisser, & Welsh, 1993). 사회 환경적 원인으로는 빈약한 사회적 지지와 정서적 지적 환경, 부적절한 영양 공급 등 환경적인 불이익을 경험한 아동에게서 많이 나타나지만, 이러한 이유가 뇌손상이 원인인지, 영양 결핍 등의 생물학적 원인인지 알 수 없다. 만약 학습장애 아동에게 개별화된 교육안으로 아동의 특성에 맞추어 교육시키거나 특정 학습문제를 잘 다룰 수 있도록 한다면 예방이 가능하다고 볼 수 있다.

(5) 학습장애의 치료

학습장애는 학습장애로 인한 다른 아동과의 학습결과 또는 학습능력의 격차를 줄이기 위해서는 조기에 발견하여 치료하는 것이 중요하며, 일반적으로 학습장애의 치료는 3가지 요소로 구성된다.

첫째는 학습을 위한 기술을 가르치는 것이다. 즉 읽기, 쓰기, 수학과제를 해결하는데 필요한 구체적인 학습기술을 체계적으로 가르치는 것이다.

둘째는 아동에게 심리적인 지지를 해 주어 자존감과 자신감을 키워 주는 것이다.

셋째는 학습장애 아동이 가정과 학교에서 효과적으로 공부하고 자신의 생활을 관리할 수 있도록 학습과제 해결을 위한 정리하고 계획하기, 주의력과 듣기능력 향상시키기, 시간 관리하기 등을 목표로 부모와 교사가 꾸준하게 노력하는 것이다. 또한 학습장애 아동의 주의집중 및 과잉행동 장애를 조절하기 위해서 리타린(ritalin)이나 덱시드린(dexedrine)과 같은 중추신경 자극제를 사용하기도 한다.

2) 우울장애

아동 및 청소년의 우울장애(depressive disorder)는 성인기 우울과 유사하지만, 여러 면에서 특이한 증상이 있음이 밝혀졌다(김태련 등 , 2005). 아동 및 청소년기 우울현상에 대한 관심은 70년대 이후에 주의를 기울이기 시작했으며, 최근 20년간 아동기 우울증과 관련된 이론적, 임상적, 경험적 연구들이 급속하게 확산되었다. 그 결과 어떤 연령층의 아동도 우울증후군을 나타낼 수 있고(Cantwell & Carson, 1983), 그 증상은 발달 수준에 따라서 특이한 수준으로 나타날 수 있으며, 아동의 전반적인 발달과 생활영역에 걸쳐 큰 손상을 주고 있음이 밝혀졌다(Carlson & Cantwell, 1980).

아동기 우울장애의 특징은 성인기 우울에서 보이는 전형적인 정서적, 인지적, 동기적, 신체적 특징을 나타내기도 하지만, 아동이나 청소년은 우울감을 주관적으로 호소하지 않는 경향이 있고, 주로 짜증이나 분노발작, 신체증상의 호소를 나타내고 공격성이나 품행장애, 불리불안, 식이문제 등의 형태와 함께 나타나는 특징이 있으며(김태련 등, 2005), ADHD 아동들의 약 1/3에서 우울증이 동반되는 것으로 보고되었다(Biederman 등, 1991).

아동 및 청소년기 또는 사춘기 이전의 우울증은 흔하지 않으나 유아기에 약 1% 정도(Kashani, et al., 1987), 6~12세에는 2~3%, 청소년기가 되면 6~9% 정도가 우울증을 경험하며(최경숙 등, 2005), 이 시기의 증상은 우울감, 따지기 좋아함, 집중력 저하 및 기억장애, 활동 및 친구관계에 대한 관심의 상실, 수면 형태 및 체중의 변화, 생기부족, 자기비판의 증가 등이다.

아동 및 청소년기의 우울장애의 원인은 유전요인, 생물학적 요인, 환경 및 가족요인을 들 수 있다. 아동기 우울증의 유전요인에 대한 정보는 부족하기 때문에 성인을 대상으로 한 연구에서는 일란성 쌍생아의 일치율은 76%, 이란성은 19%, 일란성 쌍생아를 분리하여 키운 경우는 67%의 일치율을 보였고(Weller & Weller, 1991), 부모가 우울증인 경우 자녀가 우울증으로 유발될 가능성이 15~45%임을 근거로 본다면 유전요인이 우울장애 유발에 많은 영향을 주는 것으로 평가 할 수 있다(Birmaher et al., 1996).

아동기 우울장애의 생물학적 요인으로는 신경전달 물질인 노어에피네피린의 감소와 뇌의 세로토닌 수준 감소에 따른 노어에피네피린 감소가 우울증을 유발하는 것으로 나타났으며(Nemeroff, 1998), 우울증이 있는 경우 스트레스 상황에서 분비하는 호르몬인 코티솔 수준이 비정상적으로 높게 나타났다(Nelson & Davis, 1997).

환경 및 가족요인으로는 아동이 양육자와 적절한 애착형성이 결핍되었거나 가족 간의 친밀감 또는 응집력이 약하고, 적대적이고 거부적인 부정적 감정과 갈등 상황이 빈번한 가족 관계였다(Hammen & Rudolph, 1996).

아동기 우울증의 치료에는 약물치료, 인지－행동치료, 그리고 놀이치료가 있으며, 약물치료는 성인의 우울증의 치료에는 효과적인 것으로 보고되고 있지만, 지금까지는 아동 및 청소년기 우울증에 대한 효과는 일관성이 낮으며, 주로 사용되는 약물은 이미프라민, 아미트립티린, 노어트립티린, 디시프라민 등 삼환계 항우울제가 있고, 플로옥시틴 같은 선별적 세로토닌 재흡수 차단제도 많이 사용되고 있다.

아동기 우울증에 활용되는 심리요법들은 대부분 인지적 행동주의의 이론을 적용하는 방법이며, 아동과 청소년들의 귀인의 문제, 지나치게 높은 기준, 부정적인 자기평가 등의 부적절하고 부적응적인 인지와 행동을 교육하고 수정한다. 이러한 치료의 행동적 측면은 즐거운 경험을 강화시키고, 사회적 기술을 향상시키며, 의사소통능력, 갈등해소 및 사회적 문제해결 기술과 능력을 강화하고 증가시키는 것을 목표로 한다.

언어 및 인지발달이 미숙하거나 연령이 매우 낮은 경우에는 언어적 의사소통과 인지 및 이해 능력에 한계와 문제가 있기 때문에 인지-행동치료 기법을 사용하는 것은 제한이 많으므로 놀이치료를 우선적으로 활용한다. 놀이치료는 치료자와의 신뢰로운 관계형성을 통해서 자신이나 타인 또는 외부 환경에 대해서 보다 긍정적이고 낙관적인 개념을 형성할 수 있으며, 치료자의 민감하고 일관적인 치료적 관계를 통해 자신의 비관적이고 위축된 활동과 행동을 감소시키고 긍정적인 측면을 발견하고 강화시킬 수 있다. 어린 아동일수록 놀이치료가 효과적이며, 또한 부모에 대한 상담과 교육을 통해서 부모의 아동에 대한 교육적 태도나 훈육 방법을 적절하게 바꾸고, 부적절한 환경요인을 수정하도록 하는 것이 동반된다면 치료 효과는 높아질 것으로 보인다.

3) 품행장애

품행장애(conduct disorder)는 아동의 행동이 사람과 동물에 대한 공격행동, 파괴행동, 사기나 절도, 규칙위반 등의 항목들에 포함되는 "자주 다른 사람을 괴롭히거나 위협하고 협박한다" 등과 같은 15개 내용 중에서 3개가 지난 12개월 동안 있어왔고, 적어도 1가지 이상이 최소 6개월 동안 지속되는 경우에 진단된다.

품행장애는 갑자기 발병되지 않으며, 서서히 여러 증상이 발생하여, 결국 심각한 수준에 도달한다. 품행장애의 발병 시기는 주로 남아는 10~12세경에, 여아는 14~16세경에 나타난다. 품행장애가 발생하는 원인은 무질서한 가정환경, 부모 불화, 부모의 정신적 장애, 부모의 반사회적 요구, 부모의 정신과적 장애 등의 부모 요인과 아동의 좌절 인내력 부족, 파괴적이고 화를 잘 내는 성격, 자아 및 자아 이상의 결여, 우울, 사회적 사교 기술 부족 등의 심리적 요인, 폭력적 환경에서 신체 및 학대받은 경험 요인, 사회 문화적 요인, 그리고 신경생물학적 요인(dopamine β

-hydoxy-lase 치가 낮은 경우, serotonine 치가 높은 경우, 낮은 뇌 척수액 내의 5-HAA치가 높은 경우 등)이 있다.

품행장애의 치료는 부모교육 및 부모의 관리능력 증진 훈련, 분노조절 훈련 등 인지 – 행동 치료적 접근이 효과적이다.

4) 적대적 반항장애

적대적 반항장애(oppositional defiant disorder)는 권위 인물에 대한 반복되는 거부적, 도전적, 부정적이고 적대적이며, 반항적인 행동 등이 6개월 이상 지속되는 특성이 있고, 좌절 인내력이 약하며, 욕을 하고, 술, 담배 등을 조기에 사용하는 경향이 있고, 부모, 교사, 친구 등과 갈등이 빈번하고 학습장애 등이 동반되기 쉽다.

반항성 장애는 주로 가정에서 나타나며, 학교나 지역사회에서는 나타나지 않을 수도 있다. 반항성 장애는 품행장애나 기분장애로 발전되기도 하며, 학령기 아동의 16~22%가 이러한 반항적 성향을 나타낸다고 한다.

적대적 반항장애의 원인은 잘 밝혀져 있지 않지만, 부모와 자녀 간의 갈등이 중요한 역할을 하는 것으로 보인다. 적대적 반항장애는 성장하면서 자연적으로 소멸되기도 하지만, 품행장애나 기분장애로 발전될 위험이 있기 때문에 심하면 개인 심리치료를 받는 것이 좋다. 치료자는 아동과 신뢰관계를 형성하는 것이 중요하고, 아동의 분노와 욕구불만을 잘 이해하고 수용하는 것이 필요하다. 특히 부모 – 자녀 간의 의사소통을 개선하고, 부모에게 아동을 이해시키고 아동을 적절하고 바람직하게 대하는 태도 및 훈육태도를 변화시키는 것이 필요하다.

5) 틱 장애

틱 장애(tic disorder)는 얼굴의 근육이나 신체 일부를 갑작스럽게 움직이거나 이상한 소리를 내는 등 반복적으로 리듬을 갖지 않은 상동적인 근육의 움직임이나 소리가 나타낼 때 틱 장애로 진단된다. 틱의 특징은 불수의적이고, 하루에도 그 강도의 변화가 심하고, 스스로 노력하면 일시적으로 증상 억제가 가능하며, 스트레스 상황, 수면, 한 가지 일에 집중할 때 악화되는 경우가 있다.

틱(tic)은 운동 틱(motor tic)과 음성 틱(vocal tic)으로 구분되며, 틱 장애는 뚜렛장애(Tourette's disorder), 만성적 운동 및 음성 틱 장애(chronic motor or vocal tic disorder), 그리고 일과성 틱 장애(transient disorder) 등의 3유형으로 분류한다.

뚜렛장애는 다양한 운동 틱과 음성 틱이 1년 이상 지속되는 장애를 말하며, 만성 운동 및 음성 틱 장애는 운동 틱과 음성 틱 중에서 한 가지의 틱이 1년 이상 지속되는 장애고, 일과성 틱 장애는 운동 틱이나 음성 틱이 최소 4주 이상에서 거의 매일 하루에도 여러 번씩 일어나지만, 1년 이상 지속되지 않은 틱 장애를 말한다.

틱 장애는 일란성 쌍생아의 일치율이 55%, 이란성 쌍생아의 일치율이 8% 정도이며, 아마도 유전요인이 관여하고 있고, 생화학적 검사상 dopamine이 증가된 상태를 보였다. 또한 심리적 원인에 의한 틱 장애는 서서히 살아지는 경향이 있지만, 스트레스나 불안에 의해 악화되는 경향이 있고, 강박장애와도 관련성이 있는 것으로 보인다.

틱 장애는 치료하지 않으면 만성화되어 거의 일생동안 지속될 수 있으며, 후기 청소년기에서 성인 초기에 점차 호전되지만, 주의결핍, 과잉운동, 강박장애가 동반되면 예후가 불량하다. 특히 뚜렛장애는 haloperidol 등의 약물치료가 효과적(약 80%의 효과)이며, 가족치료 및 이완요법 등의 행동요법이 효과적인 것으로 보인다.

참고문헌

고영희 외(1990). 심리학. 서울 : 양서원.
권석만(2003). 현대 이상심리학. 서울 : 학지사.
권육상 외(2001). 의료사회사업론. 서울 : 유풍출판사.
권중돈 · 김동배(2005). 인간행동과 사회환경. 서울 : 학지사.
김규수. 의료사회사업의 실천론. 서울 : 형설출판사.
김기태 외(2001). 정신보건복지론. 서울 : 양서원.
김나영 외(2006). 영유아발달. 양서원.
김동일 외(2003). 아동발달과 학습. 서울 : 교육출판사.
김은정 외(2001). 이상심리학. 서울 : 학지사.
김인자(1982). 적응심리. 서울 : 정민사.
김정희 외(2004). 생활과 심리학. 서울 : 시그마프레스.
김지영(2005). 발달심리 아동이야기. 부산 : 신지서원.
김태련 · 강우정 · 김도연 · 김문주 · 박랑규 · 서수정 · 양혜영 · 이경숙 · 장은진 · 정은정 · 조현섭 · 허묘연(2005). 발달장애심리학. 서울 : 학지사.
김현태 외(1997). 심리학. 서울 : 학지사.
노안영 · 강영신(2005). 성격심리학. 서울 : 학지사.
박성연 · 도현심(2006). 아동발달. 서울 : 동문사.
서봉연 · 이순영(1983). 발달심리학-아동발달. 서울 : 중앙적성출판사.
송명자(1995). 발달심리학. 학지사.
신경혜(1994). 아동용 수용검사 도구에 의한 학령 전 아동의 언어발달 수준평가. 세종대학교 대학원 석사학위 청구논문.
유안진(2001). 아동발달의 이해. 서울 : 문음사.
유효순(1993). 아동발달. 서울 : 창지사.
윤치연(2003). 발달장애의 이해. 서울 : 형성출판사.

이경우(1998). 총체적 언어. 서울 : 창지사.

이근홍(2003). 인간행동과 사회환경. 대학출판사.

이근후 외(1994). 정신장애의 진단 및 통계편람 제4판. 서울 : 하나의학사.

이봉건(1988). 이상심리. 서울 : 성원사.

이윤로(2000). 정신보건 사회복지론. 서울 : 학지사.

이인성. 최해경(2002). 인간행동과 사회환경. 서울 : 나남출판사.

이인정 · 최혜경(2004). 인간행동과 사회환경. 서울 : 나남출판사.

이정균(1988). 정신의학. 서울 : 일조각.

임능빈 외(1988). 일반심리학. 서울 : 교육과학사.

임승권(1998). 정신위생. 서울 : 양서원.

임창재(1997). 정신위생심리. 서울 : 형설출판사.

정옥분(2004). 발달심리학 : 전생애 인간발달. 서울 : 학지사.

정옥분(2006). 아동발달의 이해. 서울 : 학지사.

조성윤(1992). 한국 유아의 언어습득과 그 발달 과정에 대한 고찰. 단국대학교 교육대학원 석사 학위 청구논문.

주수철 · 신윤오(1994). 파탄적 행동장애의 유병률에 대한 연구. 소아 · 청소년정신의학, 5(1), 141-149.

최순영 · 김수정(1996). 인간의 사회적 · 성격적 발달. 서울 : 학지사.

허수경 · 이경님(1996). 인지양식 유형과 보상의 제시형태에 따른 아동의 만족지연능력발달. 아동학회지, 17(2), 221-233.

American Psychiatric Association(1994). Diagnostic and Statistical manual of mental disorders(5th ed), Washington, DC : Author.

Andrew E. Slaby, Julian Lieb & Laurence R. Tanciredi(1986). The Handbook of Psychiatric Emergencies, New York : Medical Examination Publishing, Inc.

Armsby, R. E.(1971). A reexamination of the development of moral judgments in children. Child Development, 34, 281-294.

Austin, V. D., Ruble, D. N., & Trabasso, T.(1977). Recall and order effects as factors in children's moral judgments. Children Development, 48, 470-474.

Barkley, R. A.(1996). Attention-deficit/hyperactivity disorder. In E. J. Mash & R. A. Barkley (Eds.), Child Psychopathology (pp. 63-112). New York : Guilford Press.

Barkley, R. A., Fischer, M., Edelbrock, C. S., & Smallish, L.(1990). The adolescent outcome of hyperactive children diagnosed by research criteria, I : An 8-year prospective follow-up study. Journal of the American Academy of Child and Adolescent Psychiatry, 29, 546-557.

Bates, E., Bretherton, I., & Snyder, L.(1988). From first words to grammar : Individual differences and dissociable mechanisms. New York : Cambridge University Press.

Bauman, M. L., Kemper, T. I., & Arin, D. M.(1995). Pervasive neuroanatomic abnormalities of the brain in three cases of Rett's syndrome Nerology, 45, 1581-1586.

Bearison, D. J., & Isaacs, L.(1975). Production deficiency in children's moral judgments. Developmental Psychology. 11, 732-737.

Bettelheim, B.(1976). The meaning and importance of fairy tales. New York : Random House.

Biederman, J., Faraone, S. V., Keenan, K., & Tsuang, M. T.(1991). Evidence of a family association between attention-deficit hyperactivity disorder and major affective disorders. Archives of General Psychiatry, 48, 633-642.

Bienvenu, t., Carrie, A., DeRoux, N., Vinet, M. C., Jonveaux, P., Couvert, P., Villard, L., Arzimanoglou, A., Beldjord, C., Fontes, M., Tardieu, M., & Chelly, J.(2000). MeCP2 mutations account for most cases of typical forms of Rett syndrome. Human Molecular Genetics, 9, 1377-1384.

Birmaher, B., Ryan, N. D., Williamson, D. E., Brent, D. A., Kaufman, J., Dahl, R. E., Perel, J., & Nelson, B.(1996). Childhood and adolescent depression : A review of the past 10 years. Journal of Child and Adolescent Psychiatry, 35, 1427-1439.

Bjorklund. D. F.(1995). Children's thinking developmental function and individual differences(2nd ed.). Pacific Grove, CA : Brooks/Cole.

Black, K. J., Puckett, M. B.(1990). The Young Child : Development from Prebirth Through Age Eight. Second ed., A Simon & Schuster Company, Englewood Cliffs, New Jersy.

Bolton, P. F., Murphy, M., MacDonald, H., Whitlock, B., Pickles, A., & Rutter, M.(1997). Obstetric complications autism : Consequences or causes of the condition ? Journal of the American Academy of Child and Adolescent Psychiatry, 36, 272-281.

Borsting, E.(1994). Overview of vision and visual processing development. In M. Scheiman & M. Rouse (Eds.). Optmetric management of learning related problems. St. Louis, MO : Mosby.

Bridges, L, & Grolnick, W.(1995). The development of emotional self-regulation in infancy and early childhood. In N. Eisenberg (Ed.). Social development : Review of child development research(pp. 185-211). Thousand Lakes, CA : Sage.

Brown, R.(1973). A first language : The early stages. Cambrdge, MA : Harvard University Press.

Buchanan, J. P. & Thompson, S. K.(1973). A quantitative methodology to examine the development of moral judgment. Children Development, 44, 186-189.

Cairns, R. B.(1983). The emergence of developmental psychology. In P. H.-Mussen(Ed.), Handbook of child psychology(4th ed., vol. 1). New York : Wiley.

Campos, J. J., Bertenthal, B. I., & Kermoian, R.(1992). Early experience and emotional development : The emergence of wariness of heights. Psychological Science, 170,

196-197.

Carlson, G. A., & Cantwell, D. P.(1980). Unmasking masked depression in children and adolescents. American Journal of Psychiatry, 137, 445-449.

Case, R.(1985). Intellectual development : Birth to adulthood. Orlando, FI : Academic Press.

Choi, S., & Gopnik, A.(1995). Early acquisition of verbs in Korea : A cross-linguistic study. Journal of Child Language, 22, 497-530.

Christen, H. J., & Hanefeld, F.(1995). Male Rett variant. Neuropediatries, 26, 81-82.

Clarke-Stewart, A., Friedman, S., & Koch, J.(1985). Child development. New York ; John Wiley & Sons.

Cole, P. M.(1986). Children's spontaneous control of facial expression. Child Development, 57, 1309-1321.

Costanzo, P. R., Coie, J. D., Grumet, J. F., & Farnill, D.(1973). A reexamination of the effects of intent and consequence on children's moral judgments. Children Development, 44, 154-161.

Dawson, G., & Osterling, J.(1997). Early intervention in autism : Effectiveness and common elements of current approaches. In M. J. Guralnick (Ed.), The effectiveness of early intervention : Second generation research. Baltimore : Brookes.

DeLoache, J. S., & Todd, C. M.(1988). Young children's use of spatial categorization as a memonic strategy. Journal of Experimental Child Psychology, 46, 1-20.

Dempster, F. N.(1981). Memory span : Sources of individual and developmental differences. Psychological Bulletin, 89, 63-100.

Denham, S. A.(1986). Social cognition, prosocial behavior, and emotion in preschoolers : Contextual validation. Child Development, 57, 194-201.

Douglas, V. I.(1972). Stop, look, and listen : The problem of sustained attention and impulse control in hyperactive and normal children. Canadian journal of Behavioral Science, 4, 259-282.

Douglas, V. I., & Peters, K. G.(1978). Toward a clearer definition of the attentional deficit of hyperactive children In G. A. Hale & M. Lewis (Eds.), Attention and the development of cognitive skills (pp. 173-248). New York : Plenum.

Dumas, J. E., & Nilson, W. J.(2003). Abnormal child and adolescent psychology. Boston, MA : Ally and Bacon.

Dumas, J. E., Wolf, L. C., Fisman, S. N., & Culligan, A.(1991). Parenting stress, child behavior problems, and dysphoria in parents of children with autism, Down's syndrome, behavior disorders and normal development. Exceptionality, 2, 97-110.

Fabes, R., Eisenberg, N., Karbon, M., Bernzweig, J., Speer, A., & Carlo, G.(1994). Socialization of children's vicarious emotional responding and prosocial behavior.

Developmental Psychology, 30, 44-55.

Faraone, S. V., & Beitdeman. J.(1998). Neurobiology of attention deficit hyperactivity disorder. Biological Psychiatry, 44, 951-958.

Feldman, N. S., Klosson, E. C., Parsons, J. E., Rholes, W. S., & Ruble, D. N.(1976). Order of infomation presentation and children's moral judgements. Children Development, 47, 556-559.

Ferguson, T. J., & Rule, B. G.(1980). Effects of inferential set, outcome severity, and basis for responsibility on children's evaluations of aggressive acts. Developmental Psychology, 16, 141-146.

Field, T. M.(1987). Affective and interactive disturbances in infants. In Joy D. Osofsky(Ed.). Handbook of infant development(2nd ed.). New York : Wiley.

Flavell, J. H., Beach, D. R., & Chinsky, J. H.(1966). Spontaneous verbal rehearsal in a memory task as a function of age. Child Development, 37, 287-299.

Ghaziuddin, M., Zaccagnini, J., Tsai, L., & Elardo, S.(1999). Is megalencephaly specific to autism ? Journal of Intellectual Disability Research, 43, 279-282.

Gilger, J. W., Pennington, B. F., & DeFries, J. C.(1992). A twin study of the etiology comorbidity : Attention-deficit hyperactivity disorder and dyslexia. Journal of the American Academy of Child and Adolescent Psychiatry, 321, 343-348.

Gilligan, C.(1982). In a different voies : Women's conceptions of morality. Harvard Educational Review, 47, 481 -517.

Goldfield, B. A., & Reznick, J. S.(1990). Early lexical acquisition : Rate, content, and vocabulary spurt. Journal of Child Language, 17, 171-183.

Gottlieb, D. E., Taylor, S. E., & Ruderman, A.(1977). Cognitive bases of children's moral judgements. Developmental Psychology, 13, 547-556.

Hagberg, B.(1995). Clinical delineation of Rett's Syndrome variants. Neuropediatrics, 26, 62.

Halliday, M. A. K.(1975). Learning how to mean : Exploration in the development of language. London : Arnold.

Hammen, C., & Rudolph, K. D.(1996). Childhood depression. In E. J. Mash & R. A. Barkly(Eds.), Child Psychopathology(pp. 153-195). New York : Guilford Press.

Hasselhorn, M.(1992). Task dependency and the role of category typicality and metamemory in the development of an organizational strategy. Child Development, 63, 202-214.

Heller, T.(1954). About dementia infantalis. Journal of Nervous and Mental Disease. 119, 610-616.

Henrt, E. Adams(1981). Abnormal Psychology, Iowa : Wcd.

Hinshaw, S. P.(1944). Attention deficits and hyperactivity in children. Thousand Oaks,

CA : Sage.

Holstein, C. B.(1976). Irreversible, stepwise sequence in the development of moral judgment : A longitudinal study of males and females. Child Development, 47, 51-61.

Jacobson, J. W., Mulick, J. A., & Schwartz, A. A.(1995). A history of facialitated communication : Science, Pseudoscience, and antiscience. American Psychologist, 50, 750-765.

Justice, E. M., Baker-Ward, L., Gupta, S., & Jannings, L. R.(1997). Means to the goal of remembering : Developmental changes in awareness of strategy use-performance relations. Journal of Experimental Child Psychology, 65, 293-314.

Kail, R.(1997). Processing time, imagery, and spatial memory. Journal of Experimental Child Psychology, 64-78.

Kanner, L.(1943). Autistic disturbance of affective contact. Nervous Child, 2, 217-250.

Kashani, J. H., & Carlson, G. A.(1987). Seriously depressed preschoolers. American Journal of Psychiatry, 144, 348-350.

Kee, D. W., & Bell, T. S.(1981). The development of organizational strategies in the storage and retrieval of categorical items in free-recall learning. Child Development, 52, 1163-1171.

Kerr, A., & Stephenson, J. B. P.(1986). A study of the natural history of Rett syndrome in 23 girls. American Journal of Medical Genetics, 24, 77-83.

Kessler, J. W.(1980). History of minimal brain dysfunctions. In H. E. Rei & E. D. Rei(Eds.), Handbook of minimal brain dysfunctions : A critical review (pp. 18-51). New York : Wiley-Interscience.

Kohlberg, L.(1969). Stage and sequence : The cognitive developmental approach to socialization. In D. A. Goslin (Ed.). Handbook of socialization theory research. Chicago : Rand McNally.

Kohlberg, L., & Kramer, R. B.(1969). Continuities and discontinuities in childhood and adult moral development. Human Development, 12, 93-120.

Konstantareas, M. M.(1991). Autistic, Learning disabled, and delayed children's impact on their parents. Canadian Journal of Behavioral Science, 23, 358-375.

Kreutzer, M. A., Leonard, C., & Flavell, J. H.(1975). An interview study of children's knowledge about memory. Monographs of the society for Research in Child Development, 40(1, Serial No. 159).

Kuhn. D., Nash, S. C., & Brucken, L.(1978). Sex role concepts of two and three-year-olds. Child Development, 49, 445-451.

Lynch, G., & Gall, C.(1979). Organization and reorganization in the central nervous system. In F. Falkner and J. Tanner(Eds.). Human Growth. New York : Plenum Press.

Malcolm, A., & Myers, L.(2001). Challenges and opportunities for speech and language therapists in secondary schools. International Journal of Language and Communication Disorders, 36, Supplement, 481-486.

Mannuzza, S., & Klein, R.(1992). Predictors of outcome of children with attention-deficit hyperactivity disorder. In G. Weiss (Ed.), Child and adolescent psychiatric clinics of North America : Attention-deficit hyperactivity disorder(pp. 567-578). Philadelphia : Saunders.

Mash, E. J., & Wolfe, D. A.(1991). Methodological issues in research on physical child abuse. Criminal Justice and Behavior, 18, 8-29.

McClelland, D. C.(1973). Testing for competence rather than for "intelligence." American Psychologist, 28, 1-14.

Milich, R., & Lorch, E. P.(1994). Television viewing methodology to understand cognitive processing of ADHD children. In T. H. Ollendick & R. J. Prinz (Eds.), Advances in clinical child psychology (Vol. 16, pp. 177-202). New York : Plenum.

Muuss, R. E.(1996). Theories of adolescence (6th ed.). McGraw-Hall.

Nandu, S., Murphy, M., Moser, H. W., & Rett, A.(1986). Rett syndrome : Natural history in 70 case. American Journal of Medical Genetics, 24, 861-872.

Nelson, J. C., & Davis, J. M.(1997). DST studies in psychotic depression : A meta-analysis. American Journal of Psychiatry, 154, 1497-1503.

Nelson, K.(1973). Structure and strategy in learning to talk. Monogrphs of the Society for Research in Child Development, 38(Serial No. 149).

Nemeroff, C. B.(1998). The neurobiology of depression. Scientific American, 282, 42-49.

Newsom, C. M.(1998). Autistic disorder. In E. J. Mash & R. a〉 Barkley(Eds.), Treatment of childhood disorders(2nd ed., pp. 416-467). New York : Guilford Press.

Nummedal, S. G., & Bass, S. C.(1976). Effects of the salience of intention and consequence on children's moral judgments. Developmental Psychology, 12, 475-476.

Olson, R. K., Foresberg, H., Wise, B., & Rack, J.(1994). Measurement of word recognition, orthographic, and phonological skills. In G. R. Lyon(Ed.), Frames of reference for the assessment of learning disabilities : New views on measurement issues (pp. 243-278). Baltimore : Brookes.

Parikh, B.(1980). Moral judgment development and its relation to family factors in Indian and American Families. Child Development, 51, 1030 - 1039.

Paus, T., Zijdenbos, A., Worsley, K., Collins, D. L., Blumenthal, J., Giedd, J. N., Rappoport, J. L., & Evans, A. C.(1999). Structural maturation of neural pathways in children and adolescents : In vivo study. Science, 283, 1908-1911.

Pennington, B. F., Groisser, D., & Welsh, M. C.(1993). Contrasting cognitive deficits in attention deficit hyperactivity disorder versus reading disability. Developmental Psychology, 29, 511-523.

Piaget, J., & Inhelder, B.(1956). The child's conception of space. London : Routledge & Kegan Paul.

Pressley, M., & Levin, J. R.(1980). The development of mental imagery retrieval. Child development, 51, 558-560.

Saarni, C.(1984). An observational study of children's attempts to monitor their expressive behavior. Child Development, 55, 1504-1513.

Schaffer, D. R.(1999). Developmental Psychology : Childhood and adolescences (5th ed.). Brooks/Cole. Social psychology(2nd ed.). New York : Macmillan.

Schopler, E., Mesibov, G. B., & Kunce, L. J.(Eds.). (1998). Asperger syndrome or high functioning autism ? New York : Plenum.

Stanovitch, K. E.(1994). Romance and reality. The Reading Teacher, 47, 280-291.

Sternberg, R. J.(1999). A propulsion model of types of creative contributions. Review of General Psychology, 3, 436-442.

Sternberg, R. J., & Lubart, T. I.(1995). Defying the crowd : Cultivating creativity in a culture of conformity. New York : Free Press.

Sternberg, R. J., & Lubart, T. I.(1996). Investing in creativity. American Psychologist, 51, 677-688.

Sternberg, R. J., & Wagner, R. K.(1993). The g-ocentric view of intelligence and job performance is wrong. Current Directions in Psychological Science, 2, 1-4.

Sternberg, R. J., Forsythe, G. B., Hedlund, J., Horvath, J. A., Wagner, R. K., Williams, W. M., Snook, S. A., & Grigorenko, E. L.(2000). Practical intelligence in everyday life. NY : Cambridge University Press.

Sternberg, R. J., Wagner, R. K., Williams, W. M., & Horvath, J. A.(1995). Testing common sense. American Psychologist, 50(11), 912-927.

Strauss, A. A., & Lehtinen, L. E.(1947). Psychopathology and education of the brain injured child. New York : Grune & Stratton.

Suls, J., Gutkin, D., & Kalle, R. J.(1979). The role of intentions, damage, and social consequences in the moral judgments of children. Child Development. 50. 874-877.

Tanguay, P. E.(2000). Pervasive developmental disorder : A 10-year review. Journal of the American Academy of Child and Adolescent Psychiatry, 39, 1079-1095.

Tanner, J. M.(1990). Fetus into man : physical growth from conception to maturity (2nd ed.). Cambidge, MA : Harvard University Press.

Thiedke, C. C.(2001). Sleep disorders and sleep problems in childhood. American Family Physician, 63, 277-284.

Van Acker, R.(1991). Rett syndrome : A review of current knowledge. Journal of Autism and Developmental Disorders, 381-406.

Volkmar, F. R., & Klin, A.(1998). Asperger syndrome and nonverbal learning disabilities.

In E. Schopler, G. B. Mesibov, & L., J. Kunce (Eds.), Asperger syndrome or high functioning autism? (pp. 107-121). New York : Plenum.

Watson, J. B.(1928). Psychological care of infant and child. New York : W. W. Norton.

Weller, R. A., Weller, E. B., Fristad, M. A., & Bowes, J. M.(1991). Depression inrecently bereaved prepubertal children. American Journal of Psychiatry, 148, 1536-1540.

Yakovlev, P. I., & Lecours, A. R.(1967). The myelogenetic cycles of regional development of the brain. In A. Minkowski (Ed), Regional development of the brain in early life : symposium. Oxford : Blackwell.

찾아 보기

사 항

가공적 목적론 117
가상놀이 76, 277
가역성 78, 254
가치조건 139
간헐적 강화 62
감각 107
감각기명과정 87
감각기억 89
감각운동기 74
감성지능 327
감정 107
강요의 도덕성 337
강화 61
강화계획 62
개구기 186
개방체계 157
개인이해지능 326
개인적 무의식 110
거세불안 104
거시체계 154
걸음마반사 198
결핍욕구 141
경계 157
경도의 정신지체 227
계속적 강화 62
계열적 연구법 41
고립감 133
고정간격강화 63
고정비율강화 63
고차적 조건형성 59
고착 103
골격 240
골격연령 240
공격성 279
공포 264
과다행동 284
과잉일반화 260
관찰법 35, 36
관찰학습 65
교사안내학습 81
구강기 103
구성놀이 277
구체적 조작기 78, 306
규칙이 있는 게임 277
균형 158
그림자 112
근면성 131
근육 240
근접발달영역(ZPD) 81, 327
기능놀이 277
기쁨 266
기생형 120
기술민족학 35, 38
기억발달 254
기억용량의 증가 254
기억전략 88, 255
기질 216
기호적 기능 75
길이의 보존개념 251

남근선망 105
남근기 104, 263
내적 언어 314
내적 표상 210
논리 · 수학지능 325
놀이 273
놀이의 유형 275
뇌성장 241
능동적 어휘 259

다운증후군 169, 228
다원반사 197

다중지능이론 319, 325
단계적 둔감화 59
단기기억 87, 90
단어 258
대근육 운동 204, 242
대리적 강화 66
대상영속성 75
대상영속성개념 208
대인관계지능 326
도구적 공격성 279
도덕적 사고 344
도덕적 행동 344
도덕지능 327
도덕추론 344
도식 73
독립변인 39
독창성 331
동기화 66
동화 74
두뇌 손상 228
따라잡기 성장 239
뚜렛장애 353

레트장애 234
리비도 98

만족지연 267
만출기 187
면적의 보존개념 251
모로반사 197
목강직반사 198
몰입되지 않은 놀이 276
몸짓말 212
무게의 보존개념 251
무반응 56
무시행 학습 65
무의식 99
무조건 반응 55
무조건 자극 55
문장 258
문화적 보편성 344
물리적 경험 73
물환론적 사고 250
미각 207
미시체계 151
민감기 47
민감성 329

바빈스키반사 196
반사 73
반사기 208
반사운동 195
반성적 인지양식 310
반응성 애착장애 291
발달 21, 22, 230
발달과업 29
발달의 원리 26
발달장애 225
발아기 171
발판 82
발판화 327
방관자적 놀이 276
배반포 172
범주적 자아 268
변동간격강화 63
변별 59
변환과정 253
보상 60, 118
보유적 성격 104
보존개념 251, 307
부적 강화 61
부피의 보존개념 251
분노 265
분석 능력 312
불리불안장애 292
불변적 순서 343
불신감 130
빈뇨 185
빨기반사 195

사고 107
사고과정 101
사고발달 248, 306
사랑욕구 144
사례연구법 35, 37
사회적 관심 119
사회적 요인 73
사회적 위기 128
사회적 유용형 120, 121
사회학습이론 64
산출 161
상관설계 38, 39
상상력 330
상위기억 257
상징적 기능 76
상징적 사고 249
상호결정론 69, 70
생리적 욕구 143
생산성 133
생활양식 119
서열화 253
서열화 개념 308
선택 321
설단현상 93
성 동일시의 형성 270
성 항상성 271
성격발달 263
성공지능이론 322
성기기 105
성숙 22, 73
성숙이론 20
성역할 270
성역할 고정관념 270
성역할 동일시 270
성염색체 168
성유형화 270
성장 22
성장속도 239
성장욕구 142
성장통 300
소거 58
소거법 58
소근육 운동 205, 244
소속감 144

소아기 붕괴성 장애 235
수동적 어휘 259
수면 이상 295
수의 보존개념 251
수정 167
수정세포 171
수초화 241
수치 130
수학장애 347
수행 67
시각 · 공간지능 325
시연 88, 255
시행착오 학습 65
신경증적 불안 101
신뢰감 130
신장 235
신체 · 운동지능 326
신체발달 299
실제 능력 323
실제발달 수준 81
실제적 자아 138
실험설계 38
실현 경향성 138
쓰기장애 348

아니무스 111
아동 비만 303
아동발달 19, 35
아동발달심리 19, 20
아스퍼거 장애 234
안전욕구 143
안정 상태 159
애정 266
애착 218
액체의 보존개념 251
약물복용 179
약체X증후군 228
양성성 271
양심 102
언어발달 258
언어지능 325
에로스 97
엘렉트라 콤플렉스 105
역조건화 59
역할혼미 132
연합놀이 276
열등감 118, 131
옹알이 211
외디푸스 콤플렉스 102, 104
외적 언어 313
외체계 153
우울장애 349
우월성 추구 117
우정 282
운동 틱 353
운동기능 242
운동발달 301
울음 211
원초아 100
원형 110
유기체 137
유뇨증 293
유목포함 253
유목화 개념 307
유분증 294
유아기 239
유전 23
유전인자 173
유창성 330
유해 환경 228
융통성 331
음성 틱 353
음악지능 325
음주 180
의사소통 159, 261
의사소통 기술 261
의사소통장애 289
의식 99, 107
이상적 자아 138, 269
이슬 185
이타심 278
인습수준 340
인지갈등 74
인지구조 73
인출 89
인출과정 87, 89
인출전략 255, 256
일반체계이론 155, 156
일반화 59
읽기장애 347
ADHD 286

자기 112
자기 강화 67
자기 조절 68
자기 효능감 69
자기보고법 35
자기주도적 학습 81
자기중심성 76
자기중심적 사고 245
자기침체 133
자동화 80
자발적 회복 59
자아 101, 107, 127, 138
자아개념 138, 268
자아상 269
자아실현 138
자아실현 욕구 144
자아실현인 145
자아이상 102
자아정체감 127
자아 존중감 69, 269
자아통합 134
자연관찰법 36
자연탐구지능 326
자율성 130
자율적 도덕성 337, 341
자조기술 244
자폐증 230
잠복기 105
잠재발달 수준 81
장기기억 88, 92
장독립적 인지양식 309
장의존적 인지양식 309

재생 66, 89
재인 89
저장공간 80, 255
저장과정 87
적대적 공격성 279
적대적 반항장애 352
적응 321
전개념적 사고 249
전구기 186
전도덕성 339
전의식 99
전인습적 339
전조작적 사고기 75
전환 160
전환적 추론 250
절망감 134
절정 경험 147
점성적 원리 128
정교성 332
정교화 88, 255, 256
정서 214
정서규제 267
정서이해 266
정신생리학적 방법 35, 37
정신적 에너지 97
정신적 표상 210
정신지체 225
정자 167
정적 강화 61
정체감 132
조건반응 56
조건자극 56
조건형성 56
조망수용능력 77, 306
조성 321
조작공간 80
조작적 조건화 60
조절 74
조직화 88, 255
존중욕구 144
종단적 연구법 40
종속변인 39
좌절에 대한 참을성 267
죄의식 263
죄책감 131
주도성 131, 263
주의력결핍 285
주의력결핍 과잉행동장애 284
주의집중 66, 87
주의집중력 245
중간체계 152
중독성 약물 181
중등도의 정신지체 227
중립자극 56
중심화 75, 253
지각 206
지각된 자아 269
지각발달 245
지능 317
지배형 120
지식기반 258
지연모방 210
직관 107
직관적 사고 77, 251
진통 185
질량의 보존개념 251
질투 265
집단독백 250
집단적 무의식 110

참조적 유형 259
창의 능력 322
창의적 사고 328
창조적 자기 121
찾기반사 196
청각 207
청크 88
체계 156
체중 239
초자아 100, 102
최중도의 정신지체 227
출산 184
충동성 286
충동적 인지양식 310
치아 202
친밀감 133
친사회적 행동 278

카페인 181
칵테일파티 현상 89
쾌락의 원리 100
콤플렉스 110
쿠잉 211
클라인펠터증후군 171

타나토스 97
타율적 도덕성 337, 340
탈중심화 78
태내알코올증후군 229
태아기 173
터너증후군 170
퇴행 341
퇴행적 행동 265
투입 160
틱 장애 352

파수 186
파지 66
페닐케톤뇨증 228
페르소나 111
편측성 242

평행놀이 276
평형화 73, 74
표상 73
표상능력 75
표현적 유형 259
품행장애 351

하강 181
학교 거부증 292
학습 22, 23
학습장애 346
항문기 104
항문기 강박적 성격 104

항문기 폭발적 성격 104
항상성 158
행동변인 69
행렬과제 79
헤엄치기반사 198
현상학적 장 138
협동놀이 276
형식적 조작기 78
형태 247
형태소 260
혼자놀이 276
혼합변인 39
환경 23, 24
환경변인 69
회의감 130
회피형 120, 121
횡단적 연구법 41
후각 207
후산기 187
후인습 수준 341
흡연 180

인 명

가드너(Gardner) 325
게젤(Gesell) 47
골드스타인(Goldstein) 118
노틴(Nortin) 157
레온(Leone) 79
로저스(Rogers) 137
매슬로우(Maslow) 141
몬테소리(Montessori) 47
반두라(Bandura) 64
브론펜부르너(Bronfenbrenner) 151
비고스키(Vygotsky) 80
비네(Binet) 317
쉬프린(Shiffrin) 87
슈테른(Stern) 317
스키너(Skinner) 60
스텐버그(Sternberg) 319
스피어만(Spearman) 318
써스톤(Thurston) 318
아들러(Adler) 116
아트킨슨(Atkinson) 87
에릭슨(Erikson) 127
왓슨(Watson) 57
융(Jung) 106
제코비(Jacoby) 48
체스(Chess) 157
캐너(Kanner) 230
캐텔(Catell) 318
케이스(Case) 80
콜버그(Kohlberg) 338, 343
파블로프(Pavlov) 55
파스칼(Pascual) 79
프로이드(Freud) 97
피아제(Piaget) 73, 337
해비거스트(Havighurst) 29
호로위츠(Horowitz) 26
혼(Horn) 318

저자 소개

✤ 정 인 숙

- 숙명여자대학교 교육학과 졸업
- 동아대학교 대학원 교육학 박사(교육심리전공)
- 현재, 부산여자대학 사회복지과 교수

✤ 유 영 금

- 성균관대학교 심리학과 졸업
- 동아대학교 대학원 교육학 박사(교육심리전공)
- 임상심리전문가, 정신보건임상심리사
- 현재, 동의대학교 사회복지학과 겸임교수
  크린마인드 심리상담센터 소장

✤ 강 인 숙

- 중앙대학교 심리학과 졸업
- 동아대학교 대학원 교육학 박사(교육심리전공)
- 현재, 동주대학교 유아특수재활과 교수

✤ 정 태 근

- 부산교육대학교 졸업
- 동아대학교 대학원 교육학 박사(교육심리전공)
- 현재, 부산교육대학교 강사

■■■

아동발달의 이해

초판발행 2008년 1월 10일
재판발행 2009년 8월 15일

저 자 정인숙 · 유영금 · 강인숙 · 정태근
발행인 김현태
발행처 태영출판사

주 소 (152-705) 서울 구로구 구로동 104-10 동남오피스텔 201호
전 화 02 · 839-3757, 839-3752
팩 스 02 · 837-3754
등 록 2005년 5월 30일 제12-421호
홈페이지 http://www.taeyeongbook.co.kr
E-mail tys2005@paran.com
ISBN 978-89-91777-76-7 93370
정 가 17,000원

* 잘못 만들어진 책은 교환해 드립니다.